웹 개발자를 위한
대규모 서비스를 지탱하는 기술

**Web KAIHATSU-SHA NO TAMENO
DAIKIBO-SWERVICE GIJUTSU-NYUMON**

by Naoya Ito, Shinji Tanaka

Copyright ⓒ Naoya Ito, Shinji Tanaka 2010 All rights reserved.
Original Japanese edition published by Gijyutsu-Hyoron Co., Ltd., Tokyo
This Korean language edition published by arrangement with Gijutsu-Hyoron Co., Ltd.,
Toyko in care of Tuttle-Mori Agency, Inc., Tokyo, through Danny Hong Agency, Seoul.

이 책의 한국어판 저작권은 대니홍 에이전시를 통한 저작권사와의 독점 계약으로 (주)제이펍에 있습니다.
저작권법에 의해 한국 내에서 보호를 받는 저작물이므로 무단전재와 무단복제를 금합니다.

웹 개발자를 위한 대규모 서비스를 지탱하는 기술

1쇄 발행 2011년 2월 28일
6쇄 발행 2023년 6월 30일

지은이 이토 나오야, 다나카 신지
옮긴이 진명조
펴낸이 장성두
펴낸곳 주식회사 제이펍

출판신고 2009년 11월 10일 제406-2009-000087호
주소 경기도 파주시 회동길 159 3층 3-B호 / **전화** 070-8201-9010 / **팩스** 02-6280-0405
홈페이지 www.jpub.kr / **원고투고** submit@jpub.kr / **독자문의** help@jpub.kr / **교재문의** textbook@jpub.kr

소통기획부 김정준, 이상복, 김은미, 송영화, 권유라, 송찬수, 박재인, 배인혜
소통지원부 민지환, 이승환, 김정미, 서세원 / **디자인부** 이민숙, 최병찬

진행 및 교정·교열 장성두 / **내지디자인** 북아이 / **표지디자인** 미디어픽스
용지 타라유통 / **인쇄** 해외정판사 / **제본** 일진제책사

ISBN 978-89-94506-12-8 (13560)
값 25,000원

※ 이 책은 저작권법에 따라 보호를 받는 저작물이므로 무단 전재와 무단 복제를 금지하며,
  이 책 내용의 전부 또는 일부를 이용하려면 반드시 저작권자와 제이펍의 서면동의를 받아야 합니다.
※ 잘못된 책은 구입하신 서점에서 바꾸어 드립니다.

제이펍은 독자 여러분의 아이디어와 원고 투고를 기다리고 있습니다. 책으로 펴내고자 하는 아이디어나 원고가 있는
분께서는 책의 간단한 개요와 차례, 구성과 저(역)자 약력 등을 메일(submit@jpub.kr)로 보내 주세요.

웹 개발자를 위한

대규모 서비스를 지탱하는 기술

데이터 구조, 메모리, OS, DB, 서버 / 인프라

1,000대의 시스템은 무엇이 다른가?

아마존 재팬 베스트셀러 ★★★★★

이토 나오야, 다나카 신지 공저 / **진명조** 옮김

※ 드리는 말씀

- 이 책은 절판되었으나 독자들의 요구로 재출간하는 책입니다.
  따라서 본문의 내용은 이전 쇄와 달라진 점이 없음을 밝힙니다.
- 이 책에 기재된 정보, 소프트웨어에 관한 언급 등은 이 책의 원고집필시점(2010년 4월) 및
  하테나 여름 인턴 2009의 기술강의가 실시된 2009년 8월 시점의 내용을 게재하고 있습니다.
- 이 책에 기재된 내용을 기반으로 한 운용 결과에 대해 저/역자, 소프트웨어 개발자 및 제공자,
  제이펍 출판사는 일체의 책임을 지지 않으므로 양해 바랍니다.
- 이 책에 등장하는 각 회사명, 제품명은 일반적으로 각 회사의 등록 상표 또는 상표입니다.
  본문 중에는 ™, ⓒ, ® 등의 기호를 생략하고 있습니다.
- 이 책에서 소개한 URL 등은 시간이 지나면 변경될 수 있습니다.

차례

옮긴이 서문	XVI
지은이 서문	XVIII
이책의 구성	XX
하테나 소개	XXII

CHAPTER 01 대규모 웹 서비스 개발 오리엔테이션
전체 그림 파악하기

강의 0 이 책의 근간 이 책에서 설명하는 것과 설명하지 않는 것 ············ 2
- 대규모 서비스 개발에 관련된 대학생 대상의 하테나 인턴십 ······· 2
- 이 책에서 설명하는 것 ············ 3
- 이 책에서 설명하지 않는 것 ············ 4
- 앞으로 대규모 서비스를 마주하게 될 여러분에게 ············ 5

강의 1 대규모 서비스와 소규모 서비스 ············ 6
- 하테나의 서비스 규모 ············ 6
- 하테나는 대규모, 구글 및 페이스북은 초대규모 ············ 8
- 소규모 서비스와 대규모 서비스의 차이 ············ 9
- 대규모 데이터량에 대한 대처 ············ 12

강의 2 계속 성장하는 서비스와 대규모화의 벽 ············ 14
- 웹 서비스의 어려움 ············ 14
- 하테나가 성장하기까지 ············ 15
- 시스템의 성장전략 — 미니멈 스타트, 변화를 내다본 관리와 설계 ········ 18

차 례

강의 3 **서비스 개발의 현장** ······································· 20
    하테나의 기술팀 체제 ······································· 20
    하테나에서의 커뮤니케이션 방법 ··························· 21
    실제 서비스 개발 ·· 22
    개발에 사용하는 툴 ·· 23
    정리 ·· 26

CHAPTER 02

대규모 데이터 처리 입문
메모리와 디스크, 웹 애플리케이션과 부하

강의 4 **하테나 북마크의 데이터 규모** 데이터가 많을수록 처리에 시간이 걸린다 28
    하테나 북마크를 예로 본 대규모 데이터 ················· 28
    하테나 북마크의 데이터 규모 ····························· 29
    대규모 데이터로의 쿼리 — 대규모 데이터를 다루는 감각 ············ 30

강의 5 **대규모 데이터 처리의 어려운 점** 메모리와 디스크 ············· 32
    대규모 데이터는 어떤 점이 어려운가? — 메모리 내에서 계산할 수 없다 32
    메모리와 디스크의 속도차 — 메모리는 10^5~10^6배 이상 고속 ············ 33
    디스크는 왜 늦을까? — 메모리와 디스크 ···················· 34
    OS 레벨에서의 연구 ··· 36
    전송속도, 버스의 속도차 ··································· 36

강의 6 **규모조정의 요소** ·· 41
    규모조정, 확장성 ·· 41
    규모조정의 요소 — CPU 부하와 I/O 부하 ··················· 42
    웹 애플리케이션과 부하의 관계 ···························· 42
    DB 확장성 확보의 어려움 ··································· 44

강의 **7 대규모 데이터를 다루기 위한 기초지식** ·················· 48
　　프로그래머를 위한 대규모 데이터 기초 ····················· 48
　　대규모 데이터를 다루는 세 가지 급소 — 프로그램을 작성할 때의 요령　48
　　대규모 데이터를 다루기 전 3대 전제지식 — 프로그램 개발의 한층 아래 기초　50

CHAPTER 03 OS 캐시와 분산
대규모 데이터를 효율적으로 처리하는 원리

강의 **8 OS의 캐시 구조** ······························· 56
　　OS의 캐시 구조를 알고 애플리케이션 작성하기 — 페이지 캐시 ··· 56
　　가상 메모리 구조 ·································· 58
　　Linux의 페이지 캐시 원리 ···························· 60
　　VFS ·· 62
　　Linux는 페이지 단위로 디스크를 캐싱한다 ················· 62
　　메모리가 비어 있으면 캐싱 — sar로 확인해보기 ············· 64
　　메모리를 늘려서 I/O 부하 줄이기 ························ 66
　　페이지 캐시는 투과적으로 작용한다 ······················ 67

강의 **9 I/O 부하를 줄이는 방법** ························ 72
　　캐시를 전제로 한 I/O 줄이는 방법 ······················· 72
　　복수 서버로 확장시키기 — 캐시로 해결될 수 없는 규모일 경우 ······ 73
　　단순히 대수만 늘려서는 확장성을 확보할 수 없다 ············ 75

강의 **10 국소성을 살리는 분산** ························· 79
　　국소성을 고려한 분산이란? ···························· 79
　　파티셔닝 — 국소성을 고려한 분산❶ ······················· 80
　　요청 패턴을 '섬'으로 분할 — 국소성을 고려한 분산❷ ·········· 83
　　페이지 캐시를 고려한 운용의 기본 규칙 ·················· 85

차 례

CHAPTER 04

분산을 고려한 MySQL 운용

강의 11 인덱스를 올바르게 운용하기 분산을 고려한 MySQL 운용의 대전제 **88**
　분산을 고려한 MySQL 운용, 세 가지 포인트 ･･････････････････ 88
　OS 캐시 활용 ･･ 89
　인덱스의 중요성 — B트리 ･･････････････････････････････････ 91
　인덱스의 효과 ･･ 95
　인덱스가 작용하는지 확인하는 법 — explain 명령 ･･････････････ 98

강의 12 MySQL의 분산 확장을 전제로 한 시스템 설계 ･･････････････ **102**
　MySQL의 레플리케이션 기능 ･･････････････････････････････ 102
　마스터/슬레이브의 특징 — 참조계열은 확장하고 갱신계열은 확장하지 않는다 104

강의 13 MySQL의 스케일아웃과 파티셔닝 ･･････････････････････ **107**
　MySQL의 스케일아웃 전략 ･････････････････････････････････ 107
　파티셔닝(테이블 분할)에 관한 보충 ･･････････････････････････ 107
　파티셔닝을 전제로 한 설계 ･･････････････････････････････････ 108
　JOIN 배제 — where… in… 이용 ････････････････････････････ 110
　파티셔닝의 상반관계 ･･･････････････････････････････････････ 112
　제2장~제4장 정리 ･･ 116

CHAPTER 05

대규모 데이터 처리 실전 입문
애플리케이션 개발의 급소

강의 14 용도특화형 인덱싱 대규모 데이터를 능수능란하게 다루기 ････ **118**
　인덱스와 시스템 구성 — RDBMS의 한계가 보일 때 ･･････････ 118
　용도특화형 인덱싱 — 튜닝한 데이터 구조 사용하기 ･･････････ 120

강의 15 이론과 실전 양쪽과의 싸움 ･･････････････････････････････ **125**
　요구되는 기술적 요건 규명하기 ････････････････････････････ 125
　제2장~제5장 정리 ･･･ 127

CHAPTER 06 [과제] 압축 프로그래밍
데이터 크기, I/O 고속화와의 관계 인식하기

강의 **16** [과제] 정수 데이터를 컴팩트하게 가져가기 ·············· 130
　정수 데이터를 컴팩트하게 가져가기 ············· 130
　출제의도 ― 이 과제를 풀면 어떤 점이 좋을까? ············· 130
　과제에서 다루는 파일의 내부 ············· 132

강의 **17** VB Code와 속도감각 ·············· 133
　VB Code ― 정수 데이터를 컴팩트하게 저장하자 ············· 133
　VB Code의 의사코드 ············· 135
　정렬 완료된 정수를 'Gap'으로 가져가기 ············· 137
　(보충❶) 압축의 기초 ············· 138
　(보충❷) 대상이 정수인 경우 ― 배경에 있는 이론 ············· 139

강의 **18** 과제에 대한 상세설명과 응답 사례 ·············· 141
　과제에 대한 상세설명 ············· 141
　(참고❶) pack() 함수 ― Perl 내부의 데이터 구조를 바이너리로 내보낸다 143
　(참고❷) 바이너리의 read/write ············· 146
　(참고❸) 프로파일링 ············· 148
　응답 사례와 사고방식 ············· 149

CHAPTER 07 알고리즘 실용화
가까운 예로 보는 이론·연구의 실전 투입

강의 **19** 알고리즘과 평가 ·············· 156
　데이터 규모와 계산량 차이 ············· 156
　알고리즘이란? ············· 157
　알고리즘을 배우는 의의 ― 컴퓨터의 자원은 유한, 엔지니어의 공통언어 158

차 례

알고리즘의 평가 — Order 표기 ··· 159
티슈를 몇 번 접을 수 있을까? — O(log n)과 O(n)의 차이 ············ 161
알고리즘과 데이터 구조 — 뗄래야 뗄 수 없는 관계!? ··················· 163
알고리즘의 실제 활용 — 단순한 게 더 낫기도? ························ 165
계산량과 상수항 — 역시 측정이 중요 ···································· 164
써드파티 소스를 잘 활용하자 — CPAN 등 ····························· 167
실제 사례를 보고 실전감각 익히기 ·· 169

강의 20 하테나 다이어리의 키워드 링크 ··· 170

키워드 링크란? ··· 170
최초 구현방법 ·· 171
문제발생! — 키워드 사전의 대규모화 ···································· 171
패턴매칭에 의한 키워드 링크의 문제점 ·································· 172
정규표현 ➜ Trie — 매칭 구현 변경 ····································· 173
AC법 — Trie에 의한 매칭을 더욱 빠르게 ······························· 175
Regexp::List로의 치환 ·· 177
키워드 링크 구현, 변이 및 고찰 ·· 178

강의 21 하테나 북마크의 기사 분류 ·· 179

기사 분류란? ·· 179
기계학습과 대규모 데이터 ·· 180
대규모 데이터와 웹 서비스 — The google Way of Science ········· 181
베이지안 필터의 원리 ·· 183
알고리즘이 실용화되기까지 — 하테나 북마크의 실제 사례 ··········· 185
수비 자세, 공격 자세 — 기사 분류 구현으로부터의 고찰 ············· 187

CHAPTER 08 [과제] 하테나 키워드 링크 구현
응용으로 가는 길 깨닫기

강의 22 [과제] 하테나 키워드 링크 만들기 ·········· 192
    AC법을 이용해서 하테나 키워드 링크 만들기 ·········· 192
    테스트 프로그램 작성 ·········· 195

강의 23 응답 사례와 사고방식 ·········· 198
    응답 사례 ·········· 198

CHAPTER 09 전문 검색기술 도전
대규모 데이터 처리의 노하우

강의 24 전문 검색기술의 응용범위 ·········· 202
    하테나의 데이터로 검색엔진 만들기 ·········· 202
    하테나 다이어리의 전문 검색 — 검색 서비스 이외에 검색 시스템 이용 202
    하테나 북마크의 전문 검색 — 세세한 요구를 만족시키는 시스템 ·········· 205

강의 25 검색 시스템의 아키텍처 ·········· 208
    검색 시스템이 완성되기까지 ·········· 208
    다양한 검색엔진 ·········· 210
    전문 검색의 종류 ·········· 212

강의 26 검색엔진의 내부구조 ·········· 217
    역 인덱스의 구조 — Dictionary+Postings ·········· 217
    Dictionary 만드는 법 — 역 인덱스 작성법 #1 ·········· 219
    지금까지의 내용 정리 ·········· 230
    Postings 작성법 — 역 인덱스 작성법 #2 ·········· 230
    스코어링에 대한 보충 ·········· 233
    참고문헌 ·········· 234

차 례

CHAPTER 10 [과제] 전문 검색엔진 작성
기초, 상세부분 작성, 속도와 정확성 추구

강의 27 [과제] 하테나 북마크 전문 검색 만들기 ·················· 238
  전문 검색엔진 개발 ·················· 238
  과제내용 ·················· 239
  샘플 데이터 형식과 데이터 크기 ·················· 240
  사전의 구성 — Dictionary, Postings ·················· 241
  인터페이스 ·················· 241
  기본적인 부분 + 심화 구현 ·················· 242
  속도와 정확성으로 승부 ·················· 243

강의 28 응답 사례와 사고방식 ·················· 244
  응답 사례 ·················· 244
  indexer.pl 구현 ·················· 245
  searcher.pl 구현 ·················· 247
  개선할 수 있는 점은? ·················· 250

CHAPTER 11 대규모 데이터 처리를 지탱하는 서버/인프라 입문
웹 서비스의 백엔드

강의 29 엔터프라이즈 vs. 웹 서비스 ·················· 254
  엔터프라이즈 vs. 웹 서비스 — 응용범위로 보는 차이 ·················· 254
  웹 서비스의 인프라 — 중요시되는 세 가지 포인트 ·················· 257

강의 30 클라우드 vs. 자체구축 인프라 ·················· 259
  클라우드 컴퓨팅 ·················· 259
  클라우드의 장단점 ·················· 260
  하테나에서의 클라우드 서비스 사용 ·················· 261
  자체구축 인프라의 장점 ·················· 262

자체구축 인프라와 수직통합 모델 ……………………………… 263
　　하테나의 서비스 규모 …………………………………………… 264
　　하테나 북마크의 시스템 구성도 ………………………………… 265

CHAPTER 12 확장성 확보에 필요한 사고방식
규모 증대와 시스템 확장

강의 31 계층과 확장성 ………………………………………… 268
　　확장성에 대한 요구 ― 서버 1대에서 처리할 수 있는 트래픽 한계 …… 268
　　계층별 확장성 …………………………………………………… 269

강의 32 부하 파악, 튜닝 …………………………………… 271
　　부하 파악 ― 가시화한 관리화면 ……………………………… 271
　　부하를 측정하기 위한 항목 ― Load Average, 메모리 관련, CPU 관련 273
　　용도에 맞는 튜닝 ― 사용자용 서버, 봇용 서버 ……………… 274
　　AP 서버/DB 서버의 튜닝 정책과 서버 대수 ………………… 275
　　서비스 규모와 튜닝 ……………………………………………… 276
　　확장성 확보 ……………………………………………………… 277

CHAPTER 13 다중성 확보, 시스템 안정화
100%에 근접한 가동률을 실현하는 원리

강의 33 다중성 확보 ………………………………………… 280
　　다중성 확보 ― AP 서버 ………………………………………… 280
　　다중성 확보 ― DB 서버 ………………………………………… 281
　　다중성 확보 ― 스토리지 서버 ………………………………… 284

강의 **34** 시스템 안정화 ··· 289
    시스템 안정화를 위한 상반관계 ································ 289
    시스템의 불안정 요인 ··· 290

강의 **35** 시스템 안정화 대책 ·· 296
    실제 안정화 대책 — 적절한 버퍼 유지와 불안정 요인 제거 ··········· 296

CHAPTER 14
효율향상전략
하드웨어의 리소스 사용률 높이기

강의 **36** 가상화 기술 ·· 300
    가상화 기술의 도입 ·· 300
    가상화 기술의 효용 ·· 301
    가상화 서버 구축정책 ··· 302
    가상화로 얻은 장점 정리 ·· 304
    가상화와 운용 — 서버관리툴로 운용측면에서 가상화의 장점을 살리다 ··· 305
    가상화 도입 시 수의할 점 ······································ 308

강의 **37** 하드웨어와 **효율향상** 저비용을 실현하는 요소기술 ············· 310
    프로세서의 성능향상 ·· 310
    메모리, HDD의 비용저하 ······································ 311
    저가 하드웨어의 유용한 이용법 — 가상화를 전제로 한 하드웨어 사용 313
    SSD ·· 315

CHAPTER 15
웹 서비스와 네트워크
서비스의 성장

강의 **38** 네트워크 분기점 ··· 320
    서비스 성장과 네트워크 분기점 ······························· 320

> 1Gbps의 한계 — PC 라우터의 한계 ········· 320
> 500호스트의 한계 — 1서브넷, ARP 테이블에서의 한계 ········· 321
> 네트워크 구조 계층화 ········· 323
> 글로벌화 ········· 324

강의 **39** 한층 높은 단계로 ········· 327
> 10Gbps 이상의 세계 ········· 327
> 하테나의 인프라 — 제11장~제15장 정리 ········· 328

APPENDIX A 현대 웹 서비스 구축에 필요한 실전 기술
대규모 서비스에 대응하기 위해서

special 강의 **1** 작업큐(Job-Queue) 시스템 TheSchwartz, Gearman ··· 332

special 강의 **2** 스토리지 선택 RDBMS와 key-value 스토어 ········· 337

special 강의 **3** 캐시 시스템 Squid, Varnish ········· 350

special 강의 **4** 계산 클러스터 Hadoop ········· 358

찾아보기 362

옮긴이 서문

"최근 안철수 교수님(카이스트 기술경영전문대학원)이 출연한 모 방송을 보면서 그가 말하는 '기업가(起業家) 정신'과 중소/벤처 기업의 역할에 대해 공감하고 다시 생각해볼 수 있는 시간이 있었다. 세상에 존재하지 않는 가치를 만들고 일자리를 창출하는 정신, 이를 실천하는 행동이 곧 기업가 정신이라는 것, 하지만 우리나라에서는 유독 기업가 정신이 사라지고 있고 성공한 중소/벤처 기업이 손꼽을 정도라는 등의 얘기를 들으면서, 문득 변변치 않은 서버 한 대에서 서비스를 시작해서 수백, 수천 대를 거쳐 이제는 수만~수백만 대의 서버에서 대규모 서비스를 운영하는 초대형 인터넷 기업이 된 Google과 Facebook에 대해 기업 환경적인 면에서 부러움을 느끼기도 하고, 한편으로는 기술적인 면에서 그들의 서비스 운용방식에 대해 호기심을 느끼기도 했다."

이 책은 하테나 인턴십 강의 내용을 한 권의 책으로 정리한 것이다. '하테나'에 대해 생소하게 느끼는 독자들의 이해를 돕기 위해 본문 시작 전에 하테나 소개 페이지를 준비하였고, 강의 1에서는 하테나의 주요 서비스 및 서비스 규모에 대해서도 설명하고 있으니 참고하기 바란다.

하테나 인턴십의 전반부는 하테나의 엔지니어가 웹 기술 전반에 대한 내용을 강의하고, 후반부에는 실제 코드를 작성하면서 서비스 개발에 참여하게 되는 구성으로 되어 있다. 이 책은 그 중 전반부 강의 내용을 중심으로 해서 일부 실습 과제를 포함한 구성으로 되어 있다. 주요 강의 내용은 대규모 데이터를 다뤄야 하는 웹 서비스 개발자들이 알아두어야 할 메모리나 디스크, CPU와 I/O 부하, DB 분산 등의 서버 및 하드웨어에 대한 기초 지식과 대규모 데이터에 적합한 알고리즘, 데이터 구조, 인덱싱 등의 웹 서비스 개발 및 구현에 관련된 지식, 그리고 서비스 개발에만 초점이 가지 않도록 OS, 하드웨어, 네트워크 등 개발자가 의식하지 못할 수 있는 인프라 부분까지도 잘 담아내고 있다.

이러한 기술은 소프트웨어 엔지니어부터 인프라 엔지니어까지 웹 서비스와 관련된 모든 엔지니어가 알아두어야 하는 기술들이다. '자신이 작성한 코드가 어떤 시스템 상에서 동작하는지 또는 자신이 구성한 시스템 상에서 어떤 코드가 동작하는지'와 같은 문제의 기초를 이해해두는 것은 서비스 전체의 질을 향상시키기 위해 매우 중요하다. 이 책을 통해 독자 여러분은 하테나 정도의 중대규모 서비스를 구축, 구현하기 위한 기초를 배울 수가 있다.

이와 같은 기본 지식 외에도 하테나의 서비스 개발 현장에서 엔지니어 간 의사소통 방법과 활용도구에 대한 사용 이유, 목표도 소개하고 있어서 개발뿐 아니라 팀 운영면에서도 굉장히 도움이 될 만한 정보들이 가득 차 있다. 또한 앞으로 서비스 전체를 클라우드로의 이전 여부를 선택할 경우에 있을 수 있는 문제나 자체 서버를 사용하려는 입장에서의 고려사항 및 전망, 글로벌화를 위해 넘어야 할 장벽에 대한 설명도 중대규모 서비스를 운영하는 이들에게 도움이 될 것이다.

아무쪼록 이 책을 선택한 독자 여러분이 대규모 서비스에 대한 감을 익히고, 이를 지탱하는 각각의 요소 기술을 체득해서 안정적으로 중대규모 서비스를 개발 및 운용하고, 나아가 Google과 Facebook 같은 초대규모 서비스로 발전해가는 데 일조할 수 있는 기술참고서가 되었으면 하는 바람이다.

2011년 2월

진명조

지은이 서문

자신이 만든 웹 서비스의 규모가 앞으로 거대해지더라도 시스템은 괜찮을까? 이러한 불안감을 안고서 웹 서비스 개발에 종사하고 있는 분들도 있을 것이다. 또는 매일매일 시스템이 비명을 높여가고 있는데 어떻게 하면 이런 상황을 간파할 수 있을까? 성장한 웹 서비스를 앞에 두고 난감해하는 기술자도 있을 것이다. 필자도 동일한 경험을 해왔다.

월간 1,500만 명이 방문하는 하테나라고 하는 사이트. 이 대규모 시스템을 개발, 운용하는 일에 필자들은 몰두하고 있다. 1,000대의 호스트가 그 부하를 잘 처리해내고 있다. 100만 명 이상의 사용자가 블로그와 소셜 북마크에 계속해서 작성하고 있는 데이터는 매일 늘어가면서 서버 리소스를 핍박하고 있다. 기가바이트, 테라바이트 단위의 데이터량이 기술자들을 고민에 빠뜨린다. 그래도 트래픽의 파도는 그칠 줄을 모른다.

일찍이 하테나가 아직 조직으로서도 미숙했던 시절, 대규모화하는 시스템을 앞에 두고 어쩔 줄을 몰라 했던 적도 있었다. 거대한 네이터로 대량의 드래픽이 밀어닥쳐 서버가 다운되고, 서비스는 중지, 황급히 심야에 달려가서 재기동. 어찌어찌 해서 안정되었다고 판단돼 새벽녘에 집으로 돌아가면 또다시 서버 다운. 이런 사태가 일상이었던 적도 있었다.

어떻게 하면 이 괴물 같은 대규모 서비스를 꼼짝 못하게 할 수가 있을까? 수많은 시행착오를 거듭한 끝에 손에 넣은 기술과 노하우들이 이 책에 들어 있다.

이 책은 대규모 서비스를 개발, 운용하는 기술자를 위한 입문서다. 계속해서 성장하고 있는 웹 서비스가 간단히 처리할 수 없는 규모의 데이터를 떠맡게 되었을 때, 이것을 어떻게 요리하는 게 올바른 것일까? 자신이 작성한 코드가 시스템을 다운시키지 않기 위해서는 어떤 점에 주의해야 할까? 확장성을 고려해서 시스템을 설계하려면 어떤 것을 확보해두어야 할까? 이 책에서는 이러한 것

지은이 서문

을 설명하고 있다.

하테나에서는 매년 여름에 학생을 대상으로 취업 체험을 목적으로 한 인턴십을 개최하고 있다. 이 인턴십에서는 학생들을 하테나의 실제 시스템 개발에 참여시키고 있다. 개발 경험이 적은 학생이더라도 사원과 동등하게 대우하면서 대규모 시스템 개발의 성공 체험을 가지고 돌아갈 수 있도록 하고 있다. 이것이 하테나 방식이다. 그 학생들이 개발에 앞서 알아두었으면 하는 것은 무엇일까? 우리가 먼 길을 돌고 돌아서 체득한 대규모 서비스 개발과 운용에 관한 지식, 바로 그것이었다.

인턴십 기획을 통해 하테나에서는 대규모 서비스 기술에 관한 교육 방법이 체계화되었다. 이 책에서는 이 인턴십에서 했던 강의를 기반으로 해서 대규모 서비스 기술에 대한 설명을 시도하고 있다. OS와 컴퓨터의 동작원리를 시작으로 DB 분산방법, 실전적 알고리즘을 시스템에 내장하는 원리, 대규모 데이터를 요리하는 검색엔진의 구조, 그리고 시스템 전체를 조망하기 위한 인프라 설계 지식 등 다방면에 걸쳐 있다.

실제로 1,500만 명에 달하는 사용자들이 이용하고 있는 하테나이기 때문에 전달할 수 있는 실전적이고 리얼한 기술과 현장감. 경험이 적은 학생을 불과 며칠 동안의 교육으로 대규모 서비스 개발현장으로 이끌어야 한다는 필요로부터 얻어진 지식의 체계화. 이것들을 섞고 융합함으로써 재미있고 질리지 않게 읽을 수 있고, 아울러 본질적인 지식을 얻을 수 있는 책이 될 수 있도록 힘썼다.

부디 이 책이 웹 서비스 개발에 종사하는 모든 엔지니어가 언제나 펼쳐 볼 수 있는 필수 도구가 되기를 바란다.

이토 나오야_㈜하테나 CTO

이 책의 구성

이 책은 하테나 인턴십 강의 내용을 기반으로 수록한 장과 새로 집필한 장으로 구성되어 있다. 상세한 구성과 집필담당자는 아래와 같다.

또한 이 책에서는 부하의 관점에서 OS 레벨의 기초 지식이 필요한 부분이 나온다. 이에 대한 보충 정보로, 『서버/인프라를 지탱하는 기술』(제이펍, 2009)의 4장 '성능향상, 튜닝'으로부터 일부 요약해서 이 책의 컬럼 코너에 수록했다(33쪽, 41쪽, 47쪽, 63쪽, 71쪽). 관심 있는 분은 꼭 참조하기 바란다.

장	내용	구분	집필담당
제1장	대규모 웹 서비스 개발 오리엔테이션 전체 그림 파악하기	새로 집필	㈜하테나 이토 나오야 (id:naoya)
제2장	대규모 데이터 처리 입문 메모리와 디스크, 웹 애플리케이션과 부하	강의 기반	
제3장	OS 캐시와 분산 대규모 데이터를 효율적으로 처리하는 원리	강의 기반	
제4장	DB 스케일아웃 전략 분산을 고려한 MySQL 운용	강의 기반	
제5장	대규모 데이터 처리 실전 입문 애플리케이션 개발의 급소	강의 기반	
제6장	[과제] 압축 프로그래밍 데이터 크기, I/O 고속화와의 관계 인식하기	강의 기반	
제7장	알고리즘 실용화 가까운 예로 보는 이론·연구의 실전 투입	새로 집필	
제8장	[과제] 하테나 키워드링크 구현 응용으로 가는 길 깨닫기	새로 집필	
제9장	전문 검색기술 도전 대규모 데이터 처리의 노하우	강의 기반	
제10장	[과제] 전문 검색엔진 작성 기초, 상세부분 작성, 속도와 정확성 추구	강의 기반	

이 책의 구성

제11장	대규모 데이터 처리를 지탱하는 서버/인프라 입문 웹 서비스의 백엔드	강의 기반	
제12장	확장성 확보에 필요한 사고방식 규모 증대와 시스템 확장	강의 기반	
제13장	다중성 확보, 시스템 안정화 100%에 근접한 가동률을 실현하는 원리	강의 기반	㈜하테나 다나카 신지 (id:stanaka)
제14장	효율향상전략 하드웨어의 리소스 사용률 높이기	강의 기반	
제15장	웹 서비스와 네트워크 서비스의 성장	강의 기반	
특별편	현대 웹 서비스 구축에 필요한 실전 기술 대규모 서비스에 대응하기 위해서	새로 집필	

● 도움(제9장, 제10장): ㈜하테나 쿠라이 류타로(id:kurain)

※ 웹 지원 페이지 안내

이 책의 웹 지원 페이지에서는 샘플코드 다운로드를 제공하는 한편, 하테나 인턴십의 리포트 기사(최초공개 『WEB+DB PRESS』(Vol.53)의 'Special Report') 등 스페셜 콘텐츠를 게재하고 있다. 실제 강의 모습이나 커리큘럼, 엔지니어를 대상으로 한 강의 기간 중 하루 동안의 스케줄 등을 소개하고 있으므로 관심 있는 분은 꼭 참조하기 바란다.

- **스페셜 콘텐츠** : URL http://gihyo.jp/magazine/wdpress/plus (일어로 제공)
- **샘플 코드 다운로드** : URL http://gihyo.jp/book/2010/978-4-7741-4307-1/support
- **이 책의 공식 태그** : hugedatabook(하테나 북마크, 트위터 등에서 사용 바랍니다.)
- **Q & A** : 제이펍 출판사 (help@jpub.kr)

하테나 소개

하테나(hatena, はてな)는 '지식 커뮤니티' 인력검색 서비스와 다이어리(블로그) 호스팅 서비스, 소셜 북마크 서비스 등을 개발해 운영하고 있는 일본의 인터넷 기업으로, 인터넷 서비스의 가장 매력적인 두 가지 요소인 'Fun'과 'Creativity'를 함께 추구하는 서비스, 생활 파트너로서 존재하는 서비스를 제공하고 있다.

● 주요 서비스

하테나 다이어리	광고 없는 심플한 블로그 서비스 웹 브라우저나 휴대전화로 자신만의 웹 다이어리(블로그) 작성 가능. 누군가에 의해서 등록된 키워드의 해설이 일기 내용 중에 있으면 자동적으로 링크되는 '키워드 링크 시스템'과 사용자가 CSS를 편집해 자신만의 디자인을 만들 수 있는 것이 특징이다.
하테나 하이쿠	키워드에 따라 언제든지 업데이트 가능한 미니 블로그
하테나 그룹	스케줄러, 게시판, 작업 관리, 파일 공유, 키워드 시스템 등의 기능을 갖춘 그룹웨어 서비스
우고메모 하테나	움직이는 메모를 통해 새로운 커뮤니케이션 체험 서비스
하테나 포토라이프	촬영한 사진을 공개할 수 있는 앨범 서비스
하테나 북마크	자신의 북마크를 다른 사용자와 공유하는 소셜 북마크 서비스
하테나 안테나	사용자가 등록한 웹사이트를 자동 방문하면서 사이트의 갱신 상황을 리스트로 표시해주는 서비스
하테나 키워드	단어(키워드)와 블로그를 연결하는 공유사전 서비스
인력검색 하테나	'인력에 의한 검색'에 중점을 둔 지식 커뮤니티 서비스

● 하테나 서비스는 크게 두 가지 서비스로 나뉘어 있다.

대규모인 기본 서비스	중규모인 개별 서비스
• 알파벳 첫 글자가 서브도메인으로 덧붙여짐 • 많은 사용자들에게 기본 서비스가 되도록 계속 개발되고 있음 예) d.hatena.ne.jp 　　h.hatena.ne.jp 　　b.hatena.ne.jp 　　a.hatena.ne.jp	• 서브도메인이 복수 문자열로 되어 있음 • 기본 서비스의 보조적 역할, 용도가 한정된 서비스 예) graph.haetna.ne.jp 　　search.hatena.ne.jp

CHAPTER 01

대규모 웹 서비스 개발 오리엔테이션
전체 그림 파악하기

필자 이토 나오야

대규모 웹 서비스로의 초대
대량의 데이터를 처리하는 세계

    대규모 웹 서비스의 세계에 온 것을 환영한다. 이 책의 목적은 독자 여러분이 대규모 데이터를 보유한 웹 서비스를 개발할 때의 기본 방침과 전체 그림(지도와 컴퍼스)을 손에 얻기까지 인도하는 데 있다. 이를 위해 월간 고유 사용자수 1,500만 명을 넘는 ㈜하테나(http://www.hatena.ne.jp/)의 웹 서비스 개발을 소재로 대규모 웹 서비스를 운영하는 데 필요한 기초지식과 노하우를 설명한다.

    대규모 웹 서비스란, 요컨대 거대한 데이터를 처리해야만 하는 웹 서비스를 말한다. 이 책에서는 대량의 데이터를 처리하기 위한 방법을 축으로 해서 이와 관련된 기술적인 화제를 거론한다. 실제로 가동하고 있는 블로그 서비스인 '하테나 다이어리(http://d.hatena.ne.jp/)'와 일본 내 최대의 소셜 북마크인 '하테나 북마크(http://b.hatena.ne.jp/)' 등의 구체적인 예를 바탕으로 설명해가도록 한다.

    우선 제1장에서는 이 책의 테마인 '대규모'의 전체 그림을 떠올릴 수 있도록 하는 것을 목표로 한다. 이어지는 장에서는 대규모 서비스를 위한 개발에 관한 내용을 섞어가면서 대규모 서비스의 규모감, 대규모 데이터를 다루는 데 있어 어려운 점, 개발 모습 등을 설명해가도록 하겠다.

> **Memo**
>
> **대규모 데이터를 보유한 웹 서비스 개발의 기본 방침과 전체 그림**
> - 이 책의 근간(➡ 강의 0)
> - 대규모 서비스와 소규모 서비스(➡ 강의 1)
> - 계속 성장하는 서비스와 대규모화의 벽(➡ 강의 2)
> - 서비스 개발의 현장(➡ 강의 3)

CHAPTER 01 ••• 대규모 웹 서비스 개발 오리엔테이션 전체 그림 파악하기

강의 0
이 책의 근간 이 책에서 설명하는 것과 설명하지 않는 것

대규모 서비스 개발에 관련된 대학생 대상의 하테나 인턴십

이 책의 바탕이 되고 있는 것은 하테나에서 진행하고 있는 여름 인턴십(internship)의 강의 내용이다. 하테나에서는 매년 대학생들의 취업체험을 제공할 목적으로 인턴십을 개최하고 있다.

이 인턴십에서는 최종적으로 학생들이 실제 동작하고 있는 하테나의 대규모 서비스를 개발하는 데 참여하게 된다. 사용자가 이용하고 있는 대규모 서비스에 변경을 가할 때 규모를 고려하지 않고 어중간하게 구현해서 적용하다 보면, 어이없게도 아주 간단히 시스템 정지를 초래할 수 있다. 따라서 하테나에서는 경험이 풍부한 선배 사원이 학생들에게 2주 동안 강의를 실시해서 대규모 데이터 처리에 관한 핵심내용을 철저하게 가르친다. 그 강의 내용이 바로 이 책의 근간(根幹)이다. 실제 몇몇 장은 강의 내용 자체를 다듬어 작성되기도 하였다. 대화형식의 강의에서만 가능한 '실제로는 어떻죠?'와 같이 이른바 "속 시원한 얘기"들을 많이 담아냈다.

강의의 경우에는 매일 강의가 끝날 때 학생들에게 과제를 내서 이해도를 테스트하는 것이 하테나의 방식이다. 이 책에서도 강의를 바탕으로 한 장에서는 실제로 출제했던 과제 또는 응답사례를 설명함으로써 이해를 높일 수 있도록 구성했다.

강의 0 이 책의 근간 _이 책에서 설명하는 것과 설명하지 않는 것

이 책에서 설명하는 것

테마는 대규모 서비스/대규모 데이터, 바탕은 인턴십 강의로 되어 있어, 그 구성이 약간 특이한 이 책은 주로 다음의 것들을 설명하고 있다.

- 대규모 웹 서비스 개발이란?
- 대규모 데이터를 다룰 때의 과제, 다루기 위한 기본적인 사고방식과 요령.
  예를 들어 OS의 캐시(cache) 기능이나 대규모 데이터를 전제로 한 DB 운용방법
- 알고리즘과 데이터 구조 선택의 중요성. 대규모 데이터를 예로 생각해본다.
- RDBMS(Relational DataBase Management System)로 모두 다룰 수 없는 규모의 데이터 처리방법. 그 예로 전문(全文) 검색 엔진 만드는 법을 살펴본다.
- 대규모 서비스가 될 것을 전제로 한 서버/인프라 시스템의 예와 개념

대규모 데이터 처리를 위해 꼭 설명해야 할 사항은 여러 분야에 걸치므로, 예를 들어 미들웨어 설정방법이나 프로그래밍 언어의 구문(syntax) 등 세세한 부분까지 설명해서는 하루가 금방 저물게 된다. 그래서 소프트웨어 사용법 등 매뉴얼 같은 부분은 설명하지 않고 대규모 서비스, 대규모 데이터를 다룰 경우를 대비한 기본적인 사고방식이나 개념, 개요에 한해서 설명하도록 한다. 대규모 데이터 처리뿐만 아니라 기술습득에서도 중요한 것은 How-To 습득이 아니라 밑바탕이 되는 전체 그림을 파악하는 것이다.

이 책에서는 제2장~제15장까지의 강의에 걸쳐 이런 내용을 정리해가고 있다. 주로 제2장~제5장, 제6장~제10장, 제11장~제15장으로 크게 세 파트로 되어 있다.

제2장~제5장은 데이터가 많을 때 어떻게 처리해야 하는지, 확장성에 문제가 있는 코드가 있어서 시스템이 멈춰버리는 상황이 발생하지 않도록 하기 위해 기본적으로 어떻게 생각하면 좋은지와 같은 내용이 주제를 이룬다. 주로 대규모 데이터를 다루는 애플리케이션 개발에 필요한 지식편으로서의 자리매김을 하고 있다. 구체적으로는 하테나의 서비스 설계로 보는 '대규모 데이터 처리방법'. 제2장은 '도대체 대규모 데이터란 어느 정도를 말하는가'에 대해 언급하고, 제3장에서는 대규모 데이터 처리의 밑바탕인 OS 캐시에 관해 얘기한다. 또한 하테나에서는

MySQL을 많이 사용하고 있는데, 제4장에서는 MySQL을 대규모 환경에서 운용할 때 어떤 점들에 주의를 해야 하는지에 대해 설명한다. 제5장에서는 대규모 데이터를 다루는 애플리케이션을 개발할 때 핵심이 되는 내용을 설명한다.

제6장~제10장은 좀더 구체적으로 프로그래밍, 다시 말해 구현단계와 관련된 파트다. 제6장에서는 먼저 데이터 압축기법에 관한 개요를 배우고 데이터를 컴팩트하게 유지하는 의미와 속도감각을 자세히 설명하고 넘어간다. 제7장 이후는 좀더 애플리케이션에 가까운 알고리즘에 관한 얘기를 한다. 제7장에서는 하테나의 각종 기능 중 알고리즘다운 요소가 필요한 것이 어떻게 적용되어 있는지에 대한 개론. 제8장은 하테나 키워드의 구현을 보면서 보다 구체적인 구현단계로 발을 내딛는다. 제9장과 제10장에서는 전문 검색 엔진을 실제로 개발함으로써 RDBMS에서 다룰 수 없는 규모의 데이터를 어떻게 요리할 것인가에 대해 살펴보도록 한다.

제11장~제15장은 하테나의 인프라 구성 등을 다루면서 오픈소스 중심의 대규모 환경으로 확장성을 갖게 하기 위해서 인프라는 어떻게 구성되어 있는지를 보도록 한다. 인프라 구성은 프로그램을 작성할 때에도 해당 시스템 구조가 애플리케이션 설계에 힌트가 되므로 확장성을 알기 위한 일환으로 배워두면 좋을 것이다.

이 책에서 설명하지 않는 것

아래와 같은 사항은 설명하지 않는다

- 웹 애플리케이션 개발과 관련된 기본적인 How-To. MVC 프레임워크나 O/R 매퍼(mapper) 사용법 등
- 각종 소프트웨어 사용법. 아파치(Apache), MySQL의 설정방법이나 명령 등
- Perl이나 C++의 구문이나 기법 등 프로그래밍 언어에 대한 설명, 노하우
- 기본적인 알고리즘이나 데이터 구조(예를 들어 정렬, 탐색, 리스트, 해시 등)에 대한 세세한 설명

영광스럽게도 하테나는 소비자를 대상으로 웹 서비스를 운영하는 회사로서 어느 정도의 평가를 받고 있지만, '웹 애플리케이션의 기획방법'과 같이 기술 이외의 테마에 대해서는 이 책에서 언급하고 있지 않다.

위와 같은 사항에 대한 설명은 하고 있지 않으며, 너무 전문가적인 지식을 요구하지도 않는다. 애초에 기업에서의 웹 서비스 개발경험이 전무한 학생들을 대상으로 한 강의를 바탕으로 하고 있다. 취미로라도 웹 애플리케이션 개발경험이 다소 있다면 무리 없이 읽어나갈 수 있는 구성으로 되어 있음을 밝힌다.

앞으로 대규모 서비스를 마주하게 될 여러분에게

'자신이 관련된 웹 서비스의 규모가 미래에 성장해 있다면 어떻게 해야 좋을까?' 웹 서비스 개발자라면 누구나 이러한 불안감을 한 번쯤 가져봤을 것이다. 혹은 이미 거대해진 웹 서비스를 마주하고 고군분투하고 있는 분도 있을 것이다. 이 책이 이러한 분들 모두의 불안을 없애 자신감을 주고, 또한 대규모 서비스를 운용하는 데 도움이 되기를 바란다.

CHAPTER 01 ··· 대규모 웹 서비스 개발 오리엔테이션 전체 그림 파악하기

강의 1
대규모 서비스와 소규모 서비스

하테나의 서비스 규모

곧바로 실제적인 대규모 데이터 공략, 대규모 서비스 운용에 대해 살펴보기로 하자. 지금까지 '대규모, 대규모'라고 해왔는데 구체적으로 어느 정도가 '대규모'인지를 머릿속에 이미지화할 수 있게 실제 하테나의 서비스 규모를 살펴보도록 하자.

이 책의 근원이 되고 있는 2009년 여름의 인턴십 강의 시점에서의 하테나 서비스의 규모는 대략 다음과 같은 수치로 나타났다[주1]. 참고로 그림 1.1이 실제 서버와 데이터가 놓인 데이터 센터의 모습이다.

- 등록 사용자는 100만 명 이상, 1,500만 UU(Unique User, 고유 사용자)/월
- 수십 억 액세스/월(이미지 등으로의 액세스는 제외)
- 피크(peak) 시 회선 트래픽 양은 430Mbps
- 하드웨어(서버)는 500대 이상

100만 명 이상의 사용자들이 블로그를 쓰거나 북마크를 등록하고 있고, 월간 1,500만 명 이상이 방문하고 있다. 이 방문자 수에 의해 월간 수십 억 액세스가 발

[주1] 여기서 소개한 것은 인턴 강의 시점(2009년 8월)의 수치다. 그 후 일부 서비스가 히트하면서 2010년 4월 원고 집필시점에는 규모가 좀 더 늘어났다(나중에 언급하겠지만, 예를 들어 하드웨어는 600대, 가상화해서 1,300대 정도로 성장했다).

생한다. 이 정도의 액세스가 되면 일일 액세스 로그는 기본적으로 기가바이트(gigabyte) 크기가 되며, DB 서버가 저장하는 데이터 규모도 대략 기가바이트 수준, 많을 때는 테라바이트(terabyte) 정도가 된다.

● **그림 1.1** 데이터 센터의 모습

이런 액세스, 데이터를 처리하는 서버는 당연히 1대로는 불가능하고 500대 이상이 된다. 서버가 500대가 되면 서버를 놓는 랙은 20랙 이상을 사용한다. 20랙이면 서버 이동 시 카트가 필요하고 체력이 꽤나 필요한 작업이다.

500대라는 것은 어디까지나 하드웨어 대수로, 실제로는 이 책 후반부에 설명하는 가상화 기술에 의해 1대의 서버 내에 복수의 호스트가 가동되고 있다. 결과적으로 호스트 수는 1,000대를 넘는다. 1,000대 정도 되면 어떤 서버가 어떤 역할을 하는지, 하테나 다이어리에 몇 대, 하테나 북마크에 몇 대와 같은 호스트 정보를 파악하는 데는 기억력만으로는 곤란해서 호스트 정보를 관리하기 위한 툴 등이 필요해진다.

피크 시 회선 트래픽은 430Mbps. 하테나의 서비스는 텍스트를 주로 하고 있으므로 유튜브(YouTube)나 니코니코 동영상(ニコニコ動画)[역주1]처럼 동영상 전송을

역주1 일본 NIWANGO에 의해 운영되는 동영상 공유 사이트
URL http://www.nicovideo.jp/

메인으로 하는 서비스에 비해 트래픽은 상당히 적은 듯하지만, 반대로 텍스트 전송이 중심임에도 이 정도의 트래픽이 발생한다면 그 유통량은 상당한 것이다.

여기까지가 하테나의 규모다. 대략이나마 이미지를 떠올릴 수 있게 되었는가?

하테나는 대규모, 구글 및 페이스북은 초대규모

주위의 다른 사이트와 비교해서 살펴보도록 하자.

하테나는 각종 인터넷 트래픽 조사에서 대략 일본 내에서 상위 20위 이상에는 항상 랭크인하는 사이트다. 웹 사이트의 통계정보를 공개하고 있는 Alexa의 일본 내 Top 사이트 랭킹[주2]에서 1위는 Yahoo! JAPAN, 그 뒤로 Google, 블로그 서비스를 하고 있는 FC2 등이 뒤를 잇는다. 20위 내에 드는 곳은 유튜브, 라쿠텐(楽天), 믹시(mixi), 트위터(Twitter), 니코니코 동영상, 2채널(2Channel) 등의 메이저 사이트들이다.

하테나와 비슷한 정도이거나 하테나보다 몇 배 정도의 트래픽이 발생하는 사이트의 규모감은 아마 그다지 하테나와 다르지 않을 것이다. 서비스의 규모는 서버 대수 등으로 개략적으로 파악되는 경우가 많은데, 이런 관점에서 볼 때 백 대에서 수천 대 정도가 대규모 서비스라고 할 수 있을 것이다.

Google 및 해외에서 인기 있는 SNS로 최근 구글의 트래픽을 앞질렀다고 뉴스가 된 페이스북과 같은 세계의 Top 클래스 사이트는 서버 대수가 수백만 대 규모이고, 처리하는 데이터는 테라바이트~페타바이트(petabyte)급의 초대규모 서비스다. 페이스북의 데이터 센터 내에서는 직원이 작업을 위해 자전거나 스쿠터를 타고 데이터 센터 내를 이동할 정도다[주3]. 이동수단은 농담과도 같은 진실이지만, 기

[주2] URL http://www.alexa.com/topsites/countries/JP

[주3] 'Facebook on bandwidth' URL http://link.brightcove.com/services/player/bcpid1701276884?bclid=1622640422&bctid=40363249001, '3억 명의 사용자를 지닌 페이스북의 데이터 센터. 이동은 자전거, 희망은 100Gb 이더넷' URL http://www.publickey1.jp/blog/09/3facebook100gb.html

술면으로도 운용면에서도 초대규모가 되면 또 다른 어려움이 있으리라는 것은 쉽게 상상할 수 있다. 구글의 규모감에 대해 보다 상세히 알고자 하는 분은 『구글을 지탱하는 기술』(니시다 케이스케 저/김성훈 역, 멘토르, 2008) 등도 참고하기 바란다.

한편, 일본 내에서는 모바일 사이트에도 대규모/초대규모 사이트가 군데군데 보이기 시작한다는 점도 알아두면 좋을 것이다. 대표적으로는 최근 수년 만에 급격하게 성장한 소셜 게임 사이트인 GREE나 모바게 타운 등이다. 이 사이트들도 서버 대수가 수천 대 이상 되는 거대한 서비스다.

소규모 서비스와 대규모 서비스의 차이

서버 몇 대 정도의 소규모 서비스에는 없는, 대규모 서비스에만 있는 문제나 어려움에는 어떤 점들이 있을까?

확장성 확보, 부하분산 필요

가장 먼저 떠오르는 것은 확장성과 부하분산일 것이다.

대량의 액세스가 있는 서비스에서는 서버 1대로 처리할 수 없는 부하를 어떻게 처리할 것인지가 가장 큰 문제다. 최근 10년 동안의 트렌드로는 이른바 '스케일아웃(scale-out)'이 이 문제에 대한 전략의 기초가 된다. 스케일아웃은 서버를 횡으로 전개, 즉 서버의 역할을 분담하거나 대수를 늘림으로써 시스템의 전체적인 처리능력을 높여서 부하를 분산하는 방법이다. 반면 스케일업(scale-up)은 하드웨어의 성능을 높여 처리능력을 끌어올리는 방법이다.

알다시피 하드웨어의 성능과 가격은 비례하지 않는다. 대량생산되고 있는 '일용품' 성격의 하드웨어일수록 저가에 구할 수 있다. 저가의 하드웨어를 횡으로 나열해서 확장성을 확보하는 것이 스케일아웃 전략이다. 스케일아웃 전략을 채용한 경우는 비용이 절감되는 반면에 다양한 문제가 발생한다. 서버가 1대였을 때에는 전혀 생각지 않아도 될 문제가 나타난다. 몇 가지 예를 살펴보자.

예를 들면 사용자로부터의 요청을 어떻게 분배할 것인가? 해답으로는 로드밸런서를 사용한다는 것인데, 서버 1대일 때에는 애초에 로드밸런서를 도입하는 것 자체를 생각할 필요도 없을 것이다.

데이터 동기화는 어떻게 할 것인가? DB를 분산시켰을 때 한쪽에 저장된 갱신 내용을 다른 한쪽 DB가 알지 못한다면 애플리케이션에 비정상 사태가 발생한다.

네트워크 통신의 지연시간(latency)을 어떻게 생각해볼 수 있을까? 작은 데이터라도 이더넷(Ethernet)을 경유해서 통신한 경우는 밀리초(ms) 단위의 지연시간이 있다. 밀리초라고 하면 사람이 체감하기로는 그다지 긴 시간이 아니더라도 마이크로초(μs)나 나노초(ns)에 작동하는 컴퓨터에 있어서는 매우 긴 시간이다. 통신의 오버헤드를 최소한으로 줄여가면서 애플리케이션을 구성해갈 필요가 있다. 그 밖에 스케일아웃에 동반하는 문제는 다방면에 걸쳐 있다.

다중성 확보

시스템은 다중성을 지닌 구성, 즉 특정 서버가 고장 나거나 성능이 저하되더라도 서비스를 계속할 수 있는 구성으로 할 필요가 있다.

스케일아웃을 해서 서버 대수가 늘어나면 서버의 고장률도 필연적으로 올라가게 된다. 그러므로 어딘가 잘못되면 서비스가 전부 정지해버리는 설계는 24시간 365일 계속 가동되어야 하는 웹 서비스에서는 도저히 용납할 수 없다. 서버가 고장 나더라도 혹은 급격하게 부하가 올라갈 경우에도 견딜 수 있는 시스템을 구성할 필요가 있다. 서비스가 대규모화되면 될수록 시스템 정지의 사회적 충격도 늘어나므로 더욱 더 다중성 확보가 중요해진다.

2001년 9월 미국의 동시다발적인 테러 발생 시에 상황을 알고자 하는 사람들이 일제히 야후(Yahoo!)에 액세스해서 야후 Top 페이지가 다운돼버리는 사태가 일어났다고 한다. 유사시에 즉시성 측면에서 가장 의지할 곳으로 여겨지는 인터넷 서비스를 사용할 수 없게 되었다. 사회적 충격의 크기를 말해주는 예인 것이다. 야후는 이때 CDN 서비스인 Akamai에 컨텐츠를 캐싱해서 트래픽을 우회시킴으로써 장애를 복구했다고 한다[주4].

웹 서비스는 언제 어떠한 경우라도 고장에 대해 견고해야 한다. 그렇다고는 해도 이는 상당히 어려운 태스크다. 시스템이 고장 나면 그걸로 끝이어도 괜찮은 시스템 구축과 고장 나더라도 다른 시스템이 자동적으로 처리를 인계받는 시스템 구축 간에는 기술적으로나 비용면에서 상당히 큰 차이가 있다.

효율적 운용 필요

서버가 1대라면 때때로 상태를 확인하는 정도로 서버가 정상적으로 동작하고 있는지를 간단하게 파악할 수 있을 것이다. 반면 서버 대수가 100대를 넘어서면 어떤 서버가 무슨 역할을 하고 있는지 기억해두는 것조차 곤란해진다. 또한 각 서버가 어떤 상황에 있는지 파악하는 것도 상당한 고생거리다. 부하는 괜찮은지, 고장 난 부분은 없는지, 디스크 용량은 아직 충분한지, 보안설정에 미비한 점은 없는지 등등… 이를 모든 서버에 대해 여기저기 잘 살펴야 하므로 큰일이다.

당연히 이쯤에서 감시용 소프트웨어를 사용하고 정보관리를 위한 툴을 사용하는 등 자동화를 하게 된다. 그러나 이 감시 소프트웨어를 설치하거나 정보를 보는 것은 결국 인간이다. 일손을 거치지 않고 대규모 시스템을 건강한 상태로 얼마나 계속 유지해갈 수 있을 것인가? 이를 위한 효율적 운용을 수행해야만 한다.

개발자 수, 개발방법의 변화

대규모 서비스가 되면 당연히 혼자서는 개발이나 운용이 어려워지므로 여러 기술자가 역할을 분담하게 된다. 사람 수가 늘어나면 역시나 고려해야 할 과제가 늘어난다. 예를 들면 개발 표준화는 어떻게 할 것인가? 애플리케이션을 각각의 기술자가 제멋대로 구현한 시스템의 전말은 생각도 하기 싫다. 프로그래밍 언어를 통일하고, 라이브러리나 프레임워크를 통일하고, 코딩 규약을 정해서 표준화하고,

---

주4 URL http://d.hatena.ne.jp/yamaz/20060911

소스코드 관리를 버전관리 시스템으로 제대로 하기. 이런 사항들이 올바르게 실행되기 시작해야 여러 사람이 작업할 때 좋은 효율이 나타난다. 여러 사람이 제각기 작업해서는 사람이 늘어나도 생산성은 오르지 않는다.

　이러한 표준화는 툴을 정하는 것만으로는 좀처럼 잘 이루어지지 않으며, 누군가가 전체를 조정할 필요도 생긴다. 개발자 개개인과 팀에서 표준화 규칙이 지켜지고 있는지, 기술자 간 능력 차이에 따라 효율이 나쁜 부분은 생기지 않는지, 그렇다고 할 때 어떻게 교육을 할 것인지 등등… 팀 매니지먼트가 필요해지는 것이다.

대규모 데이터량에 대한 대처

　이 책에서 가장 큰 테마가 바로 데이터량이다.

　컴퓨터는 디스크(하드디스크, HDD)에서 데이터를 로드해서 메모리에 저장, 메모리에 저장된 데이터를 CPU가 패치(fetch)해서 특정 처리를 수행한다. 또한 메모리에서 패치된 명령은 보다 빠른 캐시(cache) 메모리에 캐싱된다. 이처럼 데이터는 디스크 → 메모리 → 캐시 메모리 → CPU와 같이 몇 단계를 경유해서 처리되어 간다.

　각 단계 간에는 속도차가 매우 크게 나는 것이 현대 컴퓨터의 특징이다. 하드디스크에서 데이터를 읽어들이는 데에는 그 특성상 헤드 이동이나 디스크 원반의 회전이라는 물리적 동작이 수반된다. 따라서 전기적으로 읽어들이기만 하면 되는 메모리나 캐시 메모리와 비교하면 $10^6 \sim 10^9$배나 되는 속도차가 나게 된다.

　이 속도차를 흡수하기 위해 OS는 이런저런 방법을 사용하게 되는데, 예를 들면 디스크로부터 읽어들인 데이터를 메모리에 캐싱해둠으로써 전반적으로 디바이스 간 속도차가 체감속도에 영향을 주지 않도록 하고 있다. DB를 비롯한 미들웨어도 기본적으로 이러한 속도차를 의식한 데이터 구조, 구현을 채용하고 있다.

　하지만 OS나 미들웨어 등의 소프트웨어에서 이런 구조를 통해 분발한다고는 해도 당연히 한계는 있다. 데이터량이 많아지면 처음부터 캐시 미스(cache miss)가 많이 발생하게 되고, 그 결과로 저속의 디스크로의 I/O가 많이 발생하게 된다. 디스크 I/O 대기에 들어선 프로그램은 다른 리소스가 비어 있더라도 읽기가 완료되기까지는 다음 처리를 수행할 수가 없다. 이것이 시스템 전체의 속도저하를 초래한다.

대규모 웹 애플리케이션을 운용할 때 대부분의 어려움은 이러한 대규모 데이터 처리에 집중된다.

데이터가 적을 때에는 특별히 고민하지 않아도 모두 메모리에서 처리할 수 있으며, 복잡한 알고리즘을 사용하기보다 간단한 알고리즘을 사용하는 편이 오버헤드가 적기 때문에 더 빠른 경우도 종종 있으므로 I/O 부하는 일단 문제가 되지 않는다. 그러나 서비스가 어느 정도 이상의 규모가 되면 데이터는 증가한다. 이 데이터량이 분수령을 넘어서면 문제가 복잡해진다. 그리고 응급처리로는 쉽사리 풀리지 않는다. 이 점이 대규모 서비스의 어려운 점이다.

어떻게 하면 데이터를 적게 가져갈 수 있을까, 여러 서버로 분산시킬 수 있을까, 필요한 데이터를 최소한의 횟수로 읽어들일 수 있을까 등등… 이것이 본질적인 과제가 된다.

강의 2
계속 성장하는 서비스와 대규모화의 벽

웹 서비스의 어려움

 대규모가 되면 어떤 문제가 발생하는지에 대한 개략적인 내용은 강의 1에서 살펴봤다. 웹 서비스가 다른 애플리케이션에 비해 어려운 또 하나의 원인은 서비스가 계속해서 성장해간다는 데 있다. 처음에는 소규모였던 서비스가 성장함에 따라 그 규모가 확대해가는 것이다. 성장해감에 따라 시스템 구성을 변화시켜 갈 필요가 있는 것이다.

 서비스를 1년, 2년 계속 운용해가다 보면 거기에 보유하게 되는 데이터량도 성장해간다. 예를 들면 블로그 서비스 등을 떠올려 보기 바란다. 그런대로 사용되고 있는 서비스라면 매일 사용자가 새로운 일상사, 사진 등을 올릴 것이다. 데이터가 늘어났다고 해서 예전 데이터를 블로그 사업자가 임의로 지워버릴 수는 없으므로 모든 데이터는 계속해서 잘 보존하고 필요한 경우 추출해낼 필요가 있다.

 블로그 서비스와 같이 불특정다수의 사용자를 대상으로 개방하는 서비스가 상업적으로도 성공한 경우는 데이터뿐만 아니라 트래픽도 늘어간다. 그에 따라 데이터 조회 수나 작성횟수도 늘어갈 것이다. 이렇게 해서 서비스가 성장함에 따라 시스템 확장이 필요해지는 것이다.

 다음에는 하테나의 성장을 뒤돌아보면서 어떤 어려움과 노고가 있었는지 살펴보도록 하자.

하테나가 성장하기까지

하테나가 2001년 당시, Q&A 사이트인 인력검색 하테나[주5]를 시작했을 때는 종업원 3명인 작은 벤처기업이었다(그림 1.2 참조). 따라서 시스템에 투자할 자본도 거의 없었기 때문에 초기 시스템은 펜티엄 III PC 1대뿐이었다. 회선은 당시 가까스로 최종사용자가 사용할 수 있게 된 변변치 않은 ADSL 회선이었다. 지금이야 대규모 서비스를 운영할 수 있게 되었지만, 당시에는 우리도 경험이 없었기 때문에 아무 생각도 없는 상당히 불완전하게 시작된 시스템 구성이었다. 그렇지만 초반에는 서비스가 좀처럼 히트되지 않았으므로 1대의 PC가 비명을 지르게 되는 일은 거의 없었다.

● **그림 1.2** 인력검색 하테나(2001년 당시)※

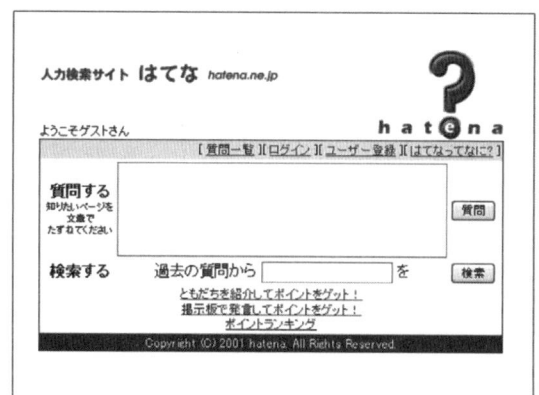

※ 2008년 7월, 하테나 7주년을 기념해서 재차 선보인 2001년 당시의 「인력검색 하테나」 Top 페이지
 URL http://d.hatena.ne.jp/reikon/20080715/p1

주5 URL http://q.hatena.ne.jp/

얼마 후 하테나 안테나[주6]와 하테나 다이어리 등 새로운 서비스를 릴리즈한 무렵부터 상황이 변하기 시작했다. 서비스가 사람들 사이에 입으로 전해지면서 서서히 사용자가 늘어갔다. 역시나 사용자가 늘어나다 보니 서버 1대로는 다 처리할 수 없어 서비스가 정지해버리는 일이 빈번하게 발생하게 되었다. 이래서는 안 되겠다는 생각으로 서서히 다중화와 부하분산을 적용해나가게 되었다. 그러나 당시에 상용 로드밸런서 등은 매우 고가였으므로 엄두조차 낼 수 없는 장비였다.

시행착오를 거듭한 시스템 규모확장

그래서 오픈소스 소프트웨어를 활용하게 되었다. 하지만 웹 서비스의 부하분산에 관한 모범사례 등의 정보도 떠돌지 않던 시기였으므로 시행착오의 연속이었다. 라우터는 Linux 박스로 저가에 구축, HTTP 요청 분산은 아파치의 mod_rewrite로 대용, DB 분산은 아직까지 불안정했던 MySQL의 레플리케이션 기능을 조심조심 사용하던 상황이었다.

이렇게 해서 서서히 시스템 규모를 확장해가고 있었는데, 2004~2005년쯤에는 블로그 붐이 일어나서 트래픽 증가에 비해 시스템 확장이 따라가지 못하게 되었다. 애초에 대규모 시스템을 운용하기 위한 체제가 갖춰져 있지 않았던 점도 있지만, 불거져 나오는 문제가 너무 많아서 대처속도가 따라가질 못했는데, 심야가 되면 꼭 사이트가 무거워지거나 액세스가 불가능해져서 하테나의 안정성은 빈말로라도 칭찬할 수 없는 상태였다.

당시는 분산뿐 아니라 다중화, 효율적 운용면에서도 낙제점이었다. 서비스가 정지하면 감시 소프트웨어에서 휴대전화로 메시지가 전달되었는데, 다중화된 시스템이 자동으로 가동되는 것이 아니라 근처에 살고 있는 엔지니어가 알아차리고 자전거로 달려가서 Hang-Up된 서버를 재기동하는 등의 응급처치로 견뎌냈다. 심야 유지보수는 체력적으로나 정신적으로 큰 소모였다. 경우에 따라서는 심야에

주6 URL http://a.hatena.ne.jp/

시스템이 여러 번 다운되는 경우도 있어서 겨우 조치하고 나서 거의 귀가했다 싶으면 다시 달려가야 하는 상황도 종종 있었다.

그래도 현장의 노력으로 어떻게든 버텨내고 있었으나 2006년에는 다른 서비스가 연이어 히트하면서 이제는 회선 트래픽 양이 이용 중이던 광회선의 한계에 이르게 되었다. 그뿐만 아니라 당시 임대해서 쓰던 작은 서버 룸이 서버 증설에 따라 전력이 부족하게 되어 더 이상 서버를 추가할 수 없는, 추가하게 되면 전류 차단기가 내려가버리게 되는 상황에 처하게 되었다.

데이터 센터로의 이전, 시스템 쇄신

지금 되돌아보면 당시 하테나는 조직상으로도 아직 미숙해서 계속 증가해가는 트래픽이나 부하에 대해 계획적으로 대응할 수 없었던 점이 실패 원인이었던 것 같다. 어떻게도 할 수 없는 상황이 되어서야 조직체제를 재점검하고 시스템 운용 전담팀을 구성해서 그 이후의 대응에 임했다.

이때부터 1년에 걸쳐 작은 서버 룸에서 인터넷 데이터 센터로 서버를 이전하는 작업을 시작했다[주7]. 이전 작업을 하면서 네트워크 설계를 근본적으로 재수정하고 낡은 서버는 모두 교체하는 방침을 채택했다.

우선은 사전에 기존 시스템의 부하상황을 정리했다. 이 정보를 활용해서 각 서비스의 구성 중에 병목지점을 측정, 판정하고 I/O 부하가 높은 서버는 메모리를 중요시하고 CPU 부하가 높은 서버는 CPU를 중요시하는 형태로 서버 용도에 맞게 최적의 구성을 갖는 하드웨어를 준비해갔다.

다중화의 경우 로드밸런서 + 가동감시 기능을 하는 오픈소스 소프트웨어인 LVS + keepalived를 도입했다. 이에 따라 Linux 박스로 저가에 구축한 로드밸런서를 각 부문에 도입함으로써 차츰 개선해갔다.

서버 교체에 있어서는 서서히 OS 가상화도 진행해서 서버 가동률을 높임과 동

[주7] 이전 작업하는 모습은 필자의 블로그(http://d.hatena.ne.jp/naoya/)에 여러 번 나눠서 공개하고 있다. 관심 있는 분은 위 블로그에서 "사쿠라 인터넷 이행기(さくらインターネット移行記)"로 검색해보기 바란다.

시에 유지보수성을 높여 갔다.

서버의 정보관리를 위해 독자적인 웹 기반 서버 정보관리 시스템도 개발했다. 이에 따라 서버의 용도나 부하상태와 같은 각종 정보에 액세스하기 쉬워져서 시스템 전체를 파악하기 용이해졌다.

서버/인프라 측면의 시스템 구성뿐만 아니라 애플리케이션의 각종 로직이나 DB 스키마 등도 재검토해서 비효율적인 부문을 서서히 배제해갔다. 필요에 따라 검색 엔진 등의 서브시스템을 독자 개발하는 경우도 있었다.

이런 종류의 작업을 계속 해나간 결과 서서히 시스템 안정성이 향상되기 시작하고, 그 결과로 장애에도 견딜 수 있는 시스템으로도 개선할 수 있었다.

그러나 시스템이 안정되었다고 해서 여기서 끝난 것은 아니다. 여기서 멈춰버린다면 결국 그 이후의 성장을 위해서는 다시 예전과 동일한 작업을 반복해야만 한다. 그러지 않기 위해 현재도 변함 없이 개발 담당, 인프라 담당이 하나가 되어 밤낮없이 시스템 품질개선을 수행하고 있다.

시스템의 성장전략 — 미니멈 스타트, 변화를 내다본 관리와 설계

서비스가 아직 소규모인 단계에서는 심플한 방법이 더 나은 경우가 많으므로 너무 이른 최적화가 좋은 방침이라고는 할 수 없다. 장래에 대규모가 될 것을 가정해서 처음부터 완벽한 부하분산 시스템을 구축하려고 하면 비용이 너무 많이 들게 된다(웹 서비스가 상업적으로 히트할 가능성이 매우 낮다는 사실을 잊어서는 안 된다).

한편 아무 생각 없이 불완전하게 시작하는 서비스도 생각해볼 수 있다. 이는 얄궂게도 하테나의 역사가 증명하고 있다. 대규모화의 벽은 갑작스레 눈앞에 나타난다. 예를 들면 데이터 규모가 증가함에 따른 I/O 부하 상승은 그 정도로 순조롭게 증가하는 것은 아니다. 캐시 미스가 발생하기 시작한 후 오래지 않아 갑자기 문제가 복잡해지므로, 알아차렸을 때에는 이미 시스템이 저속화하고 있는 경우가 자주 있다.

이러한 사태가 발생하지 않게 하기 위해 어느 정도의 수용능력 관리나 서비스 설계 시에 필요 이상으로 데이터를 증가시키지 않도록 하는 설계를 포함시키는 게 좋을 것이다.

지금은 하테나도 새로운 서비스를 시작할 때 요소요소에서 장래의 서비스 성장을 예측한 구성으로 해두면서, 필요 이상으로는 비용을 들이지 않고 미니멈 스타트(minimum start)할 수 있는 노하우를 보유하고 있다. 이 책을 통해 여러분이 그 노하우를 흡수할 수 있기를 바란다.

CHAPTER 01 ··· 대규모 웹 서비스 개발 오리엔테이션   전체 그림 파악하기

강의 **3**

서비스 개발의 현장

하테나의 기술팀 체제

그러면 제1장의 결말로서 현재 하테나가 어떠한 체제로 웹 서비스를 운영하고 있는지를 소개함으로써 대규모 서비스 운용의 뒷모습을 보다 구체적으로 이미지화할 수 있도록 하자. 주로 엔지니어링에 관계된 팀은 크게 두 부서로 나뉘어 있다.

- 서비스 개발부 : 하테나의 각종 서비스 구현을 담당하는 팀. 매일 애플리케이션 측면의 개선을 담당한다.
- 인프라부 : 서버/인프라 시스템의 운용을 담당하는 팀. 서버 준비, 데이터 센터 운용, 부하 분산 등을 담당한다.

하테나의 서버/인프라 시스템은 1,000대 규모의 호스트를 보유하는 큰 시스템이므로 전담팀이 그 운용을 담당하고 있다. 호스트가 1,000대나 있으면 며칠에 한 번은 문제가 발생한다. 고장, 과부하, 설정미비, 노후화로 인한 교체 등등. 이런 문제들을 전담해서 맡으면서 가상화나 클라우드 등 보다 세련된 새로운 모습으로 시스템을 확장해가는 것도 인프라부의 일이다. 현재 사원 4명과 아르바이트 몇 명이 소속되어 있다.

한편 서비스 개발부는 서버/인프라 시스템이 지탱하는 기반 위에 서비스를 개발한다. 하테나 다이어리나 하테나 북마크에 신기능을 추가하는 것이 이 부서이다. 서비스 개발부 내에는 서비스별로 팀이 나뉘어 한 팀당 3~4명의 엔지니어가 소속되어 있다.

부하 상황은 서버/인프라팀이 감시하고 있고, 인프라 부분의 개선으로 대처할 수 있는 문제는 그들만으로 즉시 대응한다. 애플리케이션에 원인이 있는 경우 등 구현이 관련된 경우에는 서비스 개발부와 협력해서 대응한다.

한편 서비스 개발부에서도 담당하고 있는 서비스의 성능을 트래킹(tracking)하고 있으며, 주요한 페이지가 어느 정도의 응답시간에 응답하고 있는지를 정량화해서 매일 그것을 지표로 한계값(threshold)을 밑돌지 않도록 목표를 설정해서 개선하고 있다.

하테나에서의 커뮤니케이션 방법

하테나는 아직 종업원 40명 정도의 작은 기업이므로 기본적으로 업무지시는 구두로 한다. 단, 구두로는 효율이 나쁜 경우도 있고 이력도 남지 않으므로 그 점은 몇몇 툴을 조합해서 지시를 주고받는다.

- 하테나 그룹 URL http://g.hatena.ne.jp/

블로그와 위키(Wiki)를 조합한 그룹웨어. 매일의 업무 리포트 보고에 사용. 엔지니어는 다른 담당자에게 작업을 의뢰할 경우 블로그에 의뢰내용을 적어 담당자에게 트랙백을 날린다. 메일은 사용하지 않음. 또한 유지보수 등으로 시스템 작업이 발생한 경우는 절차를 작업로그로서 블로그에 남기거나 위키에 정리함으로써 나중에 참조할 수 있도록 하고 있다.

- IRC

도쿄/교토로 사무실이 분산되어 있기도 하므로 IRC 채팅을 사용한 커뮤니케이션도 이용. 유지보수 진행상황이나 긴급 문제가 있을 경우, 간략한 용건 전달 등은 IRC를 이용할 경우가 많다. 채널 중에는 시스템 로그가 표시되는 채널도 있다. 서버에 장애가 발생했을 때 장애 통지를 IRC로 출력시킴으로써 실시간 정보를 공유할 목적으로 이용하기도 한다.

- **서버 관리툴**

강의 32에서 소개할 서버 관리툴도 어떤 면에서 엔지니어 간 커뮤니케이션 툴로 역할을 하고 있다. 현재 서버 상황을 한눈에 알 수 있는 툴이므로 개발 담당은 이 툴을 사용해서 유지보수 예정 유무를 확인하거나 시스템을 갱신해도 되는지 등을 판단한다. 또한 부하 상황 등도 이 툴로 참조할 수 있으므로 URL을 주고받으면서 '여기 부하는 OK, 여기는 안 되겠어'와 같은 정보를 IRC나 하테나 그룹으로 공유할 때도 많다.

실제 서비스 개발

시스템에 구현 측면의 변경을 가하기까지의 일련의 흐름은 다음과 같다.

- 매일 아침 각 팀별로 10분 정도 짧은 미팅을 한다. 미팅 중에 어제 진척상황, 오늘 할 일 등을 공유한다.
- 이 미팅에서 태스크 담당자가 정해진다. 각 담당은 미팅 후 바로 해당 태스크 구현에 들어간다.
- 구현에 있어서는 가능한 한 테스트 프로그램을 작성한다. '가능한 한'이라는 건 테스트 프로그램을 작성하는 것이 기본이지만, 레거시(legacy) 서비스 등 테스트 프로그램을 작성하기 다소 어려운 서비스도 있으므로 어느 정도 타협을 한다는 의미이다. 원리주의적으로 '테스트 프로그램을 모두 작성해야 한다'라는 방침을 취하지 않고 테스트 프로그램에 관해서는 유연하게 대응한다.
- 테스트 프로그램을 작성한 후 구현. 구현이 완료되면 버전관리 시스템에 커밋(commit)한다.
- 구현이 끝나면 팀 내 다른 엔지니어에게 부탁해서 코드 리뷰를 한다. 이 리뷰에 의해 버그가 지적되거나 사내 코딩규약에 따르지 않는 코드가 발견되거나 과부하가 유발될 만한 코드 등이 밝혀진 후 개선된다. 코드 리뷰는 매우 유용한 수단이다.
- 리뷰를 지나면 프로덕션 환경(실제로 동작하고 있는 시스템 환경)의 코드에 머지(merge)를 하고 스테이징 환경(동작 확인용 환경)에서 동작을 확인한 후 프로덕션 시스템에 반영한다.

여기까지가 기본적인 흐름이다. 변경 규모에 따라서는 리뷰를 건너뛰는 경우도 있다. 이것도 테스트 프로그램과 마찬가지로 효율과 품질을 저울질해서 유연하게 대응하도록 하고 있다.

구현자의 실력이나 구현 난이도에 따라서는 짝 프로그래밍(Pair Programming)을 할 경우도 있다. 혼자서 작업을 하기가 불안할 경우에 짝 프로그래밍을 할 때가 많은데, 짝 프로그래밍으로 보다 높은 품질을 보증할 수 있다. 단, 짝 프로그래밍은 매우 피로도가 높은 작업이므로 매번 하지는 못하고 사안에 따라 실시하도록 하고 있다.

전체적으로 애자일(agile) 개발 스타일이라고 할 수 있지만, 특정 교과서를 따라 이런 스타일이 됐다기보다는 창업 때부터 다양한 시행착오를 거쳐 지금 모습으로 자리잡았다는 표현이 맞을 것이다. 과거에는 리뷰나 짝 프로그래밍도 없었던 시기도 있었지만, 시스템 정지를 초래하는 등 치명적인 코드를 커밋해버리는 일이 가끔 발생해서 그 방지책으로 현재 방법으로 개발을 진행하게 되었다.

개발에 사용하는 툴

엔지니어가 개발에 사용하고 있는 툴도 지금 소개해두겠다.

프로그래밍 언어 — Perl, C/C++, JavaScript 등

서버-사이드(Server-Side)인 웹 애플리케이션은 창업 때부터 Perl로 개발하고 있기 때문에 Perl을 이용한다. 검색 엔진 등 메모리 요건이 엄격하거나 속도가 요구되는 곳에는 일부 C/C++ 등도 사용한다. 웹 애플리케이션의 사용자 인터페이스 개발은 별다른 선택의 여지없이 JavaScript를 사용한다.

프로그래밍 언어 선택 정책은 '동일 레이어인 언어는 하나로 한정한다'는 것이다. 예를 들면 근래의 웹 애플리케이션 개발에는 PHP, Python, Ruby 등의 스크립트 언어가 자주 사용된다. 개발자에 따라서는 이러한 언어가 기호에 맞는 사람도 있겠지만, 기본은 Perl을 사용하도록 부탁하고 있다. 이는 앞서 언급한 표준화의 관점에서 중요하다.

같은 언어를 사용하면 자사 내에서 노하우가 널리 통용되고 팀 간 이동도 원활하다. 다른 사람이 만든 시스템의 유지보수도 용이하다.

Perl, PHP, Python, Ruby에는 구문상 특징으로 언어 간 차이는 있지만, 기본적으로 담당영역은 유사하다. 어느 것을 사용하더라도 생산성이나 할 수 있는 일이 비슷한 정도일 것이다. 이런 경우는 어느 하나를 선택해야 하는데, 표준화 관점에서 관습을 중시한다. 한편, C/C++은 분명하게 스크립트 언어가 전문으로 하지 않는 영역에서도 힘을 발휘할 수 있는 언어이므로 Perl로 할 수 없는 일을 할 때 이용한다.

주요 미들웨어 — 미들웨어/프레임워크 통일

마찬가지로 표준화 관점에서 이용할 미들웨어와 프레임워크도 모든 팀에서 통일하고 있다. 어느 팀은 MySQL을 사용하고 다른 팀은 PostgreSQL을 사용하는 일이 일어나지 않도록 관리를 확실하게 하고 있다.

주요 미들웨어는 Linux, Apache, MySQL, memcached와 같은 최근 웹 개발의 기본에 해당하는 것들이다. '너무 최신인 것은 다루지마' 와 같은 정책은 없지만, 개발자의 경험상 안정화된 것이 가장 사용하기 쉽다는 점 때문인지 기본적으로 쓰이는 것이 선택되는 경향이 있다.

웹 애플리케이션 프레임워크 — 자체 개발한 Ridge

지금은 애플리케이션 개발의 효율을 높이기 위해, 또한 표준화를 진행하려는 의미로 프레임워크를 이용하는 것이 당연시되었다. 하테나에서는 웹 애플리케이션 프레임워크로 자체 개발한 Ridge라는 Perl 프레임워크를 사용하고 있다.

Ridge는 이렇다 할 특징적인 기능이 있는 것은 아니지만, 그만큼 심플하고 직관적으로 사용할 수 있는 MVC 프레임워크다(공개하고 있지는 않다). 일단 웹 서비스를 만들면 그 이후에 수년 동안이나 계속 개발할 경우도 많다. 따라서 그다지 유행에 좌우되지 않는 기본적인 프레임워크를 사용하는 것이 좋다고 생각한다.

O/R 매퍼에도 DBIx::MoCo라는 자사에서 자체 개발한 라이브러리를 사용하고 있다. 이것은 Perl의 라이브러리 집적소인 CPAN에 공개되어 있다[주8].

주위 머신의 OS 및 에디터 — 기본적으로는 자유

프레임워크나 미들웨어는 프로덕션에서 사용하는 것과 동일한 것을 사용하지 않으면 개발이 어려우므로 표준화하고 있지만, 그 이외의 부분, 예를 들면 에디터나 PC의 OS는 기본적으로 자유다. Emacs나 Vim, Windows나 Mac OS X 등 각자 원하는 것을 사용하고 있다.

그렇지만 Windows에서 Apache를 구동시키는 것은 아니고 VMware나 coLinux와 같은 가상 OS를 각 개발자가 도입해서 그 위에 프로덕션에서 사용하는 Linux를 구동해서 개발을 진행한다.

에디터는 자유이지만 코딩 규약으로 indent 폭이나 block 스타일 등은 큰 틀에서 정해져 있으므로 거의 모든 개발자는 Emacs나 Vim을 사용해서 하테나의 규약대로 정형화해주는 설정을 도입하고 있다.

버전관리는 git, BTS는 독자 개발한 '아시카'

소스코드에 대한 버전관리에는 git를 사용한다. git는 분산 버전관리 시스템으로 브랜치(branch)를 나누거나 머지(merge)하는 등의 작업을 간단히 수행할 수 있다는 점에서 애용하고 있다. 이전에는 CVS나 Subversion 등을 사용했으나 지금은 완전히 git로 이전 완료했다.

BTS(Bug Tracking System, 버그추적 시스템)은 자사의 git 리포지토리와 연동한

주8 URL http://search.cpan.org/dist/DBIx-MoCo/

'아시카'라는 독자 개발한 웹 애플리케이션을 이용하고 있다. 태스크와 소스코드 변경을 대비해서 볼 수 있는 기능 등 호스팅 서비스 GitHub와 같은 시스템을 자사용으로 마련한 것이다.

개발툴에 관해서

지금까지 특별한 소프트웨어를 이용하고 있는 것이 아니라는 것을 알았으리라 생각한다. 자사에서 개발한 프레임워크 등도 색다르게 만들어졌다기보다 오히려 기능은 적은 편이다.

대규모 개발에 있어서는 고기능인 툴을 선택하기보다도 얼마나 효율성을 희생하지 않고 표준화할 수 있는가, 자사의 Workflow에 맞게 사용할 수 있는가와 같이 툴이 아닌 부분의 운용방법을 어떻게 할 것인지가 더 본질적인 과제라고 느끼고 있다.

정리

제1장에서는 대규모 웹 서비스의 개발 모습으로서 여기서 발생하는 문제를 살펴봤다. 또한 이 책에서 다루는 '대규모'를 이미지화하기 위해 하테나의 실제 모습을 소개했다.

소규모 웹 서비스가 어느 정도 성장하면 갑자기 지금껏 없었던 난제가 나타난다. 그러면서 서비스는 매일 성장해간다. 이 성장에 수반되는 노고는 하테나의 발전 모습으로부터 슬쩍 엿볼 수 있었을 것이다. 또한 현재 규모의 하테나를 지탱하는 현장의 체제, 개발툴 등을 살펴봄으로써 실제 현장의 모습도 어느 정도 그려볼 수 있었으리라 생각한다.

그러면 개론은 이 정도로 하고 이어지는 강의에서 보다 구체적으로 대규모 데이터 공략방법과 대규모 시스템의 구성방법을 설명해가도록 하겠다.

CHAPTER 02

대규모 데이터 처리 입문
메모리와 디스크, 웹 애플리케이션과 부하

필자 이토 나오야

대규모 데이터 특유의 환경 알기
제2장~제5장에 대해

　제2장~제5장은 하테나 서비스 설계를 통해 보는 대규모 데이터 처리방법에 대한 설명이다. 제2장은 대규모 데이터 처리와 관련한 개요, 제3장은 OS와 캐시, 제4장은 대규모 운용을 전제로 한 DB. 개요, OS, 미들웨어와 발전, 제5장에서는 대규모 데이터를 이용하는 애플리케이션 개발의 급소에 대해 언급한다. 그리고 제6장~제10장에서는 애플리케이션 개발자를 대상으로 대규모 데이터를 처리하는 방법을 실제 사례를 들어가며 살펴보는 흐름으로 진행한다.

　제2장의 아젠다(agenda, 의제)로는 대규모 데이터란 무엇인가에 대해 생각해본다. 대규모란 어느 정도인가, 소량의 데이터 처리와 무엇이 다른가, 먼저 이에 대한 감을 잡아야 할 것이다.

　강의 4에서는 하테나 북마크를 예로 이 책에서 다루는 대규모 데이터에 대해 설명한다. 다음으로는 데이터가 많으면 처리하는 데 시간이 걸리게 되는 이유에 대해 알아본다. 지극히 당연한 얘기라고 생각하겠지만 실제로 설명할 수 있는가? 생각해보면 의외로 어려울 것이다. 강의 5에서는 '대규모 데이터 처리의 어려운 점'이라고 제목을 붙여서 왜 시간이 걸리는지, 왜 어려운지에 대한 기본을 확인해간다. 강의 6에서는 대규모 데이터의 감각을 근거로 한 규모조정의 요소, 웹 애플리케이션과 부하의 관계를 설명하고, 강의 7에서는 프로그램 개발 측면으로 얘기를 전개해서 대규모 데이터를 다루는 방법이나 전제지식을 파악한다. 제2장을 통해 강의 후반부에 대한 토대를 다지게 된다. 그러면 강의에 들어가도록 하겠다.

> **Memo**
>
> **하테나 서비스 설계로 보는 대규모 데이터 처리방법(제2장~제5장)**
> - 대규모 데이터 처리 입문(➡ 제2장)
> - OS 캐시(➡ 제3장)
> - MySQL 운용(➡ 제4장)
> - 대규모 데이터 애플리케이션 개발(➡ 제5장)
> ➡ 제6장~제10장은 애플리케이션 개발자를 대상으로 대규모 데이터를 처리하는 방법 설명

하테나 북마크의 데이터 규모
데이터가 많을수록 처리에 시간이 걸린다

하테나 북마크를 예로 본 대규모 데이터

처음에는 대규모 데이터의 실제를 하테나 북마크를 예로 살펴보도록 한다. 동시에 데이터가 많을 때의 DB 동작 등도 조금 살펴보자. 실제 사례를 바탕으로 대규모 데이터의 데이터 크기에 대한 감각을 잡아가기 바란다.

바로 데이터를 보도록 하자. 그림 2.1은 하테나 북마크의 어느 엔트리에 어떤 키워드가 포함되어 있는지를 나타내는 DB 테이블의 건수를 출력한 것이다. 3억 5천만 레코드가 있다. 이 테이블에 갑자기 select * from relword와 같은 쿼리를 실행하면 응답이 반환되지 않는데, 그 이유는 3억 레코드 이상이 존재하기 때문이다.

● **그림 2.1** 하테나 북마크의 특정 테이블의 건수 조회

```
mysql> select count(*) from relword;
+-----------+
| count(*)  |
+-----------+
| 351277311 |    ← 3억 5천만 레코드 이상 존재
+-----------+
1 row in set (0.00 sec)
```

강의 4 하테나 북마크의 데이터 규모 _데이터가 많을수록 처리에 시간이 걸린다

하테나 북마크의 데이터 규모

하테나 북마크의 데이터 규모를 대략 보면 표 2.1과 같다.

앞서 본 그림 2.1의 테이블은 비교적 극단적인 예이지만, 그 이외에도 레코드 건수가 1,500만이나 5,000만 정도는 된다. 데이터 크기로는 entry라는 테이블이 3GB, bookmark라는 테이블이 5.5GB, tag 테이블이 4.8GB, 그리고 HTML 텍스트 데이터도 압축해서 저장하고 있는데, 이것이 200GB를 넘고 있다. 그림 2.1의 relword라는 키워드용 테이블은 대략 10GB 정도. 전체적으로 간단히 말해 기가바이트 단위가 된다고 할 수 있다.

대규모라고는 하지만 Google이나 Yahoo!가 사용하고 있는 규모가 되면 여기서 더 나아가 테라바이트, 페타바이트가 되므로 이는 초대규모이며, 이와 비교하자면 하테나는 대규모~중규모 정도이다.

그렇지만 보통 웹 애플리케이션을 만들면서 좀처럼 기가바이트 단위의 DB는 나오지 않으므로 일반적인 웹 애플리케이션이라는 관점에서 보면 큰 규모인 것이다. 하테나 북마크는 일본에서 최대의 소셜 북마크 서비스로, 이 정도 데이터 규모의 웹 서비스로서는 하테나 북마크가 사용자 수 관점에서도 큰 규모라고 할 수 있을 것이다. 따라서 대규모의 사례로서 살펴보는 데 적합하다는 생각이 들어 실제 사례로 사용하기로 했다.

● 표 2.1 하테나 북마크의 데이터 규모(2009년 8월 시점)

레코드 수	데이터 크기
entry 테이블: 1,520만 엔트리	엔트리: 3GB
bookmark 테이블: 4,500만 북마크	북마크: 5.5GB
tag 테이블: 5,000만 태그	태그: 4.8GB
	HTML: 200GB 이상

※ GB: gigabytes

대규모 데이터로의 쿼리 — 대규모 데이터를 다루는 감각

다음으로 대규모 데이터로의 쿼리에 대해 언급하도록 한다. 표 2.1에서 본 정도의 규모인 DB가 되면 쿼리를 던져 결과가 나올 때의 느낌도 달라진다. 그림 2.2의 use index(hoge)는 일부러 인덱스를 태우지 않고 쿼리를 던지고 있는 예인데, 1건 검색하는 데 200초가 경과해도 검색결과가 나오지 않는다. 알겠는가? 200초다 200초. 뭔가 조치를 취해야 한다.

그렇다. 이것이 이 책에서 대상으로 하는 대규모 데이터에 대한 예다. 머릿속에 조금 그려지는가?

레코드 수가 수천만 건 단위, 데이터 크기는 수 GB부터 수백 GB. 이 정도의 데이터가 되면 아무 생각 없이 던진 쿼리에 대해 응답하지 않는다. 디버그 목적으로 데이터를 출력해보니 엄청난 부하가 걸렸다는 말도 장난이 아닌 상황인 것이다.

데이터가 많으면 처리하는 데 시간이 걸리게 된다. 직감으로는 알겠으나 왜 그런지를 이해해두는 것이 중요하다. 좀더 자세히 파고들어가 보도록 하자.

● 그림 2.2 인덱스를 태우지 않는 예

```
mysql> select url from entry use index(hoge) where eid = 9615899;
      →200초를 기다려도 결과가 출력되지 않는다…
```

강의 **4** 하테나 북마크의 데이터 규모 _데이터가 많을수록 처리에 시간이 걸린다

> **Column**
>
> **매일 발생하는 미지의 문제** 시행착오를 겪으며 노하우 축적하기
>
> 이 책에서는 이렇게 대규모 서비스에 대한 요리법을 설명하고 있지만, 필자들이 크고 작은 많은 문제에 대한 노하우를 다수 보유하고 있는 것은, 뒤집어 말하면 그만큼의 트러블을 접해 왔다는 것이다. 트러블이 발생하지 않았다면 애초에 그런 문제가 시스템에 내재하고 있다는 것을 좀체 알 수 없었을 것이고, 데이터가 많아지면 '왠지 수고스러울 것 같아' 정도의 불안감은 있어도 실제로 어떤 노고가 있는지는 해보기 전까지는 몰랐을 것이다.
>
> 그리고 지금도 매일같이 뭔가 문제가 발생하면 이를 해결하기 위해 고민하는 것은 변함없다. '이렇게 되면 이렇게 해야 해!' 라는 원리를 누군가가 알고 있는 것이 아니라 시행착오의 연속으로 노하우가 축적되어 지금에 이르렀다는 느낌이다. 혹시 어딘가에 문제 해결 원리가 있지 않을까라고 생각하는 사람도 적지 않을 것이다. 그러나 실제로 발생하는 문제는 미지의 문제도 많은 것이 현실이다. 기본적인 사항은 파악해두고 '문제가 발생하면 그 자리에서 생각하자' 라는 단순 명쾌한 생각도 필요하다는 것도 솔직한 생각이다.

CHAPTER 02 ··· 대규모 데이터 처리 입문 _메모리와 디스크, 웹 애플리케이션과 부하

강의 5

대규모 데이터 처리의 어려운 점
메모리와 디스크

대규모 데이터는 어떤 점이 어려운가?
— 메모리 내에서 계산할 수 없다

대규모 데이터를 다룰 때 어려운 점이라고 생각되는 포인트를 살펴보도록 하자.
제1포인트는 '메모리 내에서 계산할 수 없다' 는 점이다. 메모리 내에서 계산할 수 없다는 점이 어려운 점인 이유는 메모리에 올리지 않으면 기본적으로 디스크를 계속 읽어가면서 검색하게 되어 좀처럼 발견할 수 없는 상태가 되기 때문이다. 데이터 건수가 많으면 그만큼 입력 데이터 건수가 늘어나므로 계산량이 많아진다는 점도 당연한 이유지만, 이 점보다도 문제가 되는 것은 '디스크를 읽고 있다' 는 점이다.

다시 말해 대규모 데이터의 어려운 점을 단적으로 말하면, '메모리 내에서 계산할 수 없다' 는 것이다. 메모리 내에서 계산할 수 있다면, 아무리 무식한 방법으로 하더라도 그런대로 계산은 빨리 이뤄져서 200초나 기다리는 일은 없을 것이다. 그러나 강의 4에서 본 예 정도의 규모가 되면 데이터가 너무 많아서 메모리 내에서 계산할 수 없으므로 디스크에 두고 특정 데이터를 검색하게 된다. 그리고 디스크는 메모리에 비해 상당히 느리다. 결국 앞의 그림 2.2 정도의 시간이 걸린다. 바로 이 점이 어렵다는 것이다.

강의 5 대규모 데이터 처리의 어려운 점 _메모리와 디스크

> **Memo**
>
> **대규모 데이터의 어려움은 메모리 내에서 계산할 수 없다는 점**
> - 메모리 내에서 계산할 수 없게 되면 디스크에 있는 데이터를 검색할 필요가 있다.
> - 하지만 디스크는 느리므로 I/O(Input/Output)에 시간이 걸린다.
> - 어떻게 대처할 것인가가 연구 대상

메모리와 디스크의 속도차 — 메모리는 $10^5 \sim 10^6$배 이상 고속

여기서 메모리와 디스크의 속도차에 대한 퀴즈를 내겠다. 메모리 내의 특정 번지에 있는 데이터를 찾는 데이터 탐색과 디스크의 특정 원반 내에 있는 데이터를 찾는 것은 얼마의 속도차가 날까? 대략적이라도 상관없다.

학생: 10^7배?

10의 7승. 그럼 만약을 위해 10의 7승은 얼마나 될까?

학생: …1,000만 배?

그렇다, 적정한 선이다. 나쁘지 않은 답이다. 정답은 '$10^5 \sim 10^6$' 정도의 차가 난다. 10만~100만 배. 이런 수치 감각은 꽤 중요하다.

> **Memo**
>
> **메모리는 디스크보다 $10^5 \sim 10^6$배 이상 빠르다.**

디스크는 왜 늦을까? — 메모리와 디스크

디스크상의 탐색이 왜 느린가에 대해 좀더 설명하겠다(그림 2.3). 이는 간단하게라도 알아두면 도움이 된다.

우선 메모리(momory)는 전기적인 부품이므로 물리적 구조는 탐색속도와 그다지 관계없다. 실제로는 그림 2.3과 같은 저장방식을 취하고 있지는 않지만, 그림 2.3 **1**의 메모리 그림에서, 예를 들어 그림 2.3의 ❶부분에 1바이트 '5'라는 숫자가 들어있다고 하고 그림 2.3의 ❷에 '0'이라는 숫자가 들어 있을 때, ❷부분을 탐색하다가 ❶부분을 확인하고자 할 때에도 마이크로초(10^{-6}초) 단위로 포인터를 이동시킬 수 있다.

● **그림 2.3** 메모리와 디스크(그리고 CPU)

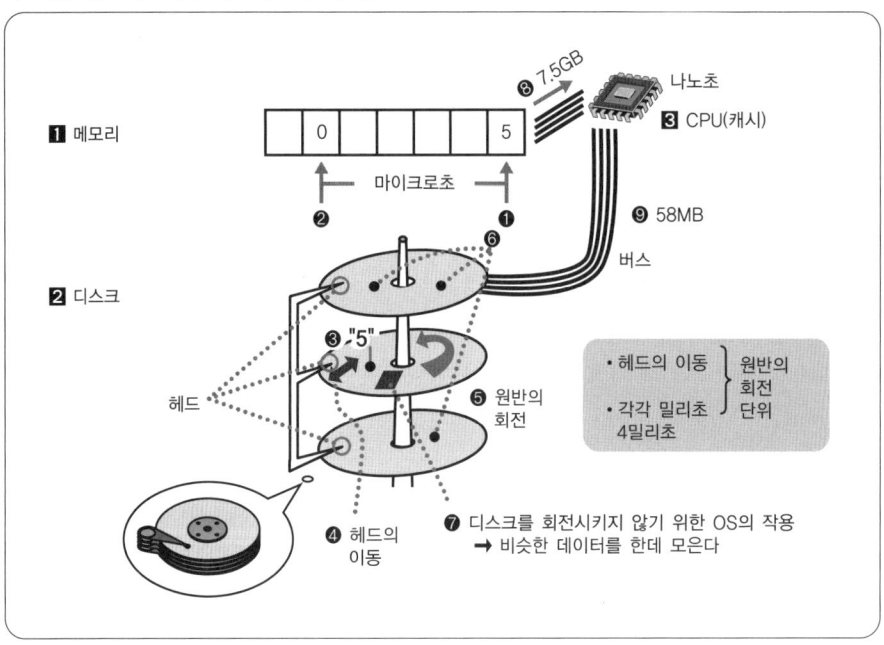

한편 그림 2.3 **2**와 같은 그림을 본 적이 있겠지만, 디스크는 동축 상에 '원반'(disk)이 쌓여 있다. 이 원반이 회전하고 있고 여기서 데이터를 읽어낸다. 즉, 메모리와는 달리 회전 등의 물리적인 동작을 수반하고 있다. 이 물리적인 구조가 탐색속도에 영향을 준다. 예를 들면 그림 2.3 ❹ 부근에 데이터가 1바이트 저장되어 있다고 하자. 물론 실제는 이렇게 크지 않을 것이다.

그 옆(그림의 좌측)에 자기(磁氣)를 읽어들이는 '헤드'가 있다. 이 헤드가 달라붙는지 아닌지에 따라 자기를 읽어내 데이터를 읽어내는 구조로 되어 있다. 먼저 이 헤드를 ❹의 원반 상의 바깥쪽 위치에서 원반 안쪽, 즉 읽어야 할 데이터가 놓여 있는 위치인 ❸으로 옮기는 작업이 필요하다. 그렇지만 실제로는 마이크로초(μs), 밀리초(ms) 세계의 얘기이므로 헤드의 움직임이 **빠르다**고 할 수는 없겠다.

더구나 여기서 데이터를 읽어들일 때 ❺와 같이 회전하고 있다고 하면 원반상의 ❸ 위치가 이미 헤드보다 조금 앞으로 가버려서 원하는 위치를 읽기 위해 원반을 한 바퀴 더 돌려야 한다.

탐색속도에 영향을 주는 다양한 요인

디스크에서는 ❹헤드의 이동과 ❺원반의 회전이라는 두 가지 물리적인 이동이 필요하지만, 역시나 오늘날의 기술로도 원반의 회전속도를 빛의 속도까지 근접시킬 수는 없다. 디스크에서는 ❹, ❺ 각각 밀리초(10^{-3}초) 단위, 합해서 수 밀리초나 걸린다. 메모리는 1회 탐색할 때 마이크로초면 되지만, 디스크는 수 밀리초가 걸리는 것이다.

다음으로 ❻과 같이 데이터가 뿔뿔이 흩어져서 배치되어 있고 이분탐색 등 여기저기에서 찾아야 하는 알고리즘을 사용한다고 하면, 한 바퀴 회전해서 이쪽으로 이동하고 또 한 바퀴 회전해서 저쪽으로, 또다시 회전해서 이쪽으로와 같이 원반을 빙글빙글 돌려야 한다. 또한 경우에 따라서는 헤드도 움직여야 한다. 결과적으로 상당한 시간이 걸리게 된다. 그러나 데이터가 메모리상에 있다면 탐색할 때 물리적인 동작 없이 실제 데이터 탐색 시의 오버헤드가 거의 없으므로 **빠른** 것이다.

탐색에 사용되는 것이 CPU의 캐시에 올리기 쉬운 알고리즘이나 데이터 구조라면 메모리 내용이 그림 2.3 ❸의 CPU 캐시에 올라가므로 더욱 **빨라져** 나노초(10^{-9}초) 단위로 처리할 수 있다.

여기까지가 디스크와 메모리의 탐색속도 차이다.

OS 레벨에서의 연구

디스크는 느리지만 OS는 이것을 어느 정도 커버하는 작용을 한다. 그림 2-3 ❼과 같이 OS는 연속된 데이터를 같은 위치에 쌓는다. 그리고 나서 데이터를 읽을 때 1바이트씩 읽는 것이 아니라 4KB(kilobytes) 정도를 한꺼번에 읽도록 되어 있다.

이렇게 해서 비슷한 데이터를 비슷한 곳에 두어 1번의 디스크 회전으로 읽는 데이터 수를 많게 한다. 그 결과로 디스크의 회전횟수를 최소화할 수 있게 된다. 이러한 작용을 해서 디스크를 가능한 한 회전시키지 않아도 되도록 하고 있다. 그렇지만 결국 회전 1회당 밀리초 단위이므로 역시 메모리와의 속도차를 피할 수 있는 것은 아니다.

전송속도, 버스의 속도차

지금까지는 탐색속도 측면에서 메모리가 디스크에 비해 10^5~10^6배 이상 빠르다는 얘기였는데 사실은 이것뿐만이 아니다.

이제 전송속도 차이도 살펴보자. 메모리나 디스크 모두 CPU와 버스로 연결되어 있다(그림 2.3 ❽, ❾). 이 버스의 속도에서도 상당한 차이가 있다. 먼저 '탐색' 과 '전송' 의 차이에 유의하기 바란다. 앞서 본 것은 메모리 혹은 디스크상에 있는 임의의 데이터를 탐색할 때의 속도차. 여기서 살펴보고자 하는 것은 전송속도다. 찾은 데이터를 디스크에서 메모리로 보내거나 메모리에서 CPU로 보내는 등 컴퓨터 내부에서 전송하기 위한 속도다. 그림 2.4가 그 예로, hdparm이라는 Linux 툴을 사용하면 그 속도차를 알 수 있다. 그림에서 'Timing cached reads' 는 메모리에 있는 캐시 데이터의 전송속도이므로 실질 메모리 전송속도, 'Timing buffered disk reads' 는 디스크의 전송속도로 생각하기 바란다. 대략 100배 정도 차이가 나고 있다.

강의 5 대규모 데이터 처리의 어려운 점 _메모리와 디스크

메모리와 CPU는 상당히 빠른 버스로 연결되어 있으므로 7.5GB/초 정도 나오지만(그림 2.4 ❶), 디스크는 58MB/초 정도밖에 나오지 않는다(그림 2.4 ❷). 따라서 전송해오는 중에도 시간이 걸린다. 데이터가 많아지면 많아질수록 디스크와 메모리의 차이도 나타나게 되므로 전송속도에서도 디스크는 늦어진다.

최근 SSD(Solid State Drive)가 나오고 있다. SSD는 물리적인 회전이 아니므로 Seek(탐색)은 빠르지만 버스 속도가 병목이 되거나 그 밖에 구조에 기인하는 면이 있어서 역시나 메모리만큼의 속도는 나오지 않는다.

* * *

이와 같이 현대의 컴퓨터에서는 메모리와 디스크 속도차를 생각하고 애플리케이션을 만들어야 한다. 이는 확장성을 생각할 때 매우 본질적이면서도 어려운 부분이다.

> **Memo**
>
> **전송속도에서도 100배 이상 차이가 난다.**
> - 메모리: 7.5GB/초
> - 디스크: 58MB/초

● **그림 2.4** 디스크와 메모리의 전송속도 차이

```
% sudo /sbin/hdparm -tT /dev/sda

/dev/sda:
 Timing cached reads:    15012 MB in  1.99 seconds = 7525.03 MB/sec   ←①
 Timing buffered disk reads:  176 MB in  3.02 seconds =  58.37 MB/sec   ←②
```

> **Column**
>
> ## Linux 단일 호스트의 부하 『서버/인프라를 지탱하는 기술』 요약 (OS 레벨의 기초지식 1편)
>
> '부하분산' 이라는 말에서 떠오르는 것은 대부분의 경우 복수의 호스트로 처리를 나누어 담당시키는, 문자 그대로의 '분산' 이다. 그러나 원래 한 대에서 처리할 수 있는 부하를 서버 10대로 분산하는 것은 본말이 전도된 것이다. 단일 서버의 성능을 충분히 끌어낼 수 있는 것을 시작으로 복수 서버에서의 부하분산이 의미를 갖는다.
>
> ### 추측하지 말라, 계측하라 ······ 단일 호스트의 성능 끌어내기
>
> 단일 호스트의 성능을 끌어내는 데에는 서버 리소스의 이용현황을 정확하게 파악할 필요가 있다. 즉, 부하가 어느 정도 걸리고 있는지를 조사할 필요가 있다. 그리고 이런 계측작업이야말로 단일 호스트의 부하를 줄이는 데 가장 중요한 작업이다.
>
> 프로그램의 세계에는 유명한 격언이 있다.
>
> "추측하지 말라, 계측하라"
>
> 부하분산의 세계도 예외 없이 이에 해당한다. 계측함으로써 시스템의 병목을 규명하고, 이를 집중적으로 제거함으로써 성능을 끌어낼 수 있다.
>
> ### 병목 규명작업의 기본적인 흐름
>
> 병목을 규명하기 위한 작업을 크게 나누면 다음과 같다.
>
> - Load Average 확인
> - CPU, I/O 중 병목 원인 조사
>
> 아래에서 각각에 대한 기본적인 흐름을 설명한다.
>
> ### Load Average 확인
>
> 우선, 부하 규명의 시작이 되는 지표로 top이나 uptime 등의 명령으로 Load Average를 확인한다. Load Average는 시스템 전체의 부하상황을 나타내는 지표다. 다만, Load Average만으로는 병목의 원인이 어딘지를 판단할 수 없다. Load Average 값을 시초로 해서 병목지점에 대한 조사를 시작한다.
>
> Load Average는 낮은데 시스템의 전송량이 오르지 않을 경우도 가끔 있다. 이럴 경우는 소프트웨어의 설정이나 오류, 네트워크, 원격 호스트 측에 원인이 없는지 등을 살펴본다.
>
> ### CPU, I/O 중 병목 원인 조사
>
> Load Average가 높은 경우, 다음으로 CPU와 I/O 어느 쪽에 원인이 있는지를 조사한다. sar(51쪽, 68쪽의 컬럼에서 설명)이나 vmstat로 시간 경과에 따라 CPU 사용률이나 I/O 대기율의 추이를 확인할 수 있으므로 이를 참고로 해서 규명한다. 확인 후 다음 단계로 나아간다.
>
> 'CPU 부하' 가 높을 경우, 다음과 같은 흐름을 따라 조사해간다.

강의 5 대규모 데이터 처리의 어려운 점 _메모리와 디스크

- 사용자 프로그램의 처리가 병목인지, 시스템 프로그램이 원인인지를 확인한다. top이나 sar로 확인한다.
- 또한 ps로 볼 수 있는 프로세스의 상태나 CPU 사용시간 등을 보면서 원인이 되고 있는 프로세스를 찾는다.
- 프로세스를 찾은 후 보다 상세하게 조사할 경우는 strace로 추적하거나 oprofile로 프로파일링을 해서 병목지점을 좁혀간다.

일반적으로 CPU에 부하가 걸리고 있는 것은 다음 상황 중 하나다.

- 디스크나 메모리 용량 등 그 밖의 부분에서는 병목이 되지 않는, 말하자면 이상적인 상태
- 프로그램이 폭주해서 CPU에 필요이상의 부하가 걸리는 경우

전자의 상태에다 시스템의 전송량에 문제가 있다면 서버 증설이나 프로그램의 로직이나 알고리즘을 개선해서 대응한다. 후자의 경우는 오류를 제거해서 프로그램이 폭주하지 않도록 대처한다.

'I/O 부하'가 높은 경우, 프로그램으로부터 입출력이 많아서 부하가 높거나 스왑이 발생해서 디스크 액세스가 발생하고 있는 상황 중 하나일 경우가 대부분이다. sar이나 vmstat로 스왑의 발생상황을 확인해서 문제를 가려낸다.

확인한 결과 스왑이 발생하고 있을 경우는 다음과 같은 점을 실마리로 조사한다.

- 특정 프로세스가 극단적으로 메모리를 소비하고 있지 않은지를 ps로 확인할 수 있다.
- 프로그램의 오류로 메모리를 지나치게 사용하고 있는 경우에는 프로그램을 개선한다.
- 탑재된 메모리가 부족한 경우에는 메모리를 증설한다. 메모리를 증설할 수 없을 경우는 분산을 검토한다.

스왑이 발생하지 않고 디스크로의 입출력이 빈번하게 발생하고 있는 상황은 캐시에 필요한 메모리가 부족한 경우를 생각해볼 수 있다. 해당 서버가 저장하고 있는 데이터 용량과 증설 가능한 메모리 양을 비교해서 다음과 같이 나눠서 검토한다.

- 메모리 증설로 캐시영역을 확대시킬 수 있는 경우는 메모리를 증설한다.
- 메모리 증설로 대응할 수 없는 경우는 데이터 분산이나 캐시서버 도입 등을 검토한다. 론, 프로그램을 개선해서 I/O 빈도를 줄이는 것도 검토한다.

이상이 부하의 원인을 좁혀나가는 기본적인 전략이 되겠다.

OS 튜닝이란 부하의 원인을 알고 이것을 제거하는 것

부하를 계측하는 방법을 익혔으므로 이제는 OS의 성능을 향상시키기 위한 튜닝에 대해 알아보도록 하자라고 하고 싶지만, 사실 튜닝 방법을 굳이 설명할 필요는 없다. 튜닝이라는 단어에서, 본래 소프트웨어가 지니고 있는 성능을 2배, 3배 이상으로 키워주기 위한 시책을 떠올리는 사람도 있을지 모르겠다.

그러나 튜닝의 본래 의미는 '병목이 발견되면 이를 제거하는' 작업이다. 애초에 본래 하드웨어나 소프트웨어가 지니고 있는 성능 이상의 성능을 내는 것은 아무리 노력해도 불가능한

것이다. 할 수 있는 것은 '하드웨어/소프트웨어가 본래 지닌 성능을 충분히 발휘할 수 있도록 문제가 될 만한 부분이 있다면 제거하는' 것이다.

최근의 OS나 미들웨어는 디폴트 상태에서도 충분한 성능을 발휘할 수 있도록 설정되어 있다. 정체되지 않은 고속도로의 차도를 넓혀도 1대의 자동차가 목적지에 도달하기까지 걸리는 시간은 달라지지 않는 것과 마찬가지로, 디폴트 설정이 최적화되어 있다면 아무리 설정을 변경하더라도 대부분의 경우에는 효과가 없다.

예를 들면, CPU의 계산시간을 최대한 이용해서 10초 걸리는 처리는 아무리 OS 설정을 만진다고 해도 10초 이하로 줄어들 수는 없다. 이것이 정체되지 않은 고속도로의 예다.

한편, 예를 들어 다른 프로그램의 I/O 성능이 영향을 끼치고 있어서 해당 프로그램이 본래 10초에 끝낼 일을 100초 걸려 마친다고 할 경우에는 I/O 성능을 개선할 수 있다. 이는 정체하고 있는 고속도로의 예다. I/O 성능을 개선하기 위해서는 다음과 같은 것을 규명할 필요가 있다.

- 메모리를 증설해서 캐시 영역을 확보함으로써 대응할 수 있는가
- 원래 데이터량이 너무 많지는 않은가
- 애플리케이션 측의 I/O 알고리즘을 변경할 필요가 있는가

결국 원인을 알면 해당 원인에 대한 대응방법은 자명한 것이다. 이렇게 자명해진 대응방법을 실천하는 것이 튜닝인 것이다.

이 컬럼의 바탕이 되고 있는 『(24시간 365일) 서버/인프라를 지탱하는 기술』, (이토 나오야 외 5인 공저, 제이펍, 2009)에서는 이를 위해 필요한 지식을 얻기 위한 발판으로서 OS 내부의 구조나 부하의 계측방법에 관한 기본적인 내용에 대해 설명했다. 이 컬럼부터 5장의 컬럼에 걸쳐서, 대규모 데이터 처리를 설명하는 이 책을 이해하기 위해 도움이 될 만한 OS 레벨의 기초지식에 관한 설명을 위 책에서 골라내어 전달하도록 하겠다(45쪽에서 계속).

규모조정의 요소

규모조정, 확장성

강의 5에서는 메모리와 디스크의 속도차에 대해 얘기했다. 앞에서 자세하게 다뤘지만, 데이터가 커지면 그 속도차에 기인하는 문제가 복잡해지기가 쉽다. 강의 6에서는 먼저 이런 사항들이 시스템 전체의 확장성 전략에 어떤 영향을 줄지에 대해 살펴보도록 하자.

대규모 환경이라고 하면 서버를 여러 대 나열해놓고 그 서버로 부하를 분산한다라는 얘기를 들어보았을 것이다. 웹 서비스에서 자주 거론되는 규모조정(scaling), 확장성(scalability)은 그런 종류의 얘기다.

웹 서비스에서는 고가의 빠른 하드웨어를 사서 성능을 높이는 '스케일업(scale-up)' 전략보다도 저가이면서 일반적인 성능의 하드웨어를 많이 나열해서 시스템 전체 성능을 올리는 '스케일아웃(scale-out)' 전략이 주류이다. 개별적인 이유는 다양하겠지만, 스케일아웃 전략이 더 나은 이유는 웹 서비스에 적합한 형태이고 비용이 저렴하다는 점과 시스템 구성에 유연성이 있다는 점이 포인트다.

하드웨어 가격이 성능과 비례하지 않는다는 것은 여러분도 잘 알고 있을 것이다. 가격이 10배인 제품이 속도나 신뢰성 면에서 10배만큼 발휘하는 것은 아니다. 다양한 패턴이 있겠지만, 예를 들어 이제 막 출시된 신제품의 부품이 10만 엔 이상, 한편 특정 속도가 조금 느릴 뿐 성능에는 큰 차이가 없는 구제품은 훨씬 저렴한 가격에 구입할 수 있기도 하다. 동일한 성능을 확보할 때 저가의 하드웨어를 나열해서 확보하는 편이 더 낫다는 것이다.

시스템 구성의 유연성이라는 것은 생각하기 나름인데, 예를 들어 부하가 적을 때는 최소한으로 투자하고 부하가 높아짐에 따라 확장해가기 쉽다는 것이고, 혹은 상당한 용도의 서버도 저렴하고 간단하게 준비할 수 있다는 것이다. 여러모로 빠르게 상황 대처가 쉽다는 점일 것이다.

규모조정의 요소 — CPU 부하와 I/O 부하

스케일아웃은 하드웨어를 나열해서 성능을 높이는, 즉 하드웨어를 횡으로 전개해서 확장성을 확보해가게 된다. 이때 CPU 부하의 확장성을 확보하기는 쉽다.

예를 들면 웹 애플리케이션에서 계산을 수행하고 있을 때, 즉 HTTP 요청을 받아 DB에 질의하고 DB로부터 응답받은 데이터를 가공해서 HTML로 클라이언트에 반환할 때는 기본적으로 CPU 부하만 소요되는 부분이다. 이것은 나중에 설명할 서버 구성 중에 프록시나 AP 서버(application server)가 담당할 일이다.

한편 DB 서버 측면에서는 I/O 부하가 걸린다. 이는 대규모 데이터 및 DB라는 두 가지 관점에서 자세히 살펴보도록 하자.

웹 애플리케이션과 부하의 관계

웹 애플리케이션과 부하의 관계를 그림으로 살펴보자(그림 2.5). 웹 애플리케이션의 3단 구조에는 프록시(그림 2.5 ❶), AP 서버(그림 2.5 ❷), DB(그림 2.5 ❸)가 있다.

웹 애플리케이션에 그림 2.5 **1 2**라는 요청이 오고 ❸DB에 도달해서 I/O가 발생하고(그림 2.5 **3**), 이 I/O가 발생해서 되돌아온 콘텐츠를 변경한 후(그림 2.5 **4**) 클라이언트로 응답한다. 기본적으로 ❷AP 서버에는 I/O 부하가 걸리지 않고 ❸DB 측에 I/O 부하가 걸린다.

❷AP 서버는 CPU 부하만 걸리므로 분산이 간단하다. 그 이유는 기본적으로 데이터를 분산해서 갖고 있는 것이 아니므로 ❷'❷"와 동일한 호스트가 동일하게 작업을 처리하기만 하면 분산할 수 있다. 따라서 대수를 늘리기만 하면 간단히 확장해갈 수 있다. 결국 새로운 서버를 추가하고자 한다면 원래 있던 서버와 완전히 동일한 구성을 갖는 서버, 심하게 말하면 복사본을 마련해서 추가하면 된다. 요청을 균등하게 분산하는 것은 로드밸런서(load balancer)라는 장치가 해준다. 이걸로 OK.

한편, I/O 부하에는 문제가 있다. ❸'를 추가한다고 생각해보면 바로 알겠지만 DB❸❸'을 함께 놓는다고 하면, 예를 들어 ❷에서 쓰기가 발생했을 때 ❸이 지닌 데이터와 ❸'의 데이터를 어떻게 동기화할 것인가라는 문제가 생긴다. ❸의 데이터를 ❸'의 DB에 복사하면 좋겠지만 ❸의 DB에 쓰인 내용을 어떻게 ❸'에 쓸 것인가라는 상황에 놓인다. 그렇다. 쓰기는 간단히 분산할 수가 없다.

● **그림 2.5** 웹 애플리케이션의 부하

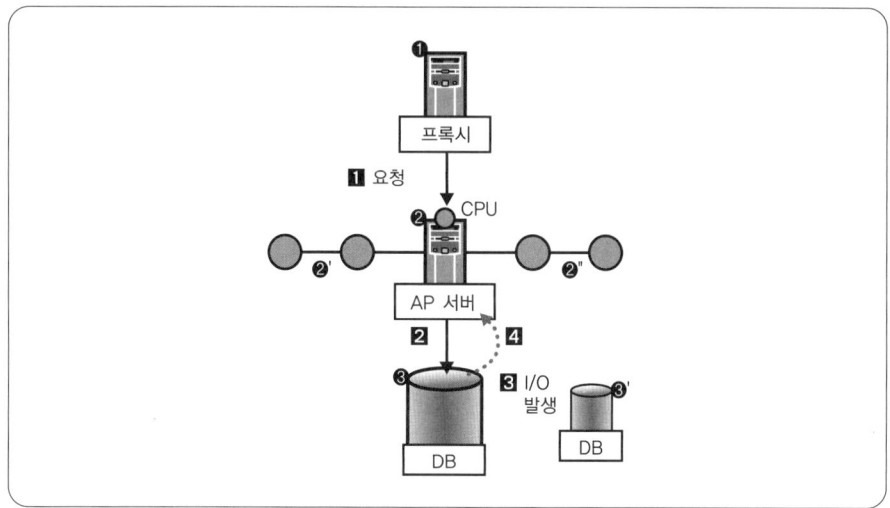

DB 확장성 확보의 어려움

이상과 같이 DB 확장성을 확보하는 것은 상당히 어렵다.

그리고 강의 5에서 앞서 설명한 바와 같이 디스크가 느리다는 문제도 여기에 영향을 미친다. 그림 2.5의 ❷는 디스크를 거의 사용하지 않으므로 디스크에 관해서는 별로 생각하지 않아도 되지만, 그림 2.5❸❸'의 DB에서는 디스크를 많이 사용하므로 디스크 I/O를 많이 발생시키는 구성으로 되어 있으면 속도차 문제가 생긴다. 게다가 데이터가 커지면 커질수록 메모리에서 처리 못하고 디스크상에서 처리할 수 밖에 없는 요건이 늘어난다.

즉, 대규모 환경에서는 I/O 부하를 부담하고 있는 서버는 애초에 분산시키기 어려운데다가 디스크 I/O가 많이 발생하면 서버가 금새 느려지는 본질적인 문제가 있다.

서비스를 운영해보면 '서비스가 무거우니 서버를 늘리는 게 어때?'와 같은 제안을 하는 경우도 있는데, 사실 서버를 늘려서 해결할 수 있다면 간단한 것이다. 그래서 해결된다면 얼마든지 늘리면 된다. 하테나는 매우 쉽게 인프라를 조절할 수 있는 환경을 갖추고 있다. 하루 이틀에 50대 정도 도입하는 것도 인프라 부서에 맡기면 문제도 아니므로 매우 간단히 할 수 있지만, 그것만으로는 문제가 해결되지 않기 때문에 더욱 어려운 것이다. 그러므로 어딘가의 시스템을 이용하면서 무겁게 느껴진다고 해서 '서버를 늘리지'라고 생각하는 것은 위험하다. 혹시 그렇게 말한다면, 그 순간에 기술적인 지식의 배경이 훤히 드러나 보일 수도 있다. '저 사람 뭘 모르네'라고. 무섭지 않은가?

우스갯소리로 한 얘기지만, 어쨌든 이렇게 어려운 I/O 부하의 규모조정에 대해 생각해봐야 한다. 이 점을 확실히 파악해두기 바란다.

> **Memo**
>
> **CPU 부하의 규모조정은 간단하다.**
> - 같은 구성의 서버를 늘리고 로드밸런서로 분산
> - 웹, AP 서버, 크롤러(crawler)
>
> **I/O 부하의 규모조정은 어렵다.**
> - DB
> - 대규모 데이터(→ 강의 7)

> **Column**
>
> **두 종류의 부하와 웹 애플리케이션**
> 『서버/인프라를 지탱하는 기술』 요약 (OS 레벨의 기초지식 2편)
>
> 앞서 말했듯이 일반적으로 부하는 크게 두 가지로 분류된다.
>
> - CPU 부하
> - I/O 부하
>
> 예를 들어 대규모의 과학계산을 수행하는 프로그램이 있는데, 이 프로그램은 디스크 입출력(Input/Output, I/O)은 하지 않지만 처리가 완료될 때까지 상당한 시간을 요한다고 하자. '계산을 한다'라는 것으로부터 생각할 수 있듯이, 이 프로그램의 처리속도는 CPU의 계산속도에 의존하고 있다. 이것이 바로 CPU에 부하를 주는 프로그램이다. 'CPU 바운드한 프로그램'이라고도 한다.
>
> 한편, 디스크에 저장된 대량의 데이터에서 임의의 문서를 찾아내는 검색 프로그램이 있다고 하자. 이 검색 프로그램의 처리속도는 CPU가 아닌, 디스크의 읽기속도, 즉 입출력에 의존할 것이다. 디스크가 빠르면 빠를수록 검색에 걸리는 시간은 짧아진다. I/O에 부하를 주는 종류의 프로그램이라고 해서 'I/O 바운드한 프로그램'이라고 한다.
>
> 일반적으로 AP 서버는 DB로부터 얻은 데이터를 가공해서 클라이언트로 전달하는 처리를 수행한다. 그 과정에서 대규모 I/O를 발생시키는 일은 드물다. 따라서 많은 경우에 AP 서버는 CPU 바운드한 서버라고 할 수 있다.
>
> 반면, 웹 애플리케이션을 구성하는 또 하나의 요소 시스템인 DB 서버는 데이터를 디스크로부터 검색하는 것이 주된 일로, 특히 데이터가 대규모가 되면 될수록 CPU에서의 계산시간보다도 I/O에 대한 영향이 커지는 I/O 바운드한 서버다. 같은 서버라도 부하의 종류가 다르면 그 특성은 크게 달라진다.

멀티태스킹 OS와 부하

Windows나 Linux 등 최근의 멀티태스킹 OS는 그 이름처럼 동시에 서로 다른 여러 태스크=처리를 실행할 수 있다. 그러나 여러 태스크를 실행한다고 해도 실제로는 CPU나 디스크 등 유한한 하드웨어를 그 이상의 태스크에서 공유할 필요가 있다. 그래서 매우 짧은 시간 간격으로 여러 태스크를 전환해가면서 처리함으로써 멀티태스킹을 실현하고 있다(그림 B.1).

실행할 태스크가 적은 상황에서 OS는 태스크에 대기를 발생하지 않고 전환을 할 수 있다. 그러나 실행할 태스크가 늘어나면 특정 태스크 A가 CPU에서 계산을 수행하고 있는 동안 다음에 계산을 수행하고자 하는 다른 태스크 B나 C는 CPU에 시간이 날 때까지 대기하게 된다. 이렇듯 '처리를 실행하려고 해도 대기한다'라는 대기상태는 프로그램의 실행지연으로 나타난다.

top의 출력내용에는 'Load Average(평균부하)'라는 수치가 포함되어 있다.

```
load average: 0.70, 0.66, 0.59
```

Load Average는 왼쪽부터 차례로 1분, 5분, 15분 동안에 단위시간당 대기된 태스크의 수, 즉 평균적으로 어느 정도의 태스크가 대기상태로 있었는지를 보고하는 수치다. Load Average가 높은 상황은 그만큼 태스크 실행에 대기가 발생하고 있다는 표시이므로, 지연이 되는=부하가 높은 상황이라고 할 수 있다.

● **그림 B.1** 멀티태스킹

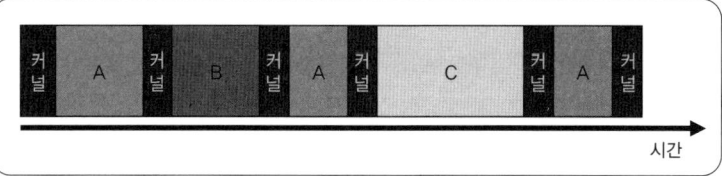

Average가 보고하는 부하의 정체

하드웨어는 일정 주기로 CPU로 인터럽트(interrupt)라고 하는 신호를 보낸다. 주기적으로 보내지는 신호라는 점에서 '타이머 인터럽트(Timer Interrupt)'라고 한다. 예를 들면, CentOS 5에서의 인터럽트 간격은 4ms(밀리초)가 되도록 설정되어 있다. 이 인터럽트마다 CPU는 시간을 진행시키거나 실행 중인 프로세스가 CPU를 얼마나 사용했는지를 계산하는 등 시간에 관련된 처리를 수행한다. 이때 타이머 인터럽트마다 Load Average 값이 계산된다.

커널은 타이머 인터럽트가 발생했을 때 실행가능 상태인 태스크와 I/O 대기인 태스크의 개수를 세어둔다. 그 값을 단위시간으로 나눈 것이 Load Average 값으로 보고된다. 실행가능 상태인 태스크란 다른 태스크가 CPU를 점유하고 있어 계산을 시작할 수 없는 태스크다. 즉, Load Average가 의미하는 부하는,

- 처리를 실행하려고 해도 실행할 수 없어서 대기하고 있는 프로세스의 수

를 말하며, 보다 구체적으로는 다음과 같음을 알 수 있다.

- CPU의 실행권한이 부여되기를 기다리고 있는 프로세스
- 디스크 I/O가 완료하기를 기다리고 있는 프로세스

이것은 분명히 직감과 일치한다. CPU에 부하가 걸릴 것 같은 처리, 예를 들면 동영상 인코딩 등을 수행하고 있는 도중에 다른 동종의 처리를 수행하고자 해도 결과가 늦어지거나 디스크에서 데이터를 대량으로 읽는 동안은 시스템의 반응이 둔해진다. 한편, 키보드 대기 중인 프로세스가 아무리 많더라도 그것을 원인으로 해서 시스템의 응답이 늦은 일은 없다.

Load Average 자체는 두 가지의 부하를 합쳐서 어디까지나 대기 태스크 수만을 나타내는 수치이므로 이를 보는 것만으로는 CPU 부하가 높은지, I/O 부하가 높은지는 판단할 수 없다. 최종적으로 서버 리소스 중 어디가 병목이 되고 있는지를 판단하려면 좀더 자세하게 조사할 필요가 있다(51쪽에서 계속).

CHAPTER 02 ••• 대규모 데이터 처리 입문 _메모리와 디스크, 웹 애플리케이션과 부하

강의 7

대규모 데이터를 다루기 위한 기초지식

프로그래머를 위한 대규모 데이터 기초

지금까지 살펴본 바와 같이 대규모 데이터는 메모리에서 처리하기 어렵고 디스크는 느리다. 또한 분산하기도 곤란하다는 어려움이 있다는 것을 알았다. 그렇지만 힘들다고 해서 숟가락을 내던질 수는 없다. '이걸 어떻게 해결할 수 없을까'가 앞으로 해나갈 얘기다.

아래에 대규모 데이터를 다루는 방법을 두 가지 관점에서 정리해보았다.

1 프로그램을 작성할 때의 요령
2 프로그램 개발의 근간이 되는 기초라는 점에서 전제로서 알아두었으면 하는 것

1, **2**도 각각 세 가지씩 소개하므로 아무쪼록 얽히고 설키지 않도록 주의하기 바란다.

대규모 데이터를 다루는 세 가지 급소
— 프로그램을 작성할 때의 요령

대규모 시스템을 고민하게 만드는 대규모 데이터, 이것을 다루는 요령**1**은 '어떻게 하면 메모리에서 처리를 마칠 수 있을까?'라는 점이다. 메모리에서 처리를 마쳐야 하는 이유는 앞서 설명한 대로 디스크 seek 횟수가 확장성, 성능에 크게 영향을

주기 때문이다. 디스크 seek 횟수를 최소화한다는 의미로 메모리를 활용하고자 한다. 그 다음으로 국소성을 활용한 분산도 있지만, 이에 관해서는 나중에 설명하도록 한다.

요령❷로는 데이터량 증가에 강한 알고리즘을 사용하는 것이다. 레코드 1,000만 건이 있을 때 단순히 선형탐색으로 하면 1,000만 번 계산을 수행해야 하는데, Log Order인 알고리즘을 적용하면 수십 번 만에 마칠 수 있다는 기본적인 예가 있다. 이렇게 알고리즘의 기초적인 부분을 제대로 활용하자는 것이다.

다음으로 요령❸. 데이터 압축이나 검색기술과 같은 테크닉이 활용될 수 있는 국면이 있다. 이에 관해서는 차차 자세히 보충해가겠지만, 단적으로 말하면 압축해서 데이터량을 줄일 수 있다면 읽어내는 seek 횟수도 적어지게 되므로 디스크 읽는 횟수를 최소화할 수 있다는 것이다. 또한 메모리에 캐싱하기 쉬워진다. 데이터가 크면 메모리에서 넘치거나 디스크에 저장해도 읽어내기에 시간이 걸리므로 압축이 중요해진다.

또한 검색이 중요한 이유는 확장성 면에서 DB에만 맡겨서 해결할 수 없을 때, 특정 용도에 특화된 검색엔진 등을 만들어서 해당 검색 시스템을 웹 애플리케이션에서 이용하는 형태로 전환한다면 속도를 제대로 확보할 수 있기 때문이다. 이러한 이유로 압축과 검색이 중요한 것이다.

> **Memo**
>
> **대규모 데이터를 다루기 위한 급소**
> ❶ 어떻게 하면 메모리에서 처리를 마칠 수 있을까?
>   • 디스크 seek 횟수 최소화하기
>   • 국소성을 활용한 분산 실현(뒤에서 설명)
> ❷ 데이터량 증가에 강한 알고리즘, 데이터 구조
>   • 예: 선형검색 ➡ 이분검색
>   • $O(n)$ ➡ $O(\log n)$
> ❸ 데이터 압축, 정보검색기술

대규모 데이터를 다루기 전 3대 전제지식
— 프로그램 개발의 한층 아래 기초

프로그램을 만드는 입장에서는 알고리즘, 압축, 검색 등이 중요하다. 또한 프로그램 개발에 근간이 되는 기초라는 점에서 알아두었으면 하는 것을 얘기하도록 한다. 여기서는 세 가지를 들도록 하겠다.

우선 ❶은 OS 캐시. ❷는 분산을 고려해서 RDBMS를 운용할 때는 어떻게 해야만 하는가라는 점. 그리고 ❸으로 대규모 환경에서 알고리즘과 데이터 구조를 사용한다는 것은 어떤 것인가라는 점에 대해 살펴보도록 하자. 이 세 가지는 이어지는 제3장~제5장에서 더 상세하게 살펴보게 될 것이다.

그 전에 Q&A 코너. 지금까지 의문 나는 점 있습니까?

학생: 인프라에 대한 설명과 중복될지도 모르겠지만, I/O 부하의 규모조정과 관련해서 AP 서버와 DB 서버는 몇 대나 되나요?

일괄적으로 얘기할 수는 없지만, 대략 하테나 북마크에서는 앞서 본 그림 2.5❷ (43쪽)와 같이 AP 서버가 현재 10대 정도, 그림 2.5❸과 같이 DB 서버가 25대 정도 있다.

대수가 많다고 해서 빠른 것은 아니라는 것은 앞서 설명한 대로다. 여기에 보충해두자면, DB 서버가 I/O 부하의 규모조정이 어렵기 때문에 DB 서버 쪽이 반드시 대수가 많아지는 것은 아니다.

학생: DB 서버를 늘리는 것과 동기화가 어려워지는 것이 관계가 있는 건가요?

그렇다. 관계 있다. 그림 2.5❷의 AP 서버는 늘리면 늘릴수록 점점 빨라지므로 부족해지면 늘리면 그만이다. 반면 ❸의 DB 서버는 늘리더라도 의미가 없는 경우가 자주 있다. 이후에 자료가 좀 나오므로 거기서 다시 거론하도록 하자.

자, 그림 3대 전제지식인 'OS 캐시', '분산을 고려한 RDBMS 운용', '대규모 환경에서 알고리즘과 데이터 구조'에 대해 자세히 설명해가도록 하자.

강의 **7** 대규모 데이터를 다루기 위한 기초지식

> **Memo**
>
> 프로그램에서 대규모 데이터 다루기. 그 전에…
> 1. OS 캐시(→ 제3장)
> 2. 분산을 고려한 RDBMS 운용(→ 제4장)
> 3. 알고리즘과 데이터 구조(→ 제5장)

Column

Load Average 다음은 CPU 사용률과 I/O 대기율
『서버/인프라를 지탱하는 기술』 요약 (OS 레벨의 기초지식 3편)

이전 컬럼(45쪽)에서 Load Average의 구체적인 산출방법을 살펴보면 그 값이 CPU 부하와 I/O 부하를 나타내고 있음을 알 수 있었다. 이는 반대로 말하면, 과부하로 시스템의 성능이 떨어지는 원인은 대부분의 경우에 CPU나 I/O에 있음을 나타내고 있다. 따라서 Load Average를 보고 대응할 필요가 있다고 판단한 경우, 다음 단계로 CPU와 I/O 중 어느 쪽에 원인이 있는지를 조사해야 한다.

sar로 CPU 사용률, I/O 대기율 확인

여기서 CPU 사용률과 I/O 대기 비율(I/O 대기율)이라는 지표를 활용한다. 이러한 지표는 sar 명령으로 확인할 수 있다. sar(System Activity Reporter)은 이름 그대로 시스템 상황 리포트를 열람하기 위한 도구다.

그림 C.1은 CPU 바운드한 시스템에서의 sar 실행결과다. sar이 다른 도구보다도 뛰어난 점은 부하의 지표를 시간경과에 따라 비교해서 열람할 수 있다는 점이다. 그림 C.1에서는 00:00~00:40 동안의 CPU 사용률 추이를 확인할 수 있다. '%user'는 사용자 모드에서의 CPU 사용률이다. '%system'은 시스템 모드에서의 CPU 사용률이다. Load Average가 높고 이러한 CPU 사용률 수치가 높다면 대기하고 있는 프로세스의 부하 원인은 CPU 리소스 부족이라고 판단할 수 있을 것이다.

● **그림 C.1** sar 실행 예(CPU 바운드한 시스템)

```
% sar
Linux 2.6.19.2-103.hatena.centos5 (jubuichi.hatena.ne.jp)     02/08/08
00:00:01        CPU     %user   %nice   %system  %iowait  %steal   %idle
00:10:01        all     59.84   0.00    1.54     0.00     0.00     38.62
00:20:02        all     48.72   0.00    1.48     0.00     0.00     49.80
00:30:01        all     54.91   0.00    1.45     0.00     0.00     43.64
00:40:01        all     66.39   0.00    1.51     0.02     0.00     32.09
Average:        all     57.47   0.00    1.49     0.01     0.00     41.03
```

51

I/O 바운드인 경우의 sar

다음으로 I/O 바운드인 서버에서의 sar 결과를 살펴보자(그림 C.2). '%iowait'은 I/O 대기율이다. Load Average가 높고 이 값이 높은 경우는 부하의 원인이 I/O에 있다고 판단할 수 있다.

CPU, I/O 중 어느 쪽에 원인이 있는지를 확인했으면 거기서부터 더욱 자세하게 조사해가기 위해서 다른 지표, 예를 들어 메모리 사용률이나 스왑 발생상황 등을 참조하도록 한다.

이와 같이 병목을 규명할 때는 Load Average 등의 종합적인 수치에서부터 CPU 사용률이나 I/O 대기율 등 보다 구체적인 수치, 나아가서는 각 프로세스의 상태까지 top-down 방식으로 살펴보는 전략이 유효하다.

● 그림 C.2 sar 실행 예(I/O 바운드한 시스템)

```
Linux 2.6.18-8.1.8.el5 (takehira.hatena.ne.jp) 02/08/08

00:00:01     CPU     %user     %nice    %system    %iowait    %steal    %idle
00:10:01     all     0.14      0.00     17.22      22.88      0.00      59.76
00:20:01     all     0.15      0.00     16.00      22.84      0.00      61.01
00:30:01     all     0.16      0.00     19.66      18.99      0.00      61.19
00:40:01     all     0.10      0.00     8.50       13.09      0.00      78.30
Average:     all     0.14      0.00     15.34      19.45      0.00      65.07
```

멀티 CPU와 CPU 사용률

근래의 x86 CPU 아키텍처(인텔 아키텍처 CPU를 총칭)는 멀티코어(Multi-Core)화가 진행되고 있다. 멀티코어가 되면, 예를 들어 CPU가 물리적으로 하나이더라도 OS에서는 여러 CPU가 탑재되어 있는 것처럼 보인다. Linux 커널은 CPU 사용률 통계를 각각의 CPU별로 유지하도록 되어 있다. 확인해보도록 하자.

sar의 -P 옵션을 이용한다. 그림 C.3은 코어가 4개인 쿼드코어 CPU(Quad-Core CPU)가 탑재된 서버에서의 sar 결과다. 각 CPU에는 CPU ID라는 연번 숫자가 붙어 있어서 출력내용 중 CPU 열에서 확인할 수 있다. 각 CPU마다 사용률 통계가 얻어지고 있다.

● 그림 C.3 sar 실행 예(CPU 바운드한 시스템, 멀티 CPU 탑재)

```
% sar -P ALL | head -13
Linux 2.6.19.2-103.hatena.centos5 (jubuichi.hatena.ne.jp)    02/08/08

00:00:01     CPU     %user     %nice    %system    %iowait    %steal    %idle
00:10:01     all     59.84     0.00     1.54       0.00       0.00      38.62
00:10:01     0       68.10     0.00     3.71       0.00       0.00      28.19
00:10:01     1       52.82     0.00     0.81       0.00       0.00      46.37
```

00:10:01	2	53.52	0.00	0.76	0.00	0.00	45.72
00:10:01	3	64.94	0.00	0.88	0.00	0.00	34.18
00:20:02	all	48.72	0.00	1.48	0.00	0.00	49.80
00:20:02	0	62.81	0.00	3.59	0.01	0.00	33.59
00:20:02	1	39.11	0.00	0.81	0.01	0.00	60.07
00:20:02	2	38.17	0.00	0.71	0.00	0.00	61.12
00:20:02	3	54.79	0.00	0.82	0.00	0.00	44.39

이는 CPU 바운드인 서버지만 I/O 바운드인 서버에서의 결과를 보도록 하자(그림 C.4). 우선은 -P 옵션을 사용하지 않고 합계만을 보도록 한다. I/O 대기(%iowait 열)가 평균적으로 20% 전후임을 확인할 수 있다. 이 서버는 코어가 2개인 듀얼코어 CPU를 이용하고 있다. sar -P로 개별적으로 살펴보자(그림 C.5). 결과는 약간 의외다. I/O 대기는 거의 CPU 0번에서만 발생하고 CPU 1번은 거의 작업을 하지 않음을 알 수 있다.

멀티 CPU가 탑재되어 있더라도 디스크는 하나밖에 없는 경우, CPU 부하는 다른 CPU로 분산돼도 I/O 부하는 분산되지 않는다. 이러한 편중현상은 sar의 결과로 나타나고 있다. 평균하면 I/O 대기는 20% 정도로 그다지 많지 않은 듯이 보이지만, CPU별로 보면 그 값의 편중이 현저하게 나타난다. 멀티코어 환경에서는 경우에 따라서는 CPU 사용률을 개별적으로 확인할 필요가 있다고 할 수 있다(68쪽에서 계속).

● **그림 C.4** sar 실행 예(I/O 바운드한 시스템, 멀티 CPU 탑재)

```
% sar | head
Linux 2.6.18-8.1.8.el5 (takehira.hatena.ne.jp)    02/08/08

00:00:01        CPU     %user   %nice   %system %iowait %steal  %idle
00:10:01        all     0.14    0.00    17.22   22.88   0.00    59.76
00:20:01        all     0.15    0.00    16.00   22.84   0.00    61.01
00:30:01        all     0.16    0.00    19.66   18.99   0.00    61.19
```

● **그림 C.5** sar -P 실행 예(CPU 바운드한 시스템, 멀티 CPU 탑재)

```
% sar -P ALL | head
Linux 2.6.18-8.1.8.el5 (takehira.hatena.ne.jp)   02/08/08

00:00:01        CPU     %user    %nice   %system   %iowait   %steal   %idle
00:10:01        all      0.14     0.00    17.22     22.88     0.00    59.76
00:10:01        0        0.28     0.00    34.04     45.58     0.00    20.10
00:10:01        1        0.00     0.00     0.40      0.18     0.00    99.42
00:20:01        all      0.15     0.00    16.00     22.84     0.00    61.01
00:20:01        0        0.30     0.00    31.61     45.58     0.00    22.51
00:20:01        1        0.00     0.00     0.38      0.11     0.00    99.50
```

CHAPTER 03

OS 캐시와 분산
대규모 데이터를 효율적으로 처리하는 원리

필자 **이토 나오야**

대규모 데이터를 다룰 때의 포인트
I/O 대책에 대한 기반은 OS에 있다

제2장에서 대규모 데이터란 어느 정도인지, 어떤 점이 어려운지 이미지화했는가? 이어서 제3장은 제2장에서 등장한 메모리나 디스크를 시작으로 하드웨어상에 얹혀 있는 OS에 관한 얘기로 옮겨가겠다.

제3장에서는 제2장의 대규모 데이터에 입각해서 OS 캐시에 대해 설명하도록 한다. OS가 캐시를 통해 대규모 데이터를 효율적으로 처리하려 한다는 내용이다. OS 캐시로 제대로 처리할 수 없게 되었을 때 분산에 대해 고려해보게 되는 것이다. 프로그래밍을 시작하기 전에 알아두면 이런 것들을 전제로 해서 프로그램을 설계할 수 있게 된다. 이는 대규모 데이터를 다룰 때 중요한 포인트가 된다.

강의 내용은, 먼저 강의 8에서 OS 캐시란 무엇인지 그 원리를 설명한다. 이어서 강의 9에서는 원리에 대한 이해를 바탕으로, 캐시를 전제로 한 I/O 부하를 줄이는 방법에 대해, 가능한 한 메모리에서 완결시키기 위한 대책과 메모리만으로 처리할 수 없어서 여러 서버에 분산시켜야 할지에 대한 지침, 분산시켜야 한다면 어떻게 확장성을 확보할 것인지에 대한 얘기를 다룬다. 강의 10에서는 여러 서버에 분산시킨 경우에도 캐시를 고려하고자 할 때 이를 위해 필요한 국소성 등의 사고방식을 소개한다.

> **Memo**
>
> **OS 캐시와 분산**
> - OS 캐시(→ 강의 8)
> - 캐시를 전제로 한 I/O 부하 줄이는 방법(→ 강의 9)
> - 캐시를 고려한 국소성을 살리는 분산(→ 강의 10)

강의 8
OS의 캐시 구조

OS의 캐시 구조를 알고 애플리케이션 작성하기
― 페이지 캐시

강의 5에서 디스크와 메모리 간 속도차가 10^5~10^6배 이상 난다고 했는데, 원래 OS에는 디스크 내의 데이터에 빠르게 액세스할 수 있도록 하는 구조가 갖춰져 있다. OS는 메모리를 이용해서 디스크 액세스를 줄인다. 원리를 알고 이를 전제로 애플리케이션을 작성하면 OS에 상당부분을 맡길 수 있다.

그 원리가 바로 OS 캐시다. Linux의 경우는 페이지 캐시(page cache)나 파일 캐시(file cache), 버퍼 캐시(buffer cache)라고 하는 캐시 구조를 갖추고 있다. 한편으로는 파일 캐시라고 하는 것은 그다지 적절하지 않다. 이유는 나중에 설명하도록 한다.

여기서는 '페이지 캐시'라고 하겠다. Linux 페이지 캐시의 특성을 확실히 알아두어야 한다는 것이 앞으로 설명할 내용이다.

> **Memo**
> **메모리, 디스크, OS 캐시 구조**
> • 디스크와 메모리 간 속도차는 10^5~10^6배 이상
> • 메모리를 이용해서 디스크 액세스를 줄이고자 한다.
> ➜ OS는 캐시 구조를 갖추고 있다.

Linux(x86)의 페이징 구조를 예로

그림 3.1을 보자. 갑자기 x86 페이징 구조라고 하면 다소 심도 깊은 얘기 같지만 그 점이 중요한 것은 아니고, '페이지라는 것은 대체 무엇인가?' 라는 얘기를 하고자 그림 3.1을 준비했다.

● **그림 3.1** Linux(x86) 페이징 구조

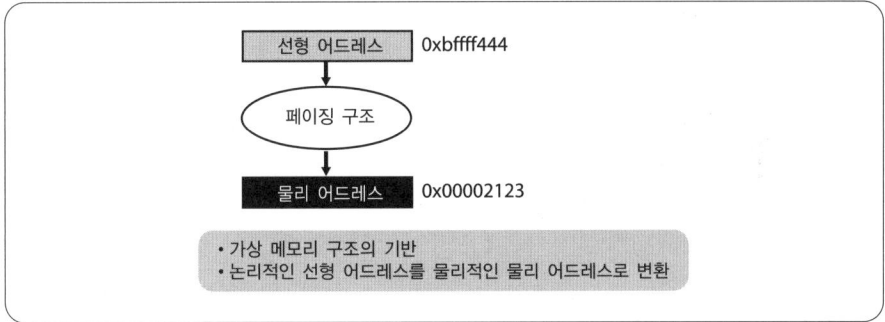

그림 3.1에도 있는데 여러분은 가상 메모리에 관해서 알고 있는가? 스왑은 어떤가?

학생: 용어는 들어본 적이 있는데 원리까지는 모릅니다.

역시나 원리는 좀 어렵다. 설명을 조금 하도록 하겠다.

책에 따라서는 '가상 메모리=스왑' 이라고 설명하는 경우도 적지 않은데, 그렇지는 않다. OS는 '가상 메모리 구조' 를 갖추고 있다. 가상 메모리 구조는 논리적인 선형 어드레스를 물리적인 물리 어드레스로 변환하는 것이며, 이 기능을 나타낸 것이 그림 3.1이다[주1].

[주1] 스왑은 가상 메모리를 응용한 기능 중 하나로 물리 메모리가 부족할 때 2차 기억장치(주로 디스크)를 메모리로 간주해서 외형상의 메모리 부족을 해소하는 원리다.

가상 메모리 구조

가상 메모리 구조가 존재하는 가장 큰 이유는 물리적인 하드웨어를 OS에서 추상화하기 위해서다. 그림 3.2를 바탕으로 가상 메모리를 좀더 자세히 살펴보도록 하자. 그림 3.2에서 **1**은 메모리, **2**는 OS, **3**은 애플리케이션 프로세스다.

● **그림 3.2** 가상 메모리 구조

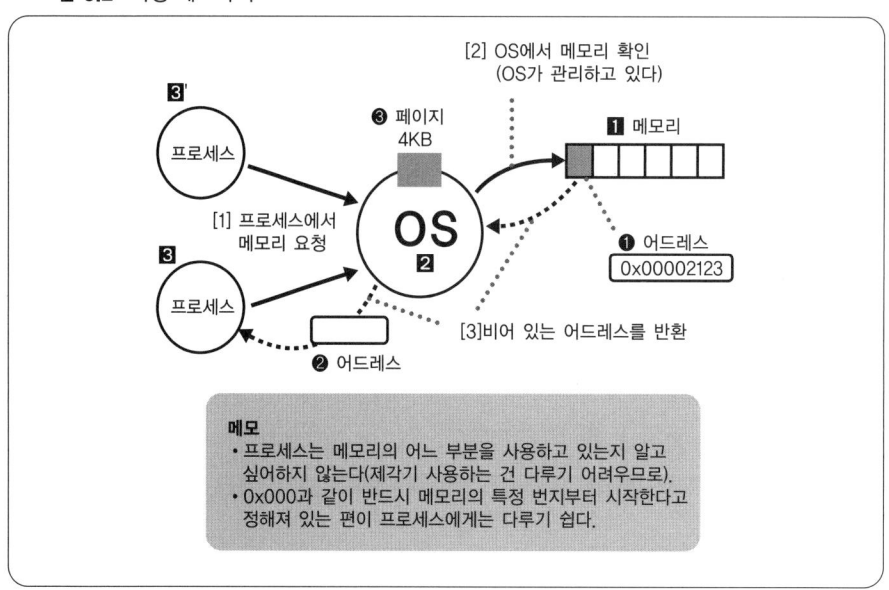

그림 3.2 **1**메모리에는 **1**과 같은 주소(=어드레스)가 붙어 있다. **1**에는 0x00002123이라는 32비트(bit) 주소가 붙어 있다. 그러나 **1**의 어드레스를 직접 프로그램에서 사용하게 되면 여러 곤란한 일이 일어난다[주2].

따라서 프로세스에서 메모리를 필요로 하게 되면(그림 3.2 [1]), 느닷없이 **1**의

[주2] 가상 메모리에 관한 설명은 『(24시간 365일)서버/인프라를 지탱하는 기술』에서도 자세히 설명하고 있다. 이 책에서 필요한 예비지식은 『(24시간 365일)서버/인프라를 지탱하는 기술』에서 일부 요약해서 칼럼으로 게재하고 있다. 꼭 참조하기 바란다.

어드레스를 가져오는 것이 아니라 그림 3.2 [2]와 같이 OS가 ❶메모리에서 비어 있는 곳을 찾는다. ❶메모리는 OS가 관리하고 있으며, 그림 3.2 [3]처럼 비어 있는 곳을 반환할 때 ❶의 0x00002123과는 다른 어드레스 ❷를 반환한다.

그 이유는 개별 프로세스에서는 메모리의 어느 부분을 사용하는지 관여하지 않고, '반드시 특정 번지부터 시작' 또는 '0x000부터 시작' 하는 것으로 정해져 있으면 다루기 쉽기 때문이다(그림 3.2 아래쪽 메모 참조). 예를 들면 유닉스의 공유 라이브러리는 프로세스 내의 지정된 주소로 할당되도록 되어 있다. 프로세스 내에서 이 특정 어드레스는 예약되어 있다. 이때 만일 시작주소가 각기 다르다면 메모리를 확보해야 할 주소위치를 찾기가 매우 어려울 것이다. 이에 관한 구체적인 내용은 OS 관련 참고서를 자세히 읽어볼 것을 권하며, 여기서의 포인트는 OS라는 것은 메모리를 직접 프로세스로 넘기는 것이 아니라 일단 커널 내에서 메모리를 추상화하고 있다는 점이다. 이것이 가상 메모리 구조이다.

어드레스를 매핑한다는 점 이외에도 어드레스 변환에는 다양한 이점이 있는데, 여기서는 아쉽지만 생략하도록 한다.

그런데 강의 5에서 디스크의 경우에도 OS가 모아서 읽어낸다고 했는데, 그림 3.2 [2]에서 메모리를 확보할 때에도 그와 마찬가지 방식으로 그림 3.2 ❸과 같이 메모리 1바이트씩 액세스하는 것이 아니라 적당히 4KB 정도를 블록으로 확보해서 프로세스에 넘긴다. 여기서 1개의 블록을 '페이지'라고 한다. OS는 프로세스에서 메모리를 요청받으면 페이지를 1개 이상, 필요한 만큼 페이지를 확보해서 프로세스에 넘기는 작업을 수행한다.

> **Memo**
>
> **가상 메모리**
> - 프로세스에서 메모리를 다루기 쉽게 하는 이점을 제공한다.
> - OS가 커널 내에서 메모리를 추상화하고 있다.
> - 페이지: OS가 물리 메모리를 확보/관리하는 단위

Linux의 페이지 캐시 원리

OS는 확보한 페이지를 메모리상에 계속 확보해두는 기능을 갖고 있다.

프로세스가 디스크로부터 데이터를 읽어내는 과정을 살펴보도록 하자(그림 3.3). OS는 그림 3.3 ❶과 같이 우선 디스크로부터 4KB 크기의 블록을 읽어낸다. 읽어낸 것은 그림 3.3 ❷와 같이 한 번은 메모리상에 위치시켜야 한다. 왜냐하면 프로세스는 디스크에 직접 액세스할 수 없기 때문이다. 어디까지나 프로세스가 액세스할 수 있는 것은 (가상) 메모리다. 따라서 OS는 그림 3.3 ❷와 같이 읽어낸 블록을 메모리에 쓴다. 그리고 나서 OS는 그 메모리 주소(그림 3.3 ❸)를 프로세스(❶)에 (가상 어드레스로서) 알려준다. 그러면 프로세스가 해당 메모리인 ❸에 액세스하게 된다(그림 3.3 ❹).

데이터 읽기를 마친 프로세스(❶)가 '이번 디스크 읽기는 끝나고 데이터는 전부 처리했으므로 더 이상 불필요'하게 됐어도 그림 3.3 ❸을 해제하지 않고 남겨둔다. 그렇게 하면 다음에 다른 프로세스(❷)가 같은 디스크인 그림 3.3 ❶에 액세스할 때에는 남겨두었던 페이지를 사용할 수 있으므로 디스크를 읽으러 갈 필요가 없게 된다. 이것이 페이지 캐시다. 즉, 커널이 한 번 할당한 메모리를 해제하지 않고 계속 남겨두는 것이 페이지 캐시의 기본이다(그림 3.3 ❺).

페이지 캐시의 친숙한 효과

이는 예외인 경우를 제외하고 모든 I/O에 투과적으로 작용한다. 즉, Linux에서는 디스크에 데이터를 읽으러 가면 꼭 한 번은 메모리로 가서 데이터가 반드시 캐싱된다. 따라서 두 번째 이후의 액세스가 빨라진다. 'Linux에서는'이라고 했는데, 현대의 OS는 대체로 페이지 캐시와 비슷한 구조를 갖추고 있다. OS를 계속 가동시켜 두면 메모리가 허락하는 한 디스크상의 데이터를 계속 캐싱하게 된다. 따라서 OS를 계속 가동시켜 두면 빨라진다.

Windows 머신 같은 경우에 여러분이 선뜻 재부팅하곤 하는데, 사실 재부팅하지 않는 편이 디스크를 읽어낼 때 캐시가 작용하기 쉬우므로 속도는 빨라진다. 부

● 그림 3.3 페이지 캐시

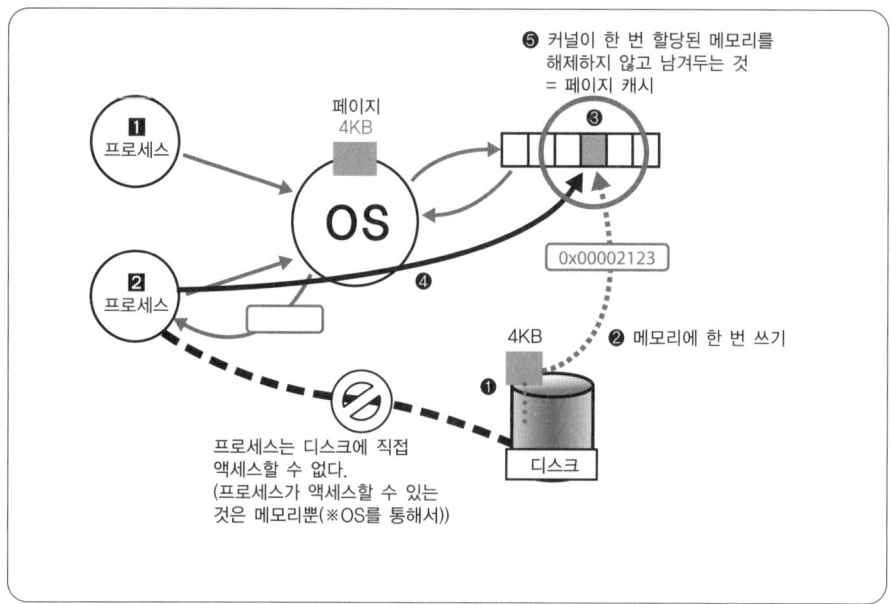

팅 직후에는 캐시가 없으므로 디스크 I/O가 발생하기 쉬우므로 다소 버벅거리는 것처럼 느낄 수 있다. Windows, Linux 모두 최근에는 이러한 구조로 되어 있다.

> **Memo**
>
> **Linux의 페이지 캐시**
> - 디스크의 내용을 일단 메모리에 읽어들인다.
>   → 페이지가 작성된다.
> - 작성된 페이지는 파기되지 않고 남는다.
>   → 페이지 캐시
> - 예외의 경우를 제외하고 모든 I/O에 투과적으로 작용한다.
>   → 디스크의 캐시를 담당하는 곳(VFS → 뒤에 설명)

VFS

이렇듯 디스크의 캐시는 페이지 캐시에 의해 제공되지만, 실제 이 디스크를 조작하는 디바이스 드라이버와 OS 사이에는 파일시스템이 끼어 있다(그림 3.4). Linux에는 ext3, ext2, ext4, xfs 등 몇몇 파일시스템이 있는데 그 하위에 디바이스 드라이버가 있으며, 이 디바이스 드라이버가 실제로 하드디스크 등을 조작한다. 파일시스템 위에는 VFS(Virtual File System, 가상 파일시스템)이라는 추상화 레이어가 있다. 파일시스템은 다양한 함수를 갖추고 있는데, 그 인터페이스를 통일하는 것이 VFS의 역할이다. 또한 VFS가 페이지 캐시의 구조를 지니고 있다. 어떤 파일시스템을 이용하더라도, 어떤 디스크를 읽어내더라도 반드시 동일한 구조로 캐싱된다. 이는 매우 바람직한 구조로, 보통은 여러분이 여러 종류의 PC를 사용하고 다양한 하드웨어를 이용하고 여러 파일시스템을 사용하고 있는데, 모두 같은 구조로 동일하게 캐싱되므로 전부 마찬가지로 생각해도 된다라는 것이다.

VFS의 역할은 파일시스템 구현의 추상화와 성능에 관련된 페이지 캐시 부분이다. 이 부분은 이 정도로만 알아두어도 OK. 중요한 것은 이제부터다.

● 그림 3.4 VFS

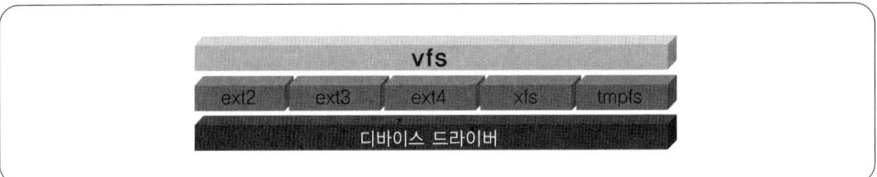

Linux는 페이지 단위로 디스크를 캐싱한다

앞에서는 '페이지 캐시'라고 했고 강의 8 첫 부분에서는 '파일 캐시'라고 하면 이름이 적절하지 않다고 했는데, 이제부터 이에 관해 설명하도록 한다.

강의 **8** OS의 캐시 구조

그림 3.5를 살펴보자. 예를 들어 그림 3.5 ❶의 디스크상에 4GB 정도의 매우 큰 파일이 있고, 그림 3.5 ❷의 메모리가 2GB밖에 없다고 하자.

2GB 중에 500MB 정도를 OS가 프로세스에 할당했다고 하자(그림 3.5 ❸). 그러면 '이제 1.5GB 정도 여유가 있다고 할 때, 4GB 파일을 캐싱할 수 있을까?'라는 문제가 발생한다(그림 3.5 ❹).

● **그림 3.5** 디스크를 페이지 단위로 캐싱

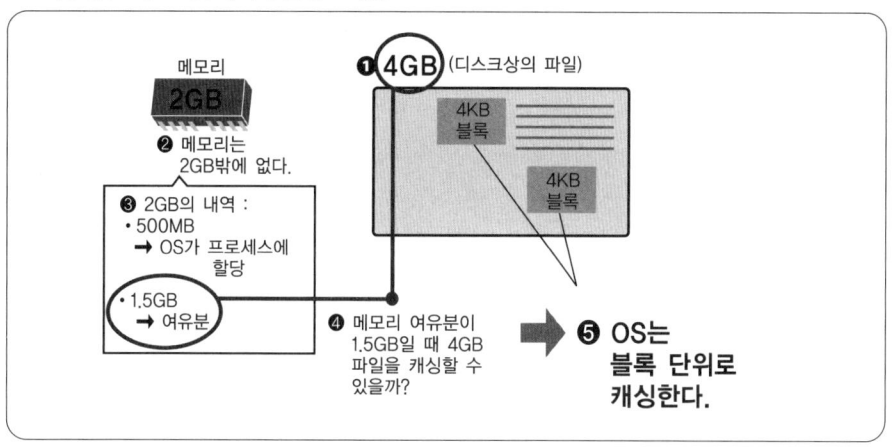

"파일 캐시"라고 생각한다면 파일 1개 단위로 캐싱하고 있다는 이미지를 주므로 4GB는 캐싱할 수 없다고 생각할 수 있지만, 실제로는 그렇지 않다.

OS는 그림 3.5 ❺와 같이 읽어낸 블록 단위만으로 캐싱할 수 있는 범위가 정해진다. 여기서는 디스크상에 배치되어 있는 4KB 블록만을 캐싱하므로 특정 파일의 일부분만, 읽어낸 부분만을 캐싱할 수 있다. 이렇게 디스크를 캐싱하는 단위가 페이지다. 이렇게 볼 때 앞서 말한 파일 캐시라는 명칭이 적절하지 않은 이유도 납득할 수 있으리라 생각한다.

> **Memo**
> 페이지 = 가상 메모리의 최소단위

LRU

메모리 여유분이 1.5GB 있고 파일을 4GB 전부 읽게 되면 어떻게 될까? 구조상으로는 LRU(Least Recently Used), 가장 오래된 것을 파기하고 가장 새로운 것을 남겨놓는 형태로 되어 있으므로 최근에 읽은 부분이 캐시에 남고 과거에 읽은 부분이 파기되어 간다. 따라서 DB도 계속 구동시키면 캐시가 점점 최적화되어 가므로 기동시킨 직후보다 점점 뒤로 갈수록 부하, I/O가 내려가는 특성을 보인다.

(보충) 어떻게 캐싱될까? — i노드와 오프셋

실제로 어떻게 해서 그림 3.5 ❺의 일부분만 캐시되는지 설명하도록 하겠다. 이 부분은 원리에 해당하는 부분이므로 반드시 기억해두어야 하는 것은 아니다.

Linux는 파일을 i노드 번호라고 하는 번호로 식별하며, 해당 파일의 i노드 번호와 해당 파일의 어느 위치부터 시작할지를 나타내는 오프셋, 이 두 가지 값을 키로 캐시한다. 이 두 가지를 키로 하면 '❶어떤 파일의 ❷어느 위치를'이라는 쌍으로 캐시의 키를 관리할 수 있으므로 결과적으로 파일 전체가 아닌 파일의 일부를 캐싱해갈 수 있다.

그리고 파일이 아무리 크더라도 이 키로부터 해당 페이지를 찾을 때의 데이터 구조는 최적화되어 있다. OS(=커널) 내부에서 사용되고 있는 데이터 구조는 Radix Tree라고 하며, 파일이 아무리 커지더라도 캐시 탐색속도가 떨어지지 않도록 개발된 데이터 구조다. 따라서 커다란 파일의 일부분을 캐싱하거나 작은 파일의 일부분을 캐싱하더라도 동일한 속도로 캐시를 찾을 수 있도록 되어 있다.

메모리가 비어 있으면 캐싱 — sar로 확인해보기

실례를 보면서 페이지 캐시의 특성을 살펴보도록 하자. 우선 Linux는 메모리가 비어 있으면 전부 캐싱한다. 여기에는 제한이 없어서 Linux는 비어 있는 메모리 공간에 계속해서 디스크 내용을 캐싱해간다. 한편 프로세스에서 메모리를 요청했을 때 캐시로 인해 더 이상 메모리가 남아있지 않다면 오래된 캐시를 버리고 프로세스에 메모리를 확보해준다.

sar이라는 툴이 여러분의 시스템에 설치되어 있는가? sysstat라는 패키지를 설치하면 sar이 포함되어 있으니 설치하기 바란다[주3].

그러면 그림 3.6을 보기 바란다. 그림 3.6은 sar -r을 실행한 예다. sar -r은 1초에 한 번 현재 메모리의 상태를 출력하는 명령이다.

● **그림 3.6** sar -r의 실행 예(일부 생략)

```
% sar -r 1 10000
Linux 2.6.11-co-0.6.4 (colinux)        05/28/07
                                        ❷                    ❶
19:50:32    kbmemfree  kbmemused   %memused  kbbuffers  kbcached  %swpused  kbswpcad
19:50:33         5800    1005888      99.43      28244    694088      0.00         0
19:50:34         5800    1005888      99.43      28244    694088      0.00         0
19:50:35         5800    1005888      99.43      28244    694088      0.00         0
19:50:36         5800    1005888      99.43      28244    694088      0.00         0
```

먼저 봐야 할 것은 그림 3.6의 ❶부분. kbcached는 'kilo byte cached'의 약자로, 캐싱되어 있는 용량이다. 현재 그림 3.6의 시스템은 대략 1GB 메모리를 갖고 있다. 그 중에 694MB, 700MB 가까이 캐시에 사용되고 있다. 다음으로 확인할 것이 ❷의 %memused 부분. 메모리를 99% 정도 사용하고 있다.

메모리를 99%나 사용 중이고 게다가 그 중에 700MB 정도를 캐시에 할당하고 있다. 이것을 페이지 캐시 원리를 모르고 보면 '내 PC, 메모리가 완전 부족하네!', '1GB밖에 없는데 캐시에 700MB나 사용하다니!' 라고 당황할 수도 있겠지만, 실제로는 그렇지가 않다.

메모리가 비어 있는 곳에 OS가 조금씩 디스크를 캐싱하고 있는 것일 뿐이다.

주3 이 책에서는 sar로 설명하지만, vmstat라는 툴도 비슷한 용도로 사용된다. sar의 사용법에 관해서는 칼럼에서 다루고 있으므로 함께 참조해보기 바란다.

캐시 이외에 메모리가 필요해지면 오래된 캐시가 파기된다. 그러므로 나중에 조금 다루겠지만, 예를 들어 디스크에 데이터가 수 GB 정도만 존재한다면 메모리를 8GB 정도 쌓아두면 전부 캐시에 올라가게 된다.

> **Memo**
> **Linux는 메모리가 비어 있으면 전부 캐싱**
> • 제한 없음 ➡ sar -r로 확인

메모리를 늘려서 I/O 부하 줄이기

지금까지의 설명에 따르면 메모리를 늘리면 실제 I/O 부하를 줄일 수 있음을 바로 알 수 있을 것이다. 메모리를 늘리면 캐시에 사용할 수 있는 용량이 늘어나고, 캐시에 사용할 수 있는 용량이 늘어나면 보다 많은 데이터를 캐싱할 수 있고, 많이 캐싱되면 디스크를 읽는 횟수가 줄어든다.

여기서도 실례를 살펴보자. 그림 3.7, 그림 3.8은 실제 하테나 북마크의 과거 데이터다. 앞서 sar -r로 메모리 상태를 보았는데 그림 3.7, 그림 3.8과 같이 특정 시간대에 프로세스가 I/O에서 얼마나 대기했는지도 확인할 수 있다.

● **그림 3.7** 메모리(4GB)

```
% sar -f /var/log/sa/sa05
14:10:01        CPU    %user   %nice   %system  %iowait   %idle
14:20:01        all     8.58    0.00     5.84    16.58    69.00
14:30:01        all     7.41    0.00     5.14    17.81    69.63
14:40:01        all     7.74    0.00     4.97    18.56    68.73
14:50:01        all     7.02    0.00     5.01    16.24    71.72
```

이제 그림 3.7의 출력내용을 살펴보면 %iowait이 대략 20% 정도다. 이는 프로세스가 작업을 수행할 때 항상 I/O에서 대기를 한다는 신호다. 이것은 그다지 좋지 않다. 그래서 메모리를 4GB(그림 3.7)에서 8GB(그림 3.8)로 늘려보니 대기가 거의 없어졌다.

● **그림 3.8** 메모리(8GB)

```
% sar -f /var/log/sa/sa06
14:10:01        CPU     %user   %nice   %system   %iowait   %idle
14:10:01        all     18.16   0.00    11.56     0.80      69.49
14:20:01        all     12.48   0.00     9.47     0.88      77.17
14:30:01        all     14.20   0.00    10.17     0.91      74.72
14:40:01        all     13.25   0.00     9.74     0.75      76.25
```

　이것이 의미하는 것은 4GB에서는 전부 캐싱할 수 없었으나 8GB로 늘리고 나니 데이터베이스상의 파일을 대부분 캐시로 올릴 수 있었다는 것이다.

　이와 같이 '메모리를 늘려서 I/O 부하를 줄이자'는 것이 데이터가 많아졌을 때의 기본 방침이다. '앗? 그렇다면 따로 연구하지 않아도 메모리만 착착 늘려가면 된다는 건가?"라는 생각을 떠올릴 수도 있겠지만, 쉽사리 그렇게는 되지 않을 것이다. 이에 관해서는 뒤에서 다루기로 하고 여기서는 원래 주제에 대해 좀더 설명하도록 하겠다.

페이지 캐시는 투과적으로 작용한다

　한 가지 더 실제 사례를 들어보겠다. 그림 3.9도 마찬가지로 sar -r로 본 메모리 상황으로, 이는 캐시가 투과적으로 작용한다는 것을 나타내고 있다. ❷행을 보면 갑자기 메모리 사용량이 96.98%로 올라가고 있다. 이게 어찌된 일일까?

　그림 3.9 ❶행에서 ❷행 사이에 매우 큰 파일을 read한 것이다. 이것이 전부 캐시에 저장되어 96%를 사용하게 되었다. 실제 ❶행까지 캐시가 50~60MB 정도만 사용하던 것이 갑자기 4GB 정도의 캐시가 발생하게 된 것이다. OS 부팅 직후에는 커널이 디스크를 그다지 읽지 않았으므로 캐시로 데이터가 거의 유입되지 않았

지만, 특정 파일을 read하면 이를 쭉 캐싱해가는 것이다.
파일을 캐싱하는 원리는 대략 이런 형태로 되어 있다.

● **그림 3.9** OS 부팅 직후에 수GB 파일을 read한 결과(일부 생략)

```
% sar -r
          kbmemfree  kbmemused  %memused  kbbuffers  kbcached  %swpused  kbswpcad
18:20:01
18:30:01   3566992    157272     4.22      11224      50136      0.00       0
18:40:01   3546264    178000     4.78      12752      66548      0.00       0    ←①
18:50:01    112628   3611636    96.98       4312    3499144      0.00      44    ←②
                              ↑ %memused 값이 크게 상승
```

Column

sar 명령으로 OS가 보고하는 각종 지표 참조하기

『서버/인프라를 지탱하는 기술』 요약(OS 레벨의 기초지식 4편)

지금까지 여러 번 언급해왔지만, OS가 보고하는 각종 지표를 참조하는 툴은 여러 가지가 있는데 그 중에도 범용적이고 편리한 것은 sar이다. sar에는 두 가지 사용법이 있다.

- 과거의 통계 데이터로 거슬러올라가 접근한다(디폴트).
- 현재의 데이터를 주기적으로 확인한다.

sar에는 sadc라는 백그라운드에서 동작하는 프로그램이 포함되어 있어, sysstat 패키지를 설치하면 자동으로 sadc가 커널로부터 리포트를 수집해서 저장해주도록 되어 있다. 앞서 살펴본 바와 같이 sar 명령을 옵션을 덧붙이지 않고 실행하면, sadc가 수집한 CPU 사용률의 과거 통계를 참조할 수가 있다.

디폴트로는 최근 0:00부터의 데이터가 출력된다. 더욱 거슬러올라가 어제 이전의 리포트를 보고자 할 경우는, 그림 D.1과 같이 -f 옵션으로 /var/log/sa 디렉터리에 저장된 로그 파일을 지정한다. 이러한 과거 데이터를 확인하는 기능은 매우 유용하다. 예를 들면, 장애가 발생한 후에 그 원인을 찾을 경우에 장애발생 시간대의 데이터는 도움이 된다. 또한 프로그램을 교체한 후의 성능변화는 sar 데이터를 일정시간 동안 얻은 후 프로그램 교체 전후를 비교함으로써 확인할 수 있다.

과거 데이터가 아니라 지금 현재 데이터를 보고자 할 경우는 sar 1 3과 같이 숫자를 매개변수로 부여한다. '1 3'은 '1초 간격으로 3회'라는 의미다. 이렇게 하면 그림 D.2와 같이 1초마다 CPU 사용률을 확인할 수 있다. 지금 이 순간 시스템에 무슨 일이 일어나고 있는지를 확인하는 데에는 많은 경우 sar의 이러한 기능을 이용함으로써 커버할 수 있다.

sar은 옵션을 지정해서 CPU 사용률 이외에도 다양한 값을 참조할 수 있도록 되어 있다. 다수의 리포트를 확인할 수 있지만, 이제부터는 자주 사용하는 것에 한해서 소개하도록 한다. 한편, 앞서 언급했듯이 -P 옵션으로 CPU별로 데이터를 확인할 수 있다.

● **그림 D.1** sar -f 실행 예

```
% sar -f /var/log/sa/sa04 | head
Linux 2.6.19.2-103.hatena.centos5 (goka.hatena.ne.jp) 02/04/08

00:00:01        CPU     %user   %nice   %system  %iowait  %steal  %idle
00:10:01        all     3.21    0.00    2.51     2.16     0.00    92.12
00:20:01        all     3.10    0.00    2.48     2.04     0.00    92.38
00:30:01        all     3.01    0.00    2.34     1.94     0.00    92.71
00:40:02        all     2.92    0.00    2.29     1.95     0.00    92.84
```

● **그림 D.2** sar로 현재 데이터 확인

```
% sar 1 3
Linux 2.6.19.2-103.hatena.centos5 (goka.hatena.ne.jp) 02/08/08

16:13:30        CPU     %user   %nice   %system  %iowait  %steal  %idle
16:13:31        all     2.04    0.00    3.56     3.82     0.00    90.59
16:13:32        all     2.27    0.00    2.02     1.26     0.00    94.44
16:13:33        all     2.28    0.00    2.03     1.52     0.00    94.16
Average:        all     2.20    0.00    2.54     2.20     0.00    93.07
```

sar -u ······ CPU 사용률 확인

디폴트로 출력되는 CPU 사용률 등의 정보는 sar -u에 해당한다(그림 D.3). 각 열의 지표는 다음과 같다.

- user
  사용자 모드에서 CPU가 소비된 시간의 비율
- nice
  nice로 스케줄링의 우선도를 변경한 프로세스가 사용자 모드에서 CPU를 소비한 시간의 비율
- system
  시스템 모드에서 CPU가 소비된 시간의 비율
- iowait
  CPU가 디스크 I/O 대기를 위해 Idle 상태로 소비한 시간의 비율

- steal

  en 등 OS의 가상화를 이용하고 있을 경우, 다른 가상 CPU의 계산으로 대기된 시간의 비율

- idle

  CPU가 디스크 I/O 대기 등으로 대기되지 않고, Idle 상태로 소비한 시간의 비율

부하분산을 고려했을 때 user/system/iowait/idle 값이 중요한 지표가 된다.

● **그림 D.3** sar -u 실행 예

```
% sar -u 1 3
Linux 2.6.19.2-103.hatena.centos5 (koesaka.hatena.ne.jp) 02/08/08

16:19:14          CPU    %user    %nice    %system    %iowait    %steal    %idle
16:19:15          all    14.89    0.00     1.74       0.00       0.00      83.37
16:19:16          all    26.37    0.00     1.49       0.00       0.00      72.14
16:19:17          all    17.00    0.00     1.50       0.00       0.00      81.50
Average:          all    19.42    0.00     1.58       0.00       0.00      79.00
```

sar -q ······ Load Average 확인

-q를 지정하면 실행큐에 쌓여 있는 프로세스의 수, 시스템상의 프로세스 사이즈, Load Average 등을 참조할 수 있다(그림 D.4). 시간 흐름을 따라 값의 추이를 추적할 수 있다는 점이 다른 명령보다도 편리하다.

sar -r ······ 메모리 사용 현황 확인

-r을 지정하면 물리 메모리의 이용 상황을 한눈에 살펴볼 수 있다. 그림 D.5는 4GB의 물리 메모리를 탑재한 서버에서 sar -r의 결과다. 각 열의 kbmemfree나 kbmemused의 'kb'는 Kilobyte의 약자다. 주요 항목의 의미는 다음과 같다.

- kbmemfree: 물리 메모리의 남은 용량
- kbmemuserd: 사용 중인 물리 메모리 양
- memused: 물리 메모리 사용률
- kbbuffers: 커널 내의 버퍼로 사용되고 있는 물리 메모리의 용량
- kbcached: 커널 내에서 캐시용 메모리로 사용되고 있는 물리 메모리의 용량
- kbswpfree: 스왑 영역의 남은 용량
- kbswpued: 사용 중인 스왑의 용량

sar -r을 이용하면 시간 추이에 따라 메모리가 어느 정도, 어떤 용도로 사용되고 있는지를 파악할 수 있다. 뒤에 설명할 sar -W와 조합하면 스왑이 발생한 경우에 해당 시간대의 메모리 사용 상황이 어땠는지를 알 수 있다.

● 그림 D.4   sar -q 실행 예

```
% sar -q 1 3
Linux 2.6.19.2-103.hatena.centos5 (koesaka.hatena.ne.jp) 02/08/08

16:15:19      runq-sz  plist-sz  ldavg-1   ldavg-5   ldavg-15
16:15:20          0      123       0.62      0.72      0.81
16:15:21          0      123       0.62      0.72      0.81
16:15:22          2      122       0.62      0.72      0.81
Average:          1      123       0.62      0.72      0.81
```

● 그림 D.5   sar -r 실행 예(일부 칼럼 생략)

```
% sar -r | head
Linux 2.6.19.2-103.hatena.centos5 (koesaka.hatena.ne.jp) 02/08/08

00:00:01   kbmemfree  kbmemused  %memused  kbbuffers  kbcached  kbswpfree  kbswpused
00:10:01    522724     3454812    86.86     114516    2236880   2048204      72
00:20:01    534972     3442564    86.55     114932    2225880   2048204      72
00:30:01    437964     3539572    88.99     115348    2238952   2048204      72
00:40:01    491184     3486352    87.65     115768    2251440   2048204      72
00:50:01    491208     3486328    87.65     116160    2263248   2048204      72
01:00:01    457364     3520172    88.50     116524    2274732   2048204      72
01:10:01    453172     3524364    88.61     116904    2281576   2048204      72
```

sar -W ······ 스왑 발생상황 확인

    -W를 지정하면 스왑 발생상황을 확인할 수 있다(그림 D.6). 'pswpin/s'는 1초 동안에 스왑 인되고 있는 페이지 수, 'pswpout/s'는 그 반대, 스왑 아웃되고 있는 페이지 수를 나타낸다. 스왑이 발생하면 서버의 전송량은 급격히 떨어진다. 서버 상태가 좋지 않을 경우에 메모리 부족으로 스왑이 발생하고 있는지 여부가 의심되는 경우에는 sar -W를 이용하면, 그 시간에 스왑이 발생하고 있었는지 또는 발생하고 있는지를 확인할 수 있다(76쪽에서 계속).

● 그림 D.6   sar -W 실행 예

```
19:20:01    pswpin/s   pswpout/s
19:30:01      0.00       0.00
19:40:01      0.00       0.00
19:50:37     44.01      811.27
Average:      0.39        7.21
```

강의 9

I/O 부하를 줄이는 방법

캐시를 전제로 한 I/O 줄이는 방법

강의 8에서 살펴본 바와 같이 캐시에 의한 I/O 경감효과는 매우 크다. 캐시를 전제로 I/O를 줄이기 위한 대책을 세워가는 것이 유효하다는 것을 알 수 있을 것이다. 이것이야말로 I/O 대책의 기본이다. 이 기본으로부터 도출할 수 있는 포인트를 두 가지 소개한다.

첫 번째 포인트는 데이터 규모에 비해 물리 메모리가 크면 전부 캐싱할 수 있으므로 이 점을 생각할 것. 다루고자 하는 데이터의 크기에 주목하자는 것이다.

또한 대규모 데이터 처리에는 데이터 압축이 중요하다고 했는데, 압축해서 저장해두면 디스크 내용을 전부 그대로 캐싱해둘 수 있는 경우가 많다. 예를 들어 LZ법 등 일반적인 압축 알고리즘의 경우, 압축률은 보통이더라도 텍스트 파일을 대략 절반 정도로 압축할 수 있다. 4GB의 텍스트 파일이라면 메모리 2GB인 머신으로 뒷부분 절반 정도는 거의 캐싱할 수 없었던 것이, 압축해서 저장해두면 2GB로 캐싱할 수 있는 비율이 상당히 늘어나게 된다.

또 하나는 경제적인 비용과의 밸런스를 고려하고자 한다는 점이다. 최근에는 메모리가 8GB~16GB 정도가 일반적인 서버 한 대의 메모리 구성이다. 최근의 서버는 납품될 때 대체적으로 메모리가 8GB~16GB 정도 탑재되어 있다. AP 서버는 메모리가 그렇게 많이 필요하지는 않으므로 4GB 정도지만, DB 서버는 그 정도의 메모리가 탑재되어 있다.

이 부분을 집필하고 있는 시점인 2009년 9월에 메모리의 시장가격은 2GB 단품 모듈이 2,000엔 정도이므로 8GB를 탑재해도 1만 엔이 되지 않는다. 굉장한 시대인 것 같다. 필자가 인프라 관련 일을 중점적으로 하고 있을 때가 2년쯤 전인데 그 당시에 8GB는 좀 비싸서 3~4만 엔 정도였는데, 지금은 1만 엔이 채 안 된다.

열심히 소프트웨어를 개발해서 '그래, 이건 데이터 크기를 엄청 줄여서 캐싱되도록 할 수 있을 거야' 라며 5명을 반 년 정도 투입해서 대단한 압축 알고리즘을 생각해냈다. 그런데 애초에 8GB 메모리에 다 들어갈 내용이었다면 사실 1만 엔 정도밖에 들지 않으므로 비용적으로는 굳이 그렇게까지 하지 않아도 되는 일인 것이다. 따라서 시장에서는 어느 정도 성능의 서버가 일반적인 제품인지도 중요하다.

한편, 요즘은 하나에 2GB인 메모리와 4GB인 메모리의 가격이 전혀 다르다. 그러므로 메모리가 32GB나 64GB 정도 되어야 캐싱할 수 있다고 하면, 하드웨어 비용이 급격히 높아지므로 소프트웨어로 메모리 사용을 줄일 수 있도록 노력해야 할 필요도 있다.

> **Memo**
>
> **캐시를 전제로 한 I/O 줄이는 방법**
> - '데이터 규모 < 물리 메모리' 이면 전부 캐싱할 수 있다.
> - 경제적 비용과의 밸런스 고려
>   ➜ 현재 일반적인 서버 메모리: 8GB~16GB

복수 서버로 확장시키기 — 캐시로 해결될 수 없는 규모일 경우

메모리를 늘려서 전부 캐싱할 수 있다면 좋겠지만, 당연히 데이터를 전부 캐싱할 수 없는 규모가 될 수가 있다. 그렇게 되면 어떻게 할 것인가? 여기서 먼저 복수 서버로 확장시키는 방안을 생각해볼 필요가 있다.

강의 6의 그림 2.5에서 언급한 프록시, AP 서버, DB 서버라는 3단 구조에 대한 복습이다. 그림 3.10을 보기 바란다. 그림 3.10 ❶의 AP 서버를 늘려야 하는 이유는 기본적으로 CPU 부하를 낮추고 분산시키기 위해서다. 한편, 그림 3.10 ❷의 DB 서버를 늘려야 할 때는 반드시 부하 때문만은 아니고 오히려 캐시 용량을 늘리고자 할 때 혹은 효율을 높이고자 할 때인 경우가 많다.

따라서 그림 3.10 ❶ AP 서버를 늘리는 것과 ❷ DB 서버를 늘리는 것은 둘 다 서버를 늘리는 것이지만 필요한 리소스, 요구되는 리소스가 전혀 다르다. DB 서버는 '늘리면 좋다'라는 논리가 들어맞지 않는다. 그림 3.10 ❷ 부분에 DB 서버를 엄청나게 늘려서 100대로 하더라도 늘린 사람의 방침에 따라서는 생각보다 효과를 거둘 수 없게 된다.

● **그림 3.10** 서버 증설과 부하(복습)

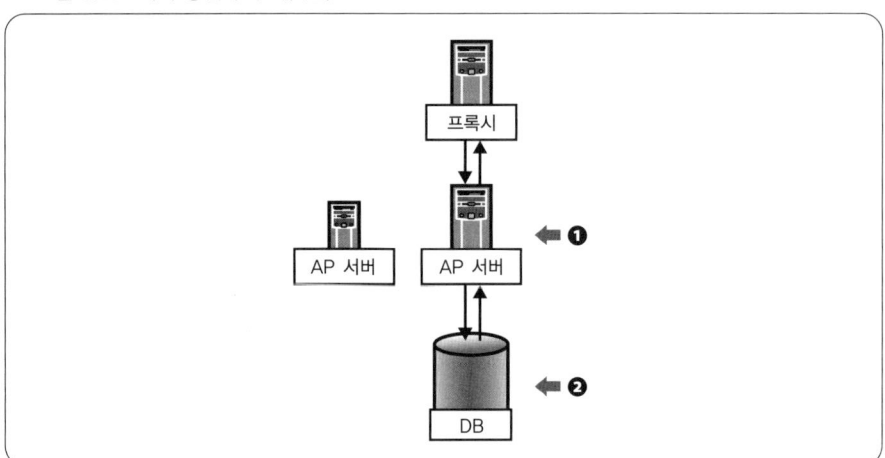

> **Memo**
> **전부 캐싱할 수 없는 구조가 되면**
> • 복수 서버로 확장시키기
>   ➡ CPU 부하분산에는 단순히 늘린다.
>   ➡ I/O 분산에는 국소성을 고려한다(뒤에 설명).

강의 **9** I/O 부하를 줄이는 방법

단순히 대수만 늘려서는 확장성을 확보할 수 없다

캐시 용량을 늘려야 한다고 했는데, 사실 단순히 대수를 늘리는 것만으로는 안된다. 왜냐하면, 예를 들어 그림 3.11과 같이 단순히 데이터를 복사해서 대수를 늘리게 되면 애초에 캐시 용량이 부족해서 늘렸는데 그 부족한 부분도 그대로 동일하게 늘려가게 되는 것이다. 즉, 그림 3.11의 검은 부분이 변함없이 캐싱되지 않는 상황이 된다.

● **그림 3.11** 단순히 복사해서 늘릴 경우

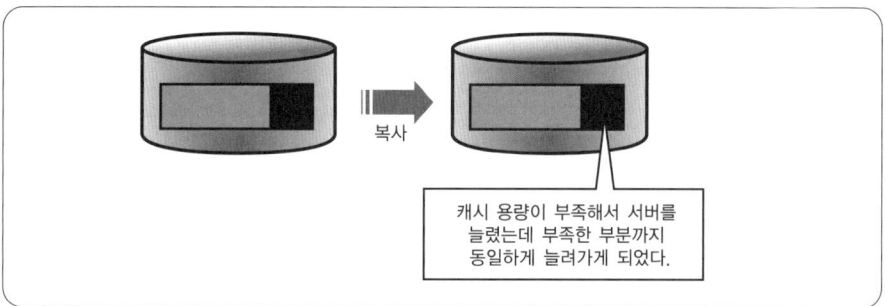

앞서 말한 대로 경우에 따라 메모리와 디스크의 속도차가 10^5~10^6배 정도 나므로, 결국 검은 부분에 액세스한 순간에 느려지는 것은 변함이 없다. 이는 서버를 늘림으로써 시스템 전체로서는 아주 조금은 빨라질지도 모르지만, 증설비용에 대비해서 성능향상은 극히 부족한 것이다. 확장성을 확보하려고 할 때 서버를 늘려서 10배에서 100배 정도는 빨라져야 한다. 따라서 단순히 대수를 늘리는 것은 좋은 방안이 아니다. 그렇다면 어떻게 할 것인가가 중요해진다. 강의 10에서 자세히 살펴보도록 하자.

> **Memo**
>
> 단순히 대수를 늘리는 것
> - 캐싱할 수 없는 비율은 변함없이 그대로
>   ➡ 곧 다시 병목이 된다.

Column

I/O 부하 줄이기와 페이지 캐시
『서버/인프라를 지탱하는 기술』 요약(OS 레벨의 기초지식 최종편)

앞서 나왔던 그림 D.5(71쪽)를 지금 한 번 살펴보도록 하자. 그림 D.5에서는 '%memused' 가 90% 가까운 수치를 나타내고, 남은 용량은 겨우 500MB 정도다. 또한 시간이 지나면서 남은 용량인 kbmemfree의 수치는 작아지고 있어서 이대로라면 메모리 부족이 되어버릴 것처럼 보인다. 그러나 여기서 Linux의 '페이지 캐시'의 존재를 잊어서는 안 된다. 본문에서 설명한 대로 Linux는 한 번 디스크에서 읽어낸 데이터는 가능한 한 메모리에 캐시를 해서 다음 번 이후의 디스크 읽기(Disk Read)가 고속으로 수행되도록 조정한다. 이렇게 메모리에 읽어낸 데이터의 캐시를 '페이지 캐시'라고 한다.

Linux는 메모리 영역을 4KB 블록단위로 관리한다. 이 4KB 블록은 '페이지'라고 한다. 페이지 캐시는 그 이름대로 페이지의 캐시다. 즉, 디스크로부터 데이터를 읽어들이는 것은 다름 아닌 페이지 캐시를 구축하는 것이다. 읽어낸 데이터는 페이지 캐시에서 사용자 공간으로 전송된다.

Linux의 페이지 캐시 동작원리에서 기억해야 할 것은 'Linux는 가능한 한 남아있는 메모리를 페이지 캐시로 활용하려고 한다'는 원칙이다. 즉, 다음과 같다.

- 뭔가 디스크로부터 데이터를 읽어서,
- 아직 그것이 페이지 캐시에 없고,
- 또한 메모리가 남아있다면,
- (오래된 캐시와 교체하는 것이 아닌) 언제든 새로운 캐시를 생성한다.

캐시용 메모리가 없다면 오래된 캐시를 버리고 새로운 캐시로 교체한다. 또한 프로세스가 메모리를 필요로 할 경우는 페이지 캐시보다도 우선적으로 메모리가 할당되게 된다.

sar -r의 결과에서 시간이 지남에 따라 kbmemfree가 줄어드는 것은 페이지 캐시 때문이다. 그 증거로 페이지 캐시에 할당된 메모리 용량에 해당하는 kbcached 값은 점점 증가하고 있다.

페이지 캐시에 의한 I/O 부하의 경감 효과

페이지 캐시의 효과는 어느 정도 기대할 수 있을까? 결론만 말하자면, 데이터를 완전히 메모리에 올릴 수 있는 용량만 있다면 거의 모든 액세스를 메모리로부터 읽어낼 수 있으므로, 프로그램으로 메모리에 파일 내용을 모두 전개한 것과 다를 바 없는 속도를 기대할 수 있다.

예를 들면, 그림 E.1은 실제로 MySQL을 실행 중인 DB 서버의 메모리를 8GB에서 16GB로 증설한 전후의 sar -P 0의 출력내용을 비교한 것이다. 이 DB가 저장하고 있는 데이터는 대략 20GB로, 16GB 메모리가 있다면 대부분의 유효한 데이터는 캐시에 올릴 수 있다.

강의 9 I/O 부하를 줄이는 방법

● **그림 E.1** sar -P 0의 출력내용 비교

```
메모리 8GB 시
13:40:01        CPU     %user   %nice   %system  %iowait  %idle
13:50:01        0       20.57   0.00    15.61    23.90    39.92
14:00:01        0       18.65   0.00    16.54    30.36    34.45
14:10:01        0       19.50   0.00    15.26    20.51    44.73
14:20:01        0       19.38   0.00    16.19    21.93    42.50

메모리 증설 시
15:20:01        CPU     %user   %nice   %system  %iowait  %idle
15:30:01        0       23.31   0.00    17.56    0.81     58.32
15:40:01        0       22.43   0.00    16.60    0.86     60.11
15:50:01        0       22.90   0.00    16.93    1.06     59.11
16:00:01        0       23.54   0.00    18.37    1.02     57.07
```

메모리 증설의 효과는 일목요연하다. 20%가 넘는 I/O 대기(%iowait)가 거의 사라지게 되었다. 이와 같이 특히 I/O 바운드한 서버에서는 처리할 데이터량에 비례해서 메모리를 증설하는 것이 I/O 부하를 경감시키는 데 효과적인 방법이다.

sar -r을 보면 커널이 캐시를 어느 정도 확보하고 있는지를 판단할 수 있다. 이러한 캐시 용량과 실제로 애플리케이션이 다루는 유효한 데이터량을 비교해서 데이터량이 많을 경우 메모리 증설을 검토한다. 데이터가 캐시에 적절하게 실려 있는 상태에서는 디스크에 대한 액세스가 최소한이 된다. 뒤에 설명할 vmstat를 사용하면 실제 디스크 액세스가 얼마나 발생하고 있는지를 확인할 수 있다.

메모리를 증설할 수 없을 경우에는 데이터를 분할해서 각각의 서버에 위치시키는 것을 검토한다. 데이터를 적절하게 분할하면 단순히 서버 대수를 늘린 만큼 디스크 I/O 횟수만 줄어드는 것이 아니라, 캐시에 올릴 데이터의 비율이 늘어나므로 상당한 전송량 향상을 기대할 수 있다.

페이지 캐시는 한 번의 read에서 시작된다

앞서 말한 대로 페이지 캐시는 그 이름처럼 캐시이므로, 캐싱하지 못한 데이터는 당연히 직접 디스크에서 읽어들인다. OS를 부팅한 직후에는 대부분의 데이터가 캐시되지 못한 상태이므로, 거의 모든 읽기 요청은 캐시가 아닌 디스크로부터 전송된다.

MySQL 등의 DB 서버를 운용하면서 대규모의 데이터를 처리할 경우에는 이 점에 주의해야 한다. 예를 들면 유지보수 등으로 서버를 재부팅한 경우, 그때까지 메모리에 캐싱되어 있던 페이지 캐시는 모두 초기화되어 버린다. 요청이 많은 DB 서버를 캐시가 구축되어 있지 않은 상태로 실제로 가동시킨 경우는 어떻게 될까? 예상대로 거의 모든 DB 액세스는 디스크 I/O를 발생시키게 된다. 대규모의 환경에서는 이를 원인으로 해서 DB가 Lock에 걸려 서비스 불능상태가 되는 일도 드물지 않다. 필요한 데이터 전체를 한 번 읽어들인 후에 프로덕션

환경으로 되돌리는 방안이 필요한 것이다.

예를 들면, I/O 바운드인 서버가 높은 I/O 부하로 인해 전송량이 제대로 나오지 않을 경우에는 페이지 캐시가 최적화되기 이전인지 이후인지에 따라 얘기가 달라진다고도 할 수 있을 것이다.

끝으로 재미있는 데이터를 하나 소개한다. 그림 E.2는 메모리를 4GB 탑재하고 있는 MySQL 서버에서 OS를 기동한 후에 20분 정도 sar -r을 실행한 결과다. OS가 기동한 후 MySQL의 각종 데이터 파일 전체를 읽어들이는 프로그램(파일을 read하기만 하는 프로그램)을 실행했다.

부팅 직후에는 메모리의 사용률이 5% 미만으로 남은 메모리가 3.5GB 정도 있다. 이후 데이터 파일을 읽어들임으로써 메모리 사용률이 96.98%까지 오르고 있다. 파일을 읽어들인 덕분에 그 내용이 페이지 캐시로 저장되고 있음을 알 수 있다.

● **그림 E.2** 페이지 캐시로 저장된 예(일부 칼럼 생략)

	kbmemfree	kbmemused	%memused	kbbuffers	kbcached
18:20:01					
18:30:01	3566992	157272	4.22	11224	50136
18:40:01	3546264	178000	4.78	12752	66548
18:50:01	112628	3611636	96.98	4312	3499144

강의 10 국소성을 살리는 분산

국소성을 고려한 분산이란?

캐시 용량을 늘리기 위해 어떻게 하면 여러 대의 서버로 확장시킬 수 있는지에 대해 알아보자. 이를 위해서는 국소성을 고려해서 분산시키도록 한다. 국소성은 locality라고도 한다. 앞서 그림 3.11에서는 데이터를 그대로 복제했다. 그와 달리 데이터에 대한 액세스 패턴을 고려해서 분산시키는 것을 국소성을 고려한 분산이라고 한다.

그림 3.12가 이 그림이다. 그림 3.12 ❶의 DB 서버에 액세스 패턴 A일 때는 그림 3.12 **1**로 액세스가 많이 오고 액세스 패턴 B일 때는 **2**로 오는 것처럼, 데이터로 액세스하는 경향에 대한 처리방식에 따라 특정한 방향으로 치우치는 경우가 자주 있다.

● **그림 3.12** 액세스 패턴을 고려한 분산

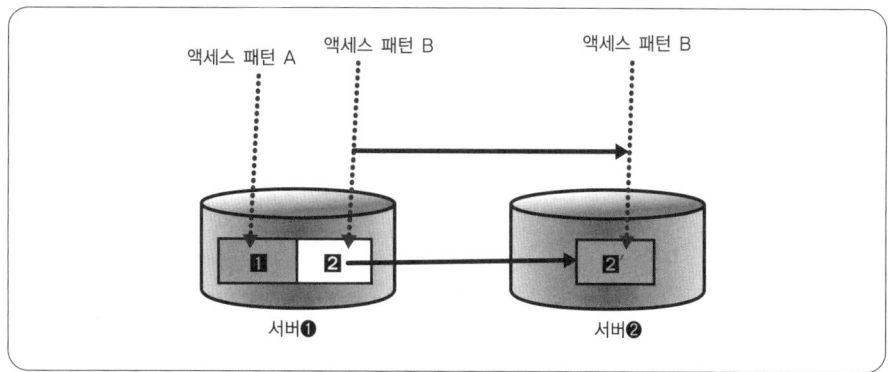

예를 들어, 하테나 북마크를 보면 '인기 엔트리' 페이지를 표시하는 경우에는 인기 엔트리용 데이터베이스의 캐시 테이블을 많이 액세스하지만, 자신의 북마크 테이블을 액세스할 때, 즉 id:naoya(필자 자신)의 북마크 테이블에 액세스하는 것과는 액세스 패턴이 전혀 다르다. 여기서 인기 엔트리로 액세스할 때는 DB 서버 ❶의 **1**, 그렇지 않을 때는 DB 서버 ❷의 **2**'로 요청을 분배한다. 그렇게 하면 액세스 A는 DB 서버 ❶의 **1**, 액세스 B는 DB 서버 ❷의 **2**'로 각각 분산된다. 이와 같이 분배하면 **2**로의 액세스는 사라진다.

서버 ❶과 ❷ 양측에 별다른 액세스 패턴을 고려하지 않고 분배한 경우, **2**로의 액세스는 여전히 계속되므로 서버 ❶이 데이터 영역 **2**도 캐싱해야 할 필요가 있다. 그러나 그림처럼 액세스 패턴을 고려해서 분배한 경우는 **2** 부분은 더 이상 액세스되지 않으므로 그만큼 캐시영역을 다른 곳으로 돌릴 수 있다. 서버 ❷에서도 동일하게 생각할 수 있다. 결국 시스템 전체로서는 메모리에 올라간 데이터량이 늘어나게 된다.

> **Memo**
>
> **국소성을 고려한 분산**
> - 액세스 패턴을 고려한 분산
> - 캐싱할 수 없는 부분이 사라진다.
>   ➔ 메모리는 디스크보다 10^6배나 빠르므로 그만큼 덕을 본다.

파티셔닝 — 국소성을 고려한 분산 ❶

국소성을 고려한 분산을 실현하기 위해서는 파티셔닝이라는 방법을 자주 사용한다. 파티셔닝(partitioning)은 한 대였던 DB 서버를 여러 대의 서버로 분할하는 방법을 말한다. 분할 방법은 여러 가지가 있지만, 간단한 것은 '테이블 단위 분할'이다.

그림 3.13이 그 예다. 예를 들어 하테나 북마크에는 다음과 같은 테이블이 있다.

- 그림 3.13 ❶ entry 테이블
- 그림 3.13 ❷ bookmark 테이블
- 그림 3.13 ❸ tag 테이블
- 그림 3.13 ❹ keyword 테이블

❶❷와 ❸❹로 분할해서 각기 다른 서버로 관리하도록 하고 있다. 이것이 테이블 단위 분할에 의한 파티셔닝이다. 각각의 테이블이 어떤 데이터를 저장하고 있는지는 여기서는 중요치 않으므로 생략한다.

❶❷는 같이 액세스하는 경우가 많으므로 같은 서버에 위치시키고 있다. 그 밖에도 몇 종류가 동일 서버에 저장되어 있으며, 크기로는 개당 2GB 정도의 테이블이 여러 개, 대략 16GB 정도의 메모리를 탑재한 머신을 준비해두면 전부 메모리에 올릴 수 있다. ❸ tag, ❹ keyword 테이블은 각각 꽤 커서 10GB 정도 된다. 이를 ❶+❷와 같은 서버에 저장하게 되면 16GB로는 전부 캐싱할 수 없게 된다. 그러므로 ❶+❷+❸+❹를 나누어 캐싱할 수 있도록 한다. 여기까지가 이른바 테이블 단위 파티셔닝이다.

● **그림 3.13** 테이블 단위 분할

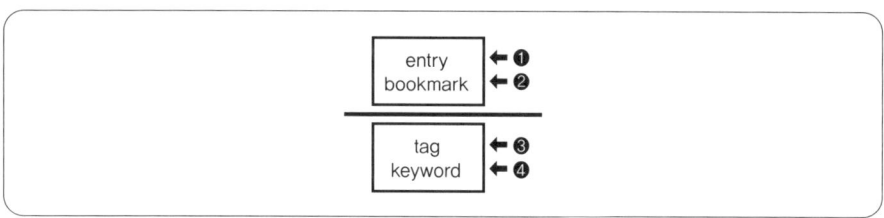

테이블 단위로 분할했으면 entry나 bookmark 테이블로의 요청은 ❶+❷ 서버로, tag나 keyword로의 요청은 ❸+❹ 서버로 보내 처리될 수 있도록 당연히 애플리케이션을 변경할 필요가 있다.

다른 분할 방법으로는 '테이블 데이터 분할'이 있다. 그림 3.14가 그 예로, 특정 테이블 하나를 여러 개의 작은 테이블로 분할한다. 이것이 테이블 데이터 분할이다. 하테나 다이어리에서는 실제로 이 분할 방법을 사용하고 있으며, 구체적으로는 ID(id:~)의 첫 문자로 파티셔닝을 하고 있다. 예를 들어 ID의 첫 문자가 a~c인

CHAPTER 03 ··· OS 캐시와 분산 _대규모 데이터를 효율적으로 처리하는 원리

사람의 데이터는 그림 3.14의 서버❶, d~f인 사람의 데이터는 서버❷와 같이 나눈다. id:naoya는 n~p인 서버❸으로 결정되었고, id:yaotti는 id:naoya와는 다른 서버❹에 있다. 이런 식으로 나누어간다.

● 그림 3.14 테이블 데이터 분할

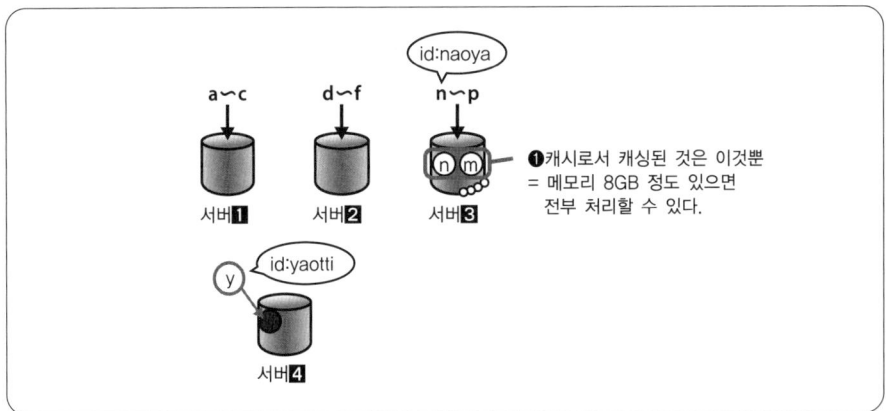

그 다음 id:yaotti에 대한 데이터 요청이 올 때는 서버❹에 액세스, id:naoya에 대한 요청이 올 때는 ❸에만 액세스하므로 서버❸에서 캐시되는 것은 그림 3.14의 ❶뿐이다. ❶만 캐시되면 되므로 메모리 측면에서는 국소성이 작용하고, 서버❸에 있는 사용자는 전부 액세스할 수 있으므로 ❶만 캐시하면 되는 형태가 된다.

이 분할의 문제점은 분할의 입도(粒度)를 크거나 작게 조절할 때 데이터를 한 번 병합해야 한다는 번거로움이 있다는 점이다. 이 점을 제외하면, 애플리케이션에서 할 일은 ID의 첫 문자를 보고 액세스할 DB 서버를 분배하는 처리를 살짝 넣기만 하면 된다. 구현상으로는 간단하다.

> **Memo**
>
> **국소성을 고려한 분산의 구체적인 예**
> - RDBMS의 테이블 단위 분할
>   ➔ 파티셔닝
> - 테이블 데이터 분할
>   ➔ a~c까지는 서버❶

- → d~f까지는 서버**2**
- → …
- 용도별로 시스템을 '섬'으로 나눈다(뒤에 설명).

요청 패턴을 '섬'으로 분할 — 국소성을 고려한 분산 ❷

 조금 독특한 방법인데, '용도별로 시스템을 섬으로 나누는 방법' 도 있다. 이는 하테나 북마크에서 자주 하고 있는 방법이다(그림 3.15).

 앞에서는 DB의 테이블이나 DB 내의 사용자 ID 첫 문자로 액세스를 분배했지만, 하테나 북마크에서는 HTTP 요청의 User-Agent나 URL 등을 보고, 예를 들어 통상의 사용자이면 섬**1**, 일부 API 요청이면 그림 3.15의 섬**3**, Google bot이나 Yahoo! 등의 봇(bot, 로봇)이면 섬**2**와 같은 식으로 나누는 방법을 사용하고 있다.

 검색 봇은 그 특성상 아주 오래된 웹 페이지에도 액세스하러 온다. 사람의 경우라면 좀처럼 액세스하지 않을 페이지에도 액세스하고, 또한 광범위하게 액세스한다. 그렇게 되면 캐시가 작용하기 어렵다. 동일한 페이지에 잇따라 방문하는 경우에는 캐시로 성능을 끌어올리기 쉽지만, 이처럼 광범위한 액세스에는 그럴 수가 없다.

 그러나 봇에 대해 그렇게 빨리 응답할 필요는 없으므로[주4] 섬으로 나눠놓는다.

 한편, 봇 이외의 액세스, 즉 사용자로부터의 액세스는 최상위 페이지나 인기 엔트리 페이지 등 최신, 인기 페이지에 거의 액세스가 집중되므로 빈번하게 참조되는 부분은 캐싱하기 쉽다.

[주4] 이 강의를 하고 수개월 후, Google이 웹 페이지의 응답속도를 검색랭킹 평가에 반영한다는 발표를 했다. 앞으로는 봇이라고 해도 응답에 신경을 써야 할 것으로 보인다.

 URL http://googlewebmastercentral.blogspot.com/2010/04/using-site-speed-in-web-search-ranking.html

● **그림 3.15** 요청 패턴에 의해 '섬'으로 분할

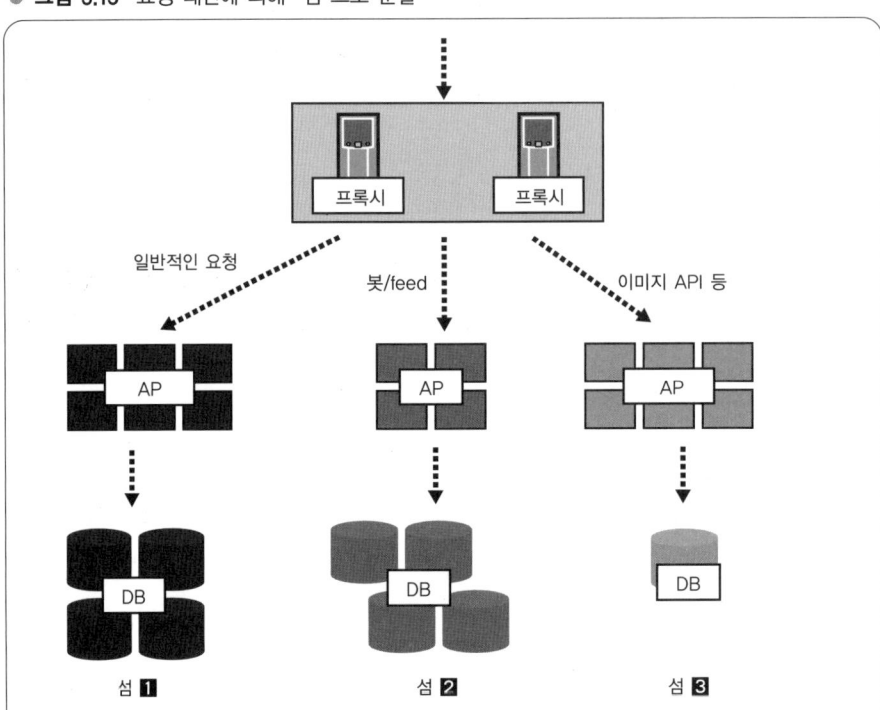

 이렇게 해서 캐싱하기 쉬운 요청, 캐싱하기 어려운 요청을 처리하는 섬을 나누게 되면, 전자는 국소성으로 인해 안정되고 높은 캐시 적중률을 낼 수 있게 된다. 후자의 요청이 전자의 캐시를 어지럽히므로 섬으로 나누는 경우에 비해 전체적으로는 캐시 효율이 떨어진다.

 그런데 '섬으로 나눌 정도로 봇 액세스가 그렇게 많은가?' 라고 묻기도 하는데, 사실 하테나 북마크는 사람에 의한 요청보다 봇에 의한 액세스가 더 많다. 하테나 북마크는 그 구조상 내부 링크가 매우 많으므로 링크를 따라가는 봇은 좀처럼 순회를 멈추지 못하는 문제가 있어서 Yahoo!나 Google bot이 엄청난 기세로 액세스해온다. 그래서 이와 같이 섬으로 나눠놓아야 한다.

 하테나 북마크의 웹 API에는, 예를 들어 '북마크 수가 몇 건인지 반환' 하는 API가 있는데, 이는 정해진 테이블만 액세스한다. 그 부분만 캐싱이 잘 적용되도

록 별도로 가려서 섬(그림 3.15 ❸)으로 나누는 것도 유효하다. 하테나 북마크에는 외부 사이트에 하테나 북마크의 북마크 건수를 표시하는 API 등을 제공하고 있는데, 이 API에는 상당한 요청이 있다. 그래서 이 부분도 섬으로 나누어 국소성을 고려해서 캐시 효율을 높임으로써 대처하고 있는 것이다.

페이지 캐시를 고려한 운용의 기본 규칙

지금까지 캐시를 고려한 데이터 등을 분할하는 방법에 대해 얘기했다. 페이지 캐시와 관련해서는 운용면에서도 생각해야 할 부분이 있으므로 파악해두자. 참고 정도로만 알아두면 된다.

첫 번째 포인트는 OS 기동 직후에 서버를 투입하지 않는다는 것. 지금까지의 설명에서 OS를 기동해서 서버를 투입하면 왜 안 되는지는 이미 알고 있을 것이다.

학생: 캐시가 쌓여 있지 않아서인가요?

그렇다. 갑자기 배치하면 캐시가 없으므로 오직 디스크 액세스만 발생하게 된다. 그래서 실제로 현재 하테나 북마크 정도의 규모가 되면 서버가 내려간다. 놀랍겠지만 시스템이 다운된다. 안이한 운용은 금물이다. 그러면 어떻게 해야 할까? OS를 시작해서 기동하면 자주 사용하는 DB의 파일을 한 번 cat해준다. 그렇게 하면 전부 메모리에 올라간다. 그렇게 한 후에 로드밸런서에 편입시킨다.

다음 포인트는 성능평가나 부하시험에 대해서다. 차후에 여러분이 사회인이 되어 시스템을 구축하면 성능평가나 부하시험을 실시할 필요가 생길 것이다. 그때 초깃값을 버려야 한다는 것을 기억해두기 바란다. 최초의 캐시가 최적화되어 있지 않은 단계에 '대략 5,000요청/초'라고 해도 캐시가 올라가 있지 않았을 때와 올라가 있을 때 낼 수 있는 속도는 완전히 다르다. 따라서 성능평가나 부하시험도 캐시가 최적화된 후에 실시할 필요가 있다.

CHAPTER 03 ••• OS 캐시와 분산 _대규모 데이터를 효율적으로 처리하는 원리

> **Memo**
>
> **페이지 캐시를 고려한 운용의 기본 규칙**
> - OS 기동 후에 서버를 곧바로 투입하지 않는다.
> - 성능평가는 캐시가 최적화되었을 때
>
> **제3장의 강의 포인트**
> - 분석은 국소성을 고려해서 실시
> - 데이터 규모에 맞게 탑재 메모리를 조정한다.
>   ➜ 메모리 증설로 대응할 수 없다면 분산

> **Column**
>
> **부하분산과 OS의 동작원리**
> 오랫동안 도움이 될 기초지식
>
> 　　부하분산이라고 하면 여러 대의 호스트로 작업을 분산시킨다는 이미지가 있다. 그렇다면 부하분산 노하우는 어떻게 하면 배울 수 있을까? 의외로 모르는 것은 아닐까?
> 　　하테나의 인프라를 재인식하려고 했을 때 부하분산에 대한 체계적인 지식이 필요했었는데, 이를 어디서 얻어야 좋을까 몰라서 곤란했던 경험이 있다. 결과적으로는 OS 동작원리를 안다는 것이 부하분산 학습에 중요했다. 당연하다고 생각하는 사람도 있을 것이고 의외라고 생각하는 사람도 있을 것이다. 분산이라고 하면 아무래도 여러 대 이상의 호스트를 상상하게 되므로 네트워크나 프로그래밍의 특정 기법 등 그쪽으로 눈이 가기 쉬운데, 실세로 필요한 것은 OS 지식이다.
> 　　OS의 동작원리를 배워보면,
>
>   - OS 캐시
>   - 멀티스레드나 멀티프로세스
>   - 가상 메모리 구조
>   - 파일시스템
>
> 등 다양한 장치가 하드웨어를 효율적으로 사용하기 위해 어떤 원리를 갖추고 있는지를 비롯해 장점과 단점을 확실히 알 수 있다. 이런 점들을 알게 되면 OS의 장단점과 함께 시스템 전체를 최적화할 수 있다. 이것이야말로 부하분산의 기초지식이다.
> 　　론 요청 분배에는 LVS 사용법을 알아야 할 필요가 있고, Apache나 MySQL 등의 미들웨어 사용법도 알고 있을 필요가 있다. 그렇지만 이 부분은 어디까지나 How-to지 기초지식은 아니다. 배워야 할 것은 애초에 해당 미들웨어가 작동하고 있는 OS에 있다는 것이 개인적인 견해로, 인턴십 강의 및 이 책에서도 중점적으로 다루었다.

CHAPTER 04

분산을 고려한 MySQL 운용

필자 이토 나오야

분산된 시스템 알기
애플리케이션을 만들기 전에 알아두어야 할 MySQL 분산 노하우

분산할 때는 국소성을 고려하고, 데이터 규모에 맞게 탑재 메모리를 조정하고, 메모리 증설로도 대응할 수 없을 경우에는 분산하라는 것이 지금까지 한 설명의 주된 흐름이었다. 메모리와 디스크의 속도차와 그로 인한 I/O 분산의 어려움, 그리고 이를 전제로 시스템을 어떻게 구축/운용할 것인가가 서서히 분명해지는 것 같다. 그 와중에 파티셔닝 등 DB 관련 화제도 조금 등장했었다.

제4장은 DB 레이어로 얘기를 옮겨서 DB 스케일아웃 전략에 대해 자세히 살펴보도록 하자. 강의 테마는 분산을 고려한 MySQL 운용, MySQL 스케일아웃 전략이다. 하테나에서는 MySQL을 많이 사용하고 있는데, 이를 대규모 환경에서 운용할 때에는 어떤 점에 주의를 해야 하는지에 대해 얘기해보도록 한다. 최근에는 NoSQL 등 또 다른 데이터 저장소의 새로운 형태도 나왔지만, 앞으로 적어도 수년 동안은 MySQL이 LAMP(Linux + Apache + MySQL + Perl)인 웹 서비스의 사실상 표준 데이터 저장소라고 하는 상황은 변하지 않을 것이다. MySQL을 대규모 환경에서 운용할 경우의 분위기를 알아두면 불안함도 다소 줄어들지 않을까 싶다.

제4장 이후에는 애플리케이션을 작성하는 사람이 분산된 시스템을 전제로 개발할 때 어떤 점에 주의해야 하는가라는 관점을 담아서 진행하게 된다. 따라서 이제부터가 애플리케이션 개발자 여러분의 작업에 구체적으로 관련이 있는 부분이다.

> **Memo**
>
> **DB 스케일아웃 전략**
> - 인덱스의 중요성(→ 강의 11)
> - MySQL 분산(→ 강의 12)
> - 스케일아웃과 파티셔닝(→ 강의 13)

CHAPTER 04 ・・・ 분산을 고려한 MySQL 운용

강의 11

인덱스를 올바르게 운용하기
분산을 고려한 MySQL 운용의 대전제

분산을 고려한 MySQL 운용, 세 가지 포인트

　분산을 고려한 MySQL 운용에 대해 살펴보도록 하자. 첫 번째 포인트 'OS 캐시 활용'이라는 것은 이전 장의 설명과 관련된 얘기로 그 연장선상에 있다. 두 번째 포인트는 '인덱스(index, 색인)'이다. 여러분, 인덱스는 알고 있는가?

학생: 인덱스를 생성해두고 이를 사용하도록 제대로 쿼리를 던지면 응답이 빨라지나요?

　그렇다. MySQL에는 인덱스라는 기능이 있어서, 예를 들어 강의 10에서도 다뤘던 entry 테이블의 URL 칼럼에 인덱스를 생성하고 URL 칼럼을 검색했을 때, 해당 인덱스를 사용해서 데이터를 검색할 수 있게 되고 빨라진다. MySQL뿐만 아니라 RDBMS에는 이런 구조가 마련되어 있다. 이러한 인덱스를 적절하게 설정하는 것이 매우 중요하다는 얘기다.

　세 번째 포인트는 '확장을 한다는 전제로 시스템을 설계해둔다'는 것이다. 강의 11에서는 첫 번째, 두 번째 포인트를 살펴보고, 세 번째 포인트는 강의 12에서 설명한다. 지금 바로 살펴보도록 하자.

강의 11 인덱스를 올바르게 운용하기 _분산을 고려한 MySQL 운용의 대전제

> **Memo**
>
> 분산을 고려한 MySQL 운용의 포인트
> - OS 캐시 활용
> - 인덱스를 적절하게 설정하기
> - 확장을 전제로 한 설계

OS 캐시 활용

우선 'OS 캐시 활용'에 대해서는 앞에서 많이 설명했으므로 이해하고 있을 것이다. 전체 데이터 크기에 주의해서 데이터량이 물리 메모리보다 가능한 한 적어지도록 유지한다. 메모리가 부족할 경우에는 증설한다. 증설에 대해서는 판단 포인트도 함께 소개했었다. 이상 아무렇지 않게 설명한 것 같은데, 이제부터 MySQL에서의 요점에 대해 깊이 파고들어가 보자.

MySQL에서는 처음에 create table로 스키마를 결정한다. 이 스키마는 보통 그다지 신경 쓰지 않고 원하는 대로 설계하는 분도 많겠지만, 하테나 북마크의 테이블 정도 규모가 되면 상당히 중요해진다. 앞서 설명했던 하테나 북마크의 경우와 같이 3억 레코드 정도 되면 1 레코드에 칼럼을 1개, 예를 들어 8바이트 정도의 칼럼을 추가하면 8×3억 바이트만큼의 데이터가 늘어나는 것이다. 8×3억이므로 그것만으로 3GB. 스키마를 조금 변경하는 것만으로 기가바이트 단위로 데이터가 증감한다.

서비스를 설계하는 초기단계부터 그렇게까지 깊게 생각할 필요는 없지만, 어느 정도 규모가 있는 서비스가 되면 칼럼 변경, 스키마 변경에도 그에 상응하는 주의를 기울여야만 한다.

대량의 데이터를 저장하려는 테이블은 레코드가 가능한 한 작아지도록 컴팩트하게 설계하도록 하자. 정수 int형은 32비트이므로 4바이트, 문자열이 8비트니까 1바이트와 같이 기본적인 수치는 머리에 새겨두도록 하자. MySQL의 각각의 데

이터형에서 이 데이터형을 사용하면 대략 몇 바이트의 오버헤드가 있는지와 같은 것은 매뉴얼에 있지만, 이것도 어느 정도는 머릿속에 넣어두면 도움이 된다.

> **Memo**
>
> **OS 캐시 활용**
> - 전체 데이터 크기에 주의
>   → '데이터량 < 물리 메모리'를 유지
>   → 메모리가 부족할 경우에는 증설 등
> - 스키마 설계가 데이터 크기에 미치는 영향을 고려한다.

[보충] 정규화

이쯤에서 신경 쓰이는 점이 있는가?

학생: 정규화해서 DB를 나누어놓아도 괜찮은 건가요?

정규화에 대해서는 그림으로 살펴보도록 하자. 그림 4.1에 나타내었다. 예를 들면 하테나 북마크의 테이블 중에 bookmark 테이블이 있다. bookmark 테이블은 아래 세 칼럼을 가지고 있다.

- uid(user_id) = 어떤 유저인지
- eid(entry_id) = 어떤 엔트리를 북마크했는지
- timestamp = 몇 시

그리고 is_private가 해당 북마크가 공개/비공개인지를 관리하는 칼럼이다. 그리고 조금 특이한 것이 is_asin으로, Amazon의 상품이면 플래그를 설정해두는 칼럼. 이는 나중에 상품의 북마크만 추출하기 위한 플래그다.

강의 11 인덱스를 올바르게 운용하기 _분산을 고려한 MySQL 운용의 대전제

● **그림 4.1** bookmark 테이블과 정규화

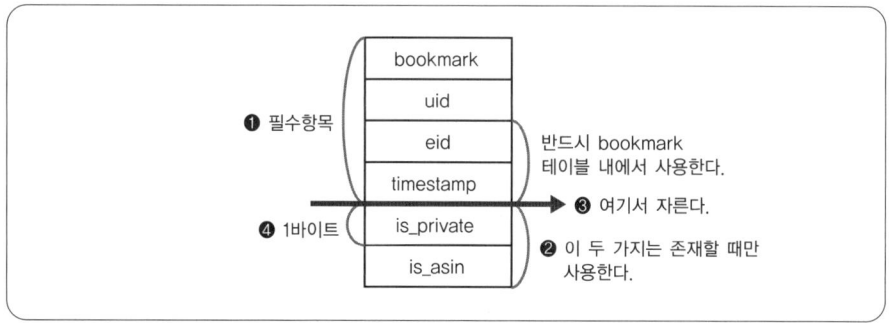

그림 4.1 ❶에 해당하는 네 가지는 필수항목. ❷에 해당하는 is_private와 is_asin은 필요할 때만 사용한다. 이를 정규화해서 그림 4.1 ❸으로 잘라서 ❹만 가지고 있는 다른 테이블로 분할한다. ❹의 칼럼은 플래그만 설정하는 것이므로 1바이트만 사용하게 되는데, bookmark 테이블 정도의 규모가 되면 이것을 본체에서 제거하는 것만으로 1바이트×수천 만 레코드만큼의 용량이 줄어들 수 있다. 다만 정규화하게 되면, 경우에 따라서는 쿼리가 복잡해져서 속도가 떨어지는 경우가 있으므로 속도와 데이터 크기 간 상반관계(trade-off)와 같은 부분도 생각해야 한다. 지금까지의 설명을 근거로 할 때 정규화를 하면 좋다. 덧붙여서 강의 4에서 본 3억 레코드가 존재했던 relword라는 테이블은 실제로 숫자와 숫자 쌍만 가지고 있으면서 10GB다. 이 테이블에는 더 이상 새로운 칼럼을 추가하는 것은 거의 무리라고 할 수 있을 것이다.

인덱스의 중요성 — B트리

다음은 '인덱스의 중요성'에 대한 얘기다. 이번 장 처음에 언급했듯이 인덱스=색인이다.

알고리즘·데이터 구조에서 탐색을 할 때는 기본적으로 트리(탐색트리)가 널리 사용된다. 인덱스는 주로 탐색을 빠르게 하기 위한 것으로, 그 내부 데이터 구조로

CHAPTER 04 ··· 분산을 고려한 MySQL 운용

는 트리가 사용된다.

MySQL의 인덱스는 기본적으로 B+트리(B Plus Tree)라는 데이터 구조다. B+트리는 B트리(B Tree)에서 파생된 데이터 구조다. 그림 4.2의 B트리는 트리를 구성하는 각 노드가 여러 개의 자식을 가질 수 있는 '다분(多分)트리'다. 또한 데이터 삽입이나 삭제를 반복한 경우에도 트리의 형태에 치우침이 생기지 않는 '평형(平衡)트리'이기도 하다. B트리는 하드디스크 상에 구축하기에 알맞은 데이터 구조이므로 DB에서 자주 사용된다.

B트리에 대한 세세한 얘기를 시작하면 길어지므로 자세한 것은 다른 책 등을 참고하기 바라며, 여기서는 포인트만 설명하도록 한다. 그러면 B트리에 의해 어떻게 탐색이 빨라지는지를 알아보자. B트리에 데이터를 삽입할 때는 일정한 규칙에 따라 삽입할 필요가 있는데, 그 규칙 덕분에 검색할 때 일부 노드를 순회하는 것만으로 자연스럽게 찾고자 하는 데이터에 도달하게 된다.

● **그림 4.2** B트리

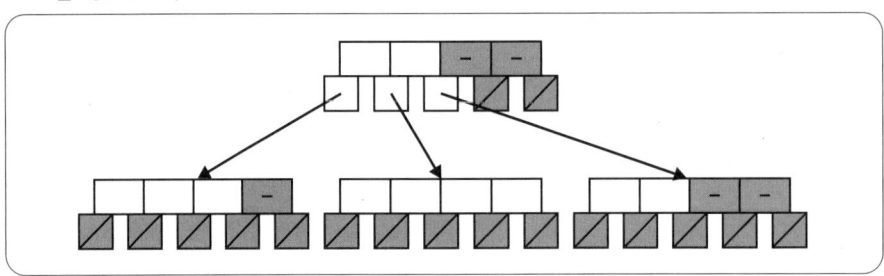

먼저 루트(Root, 뿌리)에서 시작해서 각 노드에 찾고 있는 값이 저장되어 있는지를 확인한다. 없으면 자식을 찾아간다. 이때 찾는 값의 대소관계로 어떤 자식을 찾아가면 될지가 한 번에 결정될 수 있는 규칙이 사용된다. 이에 따라 검색을 할 때 최대 트리 높이만큼의 횟수만 자식을 찾아가면 되므로 탐색이 빨라지는 것이다. 트리의 높이는 데이터 건수 n에 대해 반드시 $\log n$이 되므로 계산량은 $O(\log n)$이다[주1].

주1 사전에 다른 언급이 없을 경우, 대수의 밑은 2로 한다. 계산량에 대해서는 강의 19에서 자세히 다룬다.

지금 설명한 것은 B트리에 한하지 않고 다른 트리 데이터 구조에도 대체적으로 비슷한 것으로, 적은 횟수로 검색을 마칠 수 있도록 되어 있다.

이분트리와 B트리 비교해보기

대학 수업 등에서 자주 다뤄졌을 것으로 생각하는데, 잘 알려져 있는 탐색트리로는 지금 살펴본 B트리 이외에도 이분트리(바이너리 트리) 등이 있다. 그림 4.3 ❶이 이분트리다. 이분트리는 노드의 자식이 반드시 2개 이하다. 반면 그림 4.3 ❷B트리는 노드의 자식이 여러 개 있으며, 2개보다 훨씬 많다. 실제로 B트리의 노드 수는 'm=몇 개'라는 상수로 결정된다.

동일한 트리지만 ❶이분트리와 ❷B트리에서 어떤 점이 다를까? 이분트리는 ❷노드가 반드시 하나로 정해져 있고 ❸은 두 개로 정해져 있지만, B트리는 m=5처럼 개수가 정해진다. B트리는 이 수를 조정함으로써 ❹의 크기를 4KB 등으로 할 수 있다. 즉, 각 노드의 크기를 적당한 사이즈로 정할 수 있다. 이 점이 B트리의 장점이다.

여기서 노드의 크기라는 것이 제3장에서 설명한 디스크의 페이지와 매우 밀접한 관계가 있다. ❹의 노드 1개로 디스크의 1블록만큼을 할당하면, B트리로 디스크 상에 저장했을 때 ❺를 1블록, ❻을 1블록…과 같이 각 노드를 딱 1블록만큼으로 해서 저장할 수 있다.

감이 좋은 사람은 벌써 눈치챘을 것이다. 앞에서 OS는 디스크에서 데이터를 읽을 때 블록 단위로 읽어낸다고 했다. 또한 강의 5에서 '디스크 원반이 빙글빙글, 헤드가 윙'이라는 얘기를 했는데, 임의의 위치에 있는 데이터를 읽어내려면 물리적인 동작, 다시 말해 디스크 Seek이 발생하고, 여기서 밀리초 단위로 시간이 걸리며 느리다는 것도 설명했다.

● 그림 4.3 ❶이분트리와 ❷B트리

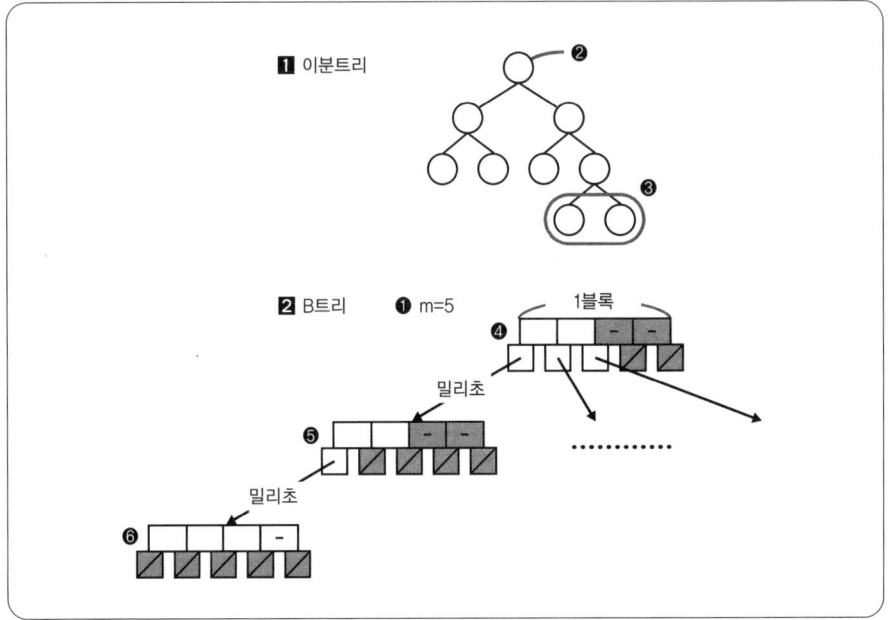

　트리에서 검색을 할 때는 노드에서 노드로 트리를 순회한다. B트리의 경우, 각 노드를 1블록에 모아서 저장되도록 구성할 수 있으므로 디스크 Seek 발생횟수를 노드를 찾아갈 때만으로 최소화할 수 있다. OS가 한 번에 읽어내서 메모리에 캐싱하게 되므로 같은 노드 내의 데이터는 디스크 Seek 없이 탐색할 수 있다.

　한편, 이분트리는 특정 노드를 모아서 1블록에 저장하는 등의 작업이 어렵다. 그러므로 이분트리를 디스크 상에 저장하는 데 있어서 디스크 구조에 최적화할 수가 없다. 그 결과, 디스크 상의 이분트리를 검색하려고 하면 여기저기 블록에 분산되어 있는 데이터를 읽어야 하므로 디스크 Seek 횟수가 많아지게 된다.

　B트리의 파생인 B+트리에 대한 자세한 사항은 여러분이 직접 Wikipedia 등에서 조사해보길 바라며, 간단히 말하면 B+트리는 각 노드 내에 자식 노드로의 포인터만 가지고 있고 포인터 이외에 데이터로서의 실제 값 등은 제일 마지막인 잎 노드(leaf node)에만 가지고 있는 구조다. B+트리가 DB에 데이터를 저장하는 데 좀 더 최적화된 데이터 구조라는 점은 알아두도록 하자.

강의 11 인덱스를 올바르게 운용하기 _분산을 고려한 MySQL 운용의 대전제

MySQL에서 인덱스 만들기

MySQL에서 인덱스를 만들면 B트리의 변종인 B+트리에 의한 트리 데이터 구조가 생긴다. 지금 살펴본 것처럼 탐색에서는 처음부터 실 데이터를 살펴가는 것보다 인덱스의 트리를 순회하는 편이 더 빠르다. 바로 이를 위한 구조를 만들어 주는 B트리(B+트리)는 이론적으로 탐색 계산량이 $O(\log n)$으로 보장되므로 선형탐색에서 $O(n)$으로 찾는 것보다 B트리로 찾는 게 더 빠르다. 이것이 바로 인덱스로 탐색하면 빨라지는 원리다.

B트리는 대체로 최근 알고리즘 책을 읽어보면 나온다. DB의 구현을 자세히 알아두기를 원하는 사람은 B트리(B+트리)에 대한 이해가 필수적이므로 알아두면 좋을 것이다. B트리의 구조적인 특성을 알아두면 인덱스에서 특별한 처리가 무엇인지도 보일 것이다.

> **Memo**
>
> **인덱스의 중요성**
> - 인덱스=색인
> - B+트리
>   · 외부기억장치 탐색 시에 Seek 횟수를 최소화하는 트리 구조
>   · 색인의 계산량: $O(n)$ ➡ $O(\log n)$

인덱스의 효과

그렇다면 인덱스의 효과는 실제로 어느 정도일까? 대략 정리해보면 다음과 같다.

- [예] 4,000만 건 태그 테이블에서의 탐색
  · 인덱스 없음 = 선형탐색
    ➡ $O(n)$ ➡ 최대 4,000만 번 탐색

CHAPTER 04 ··· 분산을 고려한 MySQL 운용

· 인덱스 있음 = B트리로 이분탐색

→ O(log n) → log 4000만 = 최대 25.25번

4,000만 건의 태그 테이블에서의 탐색을 예로 들면, 인덱스가 없을 경우는 선형 탐색으로 O(n)번, 최대 4,000만 번 탐색한다. 그에 비해 인덱스가 있을 경우는 B트리로 탐색하면 O(log n)이 된다. log 4000만이면 25.25번만 탐색하면 된다. 차이가 실로 엄청나다.

또한 계산량 측면에서 개선될 뿐만 아니라 디스크 구조에 최적화된 인덱스를 사용해서 탐색함으로써 디스크 Seek 횟수면에서도 개선된다.

> **Memo**
>
> **인덱스의 효과**
> · 계산량 측면에서 개선될 뿐만 아니라 디스크 Seek 횟수면에서도 개선된다.
> ※ 같은 O(log n)이라도 B트리와 다른 트리 간에는 서로 다르다.

인덱스 효과의 예

강의 4의 마지막 절인 '대규모 데이터로의 쿼리'의 그림 2.2에서 본 바와 같이 인덱스를 태우지 않고 select를 하면 200초를 기다려도 결과가 반환되지 않던 것이, 인덱스를 제대로 걸어서 검색하면 0.00초로 순식간에 반환하게 된다(그림 4.4).

대규모가 되면 될수록 인덱스를 준비해놓느냐 아니냐에 따라 차이가 나게 된다. 사실 개인적인 용도의 작은 애플리케이션 정도라면 인덱스를 전혀 사용하지 않아도 충분한 속도로 동작한다. 데이터 건수가 1,000건 정도라면 오히려 트리를 먼저 순회하는 오버헤드가 더 커서 그냥 처음부터 찾아 내려가는 편이 더 빠른 경우가 많다. 그러나 크기가 커지면 인덱스 없이는 시작부터 액세스할 수 없는 상황이 되므로 실로 인덱스는 중요하다. 한편, MySQL은 레코드 총 건수를 보고 인덱스를 사용하지 않는 편이 더 빠르다라고 판단되면, 사용하지 않는 최적화 작업을 내부에서 어느 정도 수행해준다.

강의 **11** 인덱스를 올바르게 운용하기 _분산을 고려한 MySQL 운용의 대전제

● **그림 4.4** 인덱스를 태운 예

```
mysql> select url from entry where eid = 9615899;
+-------------------------------------------------------------------+
| url                                                               |
+-------------------------------------------------------------------+
| http://builder.japan.zdnet.com/member/u87200/blog/2008/08/10/entry_27012867/ |
+-------------------------------------------------------------------+
1 row in set (0.00 sec)    ←순식간에 결과가 반환되었다
```

| 그림 2.2 '인덱스를 태우지 않은 예'(다시 게재)
```
mysql> select url from entry use index(hoge) where eid = 9615899;
...200초를 기다려도 결과가 출력되지 않는다
```

[보충] 인덱스의 작용 — MySQL의 특성

아래 얘기는 MySQL의 특성에 대한 얘기다. MySQL의 인덱스 사양에는 약간의 특성이 있는데, 인덱스를 걸어놓고 있는 칼럼을 대상으로 한 쿼리라도 던지는 SQL에 따라서는 그것이 사용되거나 사용되지 않기도 한다.

- 기본적으로 인덱스가 사용되는 것은…
  ➜ where, order by, group by의 조건에 지정된 칼럼

예를 들면 `select * from entry where url = 'http://…'`라는 쿼리는 where 절에 url 칼럼을 지정하고 있다. 따라서 url 칼럼에 인덱스가 걸려 있다면 사용된다.

- 인덱스로서 작용하는 것은…
  ➜ 명시적으로 추가한 인덱스
  ➜ Primary Key, UNIQUE 제약

MySQL은 `alter table` 명령 등으로 명시적으로 인덱스를 추가한 경우 이외에도 Primary Key나 UNIQUE 제약을 건 칼럼에도 인덱스를 가지고 있다. `show index` 명령으로 인덱스의 내용을 확인할 수 있다.

- MySQL 인덱스의 함정
  → 복수 칼럼에 동시에 인덱스를 태우고자 할 경우는 복합 인덱스를 사용해야만 한다.

문제가 바로 복수의 칼럼이 인덱스 작용의 대상이 되는 경우다. 예를 들어 select * from entry where url like 'http://d.hatena.ne.jp/%' order by timestamp라는 쿼리가 있다고 하자. url과 timestamp 각각에 인덱스를 설정했다고 하면 이 경우에 어떻게 될까? url과 timestamp의 인덱스 양쪽이 모두 사용되어 url 인덱스에서 고속으로 url을 검색하고, 범위가 좁혀진 레코드를 timestamp 인덱스에서 고속으로 정렬해주는 걸 기대했지만 그렇게 되지는 않는다. 이 경우는 어느 한쪽의 인덱스만 사용된다. 즉, 검색이나 정렬 중 어느 한쪽은 인덱스를 사용하지 않는 처리가 수행된다.

MySQL은 한 번의 쿼리에서 하나의 인덱스만 사용한다는 특성을 갖고 있는 것이 그 원인이다. 위 쿼리에서 url과 timestamp 양쪽의 인덱스를 태우고자 할 경우는 (url, timestamp)를 쌍으로 한 복합 인덱스를 설정해둘 필요가 있다.

이처럼 인덱스 운용에 관해서는 잡다한 노하우가 있는데, 이에 관해 얘기하자면 길어지므로 자세한 내용은 아쉽지만 생략하도록 한다. 그러한 작용도 있다는 것만 알아두기 바란다[주2].

인덱스가 작용하는지 확인하는 법 — explain 명령

알맞은 시점인지는 모르겠으나 강의 11의 마지막으로 explain 명령을 소개해두겠다. SQL을 던지기 전에 explain 명령을 실행하면 MySQL이 인덱스가 작용하는지 여부를 전부 조사해준다. 그림 4.5를 보면 그림 4.5 **1**이 인덱스가 작용하고

주2 MySQL에 관한 보다 자세한 것은 서적 『실전 High Perfomance MySQL 제2판』(오라일리 재팬, 2009)이 참고가 된다. 혹시 인덱스의 특성에 관심이 있는 분이나 앞으로 MySQL을 열심히 운용하게 될 분은 참고해보기 바란다.

있는 패턴이다. **1**은 select url from entry where eid = <엔트리ID>라는 쿼리를 던진 경우의 결과다. eid는 엔트리 번호다. 표에 나타난 견해로는 이 쿼리로 검색했을 때 키로서 가능성이 있는 키의 이름(possible_keys)은 eid, 실제로 사용되고 있는 것(key)은 키인 eid의 인덱스로, 조사한 것은 (rows의) 1행뿐이라는 평가결과다. 이는 최고속도 등급이다.

그림 4.5 **2**는 SQL 내에 use index로 탐색 조건으로 하고자 하는 eid와는 굳이 다른 칼럼의 인덱스를 일부러 사용하고 있는 예다. 당연이 인덱스가 작용하지 않으므로 **2**의 쿼리에 대해 작용하는 인덱스는 없다(possible_keys가 NULL). 결과적으로 얼마나 탐색했는지를 보면 962만 이상의 레코드를 탐색해서(rows가 9,620,451) 겨우 1건 발견한 셈이다.

● **그림 4.5** explain 명령

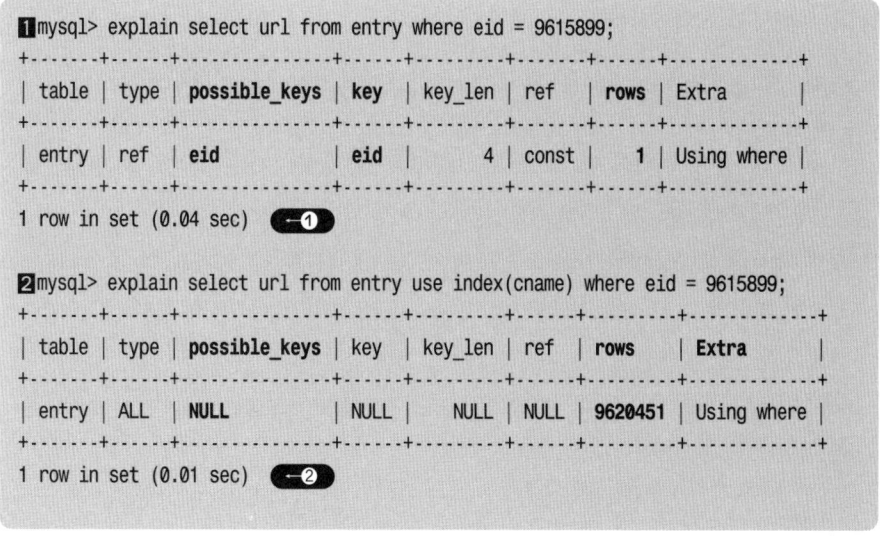

explain 명령에서 속도에 유의하라

자신이 SQL을 수반하는 프로그램을 개발할 때 속도에 신경 쓰고자 할 때는 explain 명령으로 자신이 던지려고 하는 SQL에 제대로 인덱스가 작용하는지 여부를 확인하면서 개발하면 좋다.

인덱스의 작용법이라는 의미에서는 Extra 열도 중요하다. Extra에는 그림 4.5의 Using where 이외에 Using filesort나 Using temporary와 같은 항목이 나올 경우가 있다. 각각 레코드 정렬에 외부 정렬(외부 파일을 사용한 정렬)이나 임시 테이블이 필요하다는 의미다. 기본적으로는 Using filesort나 Using temporary가 나오는 것은 그다지 틀이 좋은 쿼리라고 할 수 없으므로 가능한 한 나오지 않도록 쿼리나 인덱스를 튜닝해갈 필요가 있다. 이 책에서는 지면 관계상 생략하지만, 왜 파일 정렬이나 임시 테이블을 사용하지 않는 편이 좋은가에 관한 이유는 별도의 참고서적 등을 보고 이해하도록 해보기 바란다.

학생: 그림 4.5 ❶, ❷의 row in set … 부분을 비교하면 위쪽이 더 느린 건가요?

오호, 실제로는 위쪽이 더 빠르다. 그림 4.5 ❶, ❷의 표시는 explain 명령 자체의 결과이므로 실제로 SQL을 던졌을 때의 평가가 아니다.

　　　　　　　　＊　＊　＊

이상 인덱스의 구조, 인덱스의 효과, 약간의 노하우가 묻어나는 부분을 설명했다. 인덱스가 제대로 작용한 쿼리를 던진다는 것은 MySQL을 사용함에 있어서 기초 중에 기초다. 다음은 인덱스가 올바르게 설정되었다는 전제로 분산이나 파티셔닝은 어떻게 해야 하는지를 생각해보도록 하자.

강의 11 인덱스를 올바르게 운용하기 _분산을 고려한 MySQL 운용의 대전제

> **Column**
>
> **인덱스의 간과**
> 찾기 쉬운 구조로 커버
>
> 인덱스의 중요성, 이것은 개발자라면 모두 알고 있는 것이지만 오랫동안 서비스를 운용하면 아무래도 인덱스가 작용하지 않는 쿼리를 알게 모르게 사용하게 되는 경우도 있다. 요즘에는 O/R 매퍼가 SQL을 생성하는 경우도 있어서 실제로 어떤 SQL이 실행되는지를 사전에 자세히 보지 않고 코드를 커밋해버리는 경우도 많다.
>
> 이 문제에 대해서는 세련되지는 못하지만 "감시방안을 늘림"으로써 사후 대응하는 것이 의외로 유효한 방법이다. DB 관리자가 처리에 시간을 요하는 로그(slow-log)를 발견했을 때 개발자에게 리포트한다거나, 실행된 SQL의 로그가 개발자의 화면에 표시되도록 라이브러리를 수정한다거나, O/R 매퍼로 SQL을 매번 explain해서 의심스러운 쿼리가 있으면 개발자에게 보고하는 처리를 자동화하는 등 적당한 구조를 가해서 커버하도록 하고 있다.
>
> 사전에 아무리 노력하더라도 다 막지 못하는 구멍은 열린 구멍을 발견하기 쉽도록 함으로써 대응하는 것이 유효한 경우도 많다.

CHAPTER 04 ··· 분산을 고려한 MySQL 운용

강의 12
MySQL의 분산 확장을 전제로 한 시스템 설계

MySQL의 레플리케이션 기능

MySQL에 관한 얘기를 계속 해보자. 이제는 '분산'. 제3장까지는 DB를 늘려서 분산하자는 얘기가 있었다. 그러면 MySQL의 분산은 어떻게 실현해갈 것인가? 이것이 바로 강의 12의 주제다.

MySQL에는 기본 기능으로 레플리케이션(replication) 기능이 있다(그림 4.6). 레플리케이션이란 마스터(master)를 정하고(그림 4.6 ❶) 마스터를 뒤따르는 서버(슬레이브, slave)를 정해두면(그림 4.6 ❷), 마스터에 쓴 내용을 슬레이브가 폴링(polling)해서 동일한 내용으로 자신을 갱신하는 기능이다(그림 4.6 ❸). 슬레이브는 마스터의 레플리카(replica, 카피)가 되는 것이다. 이렇게 해서 동일한 내용의 서버를 여러 대 마련할 수가 있다.

마스터/슬레이브로 레플리케이션해서 서버를 여러 대 준비하게 되면, 그림 4.6과 같은 구성으로 해서 AP 서버에서는 로드밸런서를 경유해서 슬레이브로 질의한다. 이렇게 해서 쿼리를 여러 서버로 분산할 수 있다.

이때 애플리케이션 구현에서 select 등 참조 쿼리만 로드밸런서로 흘러가도록 한다. 갱신 쿼리는 마스터로 직접 던진다. 갱신 쿼리를 슬레이브로 던지게 되면 슬레이브와 마스터 간 내용을 동기화할 수 없다. MySQL은 마스터와 슬레이브 간 내용의 불일치를 감지해서 레플리케이션을 중지해버린다. 이렇게 해서 오류로 이어진다는 것은 쉽게 상상할 수 있을 것이다. 따라서 갱신은 어디까지나 반드시 마스터에서 이뤄지도록 한다. 하테나에서는 이 부분을 O/R 매퍼 내에서 제어하고

● **그림 4.6** MySQL의 레플리케이션 기능

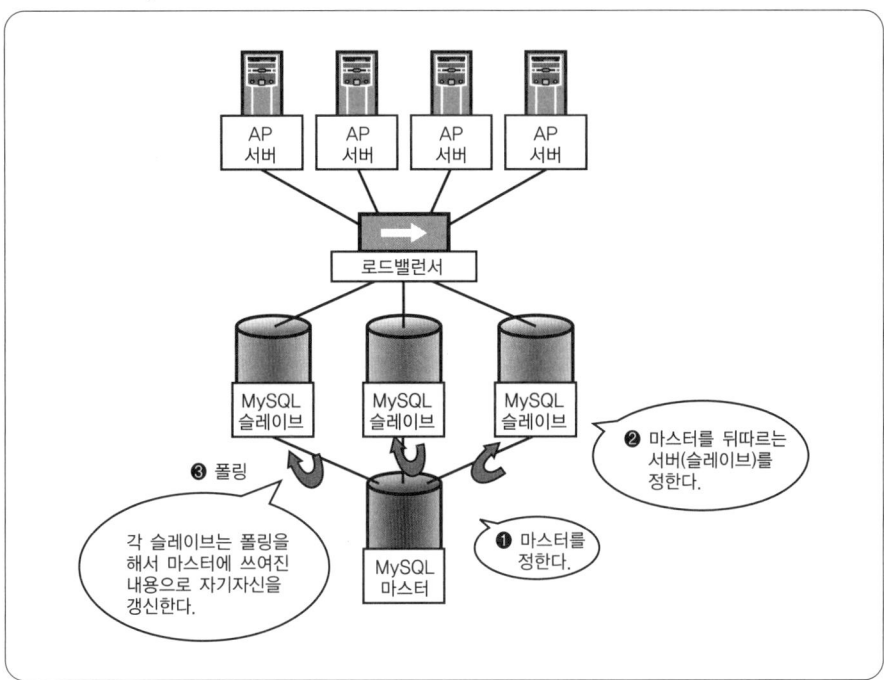

있다. DBIx::MoCo(하테나에서 개발/사용하고 있는 O/R 매퍼)에도 이 기능이 포함되어 있다. O/R 매퍼를 사용하지 않더라도 쿼리를 괜찮게 프록시 처리해주는 소스도 있는 것 같은데, 애플리케이션 측에서 해당 로직을 구현하는 것은 그다지 어렵지는 않을 것이다.

아울러 슬레이브 앞단에 로드밸런서(하테나에서는 LVS)를 사용하고 있는데, 로드밸런서를 사용하지 않는 방법도 있다. 애플리케이션 측에서 분배까지 제어하거나 MySQL Proxy와 같은 것을 사용하는 것이다. 다만 하테나에서는 MySQL Proxy를 사용해보지는 않아서 실용성이나 품질 등을 잘 모르므로 관심 있는 분은 조사해보기 바란다.

> **Memo**
>
> **MySQL의 레플리케이션 기능**
> - 마스터/슬레이브 구성
> - 참조 쿼리는 슬레이브로, 갱신 쿼리는 마스터로
> - O/R 매퍼로 제어한다.

마스터/슬레이브의 특징
― 참조계열은 확장하고 갱신계열은 확장하지 않는다

앞에 나온 그림 4.6을 다시 살펴보도록 하자. 금방 알아차렸겠지만, 이 구성에서는 마스터를 분산할 수 없다는 문제가 있다. '참조계열 쿼리는 슬레이브로 분산하면 되므로 분산할 수 있지만, 갱신계열 쿼리를 분산할 수 없지 않은가?' 라는 문제다. 그리고 또 한 가지, 마스터의 다중화를 어떻게 할 것인가라는 문제도 당연히 발생한다.

참조계열 쿼리는 확장을 위해 서버를 늘리면 되는데, 다만 서버를 늘린다고는 해도 앞서 말했듯이 대수를 늘리기보다도 메모리에 맞추는 것이 중요하다.

한편, 마스터는 확장할 수 없다. 반드시 할 수 없는 것은 아니지만, 갱신계열 쿼리가 늘어나면 상당히 험난해진다. 그렇지만 이 부분에서는 웹 애플리케이션의 특성이 있는데, 웹 애플리케이션에서는 대략 90% 이상이 참조계열 쿼리다. 쓰기는 상대적으로 훨씬 적다. 예를 들면 일기를 읽는 사람은 쓰는 사람의 1,000배 정도 존재하고, 보는 횟수가 쓰는 횟수보다 압도적으로 많아서 결과적으로는 대부분이 참조계열 쿼리가 된다. 따라서 웹 애플리케이션에서는 참조계열에 비하면 마스터가 병목이 되어 곤란한 상황이 발생하는 경우는 그렇게 많지 않다.

갱신/쓰기계열을 확장하고자 할 때 — 테이블 분할, key-value 스토어

그러나 드물지만 마스터에 엄청난 쓰기작업이 발생하는 애플리케이션을 개발하는 경우가 있는데, 예를 들어 mixi에서 말하는 '발자국(足跡, footprint)'과 같은 것은 요청 시마다 DB에 레코드를 써야 하고, 혹은 하테나 다이어리에서는 링크원(リンク元, 블로그의 리퍼러를 남기는 기능) 등이 있다. 이것도 요청이 올 때마다 어떤 링크를 통해 왔는지를 기록하고 있다. 이러한 것을 개발할 때 마스터의 테이블이 과부하가 걸리는 경우가 있다.

이런 경우에도 역시나 테이블을 분할해서 테이블 크기를 작게 해준다. 그러면 분할로 인해 쓰기작업이 분산된다. 테이블 파일이 분산되면 동일 호스트 내에서 여러 디스크를 가지고 분산시킬 수도 있으며, 서로 다른 서버로 분산할 수도 있다. 이에 관해서는 나중에 다시 언급하도록 한다.

다음으로, 처음부터 RDBMS를 사용하지 않는 방법도 생각해볼 수 있다. 하테나에서 쓰기작업이 너무 많아서 RDBMS를 사용하지 않는 실제 사례로는 우고메모(うごメモ, 움직이는 메모)[주3]의 동영상 재생횟수를 표시하고 있는 부분이다. 사용자가 동영상을 재생할 때마다 갱신이 일어난다. 여기는 쓰기작업 횟수가 많아서 RDB로는 확장할 수 없어서 Tokyo Tyrant를 사용하고 있고, key-value 스토어(key-value쌍 스토리지, KVS) 방식이다. 지금도 그렇지만, 한때 도쿄 시부야 방면의 웹 개발 계열 사람들이 key-value, KVS로 활발하게 개발했던 것에는 그런 배경도 자리하고 있다. 단순히 값을 저장하고 꺼낼 뿐이므로 RDB가 갖는 복잡한 통계처리나 범용적인 정렬처리가 필요하지 않다면, key-value 스토어는 오버헤드도 적고 압도적으로 빠르며 확장하기 쉽다.

주3 닌텐도-DSi/DSi LL의 '움직이는 메모장'으로 작성한 그림/드문드문만화(동영상)를 공개할 수 있는 서비스를 가리킨다. PC나 모바일로 액세스할 수 있는 커뮤니케이션 사이트가 '우고메모 하테나'(URL) http://ugomemo.hatena.ne.jp), '움직이는 메모장' 내의 한 코너에서 인터넷에 접속해서 작품을 열람하거나 올릴 수 있는 서비스가 '우고메모 씨어터'다. '우고메모 하테나'는 2009년 8월, 인턴기간 중에 해외판이 'Flipnote Hatena'로서 북미, 유럽에 각각 공개되었다.

CHAPTER 04 ··· 분산을 고려한 MySQL 운용

그리고 굳이 말하지는 않았는데, 애플리케이션 측면에서 연구해서 처음부터 쓰기작업 횟수를 줄이는 것은 당연히 해야 할 연구일 것이다.

> **Memo**
>
> **마스터/슬레이브의 특징**
> - 참조계열 쿼리는 확장
>   - ➜ 서버를 늘리기만 하면 된다.
>   - ➜ 단, 대수를 늘리기보다도 메모리에 맞추는 것이 중요
> - 마스터는 확장하지 않는다.
>   - ➜ 갱신계열 쿼리가 늘어나면 험난해진다.
>   - ➜ 단, 웹 애플리케이션은 대부분의 경우 90% 이상이 참조쿼리
>   - ➜ 마스터 부하는 테이블 분할이나 다른 구현 등으로 연구

강의 13 MySQL의 스케일아웃과 파티셔닝

MySQL의 스케일아웃 전략

강의 11, 강의 12에서 설명한 MySQL의 기본적인 스케일아웃 전략으로는 데이터가 메모리에 올라가는 크기이면 메모리에 올리고, 올라가지 않으면 메모리를 증설하는 것이었다. 그리고 '인덱스는 제대로 걸자' 였다.

'메모리 증설이 불가능하다면 파티셔닝' 이라는 것을 제3장 마지막 강의 10에서 조금 살펴보았다. 이제는 파티셔닝에 대해 좀더 보충설명을 하도록 하겠다.

> **Memo**
>
> **MySQL의 스케일아웃 전략**
> - 데이터가 메모리에 올라가는 크기?
>   → YES
> - 메모리에 올린다.
>   → NO
> - 메모리 증설
> - 메모리 증설이 불가능하면 파티셔닝

파티셔닝(테이블 분할)에 관한 보충

파티셔닝(테이블 분할)이란 테이블A와 테이블B를 서로 다른 서버에 놓아서 분

107

산하는 방법이다. 강의 10에서 많은 설명을 했는데, 그림 4.7에 포인트를 정리해 두었다. 복습해보면, 파티셔닝은 국소성을 활용해서 분산할 수 있으므로 캐시가 유효하고 그래서 파티셔닝은 효과적이라는 얘기였다.

● **그림 4.7** 파티셔닝

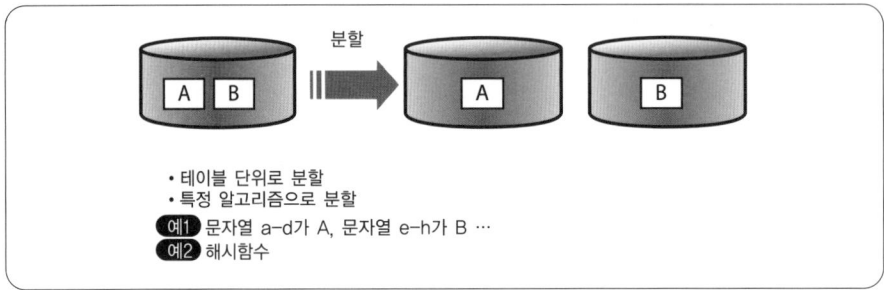

파티셔닝을 전제로 한 설계

파티셔닝에 관한 것 중 또 하나 잊어서는 안 될 것이 파티셔닝을 전제로 한 설계, 이것이 중요하다. 강의 4의 표 2.1에서 본 바와 같이 하테나 북마크의 테이블은 entry와 tag가 나뉘어져 있다(그림 4.8).

● **그림 4.8** entry 테이블과 tag 테이블

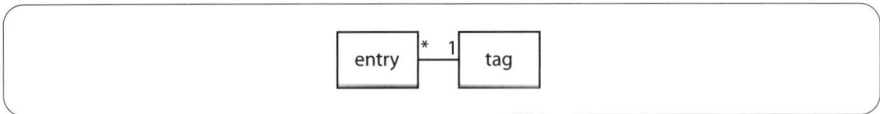

가끔 이 두 테이블을 함께 사용하고자 할 경우가 있다. 예를 들면 어떤 태그를 포함하는 엔트리 목록을 뽑고자 한다고 하자. 그림 4.8과 같이 entry와 tag가 1대 n의 관계로 RDBMS에서는 이런 데이터를 뽑을 때에는 entry와 tag 두 테이블을 결합하는 JOIN 쿼리를 던진다. 그러나 JOIN 쿼리를 던지기 위해서는 entry와 tag를 분할할 수 없다. 왠지 알겠는가?

학생: 여기서 말하는 분할은 다른 머신으로 나눈다는 의미인가요?

그렇다. 적절한 선에서 질문했으므로 바로 답을 알아보도록 하자(그림 4.9). 그림 4.9 ❶entry 테이블과 ❷tag 테이블을 다른 머신에 올리고 싶은데, MySQL에는 서로 다른 서버에 있는 테이블을 JOIN하는 기능이 기본적으로는 없다[주4]. 그러므로 JOIN을 사용한다면 tag 테이블과 entry 테이블을 다른 서버에 위치시킬 수 없다. 하지만 JOIN을 사용하지 않는다면, 예를 들어 그림 4.9 ❶과 같이 tag 테이블에 질의해서 ❷처럼 'perl'이라는 태그를 포함하는 엔트리의 eid를 1, 2, 5, 8, 10과 같이 쭉 뽑아내서, 이 ID를 포함하는 entry 테이블의 레코드를 뽑아내는 것(❸)과 같은 식으로 쿼리를 둘(❶❸)로 나눠서 하면 뽑아낼 수 있다.

따라서 기본적으로 JOIN 쿼리는 대상이 되는 테이블을 앞으로도 서버 분할하지 않을 것이라고 보장할 수 있을 때에만 사용한다.

● **그림 4.9** MySQL과 JOIN

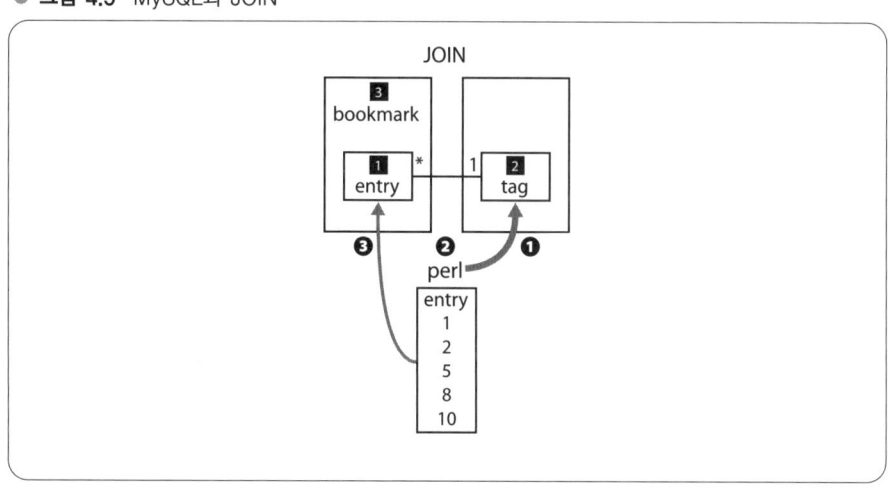

강의 10의 '파티셔닝' 절에서 entry와 bookmark 테이블(그림 4.9에서는 ❶❸)은 동일한 호스트에 놓여 있다고 했었다. entry와 bookmark 테이블, 이 둘은 상

[주4] MySQL 5.1에서는 FEDERATED 테이블을 이용하면 가능하다.

당히 긴밀하게 결합하고 있는 테이블이므로 애플리케이션 설계면에서는 다른 서버로 나눈다는 것은 있을 수 없다. 그러므로 ❶entry와 ❸bookmark 테이블은 함께 놓고 JOIN하고 있다. 다만 ❷tag와 ❶entry 테이블은 그다지 밀접하게 결합하고 있지 않고, (테이블의) 데이터 크기를 볼 때 반드시 분할해야 한다는 것을 알고 있으므로 JOIN하지 않는 방침을 취하고 있다.

애플리케이션 개발자가 이 점에 주의하지 않고 열심히 JOIN 쿼리를 던지게 되면 나중에 곤란해진다. 경험이 부족할 경우 이 부근의 요점을 알지 못해서 코드를 리뷰해보면 부주의하게 JOIN하고 있었다…라는 수정문구가 들어가 있는 경우가 있다.

JOIN 배제 — where… in… 이용

INNER JOIN하고 있는 SQL 예가 그림 4.10이다. 이와 같이 INNER JOIN bookmark를 하고 있는 쿼리가 있고 이것으로 정확하게 결과를 얻을 수 있다. 그러나 이렇게 하지 않아도 그림 4.11과 같이 ❶에서 먼저 북마크를 뽑아낸 다음에 ❷의 eid in에 (0, 4, 5, 6, 7)을 넣어서 뽑아내면 동일한 데이터를 얻을 수 있다.

● 그림 4.10 entry has many bookmarks(INNER JOIN하고 있는 SQL)

```
mysql> select url from entry INNER JOIN bookmark on entry.eid = bookmark.eid
    -> where bookmark.uid = 169848 limit 5;
+------------------------------------------------------------------+
| url                                                              |
+------------------------------------------------------------------+
| http://blog.bulknews.net/mt/archives/001537.html                 |
| http://www.wrightthisway.com/Articles/000154.html                |
| http://internet.watch.impress.co.jp/cda/news/2005/02/10/6438.html |
| http://headlines.yahoo.co.jp/hl?a=20050210-00000136-kyodo-bus_all |
| http://headlines.yahoo.co.jp/hl?a=20050210-00000015-maip-soci    |
+------------------------------------------------------------------+
```

● 그림 4-11 where… in… 이용

```
mysql> select eid from bookmark where uid = 169848 limit 5;   ←①
+-----+
| eid |
+-----+
|   0 |
|   4 |
|   5 |
|   6 |
|   7 |
+-----+
5 rows in set (0.01 sec)

mysql> select url from entry where eid in (0, 4, 5, 6, 7);   ←②
+----------------------------------------------------------------+
| url                                                            |
+----------------------------------------------------------------+
| http://blog.bulknews.net/mt/archives/001537.html               |
| http://www.wrightthisway.com/Articles/000154.html              |
| http://internet.watch.impress.co.jp/cda/news/2005/02/10/6438.html |
| http://headlines.yahoo.co.jp/hl?a=20050210-00000136-kyodo-bus_all |
| http://headlines.yahoo.co.jp/hl?a=20050210-00000015-maip-soci  |
+----------------------------------------------------------------+
5 rows in set (0.12 sec)
```

DBIx::MoCo

앞서 말했듯이 하테나에서는 O/R 매퍼로 DBIX::MoCo라는 자사개발 라이브러리를 사용하고 있는데, 이를 사용하는 경우 두 개의 테이블에 걸친 API를 호출했을 때 내부적으로 JOIN을 사용하지 않고 where… in…으로 결합하는 쿼리를 임의로 생성해주도록 되어 있다. 따라서 DBIx::MoCo를 이용하는 한 평상시에는 신경 쓰지 않아도 된다. 그러나 경우에 따라서는 라이브러리의 오버헤드 자체가 아까우므로 SQL을 직접 쓸 때가 있다. 그럴 때 이 JOIN에 대한 얘기를 기억해두면 편리하다.

CHAPTER 04 ··· 분산을 고려한 MySQL 운용

파티셔닝의 상반관계

파티셔닝으로 분산할 수 있는데, 사실 파티셔닝에는 상반관계가 존재한다. 제4장 강의의 마지막으로 이 얘기를 하도록 하겠다.

파티셔닝의 좋은 점은 부하가 내려가고 국소성이 늘어나서 캐시 효과가 높아진다는 점이었다. 한편으로는 나쁜 점도 물론 있다.

운용이 복잡해진다

우선 운용이 복잡해진다. 앞서 그림 4.9의 entry와 tag처럼 서버가 둘로 나뉘어지고, 게다가 용도가 다른 서버가 생기는 것이다. 같은 하테나 북마크의 DB지만 이 서버는 무슨 일을 하고 저 서버는 무슨 일을 하는지를 머릿속으로 파악해야 하므로 운용이 상당히 복잡해진다. 하테나 다이어리의 경우 DB를 꽤 많이 분할해서 사용 중인데, 어디에 어떤 DB가 있는지 파악하는 게 매우 힘들다. 일단 표로 되어 있어서 서버 정보 문서를 보면 알겠지만, 장애가 발생했을 때나 혼란한 상황에 빠졌을 때 이 내용이 머릿속에 들어있지 않으면 민첩하게 대응하기가 어렵다. 그래서 하테나 다이어리에서 장애가 발생하면 어디서 고장이 났는지를 찾는 것만해도 필사적이다. 운용이 복잡해지면 결국 복구에 시간이 더 걸리게 된다.

고장률이 높아진다

대수가 늘어나는 만큼 고장확률이 높아지는 문제도 있다.

내장애성을 생각할 때 한 가지 중요한 얘기가 있다. 분할과 동반해서 머신을 늘릴 때는 1대만 늘려서는 끝나지 않는다.

분할의 예가 그림 4.12다. A라는 호스트(DB)가 있고, 이를 분할해서 A'와 A"로 나누었다고 하자. 이때 서버는 이전까지 1대였던 것을 2대 늘린 것으로 끝나면 누구도 고생하지 않겠지만, 그렇게 되지 않고 A서버가 4대 있고 이를 분할한 후에는 8대가 된다. 그러면 여기서 퀴즈. 서버가 4대 있을 때 분할하면 8대가 필요.

왜일까? 어떻게 그럴까?

● **그림 4.12** 분할

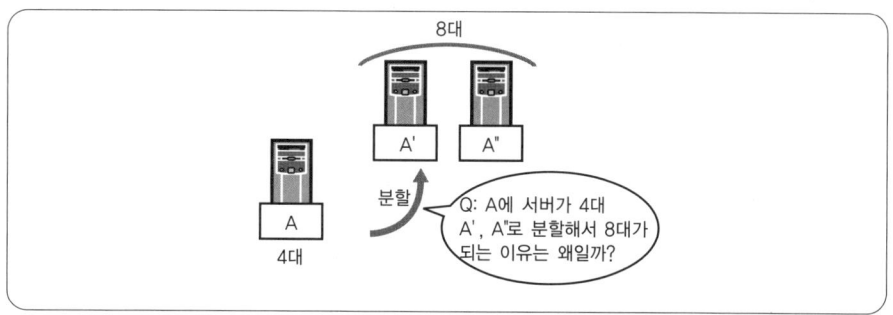

다중화에 필요한 서버 대수는 몇 대?

그러면 다른 퀴즈. 애초에 왜 A서버가 4대 필요한 것일까?

학생: 4대나 필요한가요??

운용은 경험이 없으면 어려운 건가? 답은 다중화다. 1대밖에 없다면 고장 나면 끝이다. 특히 DB 서버니까. 그림 4.13으로 살펴보자. 다중화도 앞서의 마스터/슬레이브 관련 내용을 생각해보면, 마스터가 1대 있고 슬레이브가 3대로 그림 4.13 **1**과 같이 다중화하는 것이다. 그렇게 하면, 만일 슬레이브가 1대 고장 나더라도 괜찮을 뿐 아니라 마스터가 고장 나더라도 슬레이브가 살아있으므로 슬레이브 중에 1대를 마스터로 해주면 OK다(그림 4.13 **1**').

그렇다면 그림 4.13 **2**면 되지 않을까 싶다. 다시 말해, 마스터 1대 + 슬레이브 2대 = 합계 3대만 있으면 충분하지 않은가라고 생각할 수 있는데, 그렇지 않고 그림 4.13 **1**과 같이 마스터 1대 + 슬레이브 3대 = 4대로 하는 이유를 알겠는가? 의외로 이 부분은 좀처럼 알아채지 못할 수도 있다. 우리들도 운용을 하기 시작하고 나서 깨달았다.

2와 같이 3대가 1세트로 되어 있고 마스터 1대 + 슬레이브 2대라고 할 때 만일

CHAPTER 04 ··· 분산을 고려한 MySQL 운용

슬레이브가 1대 고장 났다고 하자(그림 4.13 ⓐ). 하지만 다른 쪽 슬레이브가 동작하고 있으니 '다행이다, 만세. 좋아, 복구하자' 라면서 새로운 DB 서버를 준비해 왔다. 그런데 여기서 데이터를 복사해야 한다. 이때 남아있던 슬레이브를 중지하지 않으면 복사할 수 없다. 그러면 서비스가 중지된다. 만일 마스터를 중지하면 쓰기작업을 할 수 없게 되고 슬레이브를 중지하면 참조할 수 없게 되므로, 서비스를 중지하지 않으면 복구할 수 없게 된다(그림 4.13 ⓒ).

● **그림 4.13** 마스터/슬레이브의 다중화

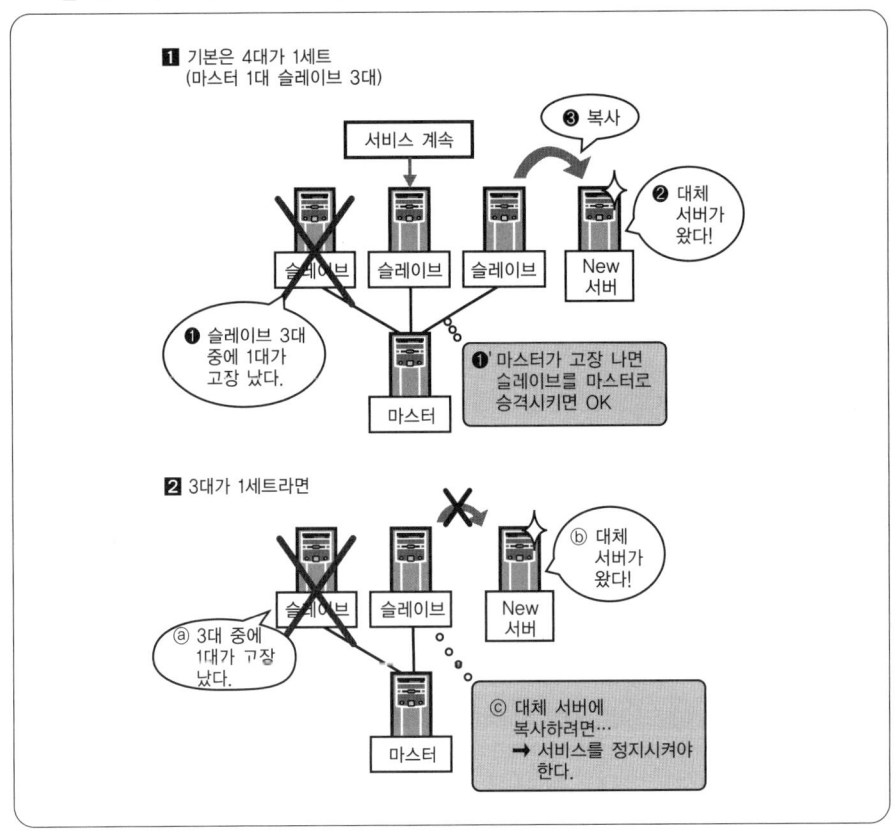

그러나 그림 4.13 **1**과 같이 슬레이브가 3대가 있으면, 1대가 고장 나더라도 남은 2대 중에 1대를 중지하고 새로운 서버로 데이터를 복사해서 고장 난 슬레이브 이외의 슬레이브 3대를 정리해서 복구할 수 있다. 이렇게 해서 무정지 복구를 할 수 있다. 따라서 다중화를 완벽하게 고려하자면 4대를 1세트로 생각할 필요가 있는 것이다.

애플리케이션의 용도와 서버 대수

이번 절의 첫 부분에서 낸 퀴즈에서 본 것처럼 분할하면 4대였던 것이 갑자기 8대가 되었다. 3대로 분할하면 12대가 되어 점점 더 늘어가게 된다. 무정지가 필수 조건인지 여부는 해당 애플리케이션의 용도에도 의존하므로 반드시 4대가 필요하다고는 할 수 없다. 예를 들면 하테나 북마크의 tag 테이블과 같은 경우, 유지보수 중에는 태그의 페이지만 볼 수 없다고 미리 양해를 구하고 주요한 다른 페이지는 볼 수 있다는 식으로 해두면, 일단 서비스 일부 기능만 멈추고 유지보수를 할 수 있다. 하테나 다이어리의 일기 DB 등 해당 서비스를 중지하면 사용자의 일기를 잠시 동안 볼 수 없게 되는 것과 같은 크리티컬한 부분은 백업을 포함해서 여러 대를 갖춰놓는 경우도 있다.

서버 대수와 고장률

그러므로 분할하면 대수가 한꺼번에 늘어나게 된다. 그렇게 되면 당연히 고장 확률도 올라가고 여기저기서 고장이 발생한다. 그렇게 보면 착착 분할해간다고 해도 꼭 좋다고 할 수만도 없는 것이다. 요즘 메모리는 2GB에 수천 엔이므로 메모리를 늘림으로써 대응할 수 있다고 하면 그렇게 하는 편이 분할하지 않아도 되므로 더 수월하다. 그러므로 역시나 제품의 가격대를 생각해볼 필요가 있으며, 똑같이 분할하더라도 어느 쪽이 더 저렴할지 어느 쪽이 더 운용하기 편한지를 빈틈없이 생각할 필요가 있다.

> **Memo**
>
> **파티셔닝의 상반관계**
>
> - 좋은 점
>   - ➡ 부하가 내려간다.
>   - ➡ 국소성이 증가해서 캐시 효과가 높아진다.
> - 나쁜 점
>   - ➡ 운용이 복잡해진다. 고장확률이 높아진다.
>   - ➡ 운용이 복잡해지면 그만큼 경제적인 비용이 든다.
>   - ➡ 메모리는 요즘 2GB에 수천 엔
> - 파티셔닝은 어디까지나 마지막 카드

제2장~제4장 정리

이상 제2장~제4장까지의 강의에서는 캐시가 중요하고 메모리가 빠르다는 얘기를 했다. 여기까지는 아무래도 운용에 관련된 얘기가 많았다. 지금까지 얘기한 것들을 대체적으로 머릿속에 기억해두면 차후에 부하분산을 해야만 할 때에도 이 기본 방침에 따라 부하를 분산하면 되므로 괜찮을 것이다. 보다 자세한 얘기, 하우투 성격을 띠는 부분은 참고서를 보고 보완해두면 될 것이다. 이론만으로는 완전히 몸에 배지 않을 것이므로 이후에는 실전을 다룰 것이다.

제5장부터는 보다 개발에 가까운 얘기, RDBMS 등에서 모두 처리할 수 없을 정도의 크기가 될 만한 데이터, 즉 대규모 데이터 애플리케이션 개발에 관한 얘기로 들어간다.

CHAPTER 05

대규모 데이터 처리 실전 입문
애플리케이션 개발의 급소

필자 이토 나오야

굳이 대규모 데이터에 액세스하고자 하는 경우란?
대규모 데이터 처리 애플리케이션의 사고방식과 대책

OS, 미들웨어를 살펴봤으므로 제5장부터는 대규모 데이터를 이용하는 애플리케이션을 개발할 때의 급소를 알아보도록 한다. 운용에 대한 생각에서 개발에 대한 생각으로 전환하면서 대규모 데이터 애플리케이션 개발에 대해 얘기를 해나가도록 하자. 지금까지는 데이터가 대량으로 있더라도 국소성을 발견하고 그에 맞게 시스템 구성을 변경해서 속도를 내는 형태였다.

그러나 전문(全文) 검색이나 유사문서계열 탐색, 데이터마이닝… 각각에 대한 이미지가 떠오르리라 생각하는데, 이런 종류의 애플리케이션에서는 광범위한 데이터에 액세스한다. 대량의 데이터 내의 여기저기 혹은 대부분에 액세스해서 계산해가므로 애초에 '데이터 내에서 이 부분만'이라고 절단할 수가 없다. 통계처리는 그런 경우가 많다. 그리고 검색도 그러하다.

그러면 본질적으로 대량의 데이터에 액세스하고자 하는 경우에 어떻게 할 것인가? 제5장에서는 RDBMS, 즉 MySQL 등에서 처리할 수 없는 규모의 데이터를 대상으로 계산하고자 할 경우는 어떠한 대책이 있을지 살펴보도록 한다.

> **Memo**
>
> **대규모 데이터를 처리하는 애플리케이션**
> - 용도특화형 인덱싱(➔ 강의 14)
> - 이론과 실전 양측과 맞붙어 싸우기(➔ 강의 15)

강의 14
용도특화형 인덱싱
대규모 데이터를 능수능란하게 다루기

인덱스와 시스템 구성 — RDBMS의 한계가 보일 때

앞서 제5장 첫머리에서 대규모 데이터를 다룰 경우로서 전문 검색이나 유사문서계열 탐색, 데이터마이닝을 예로 들었다. 이러한 경우에는 많은 경우에 RDBMS로는 한계가 있다. 그렇다면 RDBMS는 버리자. 아, 버리자고는 했지만 RDBMS 자체를 그만두라는 얘기는 아니다.

배치 처리로 RDBMS에서 데이터를 추출해서 별도의 인덱스 서버와 같은 것을 만들고, 이 인덱스 서버에 웹 애플리케이션에서 RPC(Remote Procedure Call) 등으로 액세스하는 방법을 사용한다.

RPC, 웹 API

그림 5.1을 살펴보자. 우선 그림 5.1 **1**DB가 있다. 이 DB에서 정기적으로 3시간에 1번처럼 cron 등으로 데이터를 추출해서(❶) **2**인덱스 서버로 넘기는 것이다. 인덱스로는 **2**에서 검색용 역 인덱스(강의 26 참조)을 만들어준다(❷). **3**AP 서버에서는 인덱스를 갖고 있는 **2**인덱스 서버에 RPC로 액세스한다(❸).

● **그림 5.1** 하테나 북마크의 검색 시스템 이미지화(RPC 버전)

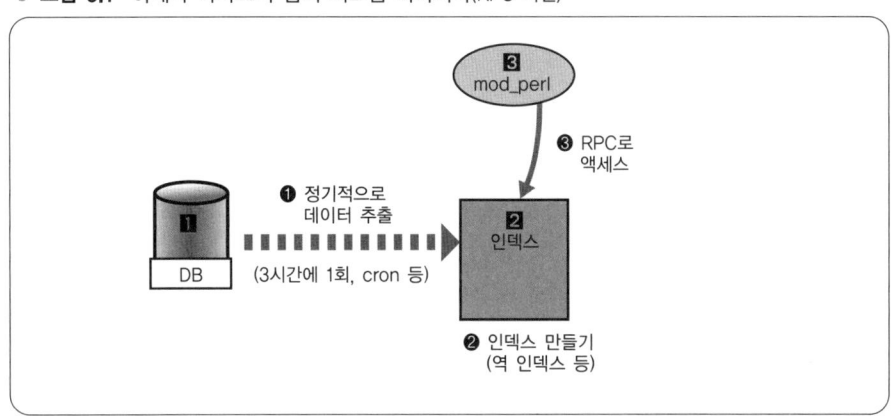

RPC는 Remote Procedure Call을 의미한다. 요즘은 RPC보다는 웹 API라고 부르곤 한다. 그림을 조금 바꿔보자(그림 5.2). 인덱스를 갖고 있는 그림 5.2 **2**서버에 **2**' 웹 서버를 실행하고, 여기에 무언가를 검색해서 JSON을 반환하는 애플리케이션을 만들고(**4**), **3**에서는 웹 API로 JSON에 액세스한다. **4**에 웹 API가 아니라 C++로 서버를 만들고 여기에 RPC를 하는 경우도 있는데, 사고방식은 같은 것이다.

3AP 서버에 인덱스를 직접 저장하지 않는 이유는 **3**에 충분한 메모리가 탑재되어 있지 않은 경우가 많기 때문이다. 또한 AP 서버의 아키텍처 면에서 볼 때 커다란 검색 인덱스를 여러 프로세스에서 같이 사용하도록 구성하는 것은 적합하지 않다. 뿐만 아니라 **3**이 20대 가량 있을 경우는 20대에 전부 인덱스를 갖고 있도록 하는 것도 큰일인 이유도 있다. 그래서 인덱스 전용 서버에서 처리하도록 하는 것이다. 하테나 북마크의 검색 서버도 이런 방식으로 인덱스를 만들고 있다.

그런데 RPC라고 하면 머릿속에 딱 떠오르는가? 예전에는 웹 API라는 것이 일반적이지는 않았으므로 대체적으로 원격에 놓인 데이터 구조나 파일을 검색하고자 할 때는 RPC라고 하는, 네트워크를 경유해서 프로토콜이 독자적으로 정해져 있는 것을 사용하는 경우가 많았다. 그러나 최근에는 이 프로토콜을 JSON + HTTP, 즉 웹 API로 처리하는 일이 더 많은 것 같다.

● **그림 5.2** 하테나 북마크의 검색 시스템 이미지화(웹 API 버전)

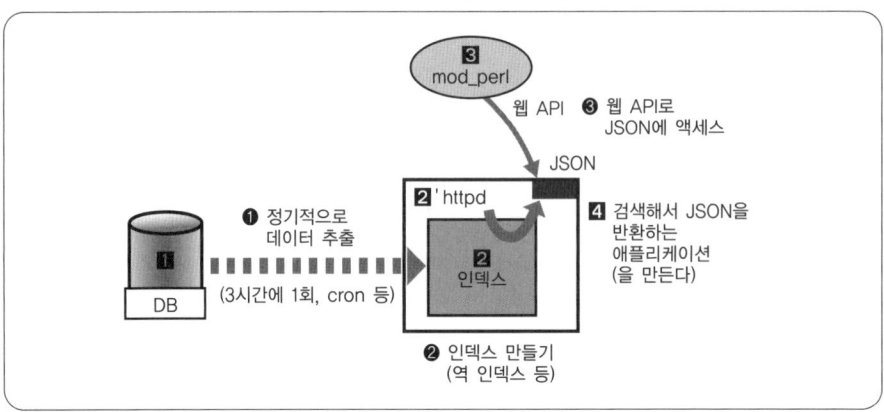

> **Memo**
> **RDBMS로는 한계, 그럴 때는?**
> • 배치 처리로 데이터 추출
> • 별도 인덱스 서버를 만들어서 웹 API 등으로 쿼리

용도특화형 인덱싱 — 튜닝한 데이터 구조 사용하기

이상과 같은 방법을 하테나에서는 '용도특화형 인덱싱'이라고 한다. 용도특화형 인덱싱을 하면 RDBMS에서는 어려운 일이 가능해진다. RDBMS라는 것은 데이터를 정렬하거나, 통계처리가 가능하거나, JOIN하는 등 범용적인 용도로 만들어져 있다. 다시 말해, 다양한 목적에 사용할 수 있도록 만들어져 있다. 뭔가 특정한 목적으로만 사용하고자 할 때에는 특정한 목적만으로 사용할 수 있도록 튜닝한 데이터 구조를 사용하면 압도적으로 빠르다. 이것이 바로 용도특화형 인덱싱이다. 검색에서 역 인덱스가 그 전형적인 예로, 자연언어처리와 같은 처리를 미리 한 다음 인덱스를 만들어두면 RDBMS로 데이터를 전부 순회하지 않아도 순식간에 검색할 수가 있다.

> **Memo**
>
> **용도특화형 인덱싱**
> - 데이터를 정기적으로 뽑아낸다.
> - 뽑아낸 데이터에서 데이터 구조를 구축
>   - ➜ 검색용 역 인덱스
>   - ➜ 키워드 링크용 Trie 등
> - 구조화 데이터를 저장한 서버를 C++로 개발, RPC로 액세스[주1]

[예] 하테나 키워드에 의한 링크

검색 이외에도 용도특화형 인덱싱에 관련된 다른 사례도 봐두도록 하자. 키워드 링크에 관해서는 제7장에서 보다 자세하게 다루므로 여기서는 개요만 얘기하도록 한다. 예로서 하테나 키워드에서 키워드 링크를 살펴보도록 하자(그림 5.3).

특정 문서가 20만 이상의 키워드 중에 무엇을 포함하는지를 찾아야만 할 때 일일이 DB 내에 있는 키워드 목록과 사용자가 작성한 내용을 맞춰보게 되면 DB에 과부하가 걸리게 된다.

그래서 배치 처리로 20만 건의 키워드를 추출해둔다. 예전에는 이로부터 굉장히 거대한 정규표현을 만들었다. 10만 건의 정규표현이 들어간 거대한 파일을 만들어서 이를 메모리에 읽어들인 후 매칭시켜 나아갔다. 단, 정규표현에는 오토마톤[역주1] 중에 NFA(Nondeterministic Finite Automaton, 비결정성 유한 오토마톤) 특성으로 인해 OR로 연결하면 매칭할 때 계산량이 상당히 방대해져서 속도가 나지 않는 문제가 있다. DB에 직접 질의하는 것보다 빠르지만, 정규표현만이라면 힘들어서 안 되므로 현재는 Trie 기반의 정규표현을 사용해서 Common Prefix Search(공통접두사검색)를 수행한다. Trie와 Common Prefix Search 조합은 최고

[주1] 강의 21에서도 다루지만, 다언어 간 RPC 프레임워크에는 Thrift를 사용하고 있다.

[역주1] 오토마톤(automaton, 단수형)/오토마타(automata, 복수형) 자동기계, 스스로 동작하는 기계를 뜻하며, 수학적으로 추상화된 개념으로 쓰이기도 한다. 외부 입력신호에 대응하여 내부 상태가 변화하고, 신호 또는 동작 형태로 외부에 출력한다.

라서 자연언어처리를 하는 사람이라면 매우 잘 알 것이다.

아울러서 Common Prefix Search를 할 때에는 Aho-Corasick법이나 Double Array Trie 등 다양한 알고리즘/데이터 구조가 있다. 이 알고리즘의 데이터 구조를 DB에서 사전에 추출해서 만들어두고 매칭하는 것이 키워드 링크의 방법이다. 이와 관련해서는 제7장에서 자세히 다룬다.

● 그림 5.3 하테나 키워드 링크

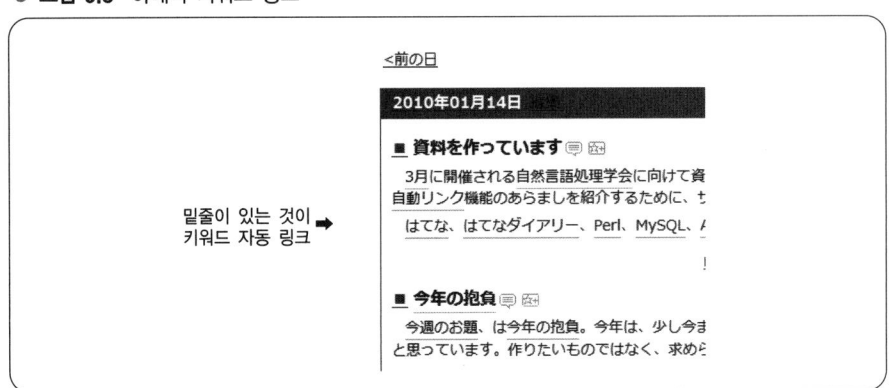

[예] 하테나 북마크의 텍스트 분류기

하테나 북마크의 카테고리도 좋은 예다. 여기도 알고리즘에 대해서는 제7장에서 언급하므로 개요만 설명하겠다. 하테나 북마크는 '과학·학문'이나 '컴퓨터·IT' 등 기사의 카테고리를 자동분류하고 있다(그림 5.4).

간단히 설명하자면, 여기에서는 Complement Naive Bayes라는 알고리즘을 사용해서 자동으로 기계학습을 통해 분류하고 있다. Complement Naive Bayes 알고리즘을 사용할 때에는 문서에 포함된 단어의 출현확률이 필요하다. 문서의 카테고리를 판정할 때 이것을 하나하나 DB에 어떤 단어가 들어있고 '이건 몇 건'이라는 것을 질의하다 보면 시간이 상당히 걸리므로, 출현확률, 실제로는 출현빈도만을 저장하는 서버를 가동해둔다. 이 서버에 질의하면 순식간에 응답이 반환된다.

● **그림 5.4** 하테나 북마크의 기사 카테고리

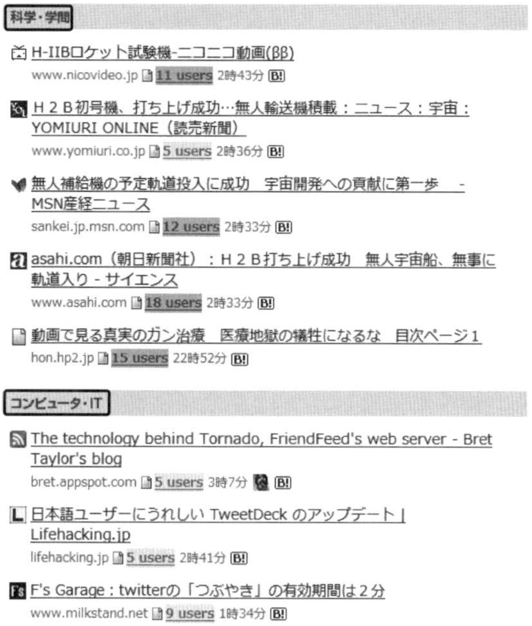

```
科学・学問
  H-IIBロケット試験機-ニコニコ動画(ββ)
  www.nicovideo.jp  11 users  2時43分  B!
  H２B初号機、打ち上げ成功…無人輸送機積載：ニュース：宇宙：
  YOMIURI ONLINE（読売新聞）
  www.yomiuri.co.jp  5 users  2時36分  B!
  無人補給機の予定軌道投入に成功　宇宙開発への貢献に第一歩　-
  MSN産経ニュース
  sankei.jp.msn.com  12 users  2時33分  B!
  asahi.com（朝日新聞社）：Ｈ２Ｂ打ち上げ成功　無人宇宙船、無事に
  軌道入り - サイエンス
  www.asahi.com  18 users  2時33分  B!
  動画で見る真実のガン治療　医療地獄の犠牲になるな　目次ページ１
  hon.hp2.jp  15 users  22時52分  B!

コンピュータ・IT
  The technology behind Tornado, FriendFeed's web server - Bret
  Taylor's blog
  bret.appspot.com  5 users  3時7分  B!
  日本語ユーザーにうれしい TweetDeck のアップデート |
  Lifehacking.jp
  lifehacking.jp  5 users  2時41分  B!
  F's Garage : twitterの「つぶやき」の有効期間は２分
  www.milkstand.net  9 users  1時34分  B!
```

전문 검색엔진

검색에 관해서는 지금까지 반복해서 말해왔다. 전문(全文) 검색엔진은 이와 관련된 것 중 가장 좋은 예로, 아래 포인트를 어떻게 쿼리할 것인가라고 하는 점이 문제가 된다.

- 대량의 데이터에서 검색하고자 한다.
- 빠르게 검색하고자 한다.
- '좋은 느낌(Feeling Lucky)' 과 같은 문서를 상위로

세 번째 '좋은 느낌(Feeling Lucky)' 에 해당하는 문장을 상위로 가져오는 것, 사실은 이게 가장 어려운데 이를 위해서는 '스코어링' 처리를 수행한다. 스코어링에서는 검색대상인 문서가 가지고 있는 다양한 정보를 복합적으로 이용한다. 이것도

특정 칼럼으로만 정렬할 수 있는 RDBMS에서는 무리다. 반대로 검색 인덱스를 직접 만들면, 즉 전문 검색엔진을 직접 구현한다면 스코어링 알고리즘도 자유롭게 선택할 수 있으므로 검색결과를 나열하는 방법은 RDBMS를 사용하는 것보다 훨씬 유연하게 구성할 수 있다.

실제로 검색엔진을 만드는 것과 관련해서는 제9장과 제10장에서 정확히 설명하도록 한다. 검색엔진이라고 하면 Google이나 Yahoo!를 상상하게 되어 압도되어 버릴 수도 있겠지만, 대수롭지 않은 정도라면 실제로 해봐도 간단하게 만들 수 있으므로 재미있을 것이다.

* * *

지금까지 예를 보면서 용도특화형 인덱싱의 필요성에 대해 이미지를 키울 수 있었는가? 검색 등에 대해 얘기를 하다 보니 'LAMP로 간단하게 웹 애플리케이션을 만들어 봅시다' 라고 했던 때에 비해 상당히 전문적인 세계로 들어서게 된 듯한 느낌이다.

> **Memo**
>
> **RDBMS → 정보검색**
> - RDB의 데이터를 배치로 얻기
> - 역 인덱스를 만들어서 검색 알고리즘을 사용한다.

강의 15
이론과 실전 양쪽과의 싸움

요구되는 기술적 요건 규명하기

제4장, 제5장에서 살펴본 것을 대략적으로 확인해보면 웹 애플리케이션 세계는 '이론과 실전 양쪽에서 공격해야 한다'는 특성이 상당히 존재한다는 것을 알았을 것이다.

'RDBMS에서 JOIN을 사용하지 않는 것'과 같은 방법은 흔치 않은 '배드 노하우(Bad Knowhow)[역주2]'일 것이다. '나중에 분할하게 되므로 JOIN을 사용하지 않는다'라고 하면 RDB를 연구하고 있는 사람들은 '그런 건 RDB를 사용하게 되는 이유로는 좀 이상하다'라고 하기도 했다. 왜냐하면 원래 RDBMS의 본질적인 개념을 부정하면서 RDB를 사용하고 있는 것처럼 보이기 때문이다. 'JOIN을 사용하지 마라'는 것은 당연히 교과서에는 적혀 있지 않다. 즉, 'JOIN을 사용하지 마라'라는 노하우는 '실전'적인 것이다.

한편, 앞서 역 인덱스의 스코어를 구하는 등의 작업은 벡터공간모델과 같이 고전적인 이론을 사용하면 매우 간단히 할 수 있다. 이런 건 교과서에 적혀 있다. 그리고 많은 문제들은 비교적 교과서에 실려 있는 고전적인 이론으로 풀리곤 한다.

역주2 소프트웨어 등을 이용하기 위해 스트레스를 받아가면서도 마지못해 익혀야 하는 노하우(각종 소프트웨어의 복잡한 설정, 명령 옵션, 설치 방법, 프로그래밍 테크닉 등) 사용하기 어려운 소프트웨어를 능숙하게 사용함으로써 마치 심도 깊은 지식을 얻은 것같이 느껴지는 매니아 특유의 심리적 특성에 의해 널리 퍼지게 된다고 한다.

이것이 바로 '이론'적인 것이다.

대규모 웹 애플리케이션에 있어서 이론과 실전

대규모 웹 애플리케이션을 개발, 운용하려고 하면 이론과 실전 모두를 하지 않으면 안 된다. 이론과 실전 사이에서 균형을 잘 맞춰 실행해가는 것이 하테나와 같은 회사에 요구되는 기술적 요건이다. 어느 한쪽으로 치우쳐서는 안 된다. 이론을 너무 추구해서 논문을 쓸 수 있을 정도의 지식을 가지고 있더라도 막상 구현하려고 하면 구현하기 위해 필요한 여러 '배드 노하우'가 표출되고, 반대로 배드 노하우만 알고 있으면 대규모 데이터가 눈앞에 나타났을 때 '어떻게 처리해야 좋을지 모르는' 상태가 된다. 따라서 균형을 잘 맞춰가며 사용할 수 있어야 한다.

필자가 하테나에 들어왔을 무렵의 하테나는 이론보다도 실전이 강한 회사였다. 강하다기보다는 실전만으로 이끌어왔다. 웹 애플리케이션 개발의 원리(theory)를 프레임워크로 해서 어떻게든 빨리 적은 에러로 웹 애플리케이션을 만드는 데 재주가 뛰어났으며, 또한 벤처의 활동력을 활용해서 새로운 테크닉이나 오픈소스를 점차 자기 것으로 만들어가면서 규모를 확대해가고 있었다.

그러나 서비스가 히트를 해서 문제점 하나하나가 점점 커져감에 따라 그러한 노하우가 통용되지 않게 되었다. 즉, 과제가 본질적이 되어 감에 따라 잔재주 수준의 테크닉으로는 해결할 수 없게 된 것이다. 이 시점에서 필요했던 것은 새로운 기술이나 노하우가 아닌, 때로는 고전적이긴 하지만 본질적인 '이론'이었던 것이다.

컴퓨터의 문제에 이르는 길을 어떻게 발견할까?

또 하나 중요한 것은, 하고자 하는 것을 컴퓨터의 문제로 전환해서 해결에 이르는 길을 찾을 수 있는지 여부다. 그것만 발견되면 문제해결은 엔지니어링의 문제가 된다.

앞서 '키워드로 링크하고 싶다'는 얘기 중에 Double Array Trie를 만들어서 Common Prefix Search라는 알고리즘을 적용시켜 주면 잘 해결된다는 얘기를 했다. 지금 우리는 방식을 알고 있어서 금방 이해하지만, '키워드로 링크하고 싶다' 라는 '실현하고자 하는 것' 만 머릿속에 있는 시점에는 어떤 방법이 좋은 방법인지 쉽게 이해할 수가 없다. 하테나 키워드 때에는 사실, 우리는 'Trie로 Common Prefix Search' 라는 것을 몰랐고 인터넷에서 배웠다.

결국, 알고리즘/데이터 구조로 무언가를 실행할 때 해당 알고리즘의 데이터 구조를 사용해서 어떤 게 가능한지를 어느 정도 머릿속에 넣어두지 않으면 이럴 때 딱 떠오르지 않는다. 덧붙여서 이론적으로 배울 뿐만 아니라 응용을 위한 이치를 어느 정도 익혀두는 것도 중요하다.

제2장~제5장 정리

이상 제2장~제5장에 걸쳐 광범위한 화제를 지나왔다. 여기서 잠시 정리해보자.

❶ 기가바이트 단위의 데이터 처리
   • 테라바이트, 페타바이트는 또 다른 세계
❷ 메모리의 중요성
❸ 분산을 의식한 운용
❹ 적절한 알고리즘과 데이터 구조

❶기가바이트 단위의 데이터 처리는 예를 보면서 설명했었다. 테라바이트, 페타바이트는 또 다른 세계라고도 했다. 그리고 일단은 ❷메모리가 중요하다고 한 것과 ❸분산할 것을 전제로 운용, 설계를 하자는 얘기. ❹는 적절한 알고리즘과 데이터 구조를 확실히 선택해야 한다고 하는 기본적인 내용이 중요했었다.

CHAPTER 05 ••• 대규모 데이터 처리 실전 입문 _애플리케이션 개발의 급소

＊ ＊ ＊

이후에 제6장~제10장에서는 애플리케이션 개발자를 대상으로 대규모 데이터를 처리하는 핵심요소를 파악하도록 하기 위해 지금까지 소개했던 각종 방법을 각기 파고들어서 설명하도록 하겠다. 제6장에서는 과제로서 압축 프로그래밍, 제7장, 제8장에서는 알고리즘·데이터의 실용화에 대해, 그리고 제9장, 제10장에서는 검색엔진을 만든다.

CHAPTER 06

[과제] 압축 프로그래밍
데이터 크기, I/O 고속화와의 관계 인식하기

필자 이토 나오야

왜 압축인가?
VB Code로 알아보는 데이터 처리의 핵심요소

제5장에서는 대규모 데이터를 이용해서 애플리케이션을 개발할 때의 핵심요소를 얘기했다. RDBMS 등으로 처리할 수 없는 규모의 데이터를 대상으로 계산하고자 할 경우에 그 방법으로서 용도특화형 인덱싱을 소개하고, 기술적인 요건을 규명하고, 이론과 실전 양쪽에서 문제에 몰두해야 한다고 설명했다.

이어서 제6장~제10장에서는 실제 대규모 데이터를 이용한 애플리케이션 개발에 발을 들여보기로 하자. 제6장은 과제를 통해 설명해가도록 하고, 제재는 다소 매니악(maniac)스러운 데이터 압축이다. 대규모 데이터에 관한 과제로 무엇이 좋을지 생각해봤는데, 약간 무리일 수도 있지만 정수열 압축 프로그래밍을 선택했다. 마침 우리가 보통 다루는 데이터의 크기나 압축과의 관련성에 대해 얘기해두고 싶어서이기도 하다.

과제의 출제의도에 대해서 뒤에서 언급하겠지만, 압축과 I/O의 고속화는 끊을래야 끊을 수 없는 관계라는 것도 알았으면 한다. 또한 속도에 주의를 기울인다고는 해도 실제로 프로그램이나 알고리즘에서 얼마나 빠른지에 대한 감각도 파악했으면 한다. 이번 장의 과제로는 VB Code(Variable Byte Code)라는 알고리즘을 예로 들고 있는데, 이를 구현함으로써 웬만큼 속도가 나는 레벨은 어느 정도인지를 알 수 있을 것이다. 그리고 데이터형의 크기, 바이너리의 크기 혹은 스크립트 언어가 갖는 데이터 크기의 오버헤드 등이 데이터 압축에서는 중요한 포인트이므로 이러한 부분에 대해서도 감각을 키울 수 있을 것이다.

> **Memo**
>
> **압축 프로그래밍**
> - [과제] 정수 데이터를 컴팩트하게 가져가기(→ 강의 16)
> - VB Code와 속도감각(→ 강의 17)
> - 과제에 대한 상세한 설명과 응답 사례(→ 강의 18)

CHAPTER 06 ··· [과제] 압축 프로그래밍 _데이터 크기, I/O 고속화와의 관계 인식하기

강의 16

[과제] 정수 데이터를 컴팩트하게 가져가기

정수 데이터를 컴팩트하게 가져가기

* [과제] 정수열이 기록된 CSV를 바이너리로 해서 컴팩트하게 가져가기

정수의 부호화를 연구해서 텍스트로 152MB인 CSV 데이터를 절반 이하의 크기로 해서 처리할 수 있도록 하라. 물론 원본을 복원할 수 있어야 한다.

이 과제용으로 정수열이 기록된 CSV(Comma Separated Values) 형식의 파일을 전달하겠다[주1]. 이 파일을 바이너리로 변환해서 컴팩트하게 만들도록 한다. 단순히 바이너리로만 만드는 게 아니라 압축, 구체적으로는 부호화를 연구해서 크기를 절반 이하로 하는 것이 과제다. 물론 원본을 복원할 수 있도록 해야 한다. '0바이트가 되었습니다' 라며 내용을 전부 없애버리면 실격이다.

출제의도 — 이 과제를 풀면 어떤 점이 좋을까?

이번 과제를 풀면 큰 정수열을 컴팩트하게 가져가는 방법을 알게 되는 것이라

주1 자세한 것은 이 책의 지원 페이지를 참조하기 바란다.
 URL http://gihyo.jp/book/2010/978-4-7741-4307-1/support

강의 **16** [과제] 정수 데이터를 컴팩트하게 가져가기

고 했는데, 그 출제의도를 얘기해두도록 하겠다.

큰 데이터를 압축해서 컴팩트하게 만들면 제2장에서 설명한 대로 우선 디스크 I/O를 줄일 수 있다. 큰 데이터를 다룰 때 압축한다는 생각을 항상 염두에 두었으면 한다.

또한 RDBMS에서는 보통 정수를 고정길이로 가져가기 위해 아무래도 크기가 늘어나게 되는데, 이를 적당히 작은 크기로 줄여서 처리하는 방법을 알 수 있게 된다.

그리고 지금까지 '속도'에 대해 여러 번 얘기했었는데, 실제로 빠른 프로그램이나 빠른 알고리즘이라는 게 어느 정도의 레벨이 빠른 것인지에 대한 논란의 여지가 있다. 이번에는 VB Code라는 알고리즘을 소개하게 되는데, 이게 웬만큼 속도가 나온다. 이 예를 보고 빠른 프로그램의 속도란 어느 정도인지를 체감해보길 바란다.

정수열을 컴팩트하게 만드는 건 좋은데, '어디에 응용해야 좋을지 모르겠다' 라는 의견도 있을 것이다. 응용 과정을 덧붙여 두자면, 실제로 제9장, 제10장에서 설명할 검색엔진 개발에서 이를 사용할 수 있다. 그리고 이후에 여러분 중에 기계학습[역주1]이나 데이터마이닝을 연구하려고 생각하는 사람도 있을 텐데, 이러한 분야에서는 거대한 정수열을 다룰 일이 정말 많으므로 정수열의 압축방법을 기억해두면 도움이 될 것이다.

과제를 통해 데이터형의 크기, 바이너리의 크기, 혹은 스크립트 언어가 갖는 데이터 크기의 오버헤드에 의식을 기울이는 것도 바라는 바 중의 하나다. 데이터 압축을 구현하기 위해서는 이러한 점들을 신경 써야 하므로 아주 적합하다.

> **Memo**
>
> **과제 '정수 데이터를 컴팩트하게 가져가기' 출제의도**
> - 큰 정수열을 컴팩트하게 만드는 방법을 안다
> - 컴팩트하게 만들면…
>   · 디스크 I/O를 줄일 수 있다. ➡ 고속 처리

역주1 기계학습(machine learning) : 인공지능의 한 분야로, 컴퓨터가 학습할 수 있도록 하는 알고리즘과 기술을 개발하는 분야

CHAPTER 06 ••• [과제] 압축 프로그래밍 _데이터 크기, I/O 고속화와의 관계 인식하기

- RDBMS에 저장하면 아무래도 크기가 늘어나는 데이터를 최소한의 크기로 줄여서 다룰 수 있다.
- VB Code의 속도감을 파악한다.
  - 빠른 프로그램의 속도는 어느 정도일까?
- 데이터형의 크기 등에 의식을 갖는다.
- 응용은?
  - 제9장, 제10장의 검색엔진 개발에 응용할 수 있다.
  - 기계 학습이나 데이터마이닝 등에서 거대한 정수열을 다룰 일이 굉장히 많다.

과제에서 다루는 파일의 내부

이번에 과제용으로 사용할 것은 하테나 북마크의 태그 데이터의 일부다(리스트 6.1). CSV 파일을 전달한다고 했는데, 테스트용으로 만든 데이터가 아니라 실제 데이터다. 필자가 사전에 덤프해둔 것을 사용한다. 그러므로 여러분이 지금부터 만지는 것은 하테나에만 있는 원본 데이터다. 특정 태그가 있고, 그 태그를 포함하는 엔트리의 ID가 기록되어 있는 데이터. 이는 텍스트로 하면 152MB 정도 된다. 이를 컴팩트하게 만들어서 수십 MB 정도의 규모로 줄이는 것이 이번 과제다.

Memo

- 하테나 북마크의 태그 데이터
  perl => [25, 51, 111, …]   ← perl 태그가 붙은 엔트리ID 리스트
- 텍스트로 하면 152MB

리스트 6.1 태그 데이터(일부)

```
big_saru 13972870,14104911,14477013
issue tracking 2312278,4546948,12618971
measles 13345632,13814937
피트니스dvd 14487510
이시장군 12689161,12689176
온라인강의 2295283,4942223,8752190,9395383,12377796,13293151
…
```

강의 17
VB Code와 속도감각

VB Code — 정수 데이터를 컴팩트하게 저장하자

    그러면 정수열을 압축하는 알고리즘을 설명한다. 여기에는 VB Code(Variable Byte Code, 가변길이 바이트 부호)가 사용된다. 그 밖에 γ 부호, δ 부호, Golomb 부호 및 Interpolate(보간) 부호 등 정수열 압축에 사용할 수 있는 알고리즘은 많이 있다. 여기서는 각각에 대해 상세히 다루지 않으므로 관심 있는 사람은 조사해보기 바란다.

    VB Code는 구현 면에서는 간단하고 속도가 빨라 손쉽게 사용할 수 있다. 압축률이나 속도 면에서는 더 뛰어난 알고리즘도 있지만, 그 정도까지는 사용하지 않으므로 이번에는 VB Code를 사용한다.

    VB Code는 압축 알고리즘이라기보다는 정수의 부호화 방법 중 하나다. 현대의 컴퓨터에서는 '5'라는 숫자를 고정길이 32비트로 0… 0000 0101이라고 표현한다. 이는 정수를 '바이너리 부호'라는 부호화 방법으로 부호화한 것이다. 마찬가지로 VB Code는 또 다른 규칙에 따라 정수를 부호화한다.

    그림 6.1을 보기 바란다. 그림 6.1은 ❶수치란의 5와 130이라는 숫자를 바이너리 부호, VB Code로 각각 부호화한 경우의 비트열을 나타낸 것이다. ❷고정길이 바이너리 부호에서는 32비트가 4바이트나 되지만, 5와 130은 모두 하위 1바이트 외에는 사용하지 않는다. 보통 여러분이 정수 int형으로서 사용하고 있는 것은 이 고정길이 바이너리 부호지만, 작은 숫자인 경우는 앞부분은 모두 0이고 뒤의 1바이트만 사용한다는 것을 잘 알고 있을 것이다. 여기서 앞부분에 사용하지 않는 바

이트를 제거하고 최소한의 바이트로 정보를 표현하는 것이 ❸VB Code다.

● 그림 6.1 VB Code

❶	❷	❸
수치	고정길이 바이너리 부호	VB Code
5	00000000 00000000 00000000 00000101	10000101
130	00000000 00000000 00000000 10000010	00000001 10000010

❸VB Code는 첫 1비트가 플래그(continuation 비트라고 한다)로 되어 있으며, 남은 7비트로 바이너리 부호를 표현한다.

- 5 → 10000101
- 130 → 00000001 10000010
  ↑**1**발견↑ ↑**2**첫 비트가 1↑
  128*1 continuation 비트와 2

5의 부호를 보면 첫 비트인 1이 '이 정수의 비트열은 이 바이트에서 끝'이라는 플래그로 되어 있다. 5는 1바이트로 표현할 수 있다.

130은 2바이트가 필요하다. 이 2바이트의 비드열을 복호화할 때는 먼저 첫 비트부터 살펴간다. 첫 비트는 0이므로 이 바이트에서는 끝나지 않는다. 이 바이트의 하위 7비트인 **1**에 1이 있음을 기억해둔다. 다음으로 넘어가면 **2**에서 첫 비트가 1이므로 현재 복호화하고 있는 정수는 이 바이트에서 끝이라는 것을 알 수 있다. 결국 1바이트째에서 기억해둔 부호, 즉 00000001의 하위 7비트가 128을, 2바이트째인 10000010의 하위 7비트가 2를 나타내므로 128 + 2 = 130으로 복호화할 수 있다.

VB Code의 경우, 각 바이트 8비트의 첫 1비트는 플래그이므로 정수를 표현하는 부분으로는 7비트만 사용할 수 있다. 1바이트째의 하위 7비트로 0~127까지를 나타내고, 그 상위 바이트는 $128*(1~127)$, 그 상위는 $128^2 * (1 ~ 127)$…을 나타낸다.

VB Code로 부호화하면 5와 같은 작은 숫자의 경우는 1바이트만 사용해도 된다. 4바이트였던 것이 1바이트가 되었다. 130에서도 2바이트만 사용해도 된다. 이렇게 해서 값이 작으면 작을수록 적은 바이트로 정수를 표현할 수 있는 것이 가변 길이인 VB Code다.

VB Code의 의사코드

VB Code의 코드를 갑자기 작성하라고 하면 어려우므로 의사코드를 보도록 하자. 리스트 6.2는 『Introduction to Information Retrieval(IIR)』(Cambridge University Press, 2008)이라는 정보검색의 교과서에 실려 있다.

이 의사코드는 나중에 직접 보고 이해하길 바라며, 대충 보면 128이라는 숫자가 여기저기에 나온다. 이 매직넘버 128은 2진수로 10000000이다. 128을 2진수로 해 보면 1000 0000이 되는데 첫 1비트가 1인 1바이트, 이것을 마스크로서 잘 이용하고 있는 것이 이 알고리즘이다. 앞에서 보았듯이 VB Code는 첫 1비트가 continuation 비트라고 했으며, 계속 읽어야 할지 여기서 끝내야 할지를 판정하는 비트인데, 이 비트가 1인지 여부를 조사하기 위해 128과의 대소관계를 비교한다. 그래서 128단위로 바이트를 구분 짓는 데 나눗셈을 하곤 한다.

이 리스트 6.2에 있는 의사코드를 Perl로 잘 구현하기 바란다. 리스트 6.2는 세 부분으로 나뉘는데, 아마 encode_vb()와 decode_vb()라는 두 함수로 구현해도 된다. 이를 구현하는 것은 여러분에게 맡기도록 하겠다.

설명해두어야 할 게 한 가지 있다. 도중에 나눗셈이 있는데, 정수 나눗셈이지만 Perl에서 일반적으로 나누기를 하면 부동소수점 나눗셈이 되어 버린다. 리스트 6.2의 의사코드에 있는 나눗셈 부분(VBEncodeNumber()의 6행째 'div 128')인데, 여기는 정수 나눗셈이라는 점이 전제되어 있으므로 integer Pragma를 사용하기 바란다. Perl은 `use integer`를 선언하고 있는 범위 내에서는 사칙연산에서 가능한 한 부동소수점을 사용하지 않고 정수를 전제로 한 계산을 하도록 되어 있으므로 이렇게 제어하기 바란다.

CHAPTER 06 ··· [과제] 압축 프로그래밍 _데이터 크기, I/O 고속화와의 관계 인식하기

리스트 6.2 VB Code의 의사코드[※]

```
VBEncodeNumber(n)
1  bytes ← ⟨⟩
2  while true
3  do Prepend(bytes, n mod 128)
4     if n < 128
5     then Break
6     n ← n div 128
7  bytes[Length(bytes)] += 128
8  return bytes

VBEncode(numbers)
1  bytestream ← ⟨⟩
2  for each n ∈ numbers
3  do bytes ← VBEncodeNumber(n)
4     bytestream ← Extend(bytestream, bytes)
5  return bytestream

VBDecode(bytestream)
1  numbers ← ⟨⟩
2  n ← 0
3  for i ← 1 to Length(bytestream)
4  do if bytestream[i] < 128
5     then n ← 128 × n + bytestream[i]
6     else n ← 128 × n + (bytestream[i] − 128)
7          Append(numbers, n)
8          n ← 0
9  return numbers
```

※출처: 「Introduction to Information Retrieval」(Christopher D. Manning/Prabhakar Raghavan/Hinrich Schütze 저, Cambridge University Press, 2008)

알고리즘 구현 연습

먼저 리스트 6.2의 의사코드를 보고 앞서본 VB Code가 어떻게 생성되는지를 이해한 다음에 구현을 해보기 바란다.

알고리즘 구현 연습은 교과서에 실려있는 의사코드를 보고 파악한 후 이를 실제 프로그램 언어로 구현해서 동작을 확인하는 방법이 효과가 있다. 의사코드를 보고 이해했다고 해도 막상 코딩해보면 '어떻게 해야 좋을까?' 라는 부분이 나타나면서 다양한 시행착오를 통해 몸으로 구현 기술을 익혀갈 수 있다.

　　　　　　　　＊　＊　＊

한편, 리스트 6.2의 의사코드를 포함한 VB Code에 대한 설명은 리스트 6.2의 출처 서적 또는 아래 URL에 게재되어 있다. 둘 다 영어로 되어 있지만 자세한 내용을 알고자 하는 분은 읽어보기 바란다.

- 'Variable byte codes'
  URL http://nlp.stanford.edu/IR-book/html/htmledition/variable-byte-codes-1.html

이상으로 작은 숫자를 4바이트가 아닌 더 작은 바이트수로 부호화하는 방법을 알 수 있었다. 단, 정수 "열"을 압축할 경우는 좀더 연구할 필요가 있다.

정렬 완료된 정수를 'Gap'으로 가져가기

그것이 바로 정수 간 차분(差分, difference)을 구해서 작은 정수로 표현되도록 바꾸는 것이다. 리스트 6.1의 태그 데이터를 잘 살펴보면 오름차순으로 정수가 정렬되어 있을 것이다.

정수로 정렬 완료되었다면 그 수는 반드시 단순 증가한다는 것을 보장할 수 있다. 단순 증가하게 되면 처음부터 차분을 구하더라도 역으로 복원할 때 처음부터 더해가면 원래 정수열로 복원할 수 있다. 나중에 복원할 수 있으면 OK이므로 특정 정수를 표현할 때 바로 이전 숫자와의 차분으로 표현해준다.

- [3, 5, 20, 21, 23, 76, 77, 78]
  → [3, 2, 15, 1, 2, 53, 1, 1]

이렇게 하면 위와 같이 값과 값의 Gap이 작을 때에는 1이나 2와 같은 작은 숫자가 나온다. VB Code로 압축할 때 위의 열과 같은 상태로 압축하기보다 아래 열과 같은 상태로 만든 후에 압축하는 편이 압축률이 높아질 거라는 것은 직감적으로 알 수 있을 것이다.

단순 증가하는 정수열의 Gap을 구해서 VB Code 부호화하는 것이 정수열을 압축하는 방법이다. 얼마나 작아질 것인가는 실제로 해보길 바란다. '이렇게 작아지는구나' 라는 감동을 여러분이 직접 맛보길 바라므로 여기서는 언급하지 않겠다. 상당히 작아질 것이다.

> **Memo**
>
> **정렬 완료된 정수를 'Gap'으로 가져가기**
> - 바로 이전 값과의 Gap을 구한다.
> - 작은 값이 많아지고 큰 값은 적어지는 분포가 된다.
>   ➡ 이를 VB Code로 부호화한다.
>   ➡ 치우친 정도에 따라 압축효과가 얻어진다.

(보충❶) 압축의 기초

여기서 압축에 관한 얘기는 깊게 하지 않겠지만 약간 보충해두도록 하겠다. 기호의 출현빈도를 보고 빈번하게 출현하는 기호에 짧은 부호를 부여하고 그렇지 않은 기호에는 긴 부호를 부여한다. 즉 기호의 출현확률분포를 생각해서 최적인 부호를 생성한다. 이것이 압축의 가장 근저에 있는 이론이다.

모스(Morse) 신호에 대해 알고 있을 것이다. 모스 신호에서는 e와 t 등 영어에서 자주 출현하는 기호에 대해서는 짧게 전달하고, z와 q 등 별로 출현하지 않는 기호는 긴 부호, 신호가 할당되어 있다. 압축은 이와 같은 개념으로, 모든 기호에 같은 길이의 부호를 부여하는 게 아니라 많이 출현하는 것에 짧은 부호를 할당하고 적게 출현하는 것에 긴 부호를 부여한다. 그렇게 하면 기호열 전체로 보면 고정길이를 할당할 때보다 짧게 표현할 수 있다. 그 차이가 압축효과인 것이다.

이번 과제에서는 정수 값의 Gap을 취함으로써 작은 숫자가 많이 나타나기 쉽도록 확률분포를 만들고, 이에 대해 작은 정수에 짧은 부호를 부여하는 VB Code

를 적용함으로써 압축하는 방침이 좋을 것이다[주2].

> **Memo**
>
> **압축의 기초**
> - 기호의 확률분포를 바탕으로 자주 나타나는 기호에는 짧은 부호를, 그렇지 않은 기호에는 긴 부호를 부여한다.
> → 모스 신호와 같은 원리

(보충❷) 대상이 정수인 경우 — 배경에 있는 이론

여담이지만 텍스트를 압축할 때에는 범용적인 압축방법으로, 정수뿐만 아니라 abcdefg… 등 어떤 기호가 나타나더라도 압축할 수 있는 부호를 사용한다.

예를 들면 처음부터 각 문자 기호의 출현빈도를 살펴가면서 확률분포를 조사한 다음, 그 확률분포에 최적인 부호를 생성하는 알고리즘… 허프만 부호(Huffman Code) 등을 사용해서 압축한다.

그러나 이번 과제의 대상은 정수다. 정수는 압축대상 기호 자체가 값으로서 의미를 갖고 있다. 정수라면 앞에서 본 바와 같이 차분을 구해서 변형할 수 있다. 이를 이용해서 확률분포를 변형시키는 것이 상당히 본질적인 부분이다. 이 정수열의 Gap 분포는 실제로는 기하분포로 되어 있다. '기하분포에 최적인 부호화 방법이 무엇일까?' 라는 것은 이론적으로 알려져 있기도 하다. 만일 좀더 자세히 알고자 하는 사람은 Google에서 검색하면 필자의 일기[주3]가 나올 것으로 생각하므로 참고하기 바란다.

주2 이 부분은 『WEB+DB PRESS』(Vol.52)의 연재 'Recent Perl World', '제20회: 데이터 압축 알고리즘의 기본'에서 다루고 있다. 꼭 참조하기 바란다.

주3 URL http://d.hatena.ne.jp/naoya/20090804/1249380645

그렇게 해서 확률분포적으로는 기하분포로 되어 있고, 이에 최적으로 가까운 부호를 사용하고 있는 것이 배경에 있는 이론이라는 얘기다.

> **Memo**
>
> **대상이 정수인 경우**
> - 압축대상인 기호 자체가 정수로서 의미를 지니고 있다.
> - 정수라는 특징을 잘 이용해서 압축한다.

강의 18 과제에 대한 상세설명과 응답 사례

과제에 대한 상세설명

그러면 일부 복습을 겸해서 과제에 대해 상세히 설명하도록 하겠다.

※ 과제에 대한 상세설명
❶ 테스트용 데이터 파일을 Gap + VB Code로 부호화한 것을 저장하는 프로그램을 만든다.
❷ 저장한 바이너리를 복원하는 프로그램을 만든다.
❸ 원본 텍스트 파일보다 얼마나 작아졌는지를 확인한다.
❹ 수월하게 끝낸 사람
　→ VB Code 이외의 부호화 방법을 시험해본다(예: γ 부호, δ 부호 등).

테스트용 데이터 파일을 준비했으므로[주4] ❶먼저 Gap으로 표현하고 VB Code로 부호화한 것을 저장하는 프로그램을 만들기 바란다. 이와 함께 ❷저장한 바이너리를 복원하는 프로그램도 만든다. ❶과 ❷는 한 세트다. 저장만 하고 복원할 수 없다면 동작을 확인할 수 없기 때문이다. 이때 갑자기 파일에 저장하는 프로그램을 작성해버리면 동작을 확인하기가 상당히 어려우므로 부호화와 복호화를 한 세트로 인코딩과 디코딩 프로그램 테스트를 먼저 준비하면 더 편리할 것이다. 테스트는 자유이므로 준비하는 편이 낫다고 생각하는 사람은 준비하고 없어도 괜찮다

주4 이 책의 보충정보 페이지를 참고하기 바란다.
　　URL http://gihyo.jp/book/2010/978-4-7741-4307-1/support

고 생각하는 사람은 없는 대로 열심히 하기 바란다.

❸에서는 실제로 원본 텍스트 파일을 압축한 파일이 어느 정도로 작아졌는지를 확인해보기 바란다. 여기까지 수월하게 끝난 사람은 ❹VB Code 이외의 부호화 방법을 시험해보기 바란다. 어쩌면 시간적으로 어려울 수도 있는데[주5], 가능할 경우에만 진행해보는 정도로도 괜찮다.

평가기준

이번 과제의 평가기준은 아래와 같으며, 10점 만점이다[주6].

- ❶확실한 동작, 압축률: 4점
- ❷부호/복호화 속도: 2점
- ❸코드의 가독성: 2점
- ❹구현에 대한 연구: 2점

이번은 지금까지의 과제[주7]와는 다르게 코드의 가독성보다는 실제로 확실하게 압축되는지, 컴팩트하게 만들어지는지가 중요하므로 ❶확실한 동작, 압축률을 중요시하겠다. 압축률은 알고리즘을 올바르게 구현한다면 여러분 모두 동일하게 될 것이므로 그다지 차이가 나지는 않을 것이다. 하지만 실제로 완성해보니 더 커지는 경우 등이 일어나지 않도록 확실한 동작과 압축률을 가장 중요한 목적으로 두었다.

그 다음으로 부호와 복호는 제대로 구현한다면 꽤 빠르게, 거의 시간이 걸리지 않고 만들어지는데, 구현이 잘못되면 시간이 다소 걸리게 되므로 어느 정도는 ❷속도도 고려해야 할 것으로 생각한다.

주5 인턴십 강의기간 중 오후시간은 6시간 정도였다.
주6 실제 인턴십 당시에는 결과발표와 강평시간이 있어서 그때 채점결과 및 순위를 발표했었다. 이 책에서는 응답 사례를 하나만 소개하게 되므로 평가기준이나 배점만 참고정보로서 게재하고 순위 발표는 지면 관계로 생략하도록 한다(제10장도 동일).
주7 이 책에서는 과제장이 제6장에서 처음 등장하지만, 실제 인턴십에서는 강의기간 전반부에 MVC 프레임워크 사용법 등 웹 애플리케이션 개발 기초(하테나 방식)에 대한 과제가 있었다.

그리고 여유가 있다면 ❸코드의 가독성도 의식해서 작성할 수 있다면 보너스 점수가 주어진다. 거기에 ❹구현에 대한 연구로 2점을 부여한다.

제6장에서 살펴본 바대로 한다면 6점은 확실하게 얻을 수 있다. 의사코드를 구현하고 Gap을 구해서 압축한 다음, 압축률을 조사하면 OK다. 우선은 여기까지를 목표로 하기 바란다. 그 이상이 가능할 것 같다면 읽기 쉬운 코드를 작성하기 바란다. 거기에 좀더 연구할 여유가 있다면 연구해보기 바란다.

과제를 구현하는 데 필요한 보충사항이 몇 가지 더 있으므로 설명하도록 하겠다.

(참고❶) pack() 함수
— Perl 내부의 데이터 구조를 바이너리로 내보낸다

먼저 Perl로 VB Code를 구현하기 위해서는 pack() 함수를 사용해야만 한다. pack()은 숙달되지 않으면 다소 알기 어려울 수도 있는데, Perl 내부 데이터 구조를 바이너리로 내보내는 기능을 한다. 반대 역할을 하는 함수로 unpack()이 있다.

리스트 6.3을 예로 살펴보는 편이 빠를 것이다. 표준출력으로 100(숫자)이라고 print하면, Perl이 이를 텍스트로 해석해서 리스트 6.3❶과 같이 100이라는 3바이트 기호가 출력되게 된다. 이 기호, 예를 들어 1이 표시되는 것은 ASCII(텍스트)인 1로, int인 1이 아니다. 0도 마찬가지다.

이게 아니고 이번에는 int, 정확히는 unsigned long인 100이라는 정수, 다시 말해 32비트 정수로 그대로 머신레벨의 표현으로 출력하고자 한다. 이럴 때에는 리스트 6.3❷와 같이 pack() 함수로 N이라는 템플릿을 지정해서 100을 넘기면 출력은 unsigned long인 100이 그대로 데이터가 된다. 이를 print하게 되면 제대로 나타난다.

이와 같이 pack은 숫자나 데이터 배열을 넘겨서 그 데이터를 제1인수값(템플릿이라고 함)에 해당하는 형식으로 표현해준다. N을 C로 바꾸면 unsigned char형이 되며, 이는 1바이트 char형이다. N 대신 I를 지정하면 int형이 된다. N은

Network order의 N으로, 빅 엔디언(Big Endian)임이 보장되는 형식이다. 그 밖에도 몇 가지 더 있지만 조금 뒤에 살펴보기로 한다.

```
리스트 6.3  pack() 함수
STDOUT->print( 100 );                    ←❶텍스트로 1, 0, 0
STDOUT->print( pack('N', 100) )          ←❷unsigned long으로 100

my $bin = pack('N*', 1, 2, 5, 8, 10)     ←❸long형 정수 5개를 바이너리로
my @v = unpack('N*', $bin)               ←❹Perl 표현(배열)으로 되돌린다
my @v2 = unpack('N2', $bin)              ←❺바이너리에서 정수 2개

my $c = pack('C*', 1, 5, 9)              ←❻각 1바이트(unsigned char)로 바이너리
my $bin = pack('w*', 1, 5, 9)            ←❼VB Code와 동일
```

Perl의 기본출력형식으로 되돌릴 때는 unpack()함수를 사용한다. 또한 리스트 6.3❸과 같이 pack() 함수의 템플릿에 *(Asterisk)를 덧붙이면 1, 2, 5, 8, 10이라는 복수 개의 정수를 하나의 바이너리로 만들 수 있다. 다시 말하면, 배열 하나를 모아서 바이너리열로 만든다. 역으로, 이를 unpack()하고자 할 경우에는 ❹와 같이 N*를 붙여주면 배열이 된다. ❹에서는 N*으로 5개를 전부 복원하는데, 앞에서 2개만 복원하고자 할 때는 ❺와 같이 N2라고 입력한다. 그러면 바이너리에서 앞에 2개만 추출해낼 수도 있다. 자세한 것은 `perldoc -f pack`을 실행하면 매뉴얼이 나타나므로 이를 읽어보기 바란다.

그 다음 리스트 6-3❻과 같이 템플릿에 C를 사용하면 각 1바이트씩 unsigned character로 바이너리가 된다. 이는 실제로는 1, 5 또는 9라는 숫자를 char형으로 해석하라는 의미이므로 각 값이 ASCII 코드로 해석되어 각각에 해당하는 텍스트가 나온다. 실행해보면 바로 알 수 있을 것이다.

마지막으로 하나 더. pack()으로는 리스트 6.3❼과 같이 w라는 템플릿이 있는데 이를 사용하면 VB Code와 완전히 동일하지는 않지만 넘긴 정수를 가변길이 바이트 부호로 부호화할 수 있다. 이번에 이를 사용해버리면 과제가 의미가 없어지므로 이를 사용해서 동작을 확인해보고 마지막에 이 부분만 자신이 만든 알고리

즘으로 교체하면 문제가 되는 부분을 구분하기가 편해져서 좋을 것이다.

> **Memo**
>
> **pack() 함수**
> - Perl의 내부데이터 구조
>   ➡ 머신 레벨의 바이트 데이터 출력. 반대는 unpack()
>   ➡ perldoc -f pack 참조

이번 과제에서 pack을 사용하는 곳

이번 과제에서 pack()이 필요한 곳은, 우선 VB Code로 바이트열을 생성하는 부분이다. 나중에 의사코드를 읽어볼 것을 권하는데, 의사코드에서는 마지막에 바이트열을 복수의 배열 그대로 함수에서 반환하는 형태로 되어 있다. 그렇게 되면 바이트열을 그대로 파일에 쓸 수 없으므로 함수에서 반환할 때 unsigned char로 pack해서 단일 바이너리로 만든다.

예를 들어 130이라는 값을 의사코드에서처럼 부호화했을 경우, 00000001 10000010이라는 2바이트 데이터가 얻어진다. Perl에 이 2바이트 값을 있는 그대로 해석하도록 하면, 130이라는 값을 2바이트로 부호화한 바이트열이 아니라 [1, 130]이라는 두 값으로 간주한다. 이 두 값을 그대로 출력하면 1, 130이라는 문자열이 각각 출력될 뿐으로, 그렇게 되면 합계 4문자로 4바이트가 된다. 또한 1, 130을 각각 있는 그대로 해석해서 정수로 다루면 4바이트 두 개로 8바이트가 된다. 하지만 이번에는 각 바이트를 1바이트 데이터형으로 다루고자 한다. 따라서 pack() 함수에서 C*을 이용해서 char형 바이너리로 변경해주면, 이것으로 의도한 대로 2바이트 VB Code 부호 데이터로서 출력할 수 있다.

이 부분은 설명하면 더 헷갈릴 수 있으므로 실제로 pack() 함수에 다양한 템플릿과 값을 넘겨보고 결과를 확인해가면서 이해하는 편이 더 쉬울 것이다.

CHAPTER 06 ··· [과제] 압축 프로그래밍 _데이터 크기, I/O 고속화와의 관계 인식하기

> **Memo**
>
> **힌트: 이번 과제에서 pack을 사용하는 곳**
> - VB Code로 바이트열을 생성하는 곳
>   ➡ 의사코드의 bytes[]는 unsigned char로 pack해서 단일 바이너리로 만든다.
> - VB Code를 구현하기 전에 pack('w*', …)로 확인할 수 있다.
>   ※VB Code는 스스로 구현할 것

(참고❷) 바이너리의 read/write

　pack을 사용할 곳이 또 한 군데 있는데, 바로 바이너리를 read/write할 때다. 바이너리를 read/write하는 데 익숙하지 않은 사람을 위해 만일을 위해 리스트 6.4를 준비했다.

　이번에는 텍스트(태그 부분)와 압축한 정수열, 즉 바이너리를 둘 다 출력하게 된다. 태그의 텍스트 ➡ 바이너리 형태가 하나의 레코드가 된다. 그러려면 태그의 텍스트와 바이너리 간 구분, 레코드를 구분할 수난이 필요하다. 텍스드에시는 이런 경우 탭(Tab) 또는 개행문자로 구분하는 포맷을 채용하지만, 바이너리의 경우 데이터를 구분하는 데 탭이나 개행문자를 사용할 수 없다. 정수를 부호화하게 되면 부호 내에 텍스트로 탭이나 개행에 해당하는 부호가 나타나게 된다. 이 전제를 무시하고 파일 포맷을 탭 구분으로 하면 읽어들일 때 전혀 관계없는 부분에서 구분되는 일이 발생한다. 왜냐하면 전부 문자라는 전제로 파일을 읽어들이는 것이 아니기 때문이다.

　파일 내용이 전부 텍스트라고 전제되어 있다면 탭이나 개행으로 구분해서 read하고 탭 부분에서 구분해주면 OK다.

　그러나 바이너리 파일의 경우에는 내부에 들어있는 바이너리의 어디부터 어디까지가 char형이고 VB Code로 부호화되어 있는지를 알 수 없다. 따라서 탭이나 개행 등으로 데이터 구분을 표현할 수 없다. 그러면 데이터 구분을 어떻게 표현할

것인가? 바로 각 데이터의 데이터 길이를 데이터와 함께 덧붙여서 쓰고 읽어들일 때에는 이를 함께 사용하는 것이다.

리스트 6.4 ❶write는 $v가 앞서 VB Code로 부호화된 바이너리라고 생각하기 바란다. 템플릿 N2는 리스트 6.3에서 본 unsigned long형 정수를 의미하므로 pack()에서는 length()로 얻은 $tag의 길이와 $v의 길이, 두 정수를 바이너리로 변환하는 것이다. 전체적으로는 $tag의 길이, $v의 길이, $tag, $v를 모두 바이너리로 출력하고 있는 것이다. 이렇게 하면 데이터가 시작되기 전에 반드시 길이가 기록되게 된다.

리스트 6.4 바이너리의 read/write

```
# ❶write
print pack('N2', length($tag), length($v)), $tag, $v;

# ❷read
$fh->read(my $buff, 8) or last;
my ($len_t, $len_v) = unpack('N2', $buff);
$fh->read(my $tag, $len_t);
$fh->read(my $v, $len_v);
```

리스트 6.4 ❷read에서는 8바이트를 읽어들이고 있다. 8바이트를 읽는 이유는 기록했던 unsigned long(4바이트)형 두 개의 값을 읽어들이고자 하기 때문이다. 4바이트 + 4바이트씩 두 개의 값을 읽어들이는 것이다. 8바이트를 읽은 다음, unpack()으로 바이너리 데이터를 Perl 출력표현으로 되돌려주면 데이터의 길이를 얻을 수 있게 된다. 그리고 데이터 길이만큼 read()를 사용해서 읽어들여주면 OK다.

이번 과제는 아마 이 부분에서 가장 어려울 것이다. 필자도 여러분에게 이번 과제를 낼 때 미리 코드를 작성해보았는데 사실 조금 헷갈렸다. :) 괜찮겠는가?

학생: 직접 해보지 않으면 잘…

이 부분은 분명 직접 해보지 않으면 이해하기 어려울 수 있다. 과제로 주어진 텍스트 데이터를 갑자기 다루는 것보다 처음에는 다양하게 시도해보면서 나름대로 pack() 함수가 동작하는 방식을 이해한 다음에 과제에 도전해보는 편이 오히려 더 빠른 길일 수 있을 것이다.

> **Memo**
>
> **파일에 바이너리 데이터를 쓰고(write) 읽기(read)**
> - 데이터 구분자로 탭이나 개행문자를 사용할 수 없다.
> - 각 데이터의 길이를 함께 쓴다
>   ➡ 읽어들일 때에는 그 길이를 사용한다

(참고❸) 프로파일링

끝으로 참고❸은 VB Code를 직접 구현한 다음에 관한 얘기다. 자신이 구현한 결과물의 속도가 실제 어느 정도인지 확인할 때에는 프로파일러를 사용하도록 하자.

Devel::NYTProf라는 것을 사용하면 프로파일링은 굉장히 간단하게 수행할 수 있다. 실제 사용법은 매뉴얼을 읽어보기 바라며, 포인트는 Devel::NYTProf로 살펴보면 코드의 각 행에서 시간이 얼마나 걸리고 있는지 전부 알 수 있다. 또한 결과가 HTML로 출력되므로 조작하기도 쉽다.

그림 6.2는 이번 과제의 프로파일링 결과는 아니지만 Devel::NYTProf의 출력 예다. 함수단위로 실행시간이 출력되고 있는 것을 알 수 있다. 만일 실제로 프로파일링을 해보고 싶을 때 필요에 따라 사용해보기 바란다.

자, 이번 과제는 바이너리 데이터를 쓰는 프로그램을 작성하는 대단한(?) 문제다. 과제에 대한 설명은 여기까지다. 그럼 열심히 해보기 바란다.

> **Memo**
>
> **VB Code의 속도 튜닝**
> - 프로파일러로 속도 측정
> - Devel::NYTProf

● **그림 6.2** NYTProf의 출력 예

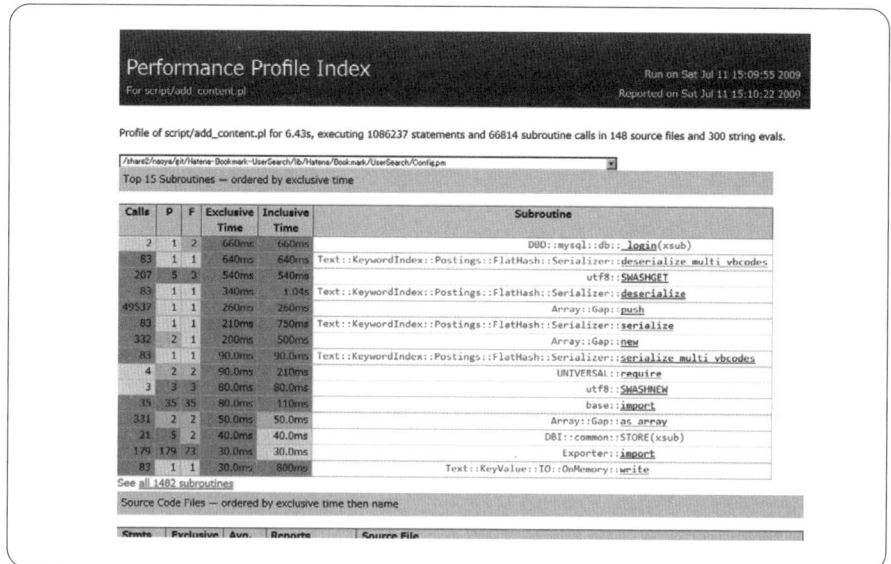

응답 사례와 사고방식

그러면 과제에 대한 응답 사례를 살펴보자. 이번 프로그램은 파일을 해석하고 정수열의 차분을 얻어서 VB Code로 부호화/복호화하는 프로그램이다. VB Code 부호화/복호화 부분은 독립적인 함수로 구현할 수 있다. 그러므로 거기서부터 시작하도록 한다.

그 전에 VB Code와 같이 입력에 대해 정해진 출력결과를 얻을 수 있는 루틴은 테스트 코드를 먼저 작성한 다음에 구현하게 되면 작업 효율 면이나 품질 면에서도 좋다. 리스트 6.5가 테스트 코드다.

VB라는 패키지에 vb_encode()/vb_decode()를 함수로 구현하고, 이를 다른 패키지에서 임포트할 수 있도록 작성해본다.

리스트 6.5의 unpack()에서 'B*'는 인수로 주어진 바이너리 데이터의 2진수 표현을 문자열(내림차순/descending order)로 반환하는 템플릿이다. 이를 사용하면 VB Code로 부호화한 바이너리를 2진수로 볼 수 있어 편리하다. 그래서 부호화 함수 vb_encode()는 이 템플릿으로 테스트한다.

복호화 함수 vb_decode()는 랜덤하게 생성한 정수를 넘겨 vb_encode()로 제대로 인코딩한 바이너리를 복원할 수 있는지를 테스트하고 있다.

리스트 6.5 테스트

```perl
#!/usr/bin/env perl
use strict;
use warnings;
use Test::More qw/no_plan/;
use POSIX qw/floor/;

# 모듈 로딩 테스트
BEGIN { use_ok('VB') }

# 부호화 함수 vb_encode() 테스트
is unpack('B*', vb_encode(1)),   '10000001';
is unpack('B*', vb_encode(5)),   '10000101';
is unpack('B*', vb_encode(127)), '11111111';
is unpack('B*', vb_encode(128)), '00000001' . '10000000';
is unpack('B*', vb_encode(129)), '00000001' . '10000001';

# 복호화 함수 vb_decode() 테스트
for (1..1000) {
    my $v = floor rand($_);
    is vb_decode( vb_encode($v) ), $v;
}
```

```
% prove -l t/00_vb.t
t/00_vb....ok
All tests successful.
Files=1, Tests=1006,  1 wallclock secs ( 0.32 cusr +  0.06 csys =  0.38 CPU )
```

테스트를 모두 통과하면 위와 같은 출력결과를 얻을 수 있다.

함수 본체 VB.pm 모듈은 리스트 6.6과 같다.

의사코드를 그대로 옮겨놓은 형태이므로 특별히 어려운 부분은 없을 것이다. 바이너리 데이터에 정수가 여러 개 이상 부호화되어 있더라도 vb_decode()는 배열로 그 정수 전부를 정확하게 반환하도록 되어 있는 부분이 나름의 포인트다. 이는 나중에 보겠지만, vb_encode()/vb_decode()가 정수 "열"을 복호화하는 데 사용되므로 정수열을 모아서 전부 복호화할 수 있는 편이 더 편리하기 때문이다. 이것으로 VB Code 구현은 끝이다. 테스트를 통해 명확히 확인해보도록 한다.

리스트 6.6 VB.pm

```perl
package VB;
use strict;
use warnings;
use integer;

use Exporter::Lite;

our @EXPORT = qw/vb_encode vb_decode/;

sub vb_encode {
    my $n = shift;
    my @bytes;
    while (1) {
        unshift @bytes, $n % 128;
        if ($n < 128) {
            last;
        }
        $n = $n / 128;
    }
    $bytes[-1] += 128;
    return pack('C*', @bytes);
}

sub vb_decode {
    my $vb = shift;
    my $n = 0;
    my @nums;
    for my $c (unpack('C*', $vb)) {
```

```
        if ($c < 128) {
            $n = 128 * $n + $c;
        }
        else {
            push @nums, 128 * $n + ($c - 128);
            $n = 0;
        }
    }
    return wantarray ? @nums : $nums[0];
}

1;
```

프로그램 본체

VB.pm이 완성되었으므로 프로그램 본체를 살펴보도록 한다.

여기서 팁을 말하자면, 본체를 구현하면서 테스트 데이터 152MB를 매번 입력하면 테스트를 실행하기 어려우므로 head 명령 등으로 10행 정도를 잘라 만든 작은 입력 파일로 테스트하다가 완성되면 전체 데이터로 실행하게 되면 편리할 것이다.

처음에는 압축 프로그램 vb_encode.pl을 테스트해본다. 사용법은 아래와 같다.

```
% perl vb_encode.pl dat/test.dat > dat/test.bin
```

test.dat가 입력파일 샘플이고, test.bin에 압축 완료된 데이터가 배출된다.

vb_encode.pl 구현은 리스트 6.7과 같다. 의외로 깔끔하게 끝났다. 정수열의 차분을 얻어가면서 부호화하거나 바이너리 출력을 위해 pack()으로 길이를 덧붙이는 건 힌트에서 설명했던 대로다.

리스트 6.7 vb_encode.pl(압축/부호화)

```
#!/usr/bin/env perl
use strict;
use warnings;
use FindBin::libs;
```

```perl
use VB;
use Path::Class qw/file/;

my $file = shift or die "usage: %0 <data file>\\n";

my $fh = file($file)->openr;

while (my $line = $fh->getline) {
    my ($tag, $nums) = split "\\t", $line;

    ## 정수열의 차분을 얻고 VB Code로 부호화
    my $vb;
    my $pre = 0;
    for (split ',', $nums) {
        $vb .= vb_encode($_ - $pre);
        $pre = $_;
    }

    ## $tag, $vb의 길이를 pack()로 덧붙여가며 출력
    print pack('N2', length($tag), length($vb)), $tag, $vb;
}
```

그러면 끝으로 복호화 프로그램 vb_decode.pl을 살펴보자(리스트 6.8). 이것도 양적으로는 심플하다. 각 처리의 포인트도 힌트로 얘기한 대로 어려운 부분은 없을 것이다.

리스트 6.8 프로그램에서 152MB 입력 데이터를 압축시키면 필자의 Core2 Duo T7200(2GHz)으로 3초 정도 소요되며, 37MB까지 줄어들었다. 어떤가? 생각보다 상당히 높은 압축률이지 않은가? 정수열을 압축해서 저장해주면 꽤 높은 효율로 저장할 수 있음을 알 수 있다. 이 부분은 데이터의 특성, 즉 차분을 얻을 때 얼마나 작은 값이 나오느냐에 따라서도 달라진다.

CHAPTER 06 ··· [과제] 압축 프로그래밍 _데이터 크기, I/O 고속화와의 관계 인식하기

리스트 6.8 vb_decode.pl(복호화)

```perl
#!/usr/bin/env perl
use strict;
use warnings;
use FindBin::libs;

use VB;
use Path::Class qw/file/;

my $file = shift or die "usage: %0 <binary file>\\n";

my $fh = file($file)->openr;

while (1) {
    ## 태그, VB 부호화 부분의 길이를 읽어들인다
    ## (8바이트 = 32비트 + 32비트)
    $fh->read(my $buf, 8) or last;
    my ($tlen, $vblen) = unpack('N2', $buf);

    ## 읽어들인 길이만큼 태그, VB 부호화 부분을 읽어들인다
    $fh->read(my $tag, $tlen);
    $fh->read(my $vb, $vblen);
    ## VB Code로 복호화하고 차분이있던 값을 원래대로 되돌린다
    my @nums;
    my $pre = 0;
    for (vb_decode($vb)) {
        push @nums, $pre + $_;
        $pre += $_;
    }

    ## 원래 포맷에 맞게 출력
    printf "%s\\t%s\\n", $tag, join ',', @nums;
}
```

　여유가 있는 사람은 vb_encode()/vb_decode()를 γ 부호나 δ 부호 혹은 Golomb 부호 등 다른 부호화로 바꿔서 압축률이 얼마나 달라지는지를 시험해보는 것도 좋을 것이다.

CHAPTER 07

알고리즘 실용화
가까운 예로 보는 이론·연구의 실전 투입

필자 이토 나오야

알고리즘·데이터 구조 선택의 중요성
문제해결에 적합한 알고리즘 & 데이터 구조

 제7장은 알고리즘과 그 응용에 대한 개론을 설명한다. 대규모 데이터를 현실적인 시간 내에 처리하려 할 때 경우에 따라서는 아무리 오래 지나도 계산이 끝나지 않는 경우도 있다. 한편, 문제해결에 적합한 알고리즘과 데이터 구조를 사용함으로써 하루 종일 걸리던 계산이 수 초 만에 완료되는 경우도 있다.

 속도를 중시하는 프로그램을 작성할 경우에 알고리즘과 데이터 구조의 선택은 중요하다. 이때 대상이 되는 데이터가 크면 클수록 선택에 따른 차이가 현저해진다.

 제7장에서는 대규모 데이터를 처리할 때 알고리즘 선택의 중요성을 느끼고 알고리즘을 제품으로 만들어내기까지 어떤 과정을 거치는지 이해하기를 바라는, 두 가지 목적에 대해 실제 하테나의 각종 서비스 기능 중에서 적합한 예를 소재로 해서 살펴보도록 하자.

 강의 19에서는 알고리즘과 평가라는 제목으로 해서 Order 표기 등 책 제목에 있는 대규모 데이터에 관계된 기본사항부터 시작해서 실제 제품으로 전개되기까지의 과정을 설명한다. 강의 20, 강의 21에서는 제5장 후반부에서 개요를 소개했던 '하테나 다이어리의 키워드 링크', '하테나 북마크의 기사 분류'라는 두 가지 구현을 바탕으로 알고리즘이 실제로 적용된 경내나 변이, 실제 서비스 중 일부로 알고리즘이 어떻게 활용되고 있는지 등을 구체적으로 소개한다.

> **Memo**
>
> **알고리즘 실용화**
> - 알고리즘과 평가(➔ 강의 19)
> - 하테나 다이어리의 키워드 링크(➔ 강의 20)
> - 하테나 북마크의 기사 분류(➔ 강의 21)

CHAPTER 07 ••• 알고리즘 실용화 _가까운 예로 보는 이론·연구의 실전 투입

강의 19
알고리즘과 평가

데이터 규모와 계산량 차이

반복해서 언급해왔듯이, 대상이 되는 데이터가 크면 클수록 알고리즘이나 데이터 구조 선택이 속도에 영향을 미친다. 우선은 간단한 예를 살펴보도록 하자. 예를 들어 데이터 내에서 필요한 데이터를 처음부터 순차적으로 찾아가는 '선형탐색(Linear Search)'은 1,000건의 데이터가 있을 때 원하는 데이터를 찾기까지 탐색을 반복하면서 최대 1,000번을 탐색하는 알고리즘이다. n건에 대해 n번의 탐색이 필요하므로 $O(n)$ (Order n)의 알고리즘이라고 한다.

'이분탐색(Binary Search)'은 n건의 데이터에서 $\log n$번 만에 목적 데이터를 찾는 알고리즘으로, $O(\log n)$이다. 이분탐색에서는 1,000건에 대해 최대 10번 만에 탐색이 완료된다.

이 최대 탐색횟수는 계산횟수의 기준이 되는 수로 '계산량'이라고 한다. 일반적으로는 계산량이 적을수록 속도가 빠르다고 할 수 있다.

n=1,000인 경우 계산량의 차는 $O(n)$이 최대 1,000, $O(\log n)$이 10이므로 990번이다. n이 더 커졌을 경우 어떻게 될까? 데이터 100만 건에 대해 $O(n)$은 그대로 100만 번 걸리는 반면, $O(\log n)$은 20번 만에 끝난다. 1,000만 건이 되더라도 $O(\log n)$은 24번이다. $O(n)$에 비해 $O(\log n)$은 데이터량 증가에 강하다는 것을 알 수 있다.

이를 대규모 데이터를 전제로 생각해보기 바란다. 데이터가 작을 때에는 $O(n)$과 같은 느슨한 알고리즘을 이용하더라도 적당한 정도의 계산량으로 끝나므로 그

다지 곤란할 것도 없다. 그러나 데이터 건수가 늘어감에 따라 알고리즘 선택의 차이가 점점 커진다. 목적 데이터를 찾는 처리를 할 때 선형탐색을 사용하는 부분에서 데이터 건수가 1,000건, 100만 건, 1,000만 건으로 늘어난다면… 당연히 그 지점이 병목이 될 것이다. 그러므로 그 지점을 해소하려면 탐색 알고리즘을 계산량이 보다 적은 것으로 변경해야 하는 게 자명하다.

제7장, 두 가지 목적

이번 장 머리글에서 언급했듯이, 제7장에서는 두 가지 목적을 전제로 설명해간다. 첫째는 대규모 데이터를 앞둔 알고리즘 선택의 중요성을 느끼는 것. '대규모 데이터에서는 알고리즘이 중요'라고 하면, '알고리즘 구현을 바꾸기만 하면 만사 OK'라고 보일 수 있는데 좀처럼 그렇게 되지는 않는다.

알고리즘/데이터 구조의 교과서에서는 기본적으로 해당 알고리즘을 구현하는 데까지만 설명하고 이를 어떻게 시스템에 탑재하고 또 운용해갈 것인지에 대해서는 언급하지 않는다.

대학 교과서, 논문, 최신 알고리즘을 제품에 응용하고자 한다. 그러면 실제로 알고리즘을 제품에 전개하기까지 어떤 과정이 있을까? 이를 살펴보는 것이 제7장의 또 다른 목적이다.

알고리즘이란?

하테나의 서비스를 실제 사례로 들기 전에 알고리즘에 대한 기본적인 사고방식을 알아보자.

'알고리즘'이란 무엇일까? 다시 한 번 생각해보자. 「Introduction to Algorithms (개정판)」(한빛미디어, 2005)에 따르면 다음과 같다.

> 알고리즘(algorithm)은 어떤 값 또는 값의 집합을 입력(input)으로 하고 어떤 값 또는 값의 집합을 출력(output)으로 하는, 명확하게 정의된(well-defined) 계산절차다.

적당한 값을 입력하면 명확하게 정의된 계산절차에 따라 값이 출력으로 반환되는 것이 알고리즘이다. 탐색하고자 하는 값과 대상 데이터를 입력하면 탐색이 이뤄져서 목적 데이터의 위치가 반환된다. 이것은 '탐색 알고리즘'이다.

좁은 의미의 알고리즘, 넓은 의미의 알고리즘

알고리즘이라는 용어는 좁은 의미, 넓은 의미로 다양하게 사용되는 듯하다.

DB에서 레코드를 얻어서 적절하게 처리한 후 결과를 출력하는 것과 같이 보통 아무렇지 않게 작성하는 프로그램에 대해서도 '그 부분 알고리즘이 어떻게 되어 있지?'와 같은 상황에서 사용되는 경우도 있을 것이다. 이 경우, 질문자가 알고자 하는 것은 아마도 처리(도메인 로직, Domain Logic)의 흐름일 것이다. 이는 넓은 의미의 알고리즘일 것이다.

한편, 좁은 의미에서의 알고리즘은 '명확하게 정의된 계산문제에 대해 정의된 계산절차를 수행하는 것'으로 인식되는 경우가 많다. 따라서 알고리즘 책을 사면 업무 애플리케이션의 도메인 로직을 작성하는 방법이 아니라 정렬이나 탐색, 해시법과 같은 계산문제의 해법에 대해 논의가 되고 있는 것이다.

제7장에서 다루는 것은 바로 좁은 의미의 알고리즘에 대해서다.

알고리즘을 배우는 의의
― 컴퓨터의 자원은 유한, 엔지니어의 공통언어

CPU나 메모리 등 컴퓨터의 자원은 유한하므로 알고리즘에 대해 배우는 것은 중요하다. 지금 해결해야 하는 문제를 유한한 자원으로 어떻게 해결해야 할까? 이런 생각을 익혀둘 필요가 있는 것이다.

또한 알고리즘은 디자인패턴과 마찬가지로 엔지니어에게 공통언어다. '그 부분은 해시로 해두면 OK지'와 같이 한마디로 커뮤니케이션을 완료하기 위해서는 서로가 해시법이 무엇인지를 올바르게 이해해둘 필요가 있다.

알고리즘을 배우는 이점으로 가장 이해하기 쉬운 것은, 배워두면 새로운 문제에도 대처할 수 있다는 점일 것이다.

예를 들면 베이지안 필터(Bayesian Filter)를 실현하는 알고리즘을 알아두면 데이터를 자동분류하는 프로그램을 작성할 수 있다. 이를 응용하면 메일 스팸필터를 만들 수 있다.

수억 건의 레코드를 수 MB로 저장할 수 있는 데이터 구조가 있다면, 지금까지 배포하기에 너무 컸던 프로그램을 부담없이 배포할 수 있게 될 것이다. 얼마 전에 발표된 Google 일본어 입력[주1]에서는 사전 데이터를 LOUDS라는 데이터 구조로 50MB까지 압축해서 거대한 사전을 배포할 수 있었다고 한다.

그리고 앞서 언급했듯이, 대규모 데이터를 앞둔 경우 알고리즘 측면에서의 특성이 애플리케이션의 성능에 큰 영향을 주게 된다. 그런 감각을 익히기 위해서도 알고리즘 학습은 매우 유효하다.

> **Memo**
> 왜 알고리즘에 대한 지식이 필요할까?
> - 컴퓨터 자원은 유한하다.
> - 엔지니어의 '공통언어'
> - 알고리즘을 알아둠으로써 새로운 문제에도 대처할 수 있을 것이다.

알고리즘의 평가 — Order 표기

앞에서 선형탐색의 계산량은 $O(n)$, 이분탐색은 $O(\log n)$이라고 했다. 이와 같이 알고리즘의 계산량은 대개의 경우 정량적으로 평가할 수 있다. 알고리즘의 평가에는 Order 표기를 사용하는 것이 일반적이다.

주1 URL http://www.google.com/intl/ja/ime/

CHAPTER 07 ••• 알고리즘 실용화 _가까운 예로 보는 이론·연구의 실전 투입

Order 표기는 대상이 되는 알고리즘이 입력 크기가 n일 때 대략적으로 이 정도 계산량이 소요된다라는 것을 표기하는 기법이다.

n의 크기에 관계없이 일정한 시간에 처리가 끝날 경우, O(1)이라고 쓴다. 예를 들면 해시로부터 데이터를 탐색할 경우에는 해시함수의 계산을 수행할 필요가 있는데, 해시함수의 계산은 n에는 의존하지 않으므로 O(1)이다. (구현에도 의존하지만) 해시의 탐색은 키(key)를 알면 값(value)이 (거의) 고유하게 결정되므로 키로 값을 탐색하는 처리도 O(1)이다. 따라서 해시 탐색의 계산량은 전체적으로 O(1)이 된다[주2].

선형탐색은 앞서 본 것처럼 요소를 처음부터 찾아가므로 최대 n번 탐색할 필요가 있다. 경우에 따라서는 첫 번에 탐색이 완료되는 경우도 있지만, Order 표기는 그런 특정 상황을 다루는 것이 아니라 어디까지나 평균 또는 최대를 평가한다. 따라서 O(n)이 된다. 이분탐색은 O(log n)이었다.

이와 같이 각종 알고리즘을 Order 표기로 나타내면 알고리즘의 성능을 비교할 수 있게 된다. 선형탐색과 이분탐색은 O(n)과 O(log n)이므로 이분탐색이 계산량은 더 적다[주3].

각종 알고리즘의 Order 표기

각종 알고리즘을 Order 표기하면 아래와 같은 계산량이 자주 나타난다.

- $O(1) < O(\log n) < O(n) < O(n \log n) < O(n^2) < O(n^3) \cdots O(n^k) < O(2^n)$

오른쪽으로 갈수록 계산량은 많아진다. 이러한 계산량은 대규모 데이터를 대상으로 한 경우, 즉 n이 클 경우 실질적으로 실용성을 띄는 것은 O(n log n) 부근까지다. 그 이상이 되면 n에 대해 계산량이 급격하게 커지므로 계산이 끝나지 않는

[주2] Order 표기에서는 O(1) + O(1) = O(2)와 같이 되지 않는다. O(max(1, 1)) = O(1)로서 최대를 생각한다.
[주3] 실제로는 이분탐색은 데이터를 사전에 정렬해야 할 필요가 있으므로 항상 선형탐색보다 더 빠르다고 보장되는 것은 아니다.

경우가 자주 있다.

느낌상으로는 O(log n)은 O(n)에 비해 상당히 빠르고, O(n)과 O(n log n) 사이에는 그다지 차이가 없으며, O(n)과 O(n²)은 계산이 끝나고 끝나지 않는 정도의 격차가 있을 것 같다고 느껴지는가?

이 부분은 예를 들어, 상당히 복잡한 알고리즘을 O(n²)으로 계산할 수 있을 경우 '이건 빠르다'라고 주장할 수도 있으므로 어디까지나 대상이 되는 계산에 따라 다를 수 있다. 예를 들면 일반적인 정렬 알고리즘은 아무리 잘해도 O(n log n)보다 빠를 수는 없다는 것이 이론적으로 증명되어 있다. 따라서 정렬 알고리즘에서는 O(n log n)이면 빠르다고 할 수 있을 것이다.

계산량 개념은 계산시간뿐만 아니라 공간적인 양에서도 사용된다. 즉, 실행시간이나 단계 횟수뿐만 아니라 메모리 사용량을 논할 경우에도 Order 표기가 사용된다는 것이다.

이상으로 알고리즘의 평가에 대해 알아보았다. 보다 자세한 것은 알고리즘 해설서 등을 참고하기 바란다.

> **Memo**
> **알고리즘의 평가**
> - Order 표기
> - 계산량
>   - 시간계산량(실행시간, 단계 횟수)
>   - 공간계산량(메모리 사용량)

티슈를 몇 번 접을 수 있을까? — O(log n)과 O(n)의 차이

선형탐색과 이분탐색을 비교해서 데이터량이 대규모가 되면 계산시간에 큰 차이가 난다는 얘기를 했다. 여기서 중요한 것은 Order 표기 그 자체가 아니라 Order 표기를 사용해서 비교되는 알고리즘 간에 그 차이가 어느 정도나 될까라는

CHAPTER 07 ... 알고리즘 실용화 _가까운 예로 보는 이론·연구의 실전 투입

감각이다. O(log n)과 O(n)은 실제로 n이 커졌을 때 계산량이 얼마나 차이가 날까, 이를 감각적으로 알아챌 수 있는지 여부다.

좀더 친근한 예로 살펴보자. 티슈 한 장을 준비하고 이를 절반씩 접어가보기 바란다. 과연 몇 번이나 접을 수 있을까? 첫 번째는 절반으로만 접히는 것이므로 여유롭게 접을 수 있다. 두 번째, 세 번째, 네 번째, 다섯 번째 정도까지도 그다지 문제없을 것이다. 그러나 여섯 번째가 되면 조금 접기 힘들어지면서 일곱 번째에는 '이제 다음 여덟 번째는 무리다…' 라고 포기할 단계에 이를 것이다. 별스럽지 않게 '100번 정도는 여유!' 라고 생각한 사람도 있을지 모르지만, 실제로는 일곱 번이 한계였다. 왜일까?

종이를 접을 때 필요한 노력은 아마도 접으려고 하는 대상의 두께 등에 의존할 것이다. 이 두께가 만일 최초에 1mm였다고 하면 한 번 접은 직후에는 2mm다. 두 번째는 3mm…가 아니라 4mm다.

이렇게 해서 1 ➡ 2 ➡ 4 ➡ 8 ➡ 16 ➡ 32…로 증가해간다. 즉, 접는 횟수를 n이라고 하면 2^n으로 계산량이 증가해가는 것과 동일한 걸로 생각할 수 있다. 앞서 보았듯이 $O(2^n)$이라는 것은 상당히 큰 부류이므로 티슈가 n=8에서 더 이상 접을 수 없는 것도 납득이 될 것이다.

아울러 두께 0.11mm의 화장지는 25번 접으면 대략 후지산 높이가 된다는 얘기가 소개되었다[주4]. 후지산 높이에 이를 만한 종이를 접는다… 아마 보통의 방법으로는 힘들 것이다.

알고리즘에 있어서 지수적, 대수적 감각

계산량이 지수적으로 증가하는 알고리즘은 이와 같이 데이터량이 적어도 계산량이 매우 커져버린다. 한편 '지수의 역(逆)인 대수적으로만 증가하는 O(log n)인 알고리즘은 데이터량이 꽤 커져도 적은 계산량으로 문제를 해결할 수 있다' 는 것도 직감적으로 이해할 수 있을 것이다.

주4 URL http://gigazine.net/index.php?/news/comments/20100305_fold_half/

이런 감각이야말로 알고리즘의 계산량을 생각할 때 중요한 것이다. 예를 들면 1,000만 건 정도 되는 데이터를 대상으로 하는 경우라도 대수적인 알고리즘을 선택할 수 있다면 수십 번만 계산하면 된다. 반면, 알고리즘을 잘못 선택해서 $O(n^2)$이나 $O(2^n)$인 것을 구현하게 되면 수백 건 정도의 데이터를 대상으로 하더라도 상당히 불필요한 리소스를 사용하게 되는 프로그램이 만들어지게 된다.

알고리즘과 데이터 구조 — 뗄래야 뗄 수 없는 관계!?

알고리즘 서적을 보면 알고리즘과 데이터 구조는 알고리즘+데이터 구조와 같이 세트로 다루어지는 경우가 자주 있다.

데이터 구조는 배열, 트리구조와 같이 대상이 되는 데이터를 저장 또는 표현하기 위한 구조를 말한다.

데이터 구조와 알고리즘이 세트로 논의되는 것은 알고리즘에서 자주 사용하는 조작에 맞춰 데이터 구조를 선택할 필요가 있기 때문이다. 예를 들면 사전에 적절한 트리구조로 데이터를 저장해두면, 대개의 경우는 탐색처리를 단순화할 수 있어 계산량을 줄일 수 있다.

RDBMS에서의 인덱스를 구현할 때는 B+트리라는 트리구조가 자주 사용된다는 것을 강의 11에서 살펴보았다. B+트리는 2차 기억장치에 트리구조를 배치할 때 공간적으로도 적합한 구조다. B+트리로 인덱스를 저장해두면, 탐색에 수반되는 단계 횟수도 조금 줄일 수 있고 디스크를 읽는 횟수도 최소화할 수 있다는 특성이 있다. 이와 같이 RDBMS의 인덱스에서는 B+트리를 채용하고 있고 그 데이터 구조에 알맞은 알고리즘으로 탐색, 삽입, 정렬 등을 수행하는 것이 보통이다.

이상과 같이 알고리즘과 데이터 구조는 뗄래야 뗄 수 없는 관계다.

CHAPTER 07 ··· 알고리즘 실용화 _가까운 예로 보는 이론·연구의 실전 투입

> **Memo**
>
> **알고리즘과 데이터 구조**
> - 데이터구조
>   - 배열, 트리구조, 힙…
>   - 알고리즘에서 자주 사용하는 조작에 맞춰 선택한다.
> - 알고리즘에서 자주 사용하는 조작에 맞춰 데이터 구조를 선택할 필요가 있다.

계산량과 상수항 — 역시 측정이 중요

계산량의 Order 표기에서는 이른바 '상수항'을 무시한다. 상수항이란 해당 알고리즘을 구현하는 중에 입력 크기에는 의존하지 않지만 실행하지 않으면 안 되는 처리의 일종이다.

예를 들면 함수호출이나 함수로부터 값을 반환하기 위한 처리는 상수항이며, 일차변수를 확보하거나 if문으로 분기시키는 등의 처리도 이에 해당한다. 간단한 구현에서 상수항은 해당 알고리즘의 계산량에 거의 영향을 주지 않지만, 복잡한 구현이 되면 상수항을 무시할 수 없게 된다. 또한 구현이 복잡하지 않더라도 CPU 캐시에 올리기 쉬운지, 분기예측이 발생하지 않는지 등 계산량의 구조적인 특성에 의존하는 형태로 상수항에서 차이가 나는 경우도 있다.

예를 들어 정렬 알고리즘은 이론적으로는 $O(n \log n)$이 하한으로, 평균 계산량 $O(n \log n)$을 달성하는 알고리즘은 여러 개 존재한다. 그러나 같은 $O(n \log n)$이라도 일반적으로는 퀵정렬이 가장 빠르다고 한다. 퀵정렬은 그 특성상 CPU 캐시를 사용하기 쉽다는 장점이 있어서 이 점이 비교할 때 유리하게 작용한다. 이는 상수항이 빠르다는 예다.

즉, Order 표기는 알고리즘을 비교할 때 편리하지만 구현을 포함해서 생각할 때 그게 전부는 아니라는 얘기다. 그리고 상수항은 어떻게 구현하느냐에 의존하는 경우가 많으므로 이를 줄이기 위해서는 구현하는 데 노력을 기울여야 할 필요가 있다.

구현 시 유의하고픈 최적화 이야기

반면, 유의했으면 하는 점은 알고리즘뿐만 아니라 뭔가를 구현하는 데 있어서 상수항을 줄이기 위해 처음부터 최적화를 수행하는 것은 대체로 잘못된 방침이라는 것이다. 계산량 $O(n^2)$인 알고리즘을 나름대로 노력해서 상수항을 줄이는 연구를 하더라도 이를 대체해서 $O(n \log n)$인 알고리즘이 있다면 후자를 사용하는 편이 개선효과가 더 클 것이다.

결국 이 부분은 역시 '측정이 중요'하다는 얘기로, 벤치마크를 하거나 프로파일링을 해서 지금 대상으로 하고 있는 프로그램에 무엇이 문제인가를 정확하게 아는 것이 중요하다. 지금은 알고리즘을 교체해서 개선해야 할 것인지 상수항을 줄여서 개선해야 할 것인지, 오히려 물리적으로 리소스가 부족하므로 하드웨어를 교환해서 성능을 개선해야 할 지… 이 점을 규명한 후에 개선하려는 자세를 잊지 않도록 하자.

알고리즘의 실제 활용 — 단순한 게 더 낫기도?

실제로는 고도의 알고리즘이 반드시 최고의 해법인 것은 아니며, 고전적인 알고리즘이 좋은 경우도 있다. 또한 잘 알려진 알고리즘보다 단순한 알고리즘이 더 나은 경우도 자주 있다.

하테나 북마크 Firefox 확장기능인 검색기능에서의 시행착오

먼저 실제로 하테나에서 있었던 실제 사례를 소개하도록 한다. 하테나 북마크에는 Firefox 확장기능으로 사용할 수 있는 툴이 있는데, 이를 사용하면 브라우저와 하테나 북마크를 통합해서 사용할 수가 있어 편리하다. 이 확장기능에는 과거에 사용자 본인이 북마크한 데이터를 증분검색(Incremental Search)할 수 있는 기능이 있다(그림 7.1).

● 그림 7.1 하테나 북마크 Firefox 확장기능인 검색기능

　이 검색기능을 어떻게 구현할지 팀 내에서 의논해서 '증분검색이라면 검색도 상당한 빈도로 발생하고 클라이언트에서 계산되니까 계산량은 적게 가져갈 필요가 있지. 데이터량은 사람에 따라서는 1만 건 이상 되니 Suffix Array를 사용하자' 라고 결정했다.

　Suffix Array는 주로 텍스트 데이터 등을 고속으로 검색하기 위한 데이터 구조다. 이 Suffix Array는 탐색 자체는 빠르지만 미리 전처리를 거친 데이터 구조를 만들어둘 필요가 있고 이 전처리에 상당한 시간이 필요하다. 다시 말해 Suffix Array를 실용적인 애플리케이션에 사용하는 경우, 이 부분을 어떻게 단축할 수 있는가가 목표과제가 되는 것이다. 이 당시에는 IS법[주5]이라는, 당시에 막 발견된

주5　IS법(Induced-Sort)은 선형시간에 Suffix Array 정렬을 마치는 알고리즘으로 2009년에 제안되었다.

방법으로 구현해보았다.

시행착오 끝에 Firefox 확장기능에 필요한 IS법을 JavaScript로 구현해서 완성했으나, 실제로 사용해보면 좀처럼 애플리케이션에 통합할 정도로 만족감을 느낄 수가 없었다. 속도는 나더라도 전처리에는 얼마간의 시간이 걸리고 사용자가 북마크할 때마다 전처리를 수행하도록 하면 머신에 부하가 많이 걸렸던 것이다.

고민 끝에 Suffix Array 채택을 취소하고 Firefox 확장기능이 내부적으로 갖고 있는 SQLite에 SQL로 like에 의한 부분일치 검색(즉, 선형탐색)을 수행하도록 했다. 데이터량이 많은 사람에게는 미안하지만 '속도저하는 어쩔 수 없다'라는 타협을 한 것이다.

그런데 실제로 완성해보니 이걸로 전혀 문제없이 사용할 수 있었다. 걱정했던 데이터량 부분도 수만 건 정도면 요즘 컴퓨터의 현저한 성능향상 덕분에 아무 문제없이 탐색할 수 있어서 이 문제는 이렇게 결말을 맺었다.

여기서 배운 점

여기서 배운 점은 역시 예측이나 측정이 중요하다는 점과 때에 따라서는 명쾌하게 단순한 구현을 시도해보는 것도 좋다는 것이다. 대규모 데이터를 상정한 최적화라는 것도 중요하지만, 여기서 살펴보았듯이 데이터 건수가 적은 경우에는 최적화의 의미가 없다. 또한 데이터 건수가 '적다'는 걸 사람의 직감으로 추측하는 것도 좋지 않다는 예였다.

써드파티 소스를 잘 활용하자 — CPAN 등

정평이 난 알고리즘은 제3자가 이용하기 쉽도록 이미 구현된 소스가 공개되어 있는 경우도 많다는 것을 기억해두자.

앞서 말한 IS법의 예에서는 당시 JavaScript로 된 괜찮은 Suffix Array 구현이 어디에도 없었기 때문에 직접 만들기에 이르렀지만, Perl의 경우에는 CPAN, 그 밖의 언어에서도 비슷한 곳에 오픈소스로 된 각종 알고리즘 라이브러리 소스가 많이 공개되어 있다.

이런 종류의 소스를 잘 이용하면 공수(工數)를 줄일 수 있다. 그렇다고는 해도 내용을 블랙박스인 채로 사용하는 것은 역시나 권장할 수 없다. 어느 정도는 구현이 어떻게 되어 있는지를 알아두지 않으면 잘못된 선택을 할 수도 있는 것이다.

예를 들면 CPAN에는 압축 알고리즘을 구현한 소스가 많이 있다. 압축에는 경우에 따라 적합한 경우가 있어서, 예를 들어 짧은 문서에 유효한 것, 시간은 걸리지만 압축률이 높은 것, 압축률은 낮지만 빠른 것 등 알고리즘에 따라 특성이 많이 다르다. 이런 부분에 대한 안목을 기르기 위해서도 알고리즘에 대한 지식을 넓히는 것이 손해는 아닐 것이다.

● **그림 7.2** CPAN에서 "Algorithm"으로 검색한 결과

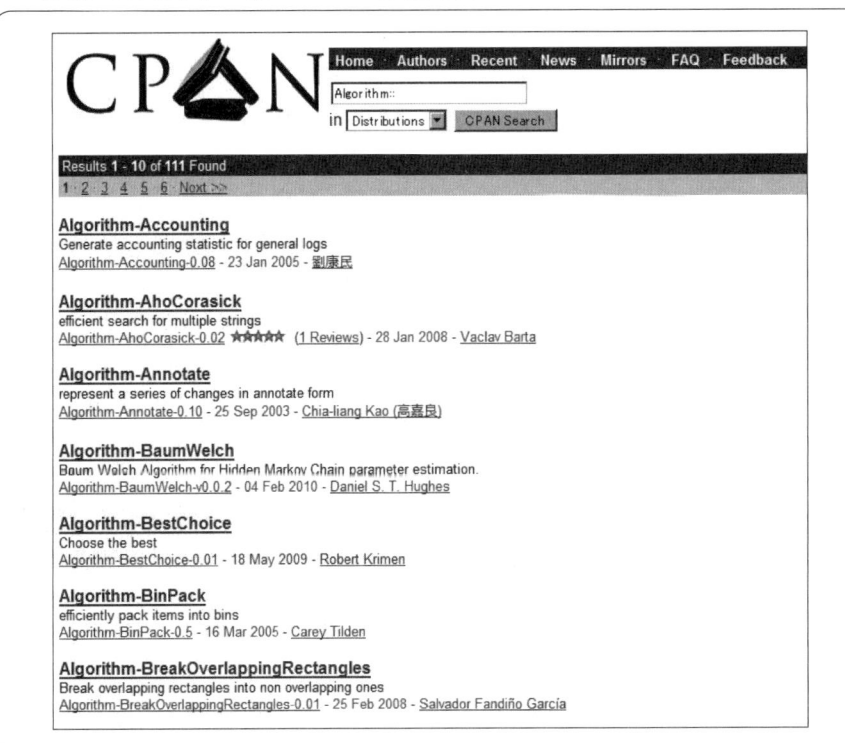

한편, 이러한 라이브러리는 API가 우리가 원하는 사양으로 되어 있지 않다거나 불필요한 구현이 너무 많아 다소 오버스펙인 경우도 자주 있다. 이럴 때에는 우리가 필요로 하는 부분만을 구현하면 의외로 공수도 줄어들고 비용 대비 효과도 높아지는 경우도 있다. 결국은 밸런스가 중요한 것이다.

실제 사례를 보고 실전감각 익히기

알고리즘과 그 평가에 대해 살펴보았다. 또한 실제적인 부분도 조금 알아보았다. 이론과 실전, 이 두 가지의 밸런스가 잘 이루어지도록 생각하는 것이 중요하다는 게 조금은 분위기로서 전해졌는가?

이제부터 특정 기능에 얽매이지 않고 구체적인 얘기로 들어갈 테니 실전감각을 더 심화해가면 좋을 것이다.

Column

데이터 압축과 속도
전체적인 처리량을 높이기 위한 사고방식

제6장 강의에서는 압축을 언급했었다. '압축'이라고 하면 큰 파일을 작은 크기로 만드는 유틸리티를 떠올리는 사람도 많을 것이다. Windows의 zip 아카이버, GNU gzip 등. 이런 종류의 툴을 사용하는 경우, 결국 큰 파일을 압축시킬 때 머신 파워를 사용한다. 이런 이미지로부터 '압축해제 처리는 무겁다=느리다'라고 생각하는 사람도 있으리라 생각한다.

그런데 처리량 관점에서는 다루는 데이터를 압축해두는 편이 빠른 경우가 비교적 많다. 컴퓨터에는 CPU와 I/O라는 두 종류의 부하가 있다. 어느 특정 처리를 하면서 I/O를 기다리고 있는 동안은 해당 처리에서 CPU는 사용할 수 없다. 파일을 압축해두면 CPU에 조금 부담이 되지만 I/O대기를 줄일 수가 있다. CPU가 여유 있고 I/O가 바쁜 경우는 많으므로 압축으로 인해 I/O 부하를 줄이고 CPU에 떠맡김으로써 전체적인 처리량이 올라가는 것이다.

HTTP의 deflate 압축통신이 좋은 예다. 압축은 진부한 이미지가 있지만 중요한 기술인 것이다.

CHAPTER 07 ••• 알고리즘 실용화 _가까운 예로 보는 이론·연구의 실전 투입

강의 20
하테나 다이어리의 키워드 링크

키워드 링크란?

블로그 서비스인 하테나 다이어리(http://d.hatena.ne.jp/)에는 키워드 링크라는 약간 특이한 기능이 있다.

앞에 나왔던 그림 5.3에서 키워드 링크의 스크린샷을 소개했다. 그림 5.3과 같이 블로그에 글을 작성하면 일부 키워드에 링크가 자동으로 걸린다. 이 링크가 걸리는 곳은 이 키워드를 설명하는 페이지로 되어 있다. Wiki 구현에서도 마찬가지로 자동으로 Wiki 워드에 링크하는 기능이 있곤 하는데, 그와 비슷한 기능이라고 생각하기 바란다.

링크 대상이 되는 키워드는 하테나 키워드(http://k.hatena.ne.jp/)에 사용자가 등록한 키워드다. 이 원고를 집필하는 시점인 2009년 8월 시점에 27만 단어 이상이 등록되어 있으며, 대략 하루에 100개 정도 새로운 키워드가 사용자의 손으로 등록되고 있다.

입력된 전문(全文)에 대해 27만 단어를 포함하는 키워드 사전과 매칭해서 필요한 부분을 링크로 치환하는 것이 키워드 링크의 기능이다. 링크로 치환하는 작업은 실제로는 특정 키워드를 HTML anchor 태그로 치환하는 것뿐이므로 문장 내의 키워드 위치를 텍스트 치환하는 문제라고 할 수 있다.

- 키워드 링크의 예

    하테나 다이어리는 블로그다.

    ➔ 〈a href="…"〉하테나 다이어리〈/a〉는 〈a href="…"〉블로그〈/a〉다.

최초 구현방법

이러한 구현인데, 하테나 다이어리가 공개된 후 얼마 동안은 특별한 연구 없이 정규표현으로 구현하는 단순한 방법을 채택했었다. 사전 내에 포함된 모든 단어를 OR 조건으로 잇는 정규표현을 만들어 사용하는 것이다.

(foo|bar|baz| ...)

위와 같은 정규표현이다. $text라는 변수에 텍스트가 들어있다고 하면, 치환 옵션과 치환문자열을 식으로 평가하는 eval 옵션을 조합해서 아래와 같이 하면 OK다.

```
use URI::Escape;


$text =~ s/(foo|bar|baz)/&replace_keyword($1)/ge;


sub replace_keyword {
    my $w = shift;
    return sprint '<a href="/keyword/%s">%s</a>', uri_escape($w), $w;
}
```

문제발생! — 키워드 사전의 대규모화

키워드는 사용자가 등록하는 것이므로 오픈한 당시에는 그다지 어휘수도 많지 않고, DB에서 그때그때 정규표현을 만들어서 키워드 링크를 하는 식의 여유로운 처리로도 문제없이 동작했었다. 그런데 키워드수가 많아짐에 따라 문제가 발생하기 시작했다. 정규표현 처리에 시간이 걸리는 것이다. 특히 시간이 걸리는 부분은 두 가지였다.

❶ 정규표현을 컴파일하는 처리
❷ 정규표현에서 패턴매칭하는 처리

❶에 대해서는 미리 정규표현을 만들어서 메모리나 디스크 상에 저장해두는, 즉 캐싱해둠으로써 어떻게든 회피할 수 있었다.

❷에 대해서는 처음에는 키워드 링크가 완료된 본문 텍스트를 캐싱하는 식으로 회피할 수 있었지만, 새로 추가된 키워드를 키워드 링크에 반영시키기 위해서는 일정 시간에 캐시를 다시 구축해야 할 필요가 있거나 혹은 블로그 서비스 특성상 대부분을 차지하는, 그다지 액세스가 없는 블로그에서는 캐시가 효과를 나타내기 어려움 등의 근본적인 해결에는 이르지 못했다.

패턴매칭에 의한 키워드 링크의 문제점

이렇게 저렇게 해보던 중에 키워드의 어휘수도 10만 개를 넘어서고, 하테나 다이어리의 액세스수가 전체적으로 늘어난 만큼 키워드 링크의 처리횟수도 늘어나서 결국엔 시스템이 비명을 지르는 상태에 이르게 되었다.

여기서 키워드 링크에 계산시간이 걸리는 문제의 원인은 정규표현의 알고리즘에 있다. 자세한 건 정규표현에 대한 해설서 등을 참고하기 바라며, 정규표현은 패턴매칭 구현에 오토마톤(automaton)을 사용한다. 그리고 Perl의 정규표현 구현에는 NFA(Nondeterministic Finite Automata)가 이용되고 있다. Perl뿐만 아니라 실용적인 언어 대부분은 NFA 엔진의 정규표현을 채용하고 있다.

이 NFA 정규표현은 앞서 본 (foo|bar|baz)와 같은 패턴매칭을 앞에서부터 입력값을 살펴가면서 매칭에 실패하면 다음 단어를 시도하고, 또 실패하면 그 다음 단어를 시도하는 단순한 방법으로 처리한다. 즉, foo에서 매칭되지 않았으면 bar를 매칭해보고, 그래도 안 되면 baz로 반복 수행하는 것이다. 그 결과, 키워드의 개수에 비례하는 계산량이 소요된다.

서비스를 시작할 당시에 특별한 문제가 없었던 것은 키워드 개수가 적었기 때문으로 그에 따르는 계산량이 적었기 때문인 것이다.

정규표현 ➡ Trie — 매칭 구현 변경

패턴매칭에 수반되는 계산량 문제를 해결하기 위해 정규표현을 기반으로 한 방법에서 Trie(트라이)를 사용한 매칭 구현으로 변경을 했다.

Trie 입문

Trie는 트리구조의 일종인 데이터 구조다. 탐색대상 데이터의 공통 접두사를 모아서 트리구조를 이루는 게 그 특징이다. 예를 살펴보는 편이 빠를 것이다. 예를 들어 키워드 "ab", "abcde", "bc", "bab", "d"의 Trie는 그림 7.3과 같이 된다.

여기서는 이해를 돕기 위해 각 노드에 노드번호를 붙였다. 트리의 엣지에는 문자가 할당되어 있고 엣지를 순회하는 것이 탐색에 해당한다. 예를 들어 노드를 0 ➡ 1 ➡ 2 순으로 순회할 경우, 루트로부터 'a'의 엣지, 'b'의 엣지를 순회한다. 그리고 노드 2에는 'ab'가 종단이라는 것이 기록되어 있다. 이렇게 해서 "ab"라는 단어가 이 Trie에 포함되어 있음을 알 수 있다. 'a' ➡ 'b' ➡ 'c'로 순회한 경우 8번 노드에 도달하게 되는데, 8에는 종단임이 기록되어 있지 않으므로 "abc"는 Trie에 포함되어 있지 않다.

키워드를 보면, 예를 들어 "ab"는 "abcde"와 'ab'를 공통 접두사로 갖고 있으며, "bab"와 "bc"는 'b'를 공통 접두사로 하고 있다. 공통 접두사를 정리함으로써 불필요한 것을 배제하고 있는 것이 Trie의 특징이다.

> **Memo**
>
> **Trie**
> - 문자열 집합을 트리구조로 해서 효율적으로 저장한다.
> - 탐색대상 데이터의 공통 접두사를 모아놓은 트리구조가 된다.

● **그림 7.3** Trie 구조(키워드: "ab", "abcde", "bc", "bab", "d")

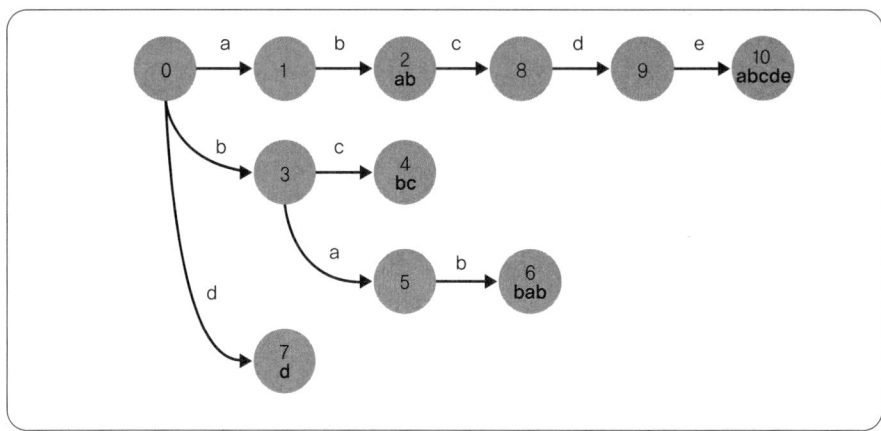

Trie 구조와 패턴매칭

이 Trie 구조를 사전과 비교하면서 패턴매칭을 하면 정규표현인 경우보다 계산량을 줄일 수 있다. 입력문서를 Trie에 입력한 다음, 엣지를 순회하면서 종단이 발견되면 해당 단어가 포함되어 있는 걸로 간주하는 것이다. 이러한 방법이라면 (foo|bar|baz)의 정규표현을 사용하는 것에 비해 공통 접두사는 단 한 번 탐색으로 마칠 수 있게 된다.

hogefoo라는 단어를 생각해보자. 이 단어를 입력으로 foo, bar, baz의 Trie 구조를 순회하도록 한다면, h라는 문자열이 포함되어 있지 않으므로 매칭되지 않음을 알 수 있다. 다음으로 oge로 순회하려는 경우도 마찬가지, ge도, e도 마찬가지다. 그리고 나서 f부터 Trie를 순회하고 oo로 이어지면서 foo가 매칭됨을 알 수 있다. 결국 hogefoo라는 단어의 길이만큼만 계산하면 끝이다.

정규표현의 패턴매칭인 경우, h에 대해 foo, bar, baz 모두와 매칭되는지를 시도

하고, 0에 대해서도 마찬가지로 반복되므로 키워드수에 비례해서 시간이 필요해지므로 키워드 사전이 커지면 그 차이가 현저해짐을 알 수 있다.

AC법 — Trie에 의한 매칭을 더욱 빠르게

실제로 하테나 다이어리를 개선했을 때는 앞서 말한 Trie 구조에 의한 패턴매칭을 더욱 빠르게 한 Aho-Corasick법(AC법)이라는 방법을 이용했다.

AC법은 1975년에 Alfred V. Aho, Margaret J. Corasick의 논문 「Efficient String Matching: An Aid to Bibliographic Search」에서 제안된 고전적인 방법으로, 사전 내에서 패턴매칭을 수행하는 오토마톤을 구축하고 입력 텍스트에 대해 선형 계산시간을 실현한다. 이는 계산량이 사전 크기에 의존하지 않는 빠른 방법이다.

AC법은 Trie에서의 패턴매칭으로 매칭이 진행되다가 도중에 실패했을 경우, 되돌아오는 길의 엣지를 다시 Trie에 추가한 데이터 구조를 사용하는 방법이다. 그림으로 나타내면 그림 7.4와 같이 된다.

예를 들어 이 Trie에 "babcdes"를 입력한 경우 bab가 발견된 다음은 ab가 발견될 거라는 것은 알고 있다. 그러므로 bab까지 탐색했다면 다시 선두 노드인 0으로 돌아가는 게 아니라 바로 노드2로 갈 수 있다는 걸 알 수 있다면 ab를 바로 찾을 수 있을 것이다. 여기서 '6 다음은 바로 2'라고 길을 내는 전처리를 Trie에 대해 수행하는 것이 AC법의 핵심이다. 문제는 이 길을 내는 방법인데, 이는 Trie의 루트부터 너비 우선탐색으로 적당한 노드를 찾아감으로써 구성할 수 있다고 널리 알려져 있다.

AC법을 사용해서 키워드 링크를 수행하는 방법은 2005년 당시 우리 스스로는 생각해내지 못하고 '변덕일기(きまぐれ日記)[주6]'라고 하는 블로그에서 형태소 분석

[주6] URL http://chasen.org/~taku/blog/archives/2005/09/post_812.html

CHAPTER 07 ··· 알고리즘 실용화 _가까운 예로 보는 이론·연구의 실전 투입

● 그림 7.4 AC법

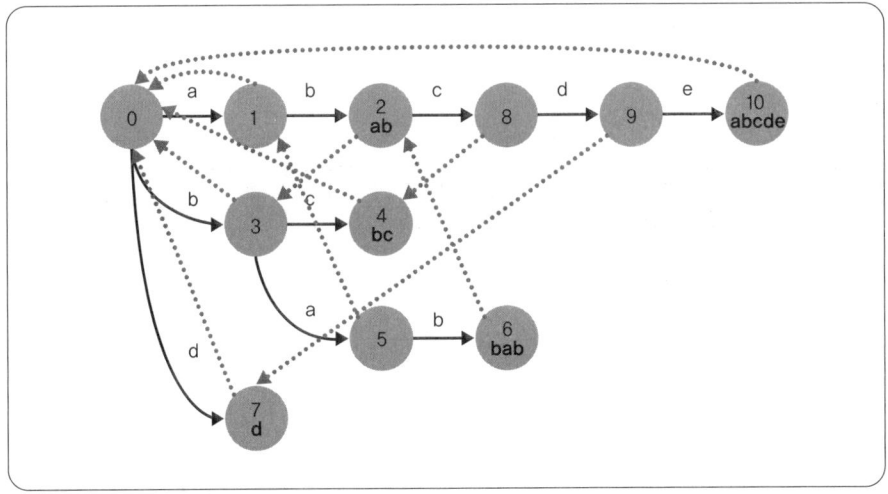

라이브러리 MeCab[주7]의 개발자이자 현재 Google에서 Google 일본어입력 개발 등에 종사하고 있는 쿠도 타쿠(工藤拓)에게 배웠다. 그 배경에는 형태소 분석 엔진 구현에는 입력으로 주어진 문서로부터 사전 내의 모든 단어를 패턴매칭한다는, 키워드 링크와 완전히 동일한 계산을 수행할 필요가 있었고, 또한 자연어 처리면에서는 이 방법의 태스크는 Trie를 사용하는 게 표준이었다는 점이 있었다.

한편, AC법을 사용해서 키워드 링크를 구현하는 과제는 제8장에서 살펴보도록 한다.

> **Memo**
>
> **AC법**
> - 계산량이 사전 크기에 의존하지 않는 빠른 방법
> - 사전 내에서 패턴매칭을 수행하는 오토마톤을 구축하고 입력 텍스트에 대해 선형 계산시간을 실현

주7 URL http://mecab.sourceforge.net/

Regexp::List로의 치환

AC법을 채택함으로써 키워드 링크의 계산량 문제는 무사히 해결되었다. 그 후 얼마 동안은 AC법을 우리가 직접 구현한 라이브러리를 사용했었는데, 나중에 Regexp::List[주8]라는 CPAN 라이브러리로 치환했다. Regexp::List는 고가이 단(小飼弾) 이 개발한 Perl 정규표현 라이브러리로, Trie 기반의 정규표현을 생성한다.

즉, 거대한 정규표현을 하테나 다이어리 시초와 같이 그대로 OR로 연결하는 게 아니라 Trie에 의해 최적화된 정규표현으로 변환하는 게 이 라이브러리다. 이 라이브러리를 사용하면,

qw/foobar fooxar foozap fooza/

라는 정규표현이

foo(?:[bx]ar|zap?)

라는 정규표현으로 변환된다. 공통 접두사나 접미사가 정리되어 있으므로 이 정규표현으로 패턴매칭을 수행한 경우, OR로 모든 단어를 연결한 경우에 비해 시행 횟수를 큰 폭으로 줄일 수 있다. 어떻게 줄일 수 있는지에 대해서는 앞서 Trie 부분에서 설명한 것과 동일하다.

Regexp::List를 사용할 때의 이점은 계산량이 줄어든다는 점뿐만 아니라 정규표현으로 사용할 수 있다는 점이다. 최초에 정규표현으로 단순하게 구현했던 무렵에는 정규표현의 각종 옵션을 조합하거나 Perl의 언어적인 기능을 결합할 수 있으므로 어떤 의미에서 유연성이 풍부했었다. 반면, AC법 구현으로 변경한 다음에는 그런 이점이 없어져서 유연성이라는 의미에서는 조금 모자랐었다. 그런데 Regexp::List를 채택함으로써 양측의 좋은 점을 모두 취할 수 있게 된 것이다.

주8 URL http://search.cpan.org/dist/Regexp-List/

키워드 링크 구현, 변이 및 고찰

이와 같이 키워드 링크의 구현은 거대한 정규표현 ➡ AC법 ➡ Regexp::List로 변화해왔다. 이 과정에서 몇 가지 알게 된 점이 있다.

- 당초 심플한 구현이었던 것이 주효했던 면도 있다는 점이다. 최초에 가장 간단한 정규표현으로 구현했을 때에는 간단해서 구현에 걸리는 공수도 적고 구현도 유연성이 풍부했다. 덕분에 하테나 다이어리의 키워드 링크 기능을 시험하거나 사용자들로부터의 요청에 맞게 변경을 가하는 게 용이했다.
- 반면, 데이터가 커짐으로써 문제가 혼재화하는 경우가 있다. 또한 이를 해결하는 데에는 본질적인 해결책이 필요하다는 점이다. 캐시 등 표면적인 변경으로 어느 정도는 문제를 회피할 수 있었으나 최종적으로는 알고리즘이 갖는 근본적인 문제점을 해결해야만 했다. 이러한 통찰에는 알고리즘의 평가에서 설명했듯이 계산량의 관점에서 문제를 포착할 필요가 있다.

처음부터 최적의 구현을 사용하는 것이 반드시 옳다고는 할 수 없다는 점, 데이터가 작은 동안에는 오히려 결과도 좋을 것 같다는 점, 데이터가 대규모가 될 시기를 대비해서 본질적인 문제의 해결방법을 머릿속에 넣어두지 않으면 곤란하다는 점 등 키워드 링크는 대규모 데이터를 대상으로 한 알고리즘 실용화에 관련된 에피소드가 농축된 듯한 과제였다.

이 사건이 하테나의 기술력을 다시 한 번 재점검하는 좋은 기회가 되었다는 것은 말할 것도 없다.

강의 21 하테나 북마크의 기사 분류

기사 분류란?

마지막으로 하테나 북마크의 기사 분류를 예로 특정 알고리즘으로 새로운 문제에 대응하는 예를 살펴보자. 앞에 나온 그림 5.4에서 스크린샷을 소개했는데, 그림 5.4와 같이 하테나 북마크에서는 새로 도착한 기사를 해당 기사의 내용을 기반으로 자동으로 분류해서 사용자에게 카테고리를 분류해서 보여주는 기능을 제공하고 있다.

예를 들면 '과학·학문'이나 '컴퓨터·IT'의 카테고리에 기사가 분류된다. 그 밖에도 '정치·경제'나 '생활·인생' 등 전부 합쳐서 8개의 카테고리가 있다. 하테나 북마크에 새로운 기사가 사용자에 의해 작성되면 하테나 북마크의 시스템은 해당 기사를 HTTP로 얻어서 본문 텍스트의 내용으로부터 분류해서 카테고리를 판정한다.

베이지안 필터에 의한 카테고리 판정

이 카테고리 판정에는 베이지안 필터라는 원리를 사용하고 있다. 베이지안 필터는 머리말에서 언급했듯이, 스팸필터 등에도 응용되고 있으므로 이름을 들어본 사람도 많을 것이다.

베이지안 필터는 텍스트 문서 등을 입력으로 받아들이고 거기에 나이브 베이즈(Naive Bayes)라고 하는 알고리즘을 적용해서 확률적으로 해당 문서가 어느 카테고리에 속하는지를 판정하는 프로그램이다. 특징적인 것은 미지의 문서의 카테고리 판정을 수행함에 있어서 과거에 분류가 끝난 데이터의 통계정보로부터 판정을 수행한다는 점이다. 베이지안 필터는 사전에 '이 문서는 이 카테고리, 저 문서는 저 카테고리'라고 수동으로 정답이 되는 데이터… '정해(正解) 데이터'를 주고 프로그램을 '학습' 시켜 두면 최종적으로 수동으로 개입하지 않아도 정해를 알 수 있게 되는 프로그램이다.

이와 같이 학습 데이터를 미리 부여해두고 미지의 입력에 대해 특정 계산을 수행하는 처리는 '기계학습' 분야의 연구성과다. 또한 베이지안 필터와 같이 문서를 기존의 예… 다시 말해 패턴에 따라 분류하는 것은 '패턴인식' 이라고 하는 분야다. 기계학습과 패턴인식 분야의 알고리즘을 잘 응용함으로써 카테고리 자동분류와 같이 좀처럼 다른 곳에서는 볼 수 없을 법한 소프트웨어를 개발할 수가 있는 것이다.

기계학습과 대규모 데이터

많은 기계학습 태스크에는 베이지안 필터와 같이 정해 데이터를 필요로 한다. 정해 데이터를 입력으로서 부여한 학습엔진은 사람과 동등하거나 그 이상의 정밀도로 특정 문제를 해결할 수 있게 된다.

베이지안 필터에는 그렇게까지 대량의 정해 데이터를 필요로 하는 것은 아니지만, 기계학습의 태스크에 따라서는 데이터가 많으면 많을수록 정밀도가 향상되는 경우도 드물지 않다. 대규모 웹 서비스가 안고 있는 대량의 데이터는 확장성 관점에서는 운영을 고민하게 하는 원인이 되기도 하지만, 한편으로 연구개발 분야에서는 몹시 탐이 나는 데이터이기도 하다.

하테나 북마크의 관련 엔트리

하테나 북마크에는 '관련 엔트리' 라는 기능이 있다. 이것은 특정 기사와 매우 비슷한 다른 관련정보를 사용자에게 제시하는 기능이다. 그림 7.5는 하테나 북마크의 Google Chrome 확장기능의 릴리즈 기사에 관한 관련 엔트리인데, 그럴 듯하게 관련된 다른 Google Chrome 확장기능의 화제들이 추출되고 있다.

● **그림 7.5** 하테나 북마크의 관련 엔트리

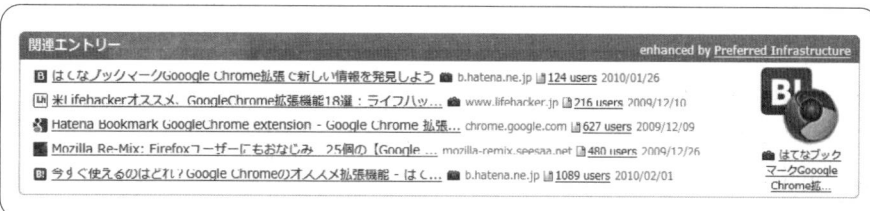

이 관련 엔트리 기능은 하테나 북마크가 현재 가지고 있는 4,000만 건 이상의 사용자 손으로 입력된 '태그'라는 분류용 텍스트를 입력으로 기사추천 알고리즘을 사용해서 실현하고 있다. 기사추천 알고리즘의 구현은 ㈜Preferred Infrastructure[주9]의 엔진을 이용하고 있다.

이 관련 엔트리 기능은 수천만 건에 달하는 태그 데이터를 이용해서 수 건의 기사를 꺼내오는 것이므로 사람에게는 좀처럼 어려운 작업이라 할 수 있다. 이와 같이 대량 데이터로부터 의미가 있는 데이터를 추출해서 보여주는 것은 대규모 데이터를 갖는 웹 서비스에서만 할 수 있는 일일 것이다.

대규모 데이터와 웹 서비스 — The google Way of Science

대규모 데이터와 웹 서비스라고 하면 역시나 Google에 관한 얘기를 조금 해두는 편이 좋을 것이다. 구글검색을 사용해보면 잘못된 검색쿼리에 대해 '이것을 찾으셨나요?'라고 해서 정확한 쿼리를 추천해주는 기능을 본 적이 있을 것이다. '이

주9 *URL* http://preferred.jp/

CHAPTER 07 ••• 알고리즘 실용화 _가까운 예로 보는 이론·연구의 실전 투입

것을 찾으셨나요?' 기능은 과거에 사용자가 검색한 쿼리로그를 정해 데이터로 해서 '이렇게 잘못 입력했을 때는 이렇게 다시 검색한다' 라고 학습을 해서 정해 데이터를 제시하고 있는 듯하다. Google은 수집된 대량의 데이터를 새로운 기능으로 잘 피드백하는 기술을 잘 알고 있다.

원래 구글검색이라는 검색엔진 자체가 대량의 웹 문서 중에서 입력과 관계된 문서를 추출하는 엔진이므로 그들이 이 분야에 주력하는 것은 당연한 것이다.

최근에는 Google이 대규모의 검색 데이터를 이용해서 이 분야의 연구개발을 활발히 진행하고 있는 것도 잘 알고 있을 것이다. 지구 규모의 데이터량을 저장하고 있는 Google이 그 전례없는 데이터량을 이용해서 미지의 연구성과를 내려고 하고 있으니 주목을 모으는 것도 납득이 간다.

'The google Way of Science' 주10라는 전 『와이어드(Wired)』의 Kevin Kelly의 칼럼에서는 '대량의 데이터와 응용수학이 다른 모든 도구를 대신한다' 라는 주된 취지로 Google의 이러한 노력을 고찰하고 있다. 예를 들어 'Google은 이 패턴이 오면 이 언어로 변환하려는 기계학습의 원리에 대량의 데이터를 쏟아부어 번역엔진을 만들었는데, 아무도 중국어를 할 수 없는데도 중국어 번역 프로그램을 만들었다' 와 같은 일화도 소개되고 있다. 즉, 이론적으로 '무엇이 옳은지' 는 몰라도 응용학습(대개의 경우, 이는 통계분야의 응용)을 구사해서 기계학습에 전례없는 규모의 대량 데이터를 쏟아부으면 이 블랙박스에서 정답이 나온다는, 종래의 과학상식을 뒤집어 엎는 결과가 여기저기서 나오고 있다는 것이다.

상당히 흥미롭고 앞으로의 연구개발의 본질과 시류를 살펴본다는 의미에서도 재미있는 칼럼이므로 꼭 읽어보기 바란다.

주10　URL http://www.kk.org/thetechnium/archives/2008/06/the_google_way.php
　　　일본어역 'Google 방식의 과학'　URL http://memo7.sbli.jp/article/25170459.html

베이지안 필터의 원리

얘기가 조금 다른 데로 벗어났는데, 다시 베이지안 필터로 돌아오도록 하자. 여기서는 베이지안 필터의 구현까지는 파고들지 않겠지만, 어떤 원리로 이 알고리즘이 동작하는지만 간단히 설명해두도록 하겠다[주11].

앞서 언급했듯이 베이지안 필터의 핵심이 되고 있는 것은 나이브 베이즈라는 알고리즘이다[주12]. 나이브 베이즈(Naive Bayes)는 베이즈의 정리라는 공식을 기반으로 하고 있는 알고리즘이다.

나이브 베이즈에 근거한 카테고리 추정

이제부터 수식이 조금 나온다. 자세하게는 모르더라도 괜찮으므로 적당히 읽어나가기 바란다. 나이브 베이즈에서 카테고리 추정은, 다시 말해 특정 문서 D가 주어졌을 때 이 문서가 확률적으로 어떤 카테고리 C에 속하는 게 가장 그럴 듯한가를 구하는 문제다. 즉, 문서 D가 주어졌을 때 카테고리 C인 조건부 확률을 구하는 문제다.

- $P(C|D)$

여러 카테고리 중에 이 확률이 가장 높은 값을 나타낸 C가 최종적으로 선택되는 카테고리가 된다.

이 조건부 확률 $P(C|D)$를 직접 계산하는 것은 어려운 일이지만, '베이즈의 정리'에 따라 계산가능한 식으로 변형할 수 있다. 베이즈의 정리 그 자체가 원래 그렇다라고 하기보다 잘 알려진 수리로 확률식을 변형할 수 있다는 점이 포인트다.

[주11] 구현까지 파고든 설명은 『WEB+DB PRESS』(Vol.56), 연재 '실전 알고리즘 교실'의 '제1장: 베이지안 필터 개발에 도전'에서 설명하고 있다. 관심이 있는 사람은 꼭 읽어보기 바란다.
[주12] 하테나 북마크의 카테고리 분류에서는 나이브 베이즈를 더욱 발전시킨 Complement Naive Bayes라는 방법을 사용하고 있다.

CHAPTER 07 ··· 알고리즘 실용화 _가까운 예로 보는 이론·연구의 실전 투입

- P(C|D) = P(D|C) P(C) / P(D)

변형하면 위와 같이 되고, 우변의 각 확률 P(D|C), P(C), P(D)를 구하는 문제로 생각할 수 있다.

카테고리 추정에서 원하는 것은 구체적인 확률값이 아니라 각 카테고리로 비교해서 어떤 확률이 가장 높은지를 나타낸 순위뿐이라는 것에 주목하자. 그러면 분모인 P(D)는 문서 D가 발생할 확률인데, 이는 모든 카테고리에 대해 동일한 값으로 결과를 비교할 경우에는 무시할 수 있다.

결과적으로 생각해봐야 할 값은 아래 두 가지로 좁혀진다.

- P(D|C)
- P(C)

카테고리를 추정하는 데에는 이 두 가지 값을 학습 데이터의 통계정보로부터 산출해내면 된다. 그리고 이 두 가지를 구하는 것은 사실 간단하다.

P(C)는 특정 카테고리가 출현할 확률이므로 학습 데이터 중 여러 데이터가 어떤 카테고리로 분류되었는지 그 횟수를 저장해두면 나중에 계산할 수 있다.

반면, P(D|C)는 문서 D라는 것은 임의의 단어 W가 연속해서 출현하는 것으로 간주하고, P(D|C) ➡ $P(W_1|C) P(W_2|C) P(W_3|C) \cdots P(W_n|C)$와 같은 식으로 근사해볼 수 있다. 그렇게 되면, 문서 D를 단어로 분할해두고 그 단어마다 어느 카테고리로 분류됐는지 그 횟수를 보존해두면 P(D|C)의 근사값을 구할 수 있게 된다.

> **Memo**
>
> **베이즈 정리**
> - P(B|A) = P(A|B) P(B) / P(A)
> ➡ 베이즈 정리는 위 확률공식과 같은 구성으로 나타낸다.
> 이 식은 P(B|A), 즉 사상 A가 일어난 다음에 사상 B가 일어날 확률을 직접 구하기가 어려울 때 도움이 된다. 베이즈 정리로 변형하면 P(B|A)를 구하는 문제에서 P(A|B), P(B), P(A)를 알면 되는 문제로 변형된다.
> 본문 중에서 본 바와 같이 P(A)는 다른 값과 비교했을 때 무시할 수 있는 경우가 많으므로, 결과적으로 P(A|B), P(B)만 알면 되는 문제로 귀착된다.

손쉬운 카테고리 추정 실현

결국, 나이브 베이즈에서는 정해 데이터가 주어지면 해당 정해 데이터가 사용된 횟수나 단어 출현횟수와 같이 간단한 수치만 저장해두면 나중에 확률만 계산하면 카테고리를 추정할 수 있다는 것이다. 그 밖의 데이터는 전부 파기해도 상관없다.

하테나 북마크의 기사는 현재 2,000만 건 이상의 데이터가 저장되어 있다. 또한 메일 스팸필터는 매일 도착하는 메일을 열심히 분류해야 하는데, 나이브 베이즈는 지금까지 본 바와 같이 그 중에 일부 정해 데이터[주13], 그 중에서도 일부 데이터만을 저장해두면 되므로 대량 데이터를 앞두고 있더라도 엔진 자체는 컴팩트하다. 그리고 카테고리를 추정할 때 수행하는 계산도 일부 정해 데이터로부터 (컴퓨터 측면에서는) 약간의 확률계산, 이를테면 사칙연산을 하기만 하면 되므로 빠르게 처리할 수 있다.

'대규모 기사군의 내용을 보고 각각의 카테고리를 자동으로 판정하라' 고 갑자기 전해 들으면 어떻게 해야 시원하게 해결할 수 있을까라고 고민했겠지만, 이처럼 알고리즘의 원리까지 분해해보면 의외로 간단하게 구현할 수 있음을 알 수 있다.

알고리즘이 실용화되기까지 — 하테나 북마크의 실제 사례

베이지안 필터는 구조상으로는 의외로 심플하며, 실제로 구현해봐도 주요 부분은 스크립트 언어로 대략 100~200행 정도일 것이다. 따라서 알고리즘 구현 자체는 간단한 편이다.

주13 감각적으로는 하테나 북마크에서는 카테고리 8개에 대해 1,000건 정도의 정해 데이터가 있다면 실용적인 정밀도가 되었을 것이다.

CHAPTER 07 ··· 알고리즘 실용화 _가까운 예로 보는 이론·연구의 실전 투입

　이제부터 베이지안 필터로 만든 카테고리 분류 엔진을 프로덕션 환경에 올리기까지 어떤 작업들이 남았는지 하테나 북마크에서의 실제 사례를 간략하게 나열해 보겠다.

- 분류 엔진은 C++로 개발했다. 이 엔진을 서버화한다.
- 이 서버와 통신해서 결과를 얻는 Perl 클라이언트를 작성하고 웹 애플리케이션에서 호출한다.
- 학습 데이터를 정기적으로 백업할 수 있도록 C++ 엔진에 데이터 덤프/로드 기능을 추가한다.
- 학습 데이터 1,000건을 수작업으로 준비한다. 이 부분은 사람이 애써야 하는 부분이다.
- 바람직한 정밀도가 나오는지를 추적하기 위한 통계 구조를 작성한다. 그래프화하면서 정밀도를 튜닝한다.
- 다중화를 고려해서 스탠바이 시스템을 구축한다. 자동 페일오버(fail-over)는 역시나 공수가 많이 소요되므로 백업에서 로드할 수 있는 정도로 타협한다.
- 웹 애플리케이션에 사용자 인터페이스를 마련한다.

　'꽤 많네…' 라고 생각하지는 않는가?
　엔진을 C++로 작성함으로써 공수가 다소 많아지긴 했지만, 스크립트 언어로 작성했더라도 서버 프로그램으로 구현하는 등의 작업은 달라지지 않았을 것이다. 덧붙여서, 서버화나 Perl과의 API 교환에는 Apache Thrift[주14]라는 다언어 간 RPC 프레임워크를 사용했다.

실무 면에서 고려해야 할 점은 꽤 많다

　새삼 말하지만, 여기서는 고생담을 얘기하고자 했던 것은 아니다. 실제로 알고리즘을 실용화하기까지는 실무 면에서 고려해야 할 점이 어느 정도는 존재한다는 점도 전하고 싶었다. 이 예와 같이 별도 서버 구현도 준비하는 경우 등은 특히나 유의했으면 하는 부분이다. R&D(Research & Development) 측면에서 본 개발에

주14 URL http://incubator.apache.org/thrift/, 조금 지난 기사지만 Thrift에 관해서는 『WEB+DB PRESS』 (Vol.46), 필자가 연재한 'Recent Perl World'의 'Thrift로 다언어 RPC …… C++로 서버, Perl로 클라이언트'에서 언급했었다. 관심 있는 분은 참조해보기 바란다.

서는 코어 부분의 프로토타이핑이 잘 되면 설레는 기분이 들겠지만, 실제 운용에서는 그 이후 작업량도 꽤 된다. 현장에서는 이러한 작업이 올바르게 수행되도록 관리하고 또한 사전에 공수에도 반영해두는 것도 중요하다고 할 수 있다.

수비 자세, 공격 자세 — 기사 분류 구현으로부터의 고찰

이상과 같이 기계학습, 패턴인식, 데이터마이닝 관련 기법은 대량의 데이터에서 의미 있는 데이터를 일괄 추출한다든가 대규모 데이터의 '특징'을 컴팩트하게 갖고 있다가 나중에 이용하는 목적 등에 이용할 수 있다.

동일한 알고리즘이라도 대규모 데이터를 빠르게 정렬하거나 검색, 압축하는 일은 아무래도 발생하는 문제를 얼마나 잘 맞아들이는가라는 '수비'적인 자세에서 자주 사용하는 알고리즘이 아닐까? 반면, 기계학습이나 패턴인식 등은 적극적으로 대규모 데이터를 응용하고 그 결과에 따라 애플리케이션에 부가가치를 추가한다는 의미로 '공격'적인 자세로 사용되는 알고리즘이 아닐까 생각한다.

기존 방법 익혀두기

수비를 하든 공격을 하든 대규모 데이터에 대해 알고리즘 측면에서의 접근법을 배우려고 할 때에는 기존 방법은 어느 정도 자신의 지식으로서 익혀두는 것이 중요하다. 키워드 링크에 Trie를 응용할 수 있다는 발상은 Trie가 어떤 데이터 구조인지 그 특성을 모른다면 생각해낼 수 없을 것이며, 베이지안 필터와 같은 원리를 이해해두지 않으면 문서를 자동으로 분류한다는 발상을 할 수 없었을 수도 있다.

또한 이러한 알고리즘을 구현한 후에도 실용화까지는 어느 정도의 추가작업이 필요하다는 것은 앞에서도 얘기한 대로다.

제7장은 페이지 분량을 많이 할당해서 설명했는데, 강의를 통해 대량 데이터에 맞서 알고리즘을 선택하고 이를 응용하는 것이 어떤 것인지 그 감각을 익혀두었으면 하는 바람이다.

> **Column**

스펠링 오류 수정기능 만드는 법
하테나 북마크의 검색기능

   도중에 Google의 '이것을 찾으셨나요?' 기능에 대해 언급했다. Google에서 검색쿼리를 보정하는 기능은 검색엔진의 로그를 정해 데이터로 한 학습엔진에 의해 구현되어 있을 거라는 것은 본편에서 언급한 대로다.
   그렇다면 대량의 로그가 없다면 이런 종류의 프로그램을 만드는 것은 어려운 것일까? 로그는 없더라도 일정 규모의 정해 데이터, 즉 사전이 있다면 또 다른 구현방법으로 만들 수는 있다. 특정 사전 데이터를 정해로 해서 잘못된 해답에 보정을 가하는 것이다. 이른바 스펠링 오류 수정기능이다.
   하테나 북마크의 검색기능에는 이 간단한 방법으로 구현한 스펠링 오류 수정기능을 탑재하고 있다(그림 F.1).

● **그림 F.1** 하테나 북마크의 스펠링 오류 수정기능

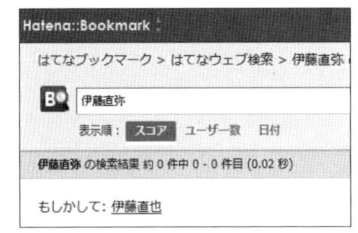

이 스펠링 오류 수정기능은 다음과 같이 구현되어 있다.

❶ 정해 데이터로는 27만 단어 정도의 하테나 키워드를 사전으로 사용한다.
❷ 사용자가 입력한 검색쿼리와 사전 내의 어구 사이의 편집거리를 구해서 "오류 정도"를 정량화한다.
❸ 일정한 오류 정도를 기준으로 사전 내에 있는 단어군을 정해 후보로 얻어낸다.
❹ ❸의 정해 후보를 하테나 북마크 기사에서의 단어 이용빈도를 기준으로 정해에 가까운 순으로 정렬한다
❺ 가장 이용빈도가 높은 단어를 정해로 간주하고 이용자에게 제시한다.

기본은 이런 흐름이다. 입력에 대해 사전 내에서 가까운 단어를 찾고 이를 추천하는 것이다. 각각을 좀더 자세하게 살펴보도록 하자.

❶ **27만 단어의 정해 사전** …… **정해 데이터로는 하테나 키워드를 사전으로 사용한다.**
   이 스펠링 오류 수정 프로그램은 정해가 무엇인지를 알고 있을 필요가 있는 엔진이다. 이 정해 데이터로는 하테나 키워드를 사용하고 있다. 예를 들면, 이 부분을 지명만으로 구성된 사전으로 하게 되면 지명 보정 엔진이 되고, 음식점 이름만으로 구성된 음식점명 보정 엔진이 된

다는 점이 재밌는 점이다.

범용적인 사전을 직접 준비할 수 없을 경우는 Wikipedia 데이터 등을 다운로드해서 거기에 포함되어 있는 단어를 이용해서 사전을 구성해보는 것도 좋을 것이다.

❷ **검색쿼리와 사전 내의 어구 사이의 편집거리를 구해서 "오류 정도"를 정량화한다.**

편집거리란, 한 단어에서 다른 단어로 바꿔 쓸 때(삽입, 치환, 삭제) 그 횟수가 몇 회가 되는지에 따라 단어 간 거리를 정량화한 것이다.

이에 관해서는 예를 보는 편이 이해가 빠를 것이다.

(이토 나오이, 이토 나오야) ➡ 1
(이토 나오, 이토 나오야) ➡ 1
(사토 나오이, 이토 나오야) ➡ 2
(사토 B작, 이토 나오야) ➡ 3

각각 위와 같은 편집거리가 된다. 확실히 편집거리 3인 것보다 1인 편이 단어가 비슷한 정도가 높다고 할 수 있다는 것을 이해할 것이다.

편집거리는 동적계획법이라는 알고리즘으로 간단하고 빠르게 구현할 수 있다는 것이 널리 알려져 있으며, 동적계획법으로 해결할 수 있는 대표적인 사례가 되어 있을 정도다. 하테나 북마크에서는 일반적인 편집거리인 Levenshtein 거리를 발전시킨 Jaro-Winkler 거리를 사용하고 있다. Jaro-Winkler 거리는 앞에 위치한 단어에서 차이가 나는 만큼 패널티가 더 높아지는 정량화 기법이다. 왠지 이름 부분은 자주 틀리지만 성(姓) 부분은 좀처럼 틀리지 않곤 한다. Jaro-Winkler 거리는 이와 같은 직감으로부터 나왔다고 한다.

❸ **일정한 오류 정도를 기준으로 사전 내에 있는 단어군을 정해 후보로 얻어낸다.**

이렇게 입력쿼리와 사전 내의 단어 간 편집거리를 비교해서 값이 작은 것의 목록을 얻어내게 되는데, 사전에 27만이나 되는 단어가 있으므로 모두 비교하는 것은 피하고 싶을 것이다.

사전의 n-gram 인덱스를 만들어두고 입력어구와의 bi-gram의 중복 정도가 높은 단어만을 추출할 수 있는 데이터 구조를 사용하고 있다. 그림 F.2를 보는 편이 빠를 것이다.

● **그림 F.2** n-gram 인덱스로 수정후보 범위 좁히기

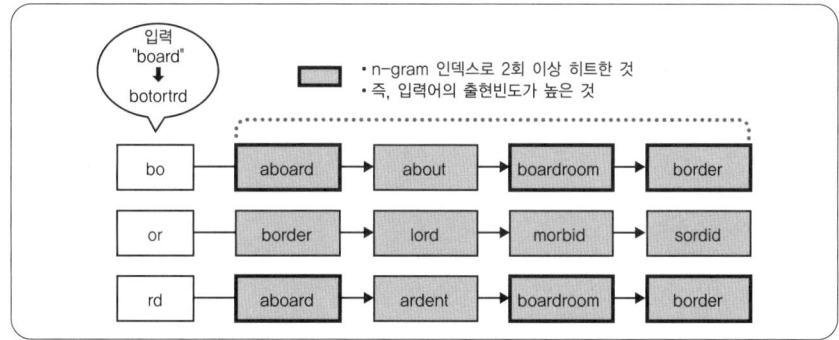

CHAPTER 07 ··· 알고리즘 실용화 _가까운 예로 보는 이론·연구의 실전 투입

이 데이터 구조로 사전에 비교할 대상의 범위를 줄여두고 그 줄어든 대상에 대해 편집거리를 하나씩 구해가도록 하고 있다.

❹ **정해 후보를 하테나 북마크 기사에서의 단어 이용빈도를 기준으로 정해에 가까운 순으로 정렬한다.**

이제 얻어진 정해 후보는 편집거리가 1, 2등으로 작은 값이므로 복수의 후보가 얻어지는 경우가 많다. '이토 나오야' 라는 입력에 대해 다음과 같은 단어가 정해 후보로 발견된다. 어떤 것이 올바른 것이라 생각되는 대답일까?

- 이토 나오야
- 이토 나오이
- 이도 나오야

이 경우, 대상으로 하고 있는 검색 공간에서 가장 빈번하게 나타나는 단어가 정해인 것으로 생각하는 것이 하나의 방법일 것이다. 하테나 북마크에서는 그렇게 하고 있다. '가장 자주 출현' 이라는 기준에는 DF(Document Frequency)를 이용하고 있다. DF는 해당 단어가 하테나 북마크에서 몇 개의 문서에 등장하는지 그 횟수를 나타낸다. 하테나 북마크에서는 그 밖의 기능에서도 이용하기도 하며, DF를 내부에 저장하고 있으므로 이 값을 이용하고 있다.

론 '이토 나오야' 가 아니라 '이토 나오이' 를 찾고 있는 사람도 있겠지만 대부분의 경우는 이 정도면 현실적으로 만족할 만하다는, 이른바 휴리스틱(heuristic) 기법인 것이다.

❺ **가장 이용빈도가 높은 단어를 정해로 간주하고 이용자에게 제시한다.**

이상의 흐름에서 정해에 가까운 단어를 알 수 있으므로 이를 사용자에게 보정 후보로 제시한다. 실제로는 Jaro-Winkler 거리와 DF를 적당히 곱해서 스코어로 만든 다음, 일정 스코어 이상을 획득한 것을 표시하도록 하고 있다. 이렇게 해서 정해와는 거리가 먼 답들이 제시되지 않도록 연구하고 있는 것이다.

다만 검색엔진의 목적상 이 기법으로 실현한 스펠링 보정 기능의 유효성은 그다지 높지 않으며, Google의 그것과 비교하면 약간의 덤 정도의 개선에 불과하다는 게 솔직한 심정이다. 이 스펠링 오류 수정방법은 아무래도 영단어 스펠링 오류와 같이 어느 정도 분명한 답변을 보정하는 데 유효하다고 생각한다. 검색쿼리에는 인터넷 용어 등 생각하지도 못한 단어가 입력되는 경우도 많으므로 검색로그 등 대량외 '살아있는 정해' 를 바탕으로 산출하는 것이 좋을 것이다.

CHAPTER 08

[과제]
하테나 키워드 링크 구현
응용으로 가는 길 깨닫기

필자 이토 나오야

잘 알려진 알고리즘 구현하기
AC법 구현

제7장에서는 교과서에서 배운 듯한 알고리즘이 실제로는 어떤 곳에 사용되고 있는지 또는 실제로 서비스에 어떤 흐름으로 응용하는지에 대해 설명을 했다.

이어서 제8장은 과제다. 제7장에서 설명한 알고리즘 AC법을 사용해서 하테나 키워드 링크 기능을 구현하는 것이 이 장의 과제다. 제7장에서는 Trie 데이터 구조도 설명했다. Trie 구조를 사전에 비유해서 패턴매칭을 수행하면 정규표현에 비해 계산량이 줄어들었다. 우선은 키워드 집합에서 Trie를 구성한 다음, 패턴매칭에 실패한 경우에 사용할 Failure Links를 만들게 되는데, 이 부분은 아직 설명하지 않았으므로 구현을 섞어가면서 이후 설명에서 약간 다루도록 한다.

제8장의 과제를 통해 제7장에서 살펴본 것과 같은 잘 알려진 알고리즘을 응용함에 있어서 어떤 순서로 구현해갈 필요가 있을까 등을 체험하면서 배워가길 바란다. 그리고 하테나 키워드 전체를 대상으로 하면, 제7장에서 개요를 다룬 AC법의 오토마톤 자체가 어느 정도 메모리를 소비하는 어려운 문제가 기다리고 있다. 하테나 키워드라는 대규모 데이터를 전제로 알고리즘에 구조를 갖춰가는 특유의 감각을 맛보면서 충분히 주의해서 구현의 기쁨에 빠져들어보도록 하자.

> **Memo**
>
> **알고리즘 구현**
> - [과제] 하테나 키워드 링크 만들기(➔ 강의 22)
> - 응답 사례와 사고방식(➔ 강의 23)

CHAPTER 08 ••• [과제] 하테나 키워드 링크 구현 _응용으로 가는 길 깨닫기

강의 22

[과제] 하테나 키워드 링크 만들기

AC법을 이용해서 하테나 키워드 링크 만들기

※ [과제] AC법을 이용해서 하테나 키워드 링크 알고리즘을 구현한다.

주어진 문장에서 하테나 키워드와 그 출현위치를 적절하게 추출하는 프로그램을 작성하기 바란다. Trie는 해시 레퍼런스 등을 이용해서 만들면 충분하다. 1분 이내에 동작을 마치는 정도면 OK다.

하테나 키워드 링크의 알고리즘은 실제로는 다음과 같은 요건을 만족하면, 그 이후에 키워드 링크 애플리케이션을 구현하는 것은 간단하다.

- 키워드 집합을 부여한다.
- 임의의 문장을 입력한다.
- 문장 내에서 키워드가 발견되면 해당 위치와 길이를 반환한다.

문장 내의 키워드 시작위치와 길이를 알아내면 해당 부분을 앵커 텍스트(<a href="···"> </a>)로 치환하도록 처리하면 키워드 링크로 만들 수 있다.

샘플 프로그램

이렇게 해서 리스트 8.1과 같은 샘플 프로그램이 동작하도록 알고리즘을 구현하면 된다.

My::AhoCorasick이 알고리즘을 구현한 라이브러리다. 생성자(new)에 he,

hers, his, she라는 키워드 집합을 부여하면 AC 오토마톤(뒤에 설명)이 반환된다. 이 오토마톤에 match() 메소드로 문장을 넘겨주면, 그 결과로 '키워드 출현위치와 길이 쌍' 리스트가 반환된다.

출력은 그림 8.1과 같다. 그림 8.1처럼 샘플이 동작하도록 My::AhoCorasick 클래스를 작성하면 된다.

리스트 8.1 sample.pl

```perl
#!/usr/bin/env perl
use strict;
use warnings;
use FindBin::libs;

use My::AhoCorasick;

my $text = 'a his hoge hershe';
my $ac = My::AhoCorasick->new(qw/he hers his she/);
my @result = $ac->match($text);

for (@result) {
    printf "pos %2d, len %d => %s\n", $_->[0], $_->[1], substr($text, $_->[0], $_->[1]);
}
```

● **그림 8.1** 출력

```
% perl sample.pl
pos  2, len 3 => his
pos 11, len 2 => he
pos 11, len 4 => hers
pos 14, len 3 => she
pos 15, len 2 => he
```

AC법의 구현방법

AC법의 개요는 제7장에서 설명한 대로다. 먼저 키워드 집합에서 Trie를 구성한다. Trie가 완성되면 해당 Trie를 루트노드로부터 너비우선탐색으로 내려가면서 패턴매칭이 실패했을 때 되돌아오는 길(Failure Links라고 한다)을 덧붙여놓는 것이다. 이 Trie에 Failure Links를 연결해놓은 것이 AC 오토마톤이다.

구현 측면에서는 먼저 키워드 집합으로부터 Trie 데이터 구조를 만든다. Trie가 완성되면 그 다음으로 Failure Links를 만드는 처리를 한다. AC법을 그림으로 풀어낸 그림 7.4의 점선부분이 Failure Links에 해당한다.

Failure Links를 발견하는 방법에 관해서는 가능한 한 스스로 그 방법을 생각해보았으면 한다. 지면 관계로 상세한 설명은 생략하지만, 어느 정도 생각해봐도 떠오르지 않을 수 있으므로 그럴 때는 아래의 AC법 설명 페이지를 참고하기 바란다.

Aho-Corasick법
URL http://d.hatena.ne.jp/naoya/20090405/aho_corasick

실제 과제

하테나 인턴십에서는 과제를 출제할 때 실제 하테나 키워드를 AC법의 키워드 집합으로 했다. 즉, 20만 단어 이상의 키워드 사전으로 AC 오토마톤을 구성했다.

```
...
하테나 강아지 월드
하테나 아이디어
하테나 아이디어로의 요망
하테나 아이디어 클럽
하테나 아이디어 미팅
...
```

키워드가 나열된 텍스트 파일(UTF-8)을 전달해서 이를 입력으로 알고리즘을 동작시켰다.

출제의도

 반복되는 말이지만, 이 과제의 출제의도는 제7장에서 살펴본 것과 같은 잘 알려진 알고리즘을 응용할 때 어떤 순서로 구현할 필요가 있는지를 체험해보는 것에 있다.

 또한 하테나 키워드 전체를 대상으로 하면 AC 오토마톤 자체가 그만큼 메모리를 소비하게 되므로 부실하게 구현하면 동작하지 않는다. 이처럼 대규모 데이터를 다루려고 할 때 주의 깊게 구현하고 이와 관련된 포인트를 익혔으면 하는 의도를 가진 과제다.

테스트 프로그램 작성

 이런 형태의 알고리즘을 구현할 경우에는 입력에 대해 정해진 출력결과가 나오는, 정말로 알고리즘의 이점을 잘 살려서 테스트 우선으로 개발해가는 것이 효율적일 것이다. 리스트 8.2는 실제 테스트 스크립트다. 스크립트 내에 나오는 keyword.utf8.uniq.txt는 앞서 말한 하테나 키워드 텍스트 파일이다.

 리스트 8.2의 테스트 스크립트를 이용해서 그림 8.2와 같이 Perl 테스트 프레임워크로 테스트를 자동화할 수 있으므로, 이후에는 테스트 요건을 만족하도록 My::AhoCorasick을 구현해가면 된다.

리스트 8.2 t/01_ahocorasick.t

```
use strict;
use warnings;
use utf8;
use Test::More qw(no_plan);
use Path::Class qw(file);
use Encode;

use_ok 'My::AhoCorasick';
```

```perl
{
    my $ac = My::AhoCorasick->new(qw/he hers his she/);
    isa_ok $ac, 'My::AhoCorasick';

    my @result = $ac->match('a his hoge hershe xx.');
    is_deeply(
        \@result,
        [
          [ 2, 3], # his
          [11, 2], # he
          [11, 4], # hers
          [14, 3], # she
          [15, 2], # he
        ]
    );
}

{
    my $keywords = decode_utf8(file('keyword.utf8.uniq.txt')->slurp);
    my @keywords = split /\n/, $keywords;

    my $ac = My::AhoCorasick->new(@keywords);

    my $text = <<__TEXT__;
오늘은 날씨가 좋아서 가까운 바다까지 애견인 시나몬을 데리고 산책을 나갔다.
사진은 바닷가를 신나게 걸어가는 시나몬. 그리고 나서 쇼핑도 하러 갔다.
'하테나 책'을 샀는데, 하테나 다이어리의 편한 상품소개툴인 '하마조우'를 이용해서
소개하도록 하겠다. 아주 재미있으니 여러분도 읽어보기 바란다.
__TEXT__
    my @result = $ac->match($text);
    is_deeply(
        [ map { substr($text, $_->[0], $_->[1]) } @result ],
        [ qw/오늘 날씨 시나몬 산책 사진 바닷가 시나몬 하테나 책 하테나 다이어리 상품 하마조우 재미/ ],
    );
}
```

● **그림 8.2** 테스트 자동화

```
% prove -l t/01_ahocorasick.t
t/01_ahocorasick....ok
All tests successful.
Files=1, Tests=4, 18 wallclock secs (12.28 cusr + 5.92 csys = 18.20 CPU)
```

Column

알고리즘 콘테스트
Sphere Online Judge, TopCorder 등

알고리즘 구현은 이 책의 본문에서 보았듯이 테스트 프로그램을 작성하기 쉽다. '알고리즘은 테스트를 자동화해서 평가하기가 간단'하다는 이점을 활용한 '알고리즘 콘테스트' 사이트가 꽤 존재한다. 사이트에 출제된 알고리즘 퀴즈를 원하는 언어(스크립트 언어도 사용할 수 있다)를 사용해서 푼 다음, 그 구현소스를 브라우저 폼에 붙여서 전송하면 상대편 서버에서 그 동작이나 속도를 테스트/평가해서 합격 여부를 판정해준다.

필자 주변에서는 Sphere Online Judge(http://www.spoj.pl/)나 TopCorder(http://www.topcoder.com/) 등이 인기가 있는 듯하다. 전 세계의 프로그래머가 참가해서 실력을 겨루는 것이므로 알고리즘 구현력을 키우고자 하는 분은 한 번 도전해보는 건 어떻겠는가?

CHAPTER 08 ••• [과제] 하테나 키워드 링크 구현 _응용으로 가는 길 깨닫기

강의 23
응답 사례와 사고방식

응답 사례

리스트 8.3이 과제에 대한 응답 사례(My::AhoCorasick의 구현)다. 이 구현에서 Trie는 Perl 내장 해시로 실현하고 있다. 대략적으로는 다음과 같다.

- add_string()이 Trie를 구성하는 처리(리스트 8.3❶)
- make_failure_links()가 Failure Links를 연결하는 처리(리스트 8.3❷)
- match()가 오토마톤에 입력을 부여해서 키워드를 추출하는 처리(리스트 8.3❸)

add_string()을 보면 Trie를 구성하는 것은 해시를 사용하면 매우 간단하다는 것을 알 수 있을 것이다. _accept라는 키가 존재하는 게 키워드가 존재하는 노드다.

반면, make_failure_links()를 보면 무엇을 하고 있는지 이해하기 어려울 수도 있다. 이것은 Trie를 루트노드로부터 너비우선탐색해서 가장 긴 접미사를 찾아가고 있는 것인데, 이것만으로 OK인 이유에 대해서는 앞에 나왔던 AC법 설명 페이지에서도 설명했으므로 해당 페이지를 보기 바란다.

match()는 입력된 텍스트를 오토마톤, 즉 Trie에 넣고 순회해서 _accept가 있으면 키워드를 발견한 것으로 판단해서 그 위치와 길이를 반환하고 있다.

리스트 8.3 /lib/My/AhoCorasick.pm

```perl
package My::AhoCorasick;
use strict;
use warnings;
use Scalar::Util qw(weaken isweak);

sub new {
    my $class = shift;
    my $self = bless {}, $class;
    $self->{root} = {};
    $self->add_string($_) foreach @_;
    $self->make_failure_links;
    $self;
}

sub add_string {               # ←①
    my ($self, $string) = @_;
    my @chars = split //, $string;
    my $node = $self->{root};
    $node = ($node->{$_} ||= {}) foreach @chars;
    push @{$node->{_accept}}, length $string;
}

sub make_failure_links {       # ←②
    my $self = shift;
    my $root = $self->{root};
    my @nodes = ();
    foreach (keys %$root) {
        next if /^_./;
        $root->{$_}->{_failure} = $root;
        push @nodes, $root->{$_};
    }

while (my $node = shift @nodes) {
    foreach (keys %$node) {
        next if /^_./;
        push @nodes, $node->{$_};

        my $f = $node->{_failure};
        $f = $f->{_failure} until $f->{$_} || $f == $root;
```

```perl
            $node->{$_}->{_failure} = $f->{$_} || $root;

            weaken $node->{$_}->{_failure} unless isweak $node->{$_}->{_failure};

            if (my $suffixes = $node->{$_}->{_failure}->{_accept}) {
                push @{$node->{$_}->{_accept}}, @$suffixes;
            }
        }
    }
}

sub match {                    # ←❸
    my ($self, $string) = @_;
    my $node = my $root = $self->{root};
    my @chars = split //, $string;
    my @found = ();
    foreach my $i (0..$#chars) {
        if (my $next = $node->{$chars[$i]}) {
            $node = $next;
        } else {
            $node = $node->{_failure} until $node->{$chars[$i]} || $node == $root;
            $node = $node->{$chars[$i]} || $root;
        }
        if ($node->{_accept}) {
            push @found, [$i + 1 - $_, $_] foreach @{$node->{_accept}};
        }
    }
    return @found;
}

1;
```

CHAPTER 09

전문 검색기술 도전
대규모 데이터 처리의 노하우

필자 쿠라이 류타로, 이토 나오야

왜 검색인가?
응용을 적용하기 쉬운 기술

이제부터 제9장, 제10장에 걸쳐 전문 검색기술에 대해 설명하도록 한다. 이전 장들에서 검색기술에 대해 몇 번 언급했었다. 검색기술을 배우는 이유에 대해 다시 한 번 정리해두기로 하자.

검색엔진은 내부에 다양한 알고리즘이 응용되고 있다는 점에서 재미있는 것은 물론이고 그 원리를 응용해서 적용하기 쉽다는 점에서 배울 만한 가치가 상당히 크다. 최근의 하드웨어는 굉장히 고성능이므로 1,000건에서 10,000건 정도로 작은 양의 데이터라면 데이터베이스에서 무작정 검색하더라도 충분한 속도로 결과를 반환해줄 것이다. 그러나 건수가 10배, 100배 이상 늘어나게 됐을 때는 어떻게 될까? 이제껏 찾을 수 있던 데이터를 만족할 만한 속도로 찾지 못하게 될 것이다.

이때 검색엔진의 원리를 알고 있으면 요구사양을 만족하도록 직접 인덱스를 만들어서 이 문제를 회피할 수가 있다. 즉, 대규모 데이터를 다 떠안지 못하게 된 데이터베이스의 한계를 검색 시스템으로 돌파하는 것이다. 이 부분이 제5장에서 소개했던 용도특화형 인덱싱에 대한 얘기다. 대규모 데이터를 상대할 때 검색엔진의 노하우를 알아두면 문제해결에 도움이 된다는 것이다.

이런 관점에서 강의 내용을 살펴보기 바란다. 제9장에서는 하테나에서 실제로 만든 검색 시스템을 소개하고, 실제 사례를 이미지화할 수 있도록 하며, 검색엔진의 기본적인 원리를 구현 부분을 제외하고 설명하도록 한다. 제10장에서는 실제로 검색엔진을 개발하는 과제를 통해 검색엔진에 대한 기초를 구현 레벨에서 알아가 보도록 하자.

> **Memo**
>
> **전문 검색기술 도전**
> - 전문 검색기술의 응용범위(→ 강의 24)
> - 검색 시스템의 아키텍처(→ 강의 25)
> - 검색엔진의 내부구조(→ 강의 26)

CHAPTER 09 ... 전문 검색기술 도전 _대규모 데이터 처리의 노하우

강의 24
전문 검색기술의 응용범위

하테나의 데이터로 검색엔진 만들기

과제가 함께 붙어있는 강의는 이번 장이 마지막이다. 열심히 해보도록 하자.

제9장, 제10장은 '하테나의 데이터로 검색엔진 만들기' 라는 제목으로 강의하도록 하겠다. 강사는 쿠라이 류타로가 담당하고, 이토 나오야 강사도 일부 참가해서 진행하고자 한다.

이번 장은 먼저 하테나에서 실제로 운용하고 있는 검색엔진에 대한 개요부터 시작해서 검색엔진을 만들 때 중요한 요소 중 하나인 역 인덱스(inverted index)에 대해 설명한다. 역 인덱스는 Dictionary라는 부분과 Postings라는 부분, 이렇게 두 가지 기본요소로 구성되어 있다. 이번 장은 역 인덱스를 기반으로 검색엔진의 기본구조를 이해하는 것을 목표로 한다. 그리고 이어서 제10장에서 과제를 통해 그 구현을 배워보도록 하자.

하테나 다이어리의 전문 검색
— 검색 서비스 이외에 검색 시스템 이용

먼저 몇몇 사례를 살펴보도록 하자. 사실, 쿠라이 강사는 작년 인턴십에서 하테나 다이어리를 대상으로 한 검색엔진을 만들었다. 그리고 지금은 애플리케이션 엔지니어로서 하테나 북마크팀에서 근무하고 있다.

강의 24 전문 검색기술의 응용범위

하테나 다이어리를 대상으로 한 검색엔진이란, 하테나 다이어리의 전문(全文)을 검색 대상으로 해서 하테나 키워드로 이를 검색 가능하게 하는 시스템이다. Google과는 달리 원하는 검색어로 검색할 수 있는 엔진이 아니라 하테나 키워드에 포함되어 있는 단어만을 검색할 수 있는 시스템이다. 그 대신에 최근 일반적인 서버의 메모리 용량인 8GB 정도의 리소스로 모든 다이어리를 검색할 수 있다. 이를 사용함으로써 '키워드를 포함하는 블로그'라는 하테나 키워드의 하나의 기능을 실현하고 있다.

하테나 키워드의 아래쪽에 블로그 목록이 나와 있는 것은 알고 있는가? 그림 9.1을 보기 바란다. 'Perl'이라는 키워드의 페이지[주1] 아래에 'Perl'을 포함하는 블로그'라는 란이 있다. 이것이 통칭 '포함하는 블로그' 기능이다. 이는 블로그 본문에 'Perl'이라는 키워드가 포함되어 있는 블로그의 목록이다.

● **그림 9.1** 하테나 키워드의 '포함하는 블로그' 기능

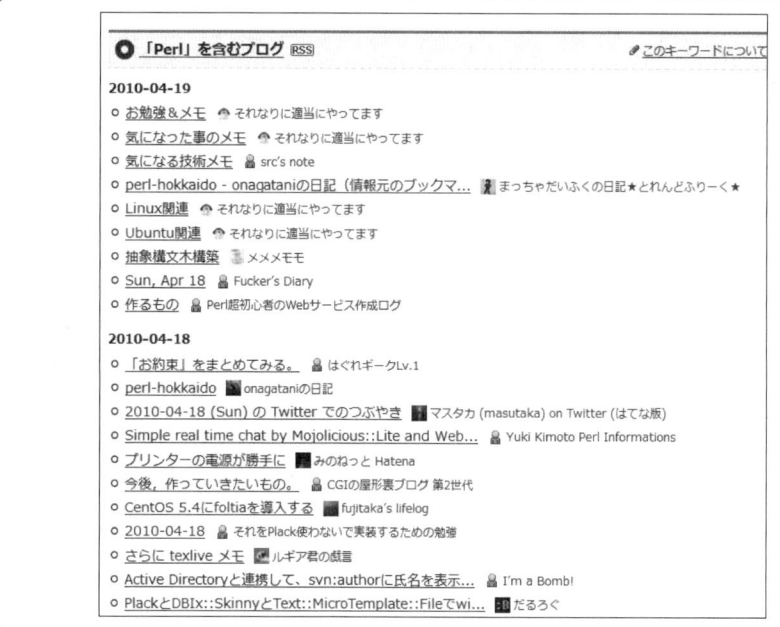

주1 URL http://d.hatena.ne.jp/keyword/Perl

전에는 RDB로 처리했다

전에는 이 기능을 RDB로 처리했다. 누군가가 블로그에 새로운 글을 작성했을 때 해당 글에 포함되어 있는 키워드를 전부 추출한다. 그러면 '이 블로그는 OO와 ××라는 단어를 포함하고 있어'라고 알 수 있게 된다. 이 단어와 블로그의 연관성을 데이터베이스의 레코드로서 저장해두는 것이다. 표시할 때는 Perl이라는 키워드 페이지이면 Perl로 해당 데이터베이스를 검색해서 얻어진 블로그 목록을 표시하게 된다.

다만 이 방식은 확장성 측면에서 완전히 파탄을 가져왔다. 레코드 수가 너무 많았던 것이다. 이 때문에 무거워지거나 특정 데이터 이후에는 보이지 않는 등의 제한이 있었다. 좋지 않은 상황이었다.

검색기술의 응용

그래서 취한 방법은 검색엔진을 만들어서 검색함으로써 문제를 회피했다. 즉, '포함하는 블로그'는 검색결과와 동일한 것이다.

'검색'이라고 하면 Google이나 야후와 같은 검색 서비스를 상상하는 사람이 많을 테지만, 그렇지 않은 상황에 검색기술을 응용했다는 점이 포인트다. 사용자가 검색쿼리(검색어)를 날리는 게 아니라 다른 곳(이 경우, 사용자가 보고 있는 페이지의 키워드명)에서 날려지고 이를 검색 시스템에 입력해서 결과를 얻는다. 실제로는 검색 서비스와 하는 일은 동일하지만 보여주는 방법이 다른 것이다.

이 시스템의 특징은 출력이 일자순으로만 나오면 된다고 결론지어진다는 점이다. '포함하는 블로그' 기능의 사양으로 애조에 일자순 이외의 성렬방법은 필요 없었으므로 그렇게 결정했다. 그리고 일자순으로만 출력하는 걸로 특화함으로써 빠르고 컴팩트하게 구현할 수 있었다. 또한 하테나 다이어리의 문서만을 검색하는 시스템이므로, 예를 들어 문서ID(기사의 unique ID)를 하테나 다이어리의 사양에 특화시킨 방법으로 저장함으로써 빠른 속도를 도모하고 있다.

시스템 코어는 C++로 구현되어 있고, Perl과의 인터페이스는 Thrift라는 라이브러리로 통신하고 있다.

강의 **24** 전문 검색기술의 응용범위

> **Memo**
>
> **검색 시스템을 검색 서비스 이외에 응용**
> - 하테나 다이어리의 '포함하는 블로그'
>   · DB로 처리할 수 없다 ➜ 검색엔진 구현
>   · 서비스에 특화된 사양도 포함시켜 고속화
>   · C++로 구현, Thrift로 Perl과 통신

하테나 북마크의 전문 검색 — 세세한 요구를 만족시키는 시스템

실제 사례를 한 가지 더 소개하겠다. 그림 9.2는 '마이 북마크 검색'이라고 해서 자신이 북마크한 사이트만을 대상으로 한 전문 검색엔진이다.

● **그림 9.2** 하테나 북마크의 검색기능

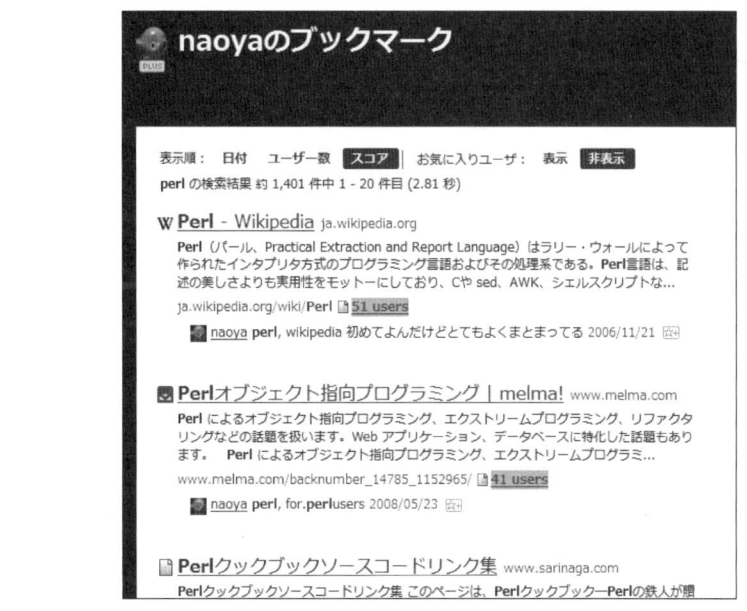

CHAPTER 09 ··· 전문 검색기술 도전 _대규모 데이터 처리의 노하우

이것도 검색엔진은 전부 자체 제작이다. 물론 백엔드로 이용하고 있는 MySQL이나 key-value 스토어를 전부 제작한 것은 아니고 그 밖의 부분은 거의 모두 Perl로 구현했다. 이 검색기능은 브라우저를 사용하는 것뿐 아니라 웹 API가 추가되어 있으므로 Firefox 확장기능에서 호출할 수도 있다. API의 응답은 JSON으로 회신되므로 ATOK의 확장 플러그인과 같은 종류의 프로그램에서 검색결과를 호출할 수 있는 등의 일도 할 수 있게 되어 있다.

학생: 앞에 나온 다이어리 전문 검색과 다른 점이 있습니까?

다이어리 전문 검색과 다른 점 중 가장 큰 것은 시스템의 규모나 이용목적이다. 검색엔진의 기능적인 면에서는 스니핏(snippet)[주2]도 나타나도록 되어 있다는 점이 다르다. 스니핏을 실현하려면 검색어가 문서 내의 어느 위치에 있는 단어와 매칭되는지를 기록할 필요가 있는데, 이를 고속으로 수행하려고 하면 데이터 구조가 약간 복잡해진다.

시스템의 규모나 이용목적이 다르다는 점에 대해서 말하자면, 이 검색 시스템은 하테나 북마크에 저장된 모든 데이터로부터 검색하는 것이 아니라 각 개인이 북마크한 개인 데이터로부터 검색하는 시스템이다. 따라서 비교적 작은 데이터를 검색하는 엔진이다. 이것을 우리가 직접 구현한 이유는 여기에도 역시나 데이터베이스 측면에서의 한계가 있었기 때문이다.

개인단위로 하면 데이터는 작다고 하더라도 DB에는 모든 사용자의 데이터가 모아져서 하나의 테이블에 들어가 있어야 한다. 그러므로 그 일부를 검색하는 데에도 시간이 꽤 걸린다. 사용자id:r_kurain(쿠라이 강사)의 데이터를 검색하려고 할 경우, 먼저 id:r_kurain이 북마크한 모든 엔트리에 대해서 해당 엔트리 전건(全件)의 본문을 대상으로 전문 검색을 하는 처리인데, 조금만 생각해보더라도 데이터가 크면 쉽게 할 수 없을 것 같다는 것을 알 수 있다. 또한 검색기능이므로 빠르게 결과를 반환해야 할 필요가 있다는 것은 말하지 않아도 알 것이다.

[주2] 검색결과에 본문의 일부를 표시하는 기능

강의 **24** 전문 검색기술의 응용범위

그래서 검색 시스템을 별도로 만들어서 사용자가 북마크를 추가하는 타이밍에 맞춰 각 사용자별로 검색 인덱스를 준비해두고 이를 갱신한다. 검색할 때에는 해당 사용자의 인덱스에서만 검색한다. 이렇게 하면 검색 시스템은 컴팩트하게 구현할 수 있고 간단한 구현으로 원하는 요구를 모두 만족시킬 수 있다.

이와 같이 검색 시스템을 직접 만들 수 있다는 것을 전제로 하면 대응할 수 있는 폭이 넓어지므로 바람직한 모습이다.

* * *

그래서 이번 강의의 목표는 '검색엔진을 만들어보도록 하자'이다. 2시간 만에 해내기에는 목표가 높지만, 코어 부분만이라면 어떻게든 가능하리라 생각하므로 열심히 해보도록 하자.

> **Memo**
>
> **대규모 데이터를 작게 나누어 검색**
> - 사용자별로 검색 인덱스를 만든다.
>   - 컴팩트한 구현, 간단한 구현
>   - 직접 구현함으로써 세세한 요구에 대응할 수 있다.

CHAPTER 09 ••• 전문 검색기술 도전 _대규모 데이터 처리의 노하우

강의 25

검색 시스템의 아키텍처

검색 시스템이 완성되기까지

한마디로 '전문 검색'이라고는 해도 사실 해야 할 것은 매우 많다. 일단 시간순으로 나열한 다음 살펴보도록 하자.

- 검색이 가능하기까지
  - ❶ 크롤링
  - ❷ 저장
  - ❸ 인덱싱
  - ❹ 검색
  - ❺ 스코어링
  - ❻ 결과표시

우선 처음에 검색할 대상 문서를 가져와야 한다. 이를 일반적으로 ❶크롤링이라고 한다. 대상 문서가 웹에 있다면 웹 크롤러를 만들어서 대량 문서를 가져오는 작업이 필요하다. 그 다음에는 가져온 문서를 어떻게 ❷저장할 것인가라는 문제가 있다. 예를 들면, 하나의 데이터베이스에 넣는다면 해당 데이터베이스가 깨졌을 때 복원할 수 없으므로 분산 데이터베이스에 저장해야 하는 등의 문제가 있다.

그리고 가져온 문서로부터 인덱스를 구축한다. 이것이 ❸인덱싱이다. 나중에 설명하겠지만, 인덱스는 고속으로 검색하기 위한 구조, 이른바 책의 색인과 같은 것이다. 여기까지 하면 드디어 사용자가 검색할 수 있게 된다. 검색방법은 여러 가

지가 있는데, 뒤에서 설명하기로 한다.

또한 ❹검색에서는 검색쿼리를 포함하는 문서가 검색결과로서 반환되는데, 그 순서가 평범하다면 전혀 기쁘지 않을 것이다.

예를 들어 Google이 지금처럼 널리 보급된 요인 중 하나로 PageRank[주3]를 꼽을 수 있는데, '하테나'로 검색하면 반드시 가장 위에는 하테나 공식 웹 사이트가 나오는 것처럼 검색결과를 어떤 순서로 표시해줄 것인가라는 것은 굉장히 중요한 문제다. 이를 ❺스코어링 혹은 랭킹이라고 한다. 그리고 스코어링 후에 결과를 표시(❻)하는 부분도 있다. '여기에는 스니핏을 표시한다'거나 '빠르게 표시한다' 등의 요건이 있다.

이번 설명대상

이렇게 여섯 단계가 있으며, 보다 세세하게 나눌 수도 있지만 크게 여섯 단계로 살펴보자. 각 단계별로는 여러 문제가 있고 또한 다양한 해결방법이 있다.

이를 전부 설명하려면 끝이 없으므로 여기서는 중간에 있는 두 단계, ❸인덱싱과 ❹검색에 대해 집중강의를 하도록 하겠다. 그 밖의 부분은, 예를 들어 크롤링이나 저장은 검색에만 한정되지 않은 일반적인 문제이고 스코어링이나 결과표시는 인덱싱과 검색이 가능하면 어느 정도 방법이 자명해지므로 여기서는 생략하도록 한다. 이 부분을 파헤쳐보고 싶은 분은 스탠포드대 수업에도 사용되고 있는 『Introduction to Information Retrieval(Cambridge University Press, 2008)』에 자세하게 기록되어 있으므로 참고해보기 바란다.

> **Memo**
>
> **검색 시스템의 여섯 단계**
> - 크롤링, 저장, 인덱싱, 검색, 스코어링, 결과표시
> - 각 단계별로 과제가 있다.

[주3] 구글검색의 검색순위결정 알고리즘. 실제로 PageRank는 다양한 순위결정요소 중 하나에 불과하다.

다양한 검색엔진

이제 두 단계로 범위를 한정했는데, 인덱싱과 검색을 실행하는 검색엔진 시스템은 사실 과거부터 많이 개발되어 오고 있다. 아래에 오픈소스로 공개되어 있는 것도 포함해서 저명한 검색 시스템을 나열해보았다.

- grep
- Namazu
  - URL http://www.namazu.org/index.html.ja
- Hyper Estraier
  - URL http://hyperestraier.sourceforge.net/index.ja.html
- Apache Lucene
  - URL http://lucene.apache.org/
- Shunsaku
  - URL http://interstage.fujitsu.com/jp/shunsaku/
- Senna
  - URL http://qwik.jp/senna/FrontPageJ.html
- Sedue
  - URL http://preferred.jp/sedue.html
- Lux
  - URL http://luxse.sourceforge.net/

예를 들어 여러분이 자주 사용하고 있으리라 생각되는 grep도 생각하기에 따라서는 전문 검색이다. 디렉터리를 지정해서 해당 디렉터리에 있는 문서를 전부 살펴보고 원하는 단어가 포함되어 있는 문서를 찾아준다.

1990년대 후반부터 웹에서 자주 사용되었던 것이 Namazu다. Namazu를 사용해본 적이 있는가? 우리들 세대에서는 Namazu가 주류였지만, 최근에는 좀처럼 볼 수 없게 되었다. 오픈소스 전문 검색엔진의 선구자격으로 상당히 인기가 있었다.

Hyper Estraier는 히라바야시 미키오(平林幹雄)가 만든 검색엔진으로 비교적 모던한 설계를 지녔다.

Apache Lucene은 Wikipedia 등에 사용되고 있는 검색엔진으로 The Apache Software Foundation이 관리하고 있다. Lucene은 Java로 구현되어 있고 설계도 모던해서 최근 검색엔진 구현에 참고가 되는 경우가 많다.

후지쯔의 Shunsaku는 색다른 아키텍처를 지닌 검색엔진으로, 출시 당시 검색엔진 세계에 화제가 되곤 했다.

미래검색 브라질의 Senna는 F1 레이서인 Ayrton Senna에서 따온 이름인데, PostgreSQL이나 MySQL 등의 데이터베이스 내부를 검색할 수 있는 검색엔진으로 인기를 얻었다. 데이터베이스 바인딩이 포함되어 있었던 것이다. 최근에는 바인딩 자체는 Senna에 포함시키지 않고 Tritton이라는 별도의 프로젝트에서 제공하고 있는 듯하다.

Sedue는 하테나 북마크 전체를 검색하는 곳에 사용하고 있는 상용 검색 시스템으로, Preferred Infrastructure(PFI)에서 만들었다. 내부에서 사용되고 있는 기술이 다른 시스템과는 약간 달라서 흥미로운 제품이다.

최근에는 Lux라는 검색엔진도 개발되고 있는데, 야마다 히로유키(山田浩之)가 만들었다. 미답(未踏) 프로젝트에서 나온 것으로 비교적 스탠다드하면서 모던한 설계·구현을 바탕으로 하고 있다. 여기에 소개한 것 이외에도 수많은 검색 시스템이 있다.

이렇게 볼 때 재미있는 것은 2004년경부터 이런 종류의 시스템이 만들어지면서 그 이전의 Namazu 시절과는 상당히 차이가 있다는 점이다. 그동안에 무슨 일이 일어났는지 생각해보면 아마도 Google이 엄청나게 인기를 끌었다는 점이 큰 요인일 것이다. Google이 유행하면서 모두가 '검색엔진이 재미있는 건가?' 라고 생각하기 시작하면서 만드는 사람들이 늘어났다고 봐도 좋다…라고 Senna를 만든 사람이 그러한 글을 썼었다.

이런 몇몇 시스템을 비교하면서 검색엔진의 아키텍처 차이를 살펴보도록 하자.

전문 검색의 종류

전문 검색의 아키텍처에는 종류가 꽤 많은 듯하다. 여기서는 3가지 'grep형', 'Suffix형', '역 인덱스형'을 소개하도록 한다.

grep형으로 분류되는 것은 앞서 설명한 것 중에는 grep과 Shunsaku가 있다. Suffix형은 하테나에서도 사용하고 있는 PFI의 Sedue. 역 인덱스형은 앞으로 주로 설명하겠지만, 현재 검색엔진의 주류인 Google도 그 기본은 이 아키텍처를 채용하고 있다.

> **Memo**
>
> 전문 검색의 종류
> - grep형 ➡ grep, Shunsaku
> - Suffix형 ➡ Sedue
> - 역 인덱스형 ➡ 주류(Google도 채용)

grep형

grep형은 검색 대상 문서를 처음부터 전부 읽어가는, 말하자면 가장 단순한 아키텍처다. 전부 읽어가면 어딘가에서 해당하는 문서가 발견될 것이다. 예를 들면 제8장 과제에서 했던 AC법으로 오토마톤을 만들어서 그 안으로 문서를 전부 집어넣는다. 이런 방법을 grep형이라고 분류한다.

이것은 단순하고 고지식하게 구현하면, 검색 대상인 텍스트(text)의 길이를 m, 검색하려는 검색어(word)의 길이를 n이라고 했을 때 $O(mn)$만큼 걸린다. 이는 검색 처리로서는 상당한 시간이 걸린다고 할 수 있다. KMP(Knuth-Morris-Pratt)법이나 BM(Boyer-Moore)법 등 어느 정도 계산량을 개선한 방법이 교과서 등에 자주 실리지만, 어쨌든 모든 문서를 처음부터 읽어가므로 단순한 구현으로는 데이터가 늘어나면 힘겨워질 거라 상상할 수 있을 것이다.

- 단순 검색 ➡ $O(mn)$, text: m, word: n

- KMP법 ➜ O(m+n)
- BM법 ➜ 최악일 때 O(mn), 최선일 때 O(n/m)

덧붙이자면, KMP법과 AC법은 사실 비슷한 것으로 AC법은 검색어를 많이 채워 넣었었다. 하테나 키워드 27만 단어를 전부 검색어로 해서 거기에 문서를 집어넣는 형태지만, 검색어를 한 개만 입력한 패턴이 거의 KMP법이라고 생각하면 되며, Order는 거의 동일하다.

'grep형은 Order가 크므로 답이 안 나온다'라고 할 수도 있지만, 사실은 좋은 점도 많이 있다. 예를 들면 즉시성이 좋다. 문서가 갱신되더라도 바로 검색할 수 있다. 또한 검색누락이 없다. UNIX의 grep 명령의 동작을 생각해보면 알 수 있을 것이다. 자신이 작성한 코드가 어디에 있는지 grep으로 찾을 때 반드시 찾을 수 있다. 전부를 읽어가므로 당연한 것이다.

또한 병렬화하기가 매우 간단하다. 예를 들면 매우 긴 문서를 검색하고자 할 때 분할해서 병렬로 검색해도 되고, 혹은 AC법과 같이 검색하고자 하는 단어를 하나의 오토마톤에 모아서 그 안으로 문서를 집어넣게 되면 복수 검색어를 한 번에 검색할 수 있다. 그렇게 해서 병렬도를 높일 수 있으므로 대규모 검색에 전혀 적합하지 않다고 할 수도 없다. 그 특징을 잘 살린 것이 Shunsaka라는 후지쯔 제품이다. 지금은 어떤지 모르지만, 얼마 전까지 과학기술진흥기구의 실패지식 데이터베이스라는 시스템이 Shunsaka로 동작되고 있었다고 한다[주4].

이토 나오야: grep형은 쿼리에 정규표현을 사용하는 것도 간단해서 좋습니다.

> **Memo**
>
> **grep형**
> - 검색 대상을 처음부터 전부 읽는다.
> - 즉시성이 좋고, 검색누락이 없으며, 병렬화나 쿼리 확장이 용이하다.

주4 URL http://interstage.fujitsu.com/jp/shunsaku/

그렇다. 반면 대규모 환경에서 쉽게 만들려고 하면 다소 무리가 따를 듯하다.

Suffix형

Suffix형[주5]은 검색 대상 전문을 검색 가능한 형태로 가지고 있다. 데이터 구조로는 Trie나 Suffix Array, Suffix Tree 등이 있다.

지면 관계상 각 데이터 구조에 대한 상세는 생략하지만[주6], 큰 틀에서 말하자면 문서를 검색 가능한 형태로 가지고 있으며 전부 메모리에 올릴 수 있는 형태가 된다. 다음에 설명할 역 인덱스는 문서 전체를 가지고 있는 것이 아니므로 이 점이 다르다.

Suffix형은 이렇게 해서 빠르게 검색할 수 있는 수단이다. 다만 제8장 과제에서 Trie로 만든 데이터량이 커졌던 것에서도 알 수 있듯이 정보량이 크므로 이론적으로는 검색 가능해진다는 것을 알지만, 실제 이 아키텍처를 가진 엔진은 좀처럼 구현하기 어렵다.

PFI의 Sedue는 Suffix Array를 상당히 압축해서 보유함으로써 이를 실현했다는 점이 대단하다. 이것이 바로 Compressed Suffix Array라는 데이터 구조다. 다만 필자는 Sedue 이외에는 이러한 구현을 본 적이 없다.

> 이토 나오야: FM-index[주7]라고 해서 Block Sorting으로 만든 텍스트를 압축하는 것과 비슷한 기법을 사용해서 Java로 작성된 검색엔진이 있었던 걸로 압니다.

그런가? 주류는 아닌 듯하지만 있었다고 한다.

[주5] 아래 주소(Wikipedia판)에 '그 밖의 형태'로 분류되어 있다.
 ⓤⓡⓛ http://ja.wikipedia.org/wiki/全文検索 (last visited MAY 19, 2010)

[주6] Suffix Array에 관해서는 『WEB+DB PRESS』(Vol.50), 연재 「Recent Perl World」의 「Suffix Array(접미사 배열)」에서 소개하고 있다. 관심 있는 분은 참고하기 바란다.

[주7] ⓤⓡⓛ http://www.di.unipi.it/~ferragin/Libraries/fmindexV2/

> **Memo**
>
> **Suffix형(그 밖의 형태)**
> - 검색 가능한 형태로 검색 대상 전문을 보유
> - Trie, Suffix Tree, Suffix Array
> - 이론적으로는 가능
> - 정보량이 크고 구현이 어렵다.

역 인덱스형

끝으로 소개하는 것은 현재 주류인 역 인덱스형이다. 역 인덱스는 간단히 말하면, 단어(term)와 문서를 연관짓는 것이다. term과 문서가 무엇인지는 뒤에서 설명하도록 한다.

역 인덱스 방식의 특징으로는 역 인덱스를 문서와는 별개로 만들어야 한다는 점이다. 즉, 검색하기 전에 인덱스를 전처리로 만들어야 하는 것이다. 이 때문에 grep과 같이 문서가 변경되면 바로 검색결과도 바뀌는 형태의 구현은 할 수 없다. 할 수 없다기보다는 연구가 필요하다.

따라서 즉시성 측면에서는 뛰어나지 못하다. 또한 구현방법에 따라서는 검색누락이 생길 수 있다. 문서 내에는 포함되어 있는 단어인데 검색결과에는 나오지 않는 경우가 있다.

이렇게 들으면 결점투성이인 듯하지만 실제로는 인덱스를 압축함으로써 컴팩트하게 가져갈 수 있고 대규모화하기도 쉽다. 또한 구현도 적절한 공수로 끝낼 수 있고 밸런스도 좋은 아키텍처다. 그래서 실제 시스템의 상당수가 채용하고 있다.

이번 과제에서 만드는 것도 물론 역 인덱스다. 이제부터 역 인덱스에 대해서 보다 상세하게 살펴보도록 하겠다.

그런데 '역 인덱스'는 원래 'Inverted Index'를 그대로 우리말로 옮겨서 역 인덱스라고 하고 있다. 그 밖에도 '역 파일'이라고 하기도 한다. 인덱스(색인)라는 말 자체가 '역, 전치(轉置)'의 의미를 내포하고 있으므로 '역 인덱스'라고 하면 의미가 중복된다는 의견도 있다고 한다.

CHAPTER 09 ••• 전문 검색기술 도전 _대규모 데이터 처리의 노하우

> **Memo**
>
> **역 인덱스형**
> - term과 문서를 연관짓는다.
> - 밸런스 좋은 아키텍처
>   → 실제 시스템의 상당수가 역 인덱스를 채용
> - 즉시성 측면에서 뛰어나지 않고 검색누락이 생길 수도 있는 결점도 있다.

강의 26
검색엔진의 내부구조

역 인덱스의 구조 — Dictionary+Postings

강의 26에서는 역 인덱스의 구조를 살펴보도록 하자. 제9장 시작할 때 얘기한 대로 역 인덱스의 내부구조는 크게 Dictionary와 Postings라는 두 파트로 나뉜다. 먼저 역 인덱스란 무엇인지 예를 살펴본 후에 두 파트를 하나씩 나누어 살펴보기로 하자.

그러면 역 인덱스의 예로 그림 9.3을 보자. 위쪽에 있는 **1**이 검색하고자 하는 대상 문서라고 하자. 각 문서에는 번호가 달렸는데 왼쪽부터 1, 2, 3, 4…로 되어 있다. 각각의 문서는 문장을 담고 있으며, 예를 들어 그림 9.3에서 가장 왼쪽 '하테나의 마스코트인 시나몬은 도쿄에 없다'가 문서이고 이러한 문서를 검색하려는 것이다.

문서를 인덱스화한 것이 아래쪽에 있는 **2**다. 인덱스에서 좌측 사각형에 나열되어 있는 단어를 "term"이라고 한다. 여기서는 '하테나', '시나몬', '교토', '도쿄', '홋카이도', 'kurain'이 term이다. 이 term 전체, 즉 term의 집합이 Dictionary다.

● **그림 9.3** 역 인덱스의 예

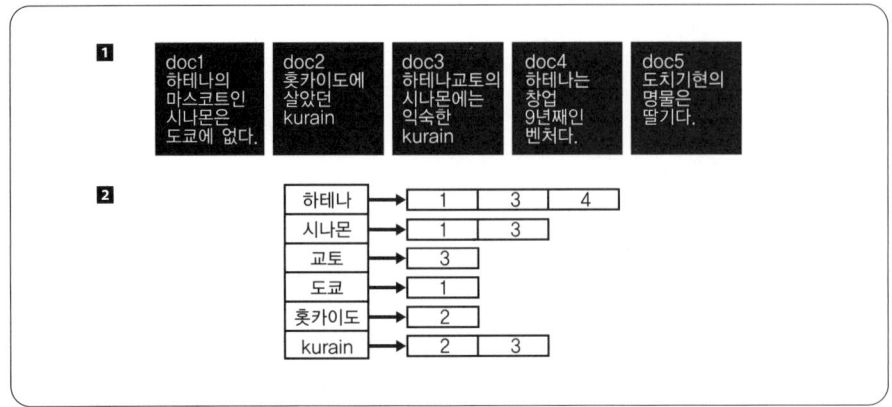

그리고 각 term을 포함하고 있는 문서는 몇 번인지를 나타낸 것이 우측에 있는 배열이다. 이것이 Postings다. 1, 3, 4번째 문서는 '하테나'라는 단어를 포함하고 있다는 것이다.

따라서 예를 들면, 위쪽에 놓여 있는 5개의 문서에서 '하테나'를 포함하고 있는 문서는 어떤 것들인지 생각해보면 term의 열, 즉 Dictionary에서 '하테나'를 찾아서 이에 연결되어 있는 Postings를 얻는다. 그러면 Postings 내에는 1, 3, 4번 문서가 있음을 알 수 있다. 이는 '하테나'라는 단어로 검색했다라는 행위 그 자체다.

이것이 역 인덱스다. 역 인덱스 = Dictionary + Postings. '교토'로 검색하면 3번만 포함되어 있다거나, 인덱스를 보면 바로 어떤 문서에 어떤 단어가 포함되어 있는지 알 수 있다.

term은 문서 내의 단어이고 문서를 검색할 수 있는 단위다. 역 인덱스는 term을 포함하는 문서를 즉시 발견할 수 있는 구조로 되어 있다.

학생: 왼쪽 단어는 어떻게 만드나요? 문서에서 단어로 바꿔주는 부분은 어떻게 하나요?

문서에서 단어로 변환하는, 즉 Dictionary를 구성하는 데는 다양한 방법이 있다. 뒤에 바로 나오므로 거기서 설명하도록 하겠다.

> **Memo**
>
> **역 인덱스**
> - term과 문서 연관짓기
> - term
>   · 문서 내의 단어
> - 역 인덱스 = Dictionary + Postings
>   · term을 포함하는 단어를 즉시 발견

Dictionary 만드는 법 — 역 인덱스 작성법 #1

역 인덱스를 어떻게 만드는지에 대해 살펴보기로 하자. 먼저 Dictionary 만드는 법을 설명하고, 그 다음에 Postings 만드는 법을 설명하기로 한다.

Dictionary를 만들 때에는 앞서 질문에 있었듯이 term을 어떻게 선택하느냐라는 문제가 있다. 한 가지 방법은 일본어 단어 또는 영어도 상관없지만, 언어의 단어를 term으로 다루는 것이다. 여기서 어떻게 하면 해당 단어를 찾을 수 있을지가 문제인데, 이는 미리 정해놓은 사전을 사용하는 방법, 제8장의 과제에서 만든 AC법과 같은 것으로 단어를 분리하는 방법, 형태소 분석을 사용하는 방법 등이 있다. 또 한 가지는 단어가 아니라 n-gram이라는 기법으로 문자를 적당한 단위로 나누고, 이를 term으로 다루는 방법이다.

이 두 가지 방법에 대해 각각 설명하도록 하겠다.

> **Memo**
>
> **Dictionary의 구성**
> - 단어를 term으로 해서 다룬다.
>   · 사전 + AC법으로 단어를 분리한다.
>   · 형태소 분석을 수행한다.
> - n-gram을 term으로 다룬다.

언어의 단어를 term으로 하는 두 가지 방법

우선은 언어의 단어를 term으로 해서 다루는 경우에 대해 살펴보자. 이때 문제가 되는 것은 어떻게 해서 검색하고자 하는 대상 문서에 해당 단어가 있는지를 찾을 수 있는가에 관한 부분이다. 영어라면 많은 경우에 단어별로 공백(space)으로 구분해서 문장이 쓰이므로 공백으로 구분하면 문서를 단어로 분해할 수 있다. 반면, 일본어의 경우는 공백이 없고 게다가 단어의 분기점이 있는지 모른다는 문제가 있는데, 어떻게 하면 좋을까? 일본어의 경우에는 앞에서 보았듯이 ❶사전 + AC법을 사용하는 경우와 ❷형태소 분석을 사용하는 경우를 생각해볼 수 있다.

❶사전과 AC법을 이용하는 방법

이 경우에는 사전이 곧 검색 시스템의 단어공간이 된다. 즉, 사전에 들어 있는 단어만 검색할 수 있다. 이 사전으로는 무엇을 사용할지에 따라 달라지는데, 예를 들면 하테나 키워드는 27만 정도의 단어가 있는데 이것으로 27만 단어로 검색 가능한 검색엔진이 된다. 혹은 Wikipedia가 배포하고 있는 데이터를 사용해서 Wikipedia의 표제어만을 사용해서 검색할 수 있도록 하는 방법도 있다. Wikipedia는 강의하고 있는 시점인 2009년 8월에 60만 정도의 어휘가 있는데, 예를 들면 하테나 키워드 + Wikipedia의 표제어를 합쳐서 사용하면 100만, 중복되는 게 있으므로 조금 줄어들겠지만 이 단어를 대상으로 한 검색엔진을 만들 수 있다.

앞서 소개한 하테나 키워드의 '포함하는 블로그' 기능은 하테나 키워드를 사전으로 해서 하테네 다이어리의 모든 블로그 기사에서 단어를 추출해 Dictionary로 사용한 시스템이다.

❷형태소 분석을 이용하는 방법(형태소를 단어로 간주해서 term으로 한다)

Dictionary를 만드는 또 하나의 방법은 ❷형태소 분석을 이용하는 방법이다.

형태소 분석을 이용해본 사람이 있는가? 요즘은 MeCab이 유명하다. MeCab을 사용해본 사람은?

학생: (절반 이상의 인턴 학생들이 거수)

절반 이상. 형태소 분석기는 꽤 역사가 있어서 오래 전엔 Namazu에서 사용되던 KAKASI나 교토대학에서 만들었던 JUMAN, 최근에는 Chasen, MeCab 등의 형태소 분석기가 있다.

형태소 분석기는 실제로 무슨 기능을 하는 것일까? 여러 기능이 있지만 가장 요구되는 것은 '유형파악과 분리' 기능이다. 예를 들면 'すもももももももものうち'라는 텍스트를 명사나 부사로 분할해서 'すもも', 'もも' 등으로 품사를 분해하는 것을 '유형파악과 분리'라고 한다. 이 원리에 따라 세세하게 나눈 각 단어를 '형태소'라고 한다. '유형파악과 분리'에 의해 텍스트를 형태소로 분할하는 것이 형태소 분석기의 주된 기능 중 하나다.

- すもももももももものうち
  - すもも　명사
  - も　　　조사
  - もも　　명사
  - も　　　조사
  - もも　　명사
  - の　　　조사
  - うち　　명사

이와 같이 형태소 분석기는 문장을 형태소로 나눠서 그 품사를 추정한다. 품사를 어떻게 추정하느냐는 구현에 따라서도 달라지지만 대부분의 경우에는 내부에 형태소 분석용 사전을 가지고 있어서, 위 예의 경우 'もも'라는 단어가 나오면 대개의 경우 '이건 명사'라고 사전에서 판별한다. 형태소 분석기의 종류에 따라서는 사전에 없는 단어도 예상할 수 있고 기계학습 등으로 '이 단어는 여기부터 여기까지가 하나의 단어'라고 예측한다.

예를 들면 'ホリエモン'이라는 단어는 최근에 와서 등장한 단어이므로 'ホリエ', 'モン'으로 나눌지 아니면 'ホリエモン'이라는 하나의 명사인지는 사전으로

는 알 수 없지만, 이것도 예측할 수 있는 게 있다. 이것은 단어의 배열을 고려해서 '명사 다음에는 조사가 온다' 거나 '조사와 동사 사이에 포함되어 있는 것은 명사일 수 있다' 와 같은 패턴을 기계학습으로 학습시켜 긴 텍스트 내에 어디가 명사이고 어디가 동사인지, 어느 정도 길이의 단어가 있는지 등을 판별할 수 있도록 하고 있다고 한다.

- すもももももも   명사(만화)
- もも   명사
- の   조사
- うち   명사

형태소 분석기의 사전은 직접 커스터마이징 할 수 있다. 예를 들어 하테나 키워드를 사전에 추가하고, 하테나 키워드로 MeCab을 커스터마이징 하면서 튜닝을 통해 하테나 키워드를 최우선으로 꺼내도록 조정하면 앞에서 본 'すもももももももものうち'는 위와 같이 분해되어 처음 'すもももももも'가 명사로, 그 다음 'もも'라는 명사가 된다. 이것은 'すもももももも'라는 이름의 만화가 있어서 이 만화가 하테나 키워드에 포함되어 있기 때문이다.

> Memo
>
> **형태소 분석**
> - 품사를 추정한다.
> - 사전을 가지고 있다.
> - 사진에 없는 딘어도 예측기능(한 것도 있다)
> - 단어 배열을 고려한다.
> - 단어 배열을 기계학습(하는 경우도 있다)
> - 사전을 커스터마이징할 수 있다.

검색누락

　형태소 분석에 대한 얘기는 여기까지 하고, 앞서 Dictionary에 대한 얘기로 돌아가서 형태소를 사용할 경우와 같이 단어를 term, 앞에서 본 Dictionary의 개개의 요소로 하면 이른바 '검색누락' 문제가 발생할 가능성이 있다.

　예를 들면 'Gears of War' 주8라는 게임 타이틀이 있다. 최근 이 게임의 플레이 영상을 보는 데 빠져 있다. :) 이 게임의 발매일을 알고 싶어서 Google에서 검색을 한다. 실제로 Google에 검색해서 알게 되었는데, "Gears 발매일"로 and검색을 하면 정확하게 Gears of War 발매일이 나온다. 이는 'Gears' 라는 단어가 정확히 일치하기 때문이다. 그러나 "Gears 발매일"로 and검색을 하면 메탈기어(Metal Gear)가 나오는 경우가 예전에 있었다.

　'Gears' 라는 단어에는 'Gear' 라는 부분이 포함되어 있는데, 이 부분이 사전에는 없다. 그러면 'Gears of War' 라는 문서는 'Gears' 라는 긴 term만으로 역 인덱스로 연결되어 있으므로 'Gear' 로는 연관되지 않게 된다. 이것은 타당하다고 볼 수도 있고 부당하다고 볼 수도 있다. 'Gears of War' 와 메탈기어는 다르므로 'Gear 발매일' 로 검색하면 '메탈기어가 나오는 게 당연하지' 라고 생각할 수도 있고, 그렇지만 'Gears' 라는 말에는 'Gear' 라는 부분 단어가 포함되어 있으니 검색이 가능해야 한다고 생각할 수도 있다. 이는 검색엔진의 설계나 사상에 따라 다를 수 있는 것이다.

　그 밖에도 문제가 있는데, 문제라기보다는 발전적인 내용으로 일본어와 영어 모두 단어에는 활용이 있다. 최근 등장한 동사로 'ググる'이 있는데 이는 'ググれ' 라고 말해도 되고 'ググって' 라고 써도 된다. 예를 들면 'ググる'로 검색해서 'ググれ', 'ググって' 라고 쓰여 있는 문서도 검색되는 검색엔진을 만들고자 한다면 이렇게 활용된 단어는 전부 동일한 것을 가리킨다고 생각해야 한다. 이는 영어에서도 발생하는 문제로 동일한 단어에서 파생된 단어가 있다. 물론 동사의 활용을 생각해야 한다. 일본어의 경우, MeCab과 같은 형태소 분석을 사용하면 단어

주8　URL http://gearsofwar.xbox.com

의 근원이 되는 부분(원형 또는 어근이라고 함)을 알 수 있으므로, 예를 들어 'ググ る', 'ググれ', 'ググって' 모두 'ググる'의 활용이라고 알 수 있는 경우도 있다. 이를 term으로 해서 Dictionary를 만들게 되면 활용되고 있는 문장도 하나의 단 어로 검색할 수 있는 경우가 있다. 영어의 경우에도 원형을 구할 수 있는 알고리즘 이나 구현, 예를 들면 Stemming이나 Lemmatizer 등을 사용한다. 이에 대해 자 세하게 알고자 하는 분은 나중에 소개할 참고문헌을 참조하기 바란다.

n-gram을 term으로 다루기

지금까지 Dictionary를 단어 단위로 만드는 방법에 대해 얘기했다. 또 하나의 방법으로 n-gram을 사용해서 Dictionary를 만드는 방법이 있다.

우선은 n-gram이란 무엇인가에 대한 얘기로, n-gram을 다뤄봤거나 n-gram 이라고 했을 때 어떤 구조인지 떠오르는 사람 있는가?

학생: (절반 이상의 인턴 학생들이 거수)

n-gram은 k-gram이라고 하기도 한다. n-gram은 텍스트를 n자씩 잘라낸 것 이다. 예를 들어 abracadabra의 3-gram이라면 abr, bra, rac… 등이 된다.

3문자씩이라고는 했지만 abr의 다음은 aca가 아니라 bra다. 알겠는가? abra ➡ abr, bra로 1문자씩 진행하면서 3문자 조합을 만들어간다. 예를 들기 위해 3문자 로 했는데, 이 경우 3-gram이나 tri-gram이라고 쓰고 '트라이그램' 이라고 읽는 다. abra ➡ ab, br, ra라고 2문자 단위로 할 수도 있는데, 이 경우는 2-gram이나 bi-gram이라고 쓰고 '바이그램' 이라고 한다.

이렇게 n-gram으로 잘라낸 단위를 Dictionary의 term으로서 다루는 방법이 있다. 그림 9.4가 앞서 본 그림 9.3의 역 인덱스를 n-gram으로 한 것이다. doc1 에 포함된 '하테나의 마스코트인 시나몬은 도쿄에 없다' 를 n-gram의 n을 2로 한 경우 '하테', '테나', '나의', '의마', '마스', '스코' 와 같이 분할된다. 이 2-gram이 어느 문서에 포함되어 있는지 조사해서 역 인덱스를 만든 것이 그림 9.4 의 ❷다.

● 그림 9.4 n-gram index의 예

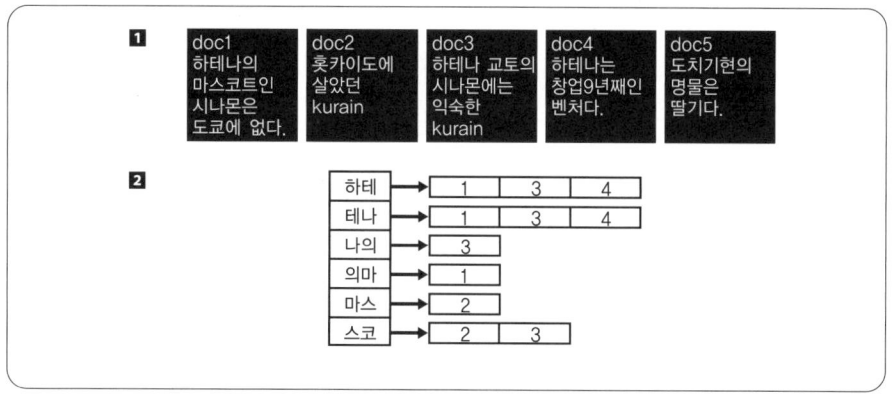

쿼리도 동일한 규칙으로 분할하기

n-gram을 Dictionary로서 사용할 경우, 쿼리도 동일한 규칙으로 분할한다. '하테나'로 검색하고자 할 경우 쿼리를 '하테'와 '테나'로 분할한다. 이 두 가지 쿼리로 역 인덱스를 조회하면 두 개의 Postings가 얻어진다. 그 결과 양쪽에 포함된 공통 문서번호가 '하테나'를 포함하는 문서다. 이 양쪽에 포함된 문서번호를 구하는 처리는 '교집합을 취한다'라고 한다. 영어로는 "intersection"이다.

이 예의 경우 '하테'와 '테나' 모두 동일한 문서 번호열로 되어 있어서 재미가 덜 하지만, '하테'와 '테나'의 결과인 1, 3, 4번의 교집합을 취해서 역시나 1, 3, 4번 문서에 '하테나'라는 단어가 나타난다…라고 검색할 수 있다.

n-gram 분할 문제와 필터링

이와 같이 쿼리도 n-gram으로 분할해서 검색하게 되는데 n-gram으로는 이따금 잘못된 검색을 수행하는 문제가 있다. 예를 들면 유명한 '東京都 문제'. '東京都'를 2-gram으로 분할하면 '東京', '京都'로 분할된다. 그리고 '東京타워와 京都타워'라는 문서를 인덱싱했다고 하자. 이것을 "東京都"로 검색하면 검색된다. 하지만 검색결과는 잘못된 것이다. "東京都"로 검색했지만 문서 내에는 어디에서

"東京都"라는 문자열은 없기 때문이다. 검색어를 포함하지 않는 결과를 반환하는 문제가 발생하게 된 것이다.

이 문제를 회피하기 위해 보통은 검색결과가 나온 후에 '필터링'을 수행한다. 실제로 검색결과를 조사해서 확인해보는 것이 필터링이다. 즉, '東京타워와 京都타워에는 東京都가 포함되어 있다'라고 n-gram 인덱스는 결과를 반환하지만, 정말 포함되어 있는지 실제로 반환된 문서를 조사해보면 어디에도 "東京都"는 나타나지 않으므로 이 검색결과는 잘못된 것으로 폐기하게 된다.

필터링으로 잘못된 검색은 배제할 수 있지만 반환된 결과의 전문을 조사해야 하므로, 이 '東京타워와 京都타워'처럼 대상이 작은 때에는 전혀 문제가 안 되지만 결과가 커지면 앞서 본 grep형과 동일한 검색시간이 소요되게 되므로 여러 가지로 문제다.

하테나 북마크 검색에서는 단어를 기반으로 하는 역 인덱스와 n-gram을 기반으로 한 역 인덱스 모두를 사용하고 있다. 타이틀, 코멘트, URL을 대상으로 검색할 때는 n-gram을 사용하는 편이 검색누락이 없고 타이틀과 코멘트, URL은 다 합쳐도 200~300문자 정도밖에 되지 않으므로 간단히 필터링할 수 있다. 반면, 문서 본문까지 이렇게 하려고 하면 필터링 시간이 상당히 소요되므로 본문 검색에는 n-gram을 사용하지 않고 단어 기반을 사용한다. 최근에는 이 두 인덱스에 쿼리를 날려서 결과를 병합(merge)하는 연구를 하고 있다.

> **Memo**
>
> **필터링**
> - 검색결과를 조사해서 확인
> - 대상이 크면 계산량이 많음
>   - 대상이 작을수록 좋다.

재현률(Recall)과 적합률(Precision)

앞에서 'Gears of War'에 대해 얘기했을 때 얼마나, 어떤 결과가 나와야 타당한가에 대한 얘기가 있었다. 이는 검색 시스템을 만든 사람이나 사용하는 사람의 주관에 의존하는 부분이기도 하지만, 좀더 정량적인 평가를 내리기 위한 기준이 있다. 바로 재현률(Recall)과 적합률(Precision)이라고 하는 기준이다. 이는 검색의 타당성에 대한 평가기준 중 하나로 어느 정도의 양, 결과를 반환하는지가 '재현률'이고, 검색결과로 반환한 것 중 명백히 타당한 결과를 얼마나 반환되고 있느냐를 '적합률'이라고 한다. 그림 9.5를 살펴보자.

● **그림 9.5** 재현률(Recall)과 적합률(Precision)

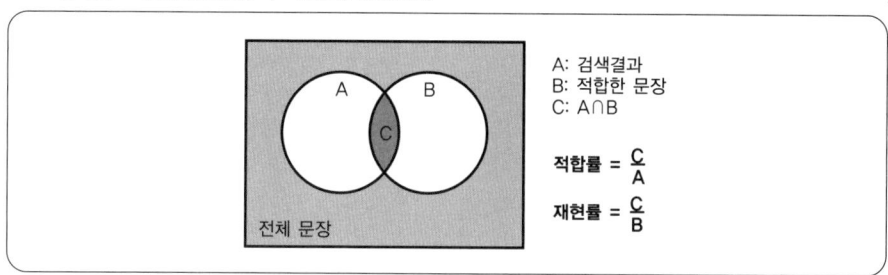

그림 9.5에서는 전체 집합이 검색 대상인 문서 전체라고 하고, A가 검색결과, B가 해당 검색 시스템에 내재되어 있는 적합한 문서다. 예를 들어 검색 대상으로 '하테나'로 검색하면 분명하게 '하테나'를 소재로 하고 있는 문서 집합을 B라고 하자. C는 A ∩ B, 즉 검색결과 중에서도 명백하게 올바른 결과가 들어 있는 것을 C라고 하자. 이와 같이 정의했을 때 적합률은 C/A가 된다.

단번에 이해하기는 어려운 개념이지만 대략적으로 설명하자면, 재현률은 문서 전체에는 '하테나'를 포함하는 문서가 있고 검색엔진이 그 중에서 얼마만큼 검색결과를 반환했는지를 의미한다. 예를 들면 시스템 전체에는 '하테나'라는 문서가 1,000건 내재되어 있는데, '하테나'로 검색했을 때 그 중에서 몇 건의 결과를 반환할 수 있느냐를 나타내는 것이다. 반면, 적합률은 반환한 결과에 얼마나 정확한 결과가 들어 있는지를 의미한다. 검색결과가 매우 많이 반환되었을 때 정확하지 않은 것, 이른바 쓰레기 문서도 함께 반환됐다고 하자. 이때 쓰레기 문서가 많이 포함되어 있는 경우에 C 부분이 작아지므로 적합률은 낮아지게 된다. 어떤가? 이해되는가?

CHAPTER 09 ••• 전문 검색기술 도전 _대규모 데이터 처리의 노하우

이토 나오야: 이건 제가 잘 설명할 수 있습니다.

게임센터에서 크레인에 달린 셔블(집게)로 과자를 집어 올리는 게임이 있죠? 초콜릿 같은 거 뽑는 거. 그 안에 초콜릿 외에도 다시마 과자도 들어 있다고 하자.

• 크레인 게임 내부

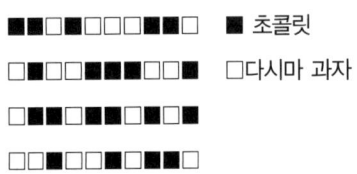

이토 나오야: 뽑는 사람은 초콜릿을 먹고 싶고 다시마 과자는 먹고 싶지 않다. 즉, 초콜릿은 당첨이고 다시마 과자는 꽝이라고 하자. 다시마 과자를 좋아하는 사람에겐 미안하다. 그런데 이때 플레이어의 만족도가 올라가는 패턴을 생각해보면 두 가지가 있다. 첫 번째 패턴은 이 안에 있는 초콜릿을 전부 원하는 형태의 패턴으로 무조건 많은 초콜릿을 원하는 패턴이다.

• 뽑은 내용: 플레이어의 만족도가 올라가는 패턴 ❶

■■■■■　　　→ ■(초콜릿) 전부 뽑있다!(다시마 과자도 섞여 있지만)
■■■■■□□
■■■■■□□□
■■■■■□□□□

이토 나오야: 두 번째는 꽝이 없는, 즉 뽑았더니 초콜릿만 나온 경우. 다시마 과자는 보는 것도 싫으니까 아예 들어있지 않으면 좋겠어라는 패턴이다.

• 뽑은 내용: 플레이어의 만족도가 올라가는 패턴 ❷

■■■　　　→ (다시마 과자)가 없다!(초콜릿뿐!)

이토 나오야: 이 두 가지 패턴이 상반관계(trade-off)에 있는 것이 Recall/Precision에 대한 얘기다. 우선 모든 초콜릿을 원한다는 것은 게임 머신 내에 들어 있는 초콜릿 중 몇 개를 뽑았는지에 대한 것이므로 이것은 재현률(Recall)이다. 그리고 꽝이 없었다는 것이 적합률(Precision). 그런데 재현률과 적합률 중 어느 한쪽을 최대화하는 것은 간단하다. 재현률을 최

대로 하는 것은 초콜릿을 전부 손에 넣으면 되므로 머신에 들어있는 것을 어떻게든 전부 집어든다. 예를 들자면 크레인 게임기 자체를 가져가면 된다. 하지만 그랬다가는 잡혀갈 것이다. 하지만 전부 뽑으면 당연히 꽝도 들어 있으므로 적합률이 내려간다. 반면에 적합률을 최대로 하려면 초콜릿을 하나만 뽑으면 된다. 그렇게 되면 당연히 꽝=다시마 과자는 포함되지 않으므로 그걸로 만족이다. 하지만 이렇게 되면 머신에는 다른 초콜릿들이 많이 남아있게 되므로 재현률이 내려간다. 그래서 실용적인 검색 시스템을 생각한다면 재현률, 적합률 중 어느 한쪽만 높아서는 검색결과로서는 적합하지 않다는 것을 직감적으로 알 수 있을 것이다. 검색결과 측면에서는 대상 문서가 많이 존재해도 그 중에 50건 정도만 적당하게 뽑아서 그 중에서 꽝이 하나도 없는 것이 가장 좋은 경우다. 셔블로 집어서 10개, 20개를 끌어올렸을 때 다시마 과자가 하나도 없는 것이 만족도가 가장 높다. 즉, 재현률과 적합률에는 상반관계가 있다. 이해하겠는가?

상반관계가 있다는 것을 실감할 수 있었으면 하는 바람이다.

검색 시스템 평가와 재현률/적합률

재현률/적합률을 사용하면 해당 검색 시스템에 특정 쿼리를 입력했을 때의 성능을 정량화할 수가 있다. '이 시스템은 적합률은 높지만 재현률이 낮다' 또는 '밸런스 좋은 결과를 반환하고 있지만 전체적으로는 성능이 낮다' 와 같이 평가할 수 있다. 실제 연구개발 세계에서는 자신들이 연구목적으로 만든 시스템의 성능을 평가할 경우에 이 재현률/적합률을 사용하며, 실제 시스템에서도 이 점에서 상반관계가 있다는 것을 알고 있으면 어느 한쪽을 희생해서 튜닝하는 등의 방침을 세우기 쉬우므로 기억해두면 좋을 것이다.

형태소 분석과 n-gram의 예를 보면 형태소 분석 측면에서는 검색되었으면 하는 게 검색되지 않는 경우가 있다. 하지만 의도하지 않은 결과가 나오는 경우는 적으므로 적합률이 우선시된다. 반면, n-gram은 검색누락은 발생하지 않지만 의도하지 않은 결과가 반환되는(그래서 필터링이 필요하다) 경우가 있으므로 재현률이 우선시되고 있다고 생각할 수 있다.

> **Memo**
>
> **재현률과 적합률**
> - 검색의 타당성 평가기준
> - 올바른 결과를 반환했는가?
>   - 적합률 = 올바른 결과의 수 / 반환한 결과 총수
> - 이것저것 망라해서 반환했는가?
>   - 재현률 = 올바른 결과의 수 / 적합한 결과 총수

지금까지의 내용 정리

설명이 좀 길어졌는데 지금까지의 내용을 간단히 정리해두자. 검색엔진에도 여러 종류가 있다. grep형과 Suffix형, 역 인덱스형이 있다고 얘기했다. 각각의 장점과 단점이 있으며, 그 중에서도 현재 주류는 역 인덱스형이다. 역 인덱스형은 Dictionary + Postings라는 구조로 되어 있다. 이 역 인덱스를 구성하는 데에도 다양한 기법을 생각할 수 있는데, 예를 들면 어떻게 해서 Dictionary를 만들지에 대한 문제가 있다. 여기서는 형태소 분석 및 n-gram을 기반으로 한 방법을 설명했다.

Postings 작성법 — 역 인덱스 작성법 #2

그러면 계속 설명하도록 하겠다. 지금까지 Dictionary에 대한 얘기를 했다. 다음은 Postings 만드는 법을 살펴보도록 하자.

복습할 겸 그림 9.3 **2**의 우측 부분을 만드는 법에 대한 이야기를 하겠다. Postings란 아래 예를 보면 알 수 있듯이 해당 단어를 포함하는 문서 번호 또는 ID라고도 하는데, ID를 지니고 있는 배열 같은 것으로 생각해도 좋을 것이다.

- **역 인덱스의 예**

Dictionary		Postings		
하테나	→	1	3	4
시나몬	→	1	3	
교토	→	3		
도쿄	→	1		
홋카이도	→	2		
kurain	→	2	3	

Postings를 구성하는 데에도 몇 가지 기법이 있다. 위 예에서는 단순하게 문서 ID만을 보유하고 있는데, term이 해당 문서 내의 어느 위치에 출현하는지 그 출현위치를 저장하는 경우도 있다. 이것을 'Full Inverted Index'라고 하기도 한다. 출현위치를 가지고 있으면 좋은 점은 스니핏을 뽑아낼 때 이 단어가 문장 내의 어디에 포함되어 있는지를 바로 알 수 있다.

그 밖에 스코어링에도 도움이 된다. '하테나'와 '교토'로 and검색을 했을 때 하테나의 교토에 관한 얘기나 나왔으면 한다. 이 경우에 해당 문서에서는 '하테나'와 '교토'라는 단어가 가까이서 나올 것이라는 것은 직감적으로 알 수 있다. 예를 들면 '하테나 오피스는 교토에 있다'라는 문장. 타깃으로 삼고 있는 단어가 가까운 위치에 있는, 즉 단어 사이의 근접도로 스코어링을 할 때 단어 출현위치를 사용하곤 한다. Google도 이렇게 하고 있을 것이다.

다음으로 n-gram을 이용할 때 필터링을 할 경우에도 사용할 수 있다. 두 단어가 위치면에서 연결되어 있다면 문제가 없을 것이다.

> **Memo**
>
> **Postings**
> - 출현위치도 저장하는 경우
>   · Full Inverted Index
>   · 스니핏, 스코어링, 필터링이 용이
> - 문세ID만 저장하는 경우
>   · Inverted File Index
>   · 크기가 작고 구현이 용이

출현위치를 저장하지 않고 문서ID만을 저장하는 타입

이번에는 출현위치를 저장하지 않고 문서ID만을 저장하는 타입을 살펴보자. 이것을 특별히 Inverted File Index(역 파일 인덱스)라고 하는 경우가 있다. 둘의 차이는 당연히 출현위치를 저장하지 않는 쪽이 크기가 작고 구현도 용이해진다는 점이다.

출현위치를 저장하지 않으면 처음에 본 것처럼 term에 대응하는 문서ID가 나열된 배열에 불과하므로 데이터 구조로서는 단순하다. 문서ID는 정렬해둔다. 정렬해두면 오름차순이든 내림차순이든 단순증가/감소하는 정수열이 되므로 제6장의 과제에서 등장한 VB Code로 압축할 수 있다.

이와 같은 이유에서 Postings의 문서ID 압축에는 VB Code가 자주 사용된다. 꽤 좋은 압축률을 나타내며, 압축을 풀 때도 빠르게 풀 수 있기 때문이다.

그렇게 생각하면 역 인덱스라는 건 좌측에 term이 있고 우측에는 압축된 문서ID의 리스트(Postings List)로 된 key, value쌍이 된다. Perl로 생각하면 해시의 key와 value처럼 되는 것이다. 이 구조는 key-value 스토어로 저장하기에 적합하다.

처음에 설명했던 다양한 검색엔진은 이 역 인덱스를 저장하기 위한 key-value 스토어를 독자적으로 지니고 있는 경우가 많다. 예를 들면 Hyper Estraier에서는 QBDM, 최근에 나온 Lux는 Lux IO라는 key-value 스토어를 지니고 있다. 북마크 검색에서는 이 부분에 Lux IO를 빌려 쓰고 있다. 이번에 여러분이 구현할 때는 우선 지금 설명했듯이 Perl의 해시로도 좋을 듯하며, term을 key, 압축된 문서ID 배열을 value로 가져가는 데이터 구조를 취하면 OK다.

> 이토 나오야: 가능한 사람은 key-value 스토어 같은 외부 스토리지에 인덱스를 저장할 수 있도록 해도 좋을 듯하다.

메모리에 올리는 편이 빠르긴 하다.

이토 나오야: 그렇다. 다만 메모리에 전개하는 거라면 프로그램을 처음 기동했을 때 반드시 인덱스를 구축해야 하는데, 외부 스토리지에 인덱스를 백업할 수 있도록 해두면 이런 처리를 줄일 수 있으므로 실용적일 것이다.

> **Memo**
>
> **Postings와 데이터 구조**
> - 문서ID 순서
>   - 정렬한다 ➡ VB Code
>   - 어느 정도의 압축률과 빠른 전개 성능
> - 구조: term =〉 압축된 Postings List
>   - key-value 스토어에 적합하다.

이상 Postings에 대한 설명이었다. 비교적 간단한 얘기여서 얘기할 내용은 많지 않았다. 실제로는 문서ID를 어떤 순번으로 문서에 부여해갈지에 대한 것만으로도 논문이 되거나 압축방법도 VB Code 이외에 다양한 기법이 있어서 Postings 하나로도 충분히 심오하지만 기본은 단순하다.

이렇게 해서 검색이 가능하기까지의 절차로 나열한 여섯 가지 중 인덱싱과 검색 부분에 대해서는 대략적으로 설명을 마쳤다.

스코어링에 대한 보충

스코어링에 대해서도 약간만 소개해두도록 하겠다.

처음에 말했듯이 검색결과를 어떤 순서로 표시할 건지는 상당히 중요한 문제다. 이 순위는 해당 검색엔진을 사용자가 사용하고 싶어할지 그렇지 않을지에 직결된다.

과거 검색의 역사에서 '문서의 중요성'을 고려해서 랭킹을 매긴 것은 Google이 처음이었다. 다른 검색엔진은 좀더 다른 점에 주목해서 랭킹을 매겼다. Google의 랭킹 알고리즘이 바로 **PageRank**다. 특허도 있는데 이 기법이 논문에 공개되었다.

다만 PageRank만으로 현재의 Google이 움직이고 있는 것은 아니다. 앞서 말했듯이, 검색어 중 두 번째 검색어의 출현위치를 비롯해 이외에도 정말 다양하고 많은 알고리즘을 사용해서 검색결과의 랭킹을 결정하고 있는 것이다.

검색결과의 랭킹을 결정하는 데에는 여러 기법을 생각해 볼 수 있는데, 검색한 단어가 문서 내에서 얼마나 중요성을 갖고 있는지를 가늠해서, 예를 들어 '하테나' 라는 단어가 이 문서 내에서는 중요도가 높다고 생각하면 이 문서의 순위를 높이는 일도 가능하다. 이럴 때는 지표로 TF/IDF[주9]를 이용해도 좋다. 그 다음은 검색어 집합, 즉 검색어가 많이 주어졌을 때 검색 대상 문서에 포함되어 있는 단어의 열을 보고 이 문장과 주어진 단어열이 비슷한지를 예측하는 것이다. 그 밖에는 PageRank와 비슷하게 링크 피드백을 이용하는 등 일단 다양한 방법을 생각해볼 수 있다. 이는 나름대로 재미있는 내용이므로 관심 있는 분은 참고문헌을 참고로 깊게 파헤쳐보기 바란다.

참고문헌

끝으로 참고문헌을 소개한다.

❶ 『Algorithms on String』(Maxime Crochemore / Christophe Hancart / Thierry Lecroq 저, Cambridge University Press, 2007)
❷ 『Introduction to Information Retrieval』(Manning D. Christopher / Raghavan Prabhakar / Sch?tze Hinrich 저, Cambridge University Press, 2008)
❸ 『Managing Gigabytes』(Ian H. Witten / Alistair Moffat / Timothy C. Bell 저, Morgan Kaufmann, 1999)
❹ 각 검색엔진의 기술자료

주9 Term Frequency / Inverse Document Frequency. 단어의 출현빈도와 역 출현빈도

이 책의 제6장에서 이미 등장한 ❷「Introduction to Information Retrieval」은 2009년 8월 시점에서 하테나에서도 돌아가며 강의하고 있는 책이다. 2008년이면 이 분야의 책으로는 비교적 새 책이지만, 이번에 얘기한 내용에다가 검색엔진에 필요한 내용을 망라해서 다루고 있는 좋은 책이므로 관심 있는 분은 읽어보기 바란다. ❶「Algorithms on String」은 KMP법이나 BM법 등 텍스트를 어떻게 하면 빠르게 검색할 수 있는지에 관한 얘기를 망라해서 다룬 책이다. 이것도 상당히 재미있는 책이다. ❸「Managing Gigabytes」는 id:naoya(이토 나오야)가 연구회에서 읽고 있는 책으로, 1999년이면 조금 오래되었지만 이 책도 검색엔진의 내부구조를 다루고 있다.

> 이토 나오야: 「Managing Gigabytes」는 데이터압축과 검색엔진에 관한 기법을 포괄적으로 설명하고 있다. 압축과 검색엔진은 많이 다른 분야로 보이지만 사실은 둘 다 상당히 밀접하게 관련되어 있다는 것을 알 수 있어서 재미있다. 처음에 검색에 관한 책이라고 생각하고 읽어보니 앞에서 갑자기 데이터압축에 대한 얘기로 시작을 한다. 다소 딱딱한 책이다.

이렇게 여러 책이 있으며, 문서 검색이나 대량 데이터를 다루는 경우에 대해 조사해보고 싶으면 이런 책을 보면 좋을 듯하다.

> 이토 나오야: 최근에는 「Search Engines: Information Retrieval in Practice」(Bruce Croft / Donald Metzler / Trevor Strohman 저, Addison Wesley, 2009)라는 책이 발간되었고, 저자로는 야후의 사람도 참가하고 있다고 한다. 일부 내용은 IIR과 비슷하지만 평이하면서 상당히 좋은 책인 것 같다.

여기서 열거한 것은 모두 영문 원서이며, 각 검색엔진의 기술자료 중에는 일본어로 된 재미있는 읽을거리가 많이 있다. 예를 들면 Senna나 Hyper Estraier 사이트에 가보면 학회나 컨퍼런스에서 발표한 자료가 남아 있어서 이를 읽는 것만으로도 구현에 대한 세세한 설명이 실려 있으므로 상당히 재미있을 것이다.

CHAPTER 10

[과제] 전문 검색엔진 작성
기초, 상세부분 작성, 속도와 정확성 추구

필자 쿠라이 류타로, 이토 나오야

대규모 데이터 처리의 대표 기술
검색엔진 개발에 도전

제10장에서는 실제로 과제를 통해 검색엔진을 구현해보도록 하자.

이전 장인 제9장에서는 검색엔진 제작을 목표로 검색엔진의 분류 및 주류를 이루는 역 인덱스의 구조를 살펴보았다. 역 인덱스는 Dictionary + Postings로 구성되어 있으며, Dictionary, Postings 각각에 대한 세부내용에 대해서도 살펴보았다. 검색엔진이라고 하면 언뜻 보기에 어려울 듯하지만, 내부를 차근히 풀어가다 보면 Perl의 해시와 같은 데이터 구조로 일단은 실현할 수 있을 정도로 간단한 구조로 되어 있음을 알았을 것이다.

대규모 데이터를 대상으로 한 경우는 물론, 거기서부터 다양하게 발전시켜 갈 필요가 있는 경우에도 기본적인 부분은 동일하다. 이런 기본내용을 기억해둔다면 응용할 때에도 직감을 발휘하기 쉬울 것이다.

그 첫걸음이 바로 제10장이다. 하테나 북마크의 전문 검색기능을 소재로 역 인덱스형 검색엔진을 만드는 과제다. 개발을 통해 우선은 기본 부분을 만들고 응용을 향해 서서히 프로그램 제작을 거듭해 가는 과정을 배우길 바란다.

> **Memo**
>
> **전문 검색엔진 작성**
> - [과제] 하테나 북마크 전문 검색 만들기
> - 응답 사례와 사고방식

CHAPTER 10 ··· [과제] 전문 검색엔진 작성 _기초, 상세부분 작성, 속도와 정확성 추구

[과제] 하테나 북마크 전문 검색 만들기

전문 검색엔진 개발

※ [과제] 하테나 북마크에 작성된 최근 1만 건의 엔트리를 대상으로 한 전문 검색 만들기

- 대상은 최근 엔트리 1만 건
- 검색어를 포함하는 엔트리를 반환
- 반환하는 내용은 URL, 타이틀을 포함할 것
- 가능하면 스니핏도 표시할 것
- 작성일자순으로 정렬

대략 과제내용은 이상과 같다. 여기에다 진도에 맞게 아래 기능이 가능하면 좋을 듯하다.

- 검색조건 추가: AND / OR 검색에 대응, 카테고리 분류에 대응
- 속도와 정확성 추구: 실용적인 검색속도, 검색누락이나 false-positive[역주1] 회피

역주1 false-positive: 거짓양성, 긍정오류
실제로는 정상(양성)이 아닌데 정상(양성)으로 판단하는 경우를 말한다.

강의 27 [과제] 하테나 북마크 전문 검색 만들기

과제내용

　과제내용은 '마이 북마크 검색'과 비슷한 것을 만들어보는 것이다. 강사진이 준비한 최근 1만 건의 엔트리, 즉 북마크 데이터를 대상으로 검색어를 포함하는 엔트리를 반환하는 프로그램이다. 데이터에는 각 엔트리의 본문을 추출한 데이터가 들어 있으므로 타이틀이나 URL뿐만 아니라 본문에 검색어가 포함되어 있는지 여부도 체크해서 해당하는 엔트리를 반환하기 바란다.

　검색결과로는 엔트리의 URL과 타이틀을 반환하도록 한다. '하테나'로 검색하면 누군가의 하테나 다이어리가 URL과 타이틀로 반환되는 형태의 검색 시스템이다. 여유가 있는 사람은 스니핏 출력에도 도전해보기 바란다. 스니핏을 출력하려고 하면 강의에서 언급했듯이, 역 인덱스에 단어 출현위치를 넣을 필요가 있으므로 꽤 시간이 소요될 수도 있다. 재미는 있겠지만 좀 힘들지도 모르겠다.

　검색결과 정렬순서와 관련해서 스코어링에 대해서는 이전 장에서 가볍게 언급만 하는 정도로 설명했으므로 작성일자순으로 정렬하면 되겠다. 최신 건부터 5건이나 10건씩 출력하면 된다.

과제를 해결하면 어떤 점이 좋은가?

　이 과제의 출제의도를 이미 짐작할 것이다. 대규모 데이터를 대상으로 전문 검색 프로그램을 작성할 수 있다면 RDBMS의 한계를 돌파하는 등 다양한 응용을 할 수 있다. 우선은 그 발판으로 역 인덱스형의 간단한 검색엔진을 만들어 보면서 그 기초를 배워보도록 하자.

CHAPTER 10 ··· [과제] 전문 검색엔진 작성 _기초, 상세부분 작성, 속도와 정확성 추구

샘플 데이터 형식과 데이터 크기

전달한 샘플 데이터에는 아래 두 가지가 포함되어 있다.

❶ URL이나 타이틀 등 엔트리의 기본 데이터가 10,000건 기록되어 있는 텍스트

❷ 각 엔트리의 본문 텍스트 파일 10,000개

기본 데이터는 아래와 같은 형식으로 되어 있으며,

15283314   4   http://www.yomiuri.co.jp/feature/20090811-247096/
news/20090811-0YT1T01075.htm야이즈시시, 서쪽으로 2센티 이동:시즈오카 앞바다 지진:특
집:YOMIURIONLINE(요미우리 신문)
1528331   3   4http://www.excite.co.jp/News/magazine/MAG7/20090812/47/
신문, 텔레비전은 사라지는가?「미주(迷走)하는 미디어 경영」?대형 스폰서와의 관계|Excite 뉴스
…

왼쪽부터 탭으로 구분하면 다음과 같은 항목으로 되어 있다.

- 엔트리ID(eid)
- 카테고리ID(category_id)
- URL(url)
- 타이틀(title)

엔트리ID는 엔트리를 고유하게 식별하는 ID로 이 값이 클수록 새로운 엔트리다. 카테고리ID에 대해서는 나중에 설명하도록 하겠다. 이 텍스트는 10,000건에 1.4MB 정도이므로 그다지 크지는 않다. 본문 데이터는 10,000건에 55MB로 이것도 적당한 크기다.

실제 하테나 북마크 전체를 대상으로 하면 3,000만 건을 넘어서므로 기가바이트 단위가 되어 다루기가 어려워진다.

이번 과제에서는 검색엔진 개발 측면에 집중하고자 하므로 이 정도의 크기로 진행해보려고 한다.

사전의 구성 — Dictionary, Postings

실제로 사전이 되는 역 인덱스, 여러 번 반복해서 언급해온 Dictionary + Postings를 만드는 게 과제다.

Dictionary는 n-gram이 아닌 단어를 기반으로 한 Dictionary를 만들기 바란다. 이때 본문 데이터에서 어떤 식으로 term을 추출해야 좋을지에 대해서는 이전 장 과제에서 만든 AC법 구현을 사용해도 되고, 형태소 분석기인 MeCab을 사용해도 상관없다. 아마도 MeCab쪽이 메모리도 사용하지 않고 빠르게 동작하리라 생각되지만, AC법을 사용해서 구현하면 전부 직접 만드는 기쁨을 맛볼 수 있을 것이다.

Postings의 압축은 제6장 과제에서 만든 VB Code 구현을 사용하기 바란다. 제6장 과제에서는 압축한 데이터를 파일에 쓸 필요가 있었지만, 이번에는 파일에 쓰지 않고 메모리에 보관해서 이를 사용해서 검색한다. 이와 같이 제6장의 구현을 변경해서 연구해보기 바란다.

인터페이스

애플리케이션의 인터페이스는 아래와 같이 검색할 수 있도록 하기 바란다.

- 명령줄에서 실행
- 대화형 인터페이스

UNIX의 명령줄에서 search.pl과 같이 명령을 실행하면 검색어를 받아들일 수 있는 상태가 되고, '하테나'라고 입력하면 '하테나 다이어리 ⋯ URL'과 같이 검색결과를 반환해주는 형태(그림 10.1)로, 결과에 몇 건을 표시할지는 스스로 결정하면 된다. 이 부분은 옵션으로 설정하든가 세세한 부분에 대한 각자의 연구는 환영하므로 마음껏 만들기 바란다.

● **그림 10.1** 인터페이스

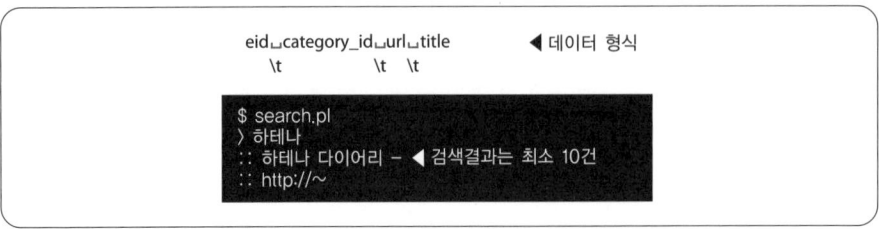

기본적인 부분 + 심화 구현

이와 같은 구성으로 해서 기본적인 부분은 만들 수 있으리라 생각한다. 여기에 다음 세 가지 측면으로 더 깊이 있게 구현해보았으면 한다.

- 전문 검색을 구현한다.
- AND / OR 검색을 할 수 있다.
- 카테고리에 따라 분류할 수 있다.

기본적인 부분이 동작하게 되면 전문 검색을 구현해보자. 아마도 심화 구현 과정에서 데이터 구조에 손을 대야 할 필요성도 생길 수 있지만, 이 작업을 통해 더 깊이 이해할 수 있을 것이다.

심화 구현의 다음 단계로 AND / OR 검색을 할 수 있도록 하는 것이다. AND / OR 검색은 쿼리를 파싱(parsing)하는 게 다소 번거로울 수 있는데, 이 부분은 본질적인 부분이 아니므로 타협해도 상관없다. 예를 들어 스페이스 구분자는 AND 검색을 한다는 의미로 보고 "하테나 쿠라이"라는 쿼리는 전부 AND 검색으로 처리하는 것이다. 이 부분의 사양은 자신이 구현하기 쉬운 방법으로 만들기 바란다.

또 하나 구현해보았으면 하는 것은 카테고리에 따른 분류다. 이번에 전달한 데이터에는 하테나 북마크에서 각 엔트리가 갖는 카테고리ID도 들어 있다. 카테고리는 정치·경제나 컴퓨터·IT 등이 있고, 각각의 카테고리에는 ID가 있는데 이 값이 엔트리별로 할당되어 있다.

이 카테고리ID를 사용해서 '카테고리ID가 1번이면서 "하테나"를 포함하는 엔트리를 검색'과 같은 분류도 할 수 있도록 해보기 바란다. 그리고 카테고리ID를 지정하는 인터페이스는 명령줄 옵션 등 자신이 원하는 식으로 구현해보기 바란다.

속도와 정확성으로 승부

여유가 있는 사람은 속도와 정확성으로 승부를 겨뤄보도록 하자. 샘플 쿼리로 100개 정도의 검색어를 정할 테니 해당 쿼리를 입력으로 해서 직접 만든 검색엔진 시스템을 평가해보기 바란다.

- 속도와 정확성으로 승부
- 샘플 쿼리에 대한 검색결과 상위 5건을 평가
    - 검색시간
    - 정확성(검색누락, false-positive)

평가항목은 먼저 검색시간. 예를 들어 100개의 샘플 쿼리를 날렸을 때 모든 검색결과를 반환하는 데 몇 초 걸렸는지를 체크한다.

또 하나의 평가항목은 정확성이다. 검색결과 상위 5건에 대해 평가하려고 하는데, 상위 5건이 검색누락을 일으키지는 않았는지, 정말 일자순으로 정렬했을 때 출력되어야만 하는 엔트리가 있는데 그게 누락되지 않았는지, 혹은 false-positive(원래 나와서는 안 되는 잘못된 검색결과)를 반환하지는 않는지 등으로 정확성을 체크하려고 한다.

최종적으로 채점할 때는 여러분이 만든 프로그램의 검색시간 순위와 정확도 순위를 더해서 종합순위도 매기려고 한다.

한편, 과제 배점에 대해서는 검색엔진을 만들어보자고 하는 기본적인 부분에 6점. 결과적으로 검색이 가능하면 일단 합격이다. 정확하게 동작하는지 여부가 2점, 코드를 이해하기 쉬운가에 2점. 빠른 속도를 요구하므로 어느 정도 코드가 지저분한 것은 이번 과제에 한해서는 크게 신경 쓰지 않아도 된다.

CHAPTER 10 ••• [과제] 전문 검색엔진 작성 _기초, 상세부분 작성, 속도와 정확성 추구

강의 28
응답 사례와 사고방식

응답 사례

그림 10.2는 응답을 실행한 예다. 여기서는 역 인덱스를 만들어서 디스크에 기록하는 indexer.pl(그림 10.2 ❶)과 해당 인덱스를 로드해서 대화 프롬프트로 검색하는 searcher.pl(그림 10.2 ❷)이라는 두 개의 스크립트를 만들었다. searcher.pl에서는 스니핏도 출력하도록 해보았다. 검색은 일단 쿼리 한 단어로만 검색하도록 구현했으며, AND / OR 검색은 구현하지 않았다.

● 그림 10.2 실행 예

```
❶기본 데이터 파일(10000entries.txt)과 본문 텍스트 디렉터리를 지정해서 인덱싱
% perl indexer.pl 10000enries/10000entries.txt 10000entries/texts

❷마찬가지로 인수를 지정해서 검색
% perl searcher.pl 10000enries/10000entries.txt 10000entries/texts
docs: 10000 at searcher.pl line 25.
now index lodaing at searcher.pl line 26.
terms: 194179 at searcher.pl line 30.
> Google
[15271525] Agiledevelopment,startupsandgovernmentpolicy-JoiIto'sWeb
http://joi.ito.com/weblog/2009/08/11/agile-developme.html

"When I visited Chicago last, John Bracken and Brian Fitzpatrick aka
Fitz from Google organized a very interesting meeting with people from
The MacArthur Foundation, Google and various communities including "
...
```

indexer.pl 구현

우선 indexer.pl 구현소스부터 살펴보자(리스트 10.1).

주된 흐름은 입력으로 주어진 데이터를 읽어들이고 그로부터 역 인덱스를 만든다. Dictionary는 Text::MeCab을 사용해서 MeCab에 의한 형태소 분석으로 마쳤다. 즉, 형태소 기반 사전이다.

역 인덱스는 Perl의 해시로 만들고 있다. Postings List의 압축은 차분을 구해서 VB Code를 적용했지만, 여기서는 감히 '라이브러리로도 가능하다' 는 예를 들어보기 위해 Array::Gap이라는 라이브러리를 사용해보았다. 이것은 강사 이토 나오야가 만든, 정수열을 VB Code로 압축하는 라이브러리다. 아래 URL에 자세한 설명이 있다.

- Array::Gap(naoya의 하테나 다이어리)
  _{URL} http://d.hatena.ne.jp/naoya/20080906/1220685978

- naoya's perl-array-gap at master(GitHub에서 다운로드해서 이용가능)
  _{URL} http://github.com/naoya/perl-array-gap

역 인덱스가 구축되면 Perl의 Storable이라는 Serialize / Deserialize 라이브러리를 사용해서 디스크에 해시를 기록한다.

Storable을 사용하면 해시 데이터 구조를 바이너리로 디스크에 기록하고, 다른 프로그램에서 이것을 로드할 수 있어서 편리하다.

리스트 10.1 indexer.pl

```perl
#!/usr/bin/env perl
use warnings;
use strict;

use FindBin::libs;

use List::MoreUtils qw/uniq/;
use Array::Gap;
use Path::Class;
```

CHAPTER 10 ··· [과제] 전문 검색엔진 작성 _기초, 상세부분 작성, 속도와 정확성 추구

```perl
use Text::MeCab;
use Storable qw/nstore retrieve/;
use Encode qw/decode_utf8/;

die "usage: $0 titles_file text_dir" if @ARGV != 2;

my $title_file = $ARGV[0];
my $text_dir = $ARGV[1];

## 기본 데이터 파일로부터 타이틀, URL 등을 읽어낸다
my %titles;
for my $line ( file($title_file)->slurp ) {
    chomp $line;
    my ( $doc_id, $cat_id, $url, $title ) = split "\\t", $line;
    $titles{$doc_id} = $title;
}

## MeCab으로 전문을 형태소 분석, 역 인덱스를 만든다
my $mecab = Text::MeCab->new;
my %main_index;
for my $file ( dir($text_dir)->children ) {
    my $doc = $titles{$file->basename} . $file->slurp;

    for (my $node = $mecab->parse($doc);$node; $node = $node->next) {
        my $key = decode_utf8 $node->surface;

        if ( my $arr = $main_index{$key} ) {
            push( @$arr, $file->basename,);
            $main_index{$key} = $arr;
        } else {
            $main_index{$key} = [ $file->basename ];
        }
    }
};

## 역 인덱스인 PostingsList를 Array::Gap으로 압축
for my $key ( keys %main_index ) {
    $main_index{$key} = Array::Gap->new( [ uniq sort @{$main_index{$key}} ]
)->bin;
```

```
}

## 인덱스를 Storable(serializer)로 디스크에 기록
nstore \\%main_index, 'index.data';
```

searcher.pl 구현

다음은 searcher.pl의 구현소스다(리스트 10.2). 입력으로 주어진 데이터 파일을 읽어들이고, indexer.pl로 만든 인덱스 파일을 로드한다. 로드된 역 인덱스는 그대로 Perl의 해시로 사용할 수 있다.

검색용 인터페이스는 대화 프롬프트로서 제공하는데, 이를 구현하기 위해서 Term::ReadLine을 사용했다.

'역 인덱스로부터 검색'이라고 하면 어렵게 들릴지 모르지만, 실제로는 해시에 대해 키에 검색쿼리를 부여할 뿐이다. 키에 대응하는 값이 압축된 Postings List이므로 이를 Array::Gap으로 전개한다. 이렇게 해서 문서ID 목록을 손에 넣었으므로 그 다음은 텍스트 파일과 조합해서 출력 포맷을 정비해주면 OK다.

리스트 10.2 searcher.pl

```
#!/usr/bin/env perl
use warnings;
use strict;
use FindBin::libs;

use Path::Class;
use Storable;
use Encode qw/encode_utf8 decode_utf8 find_encoding/;
use Term::ReadLine;
use Term::Encoding qw/term_encoding/;
use Array::Gap;
```

CHAPTER 10 ··· [과제] 전문 검색엔진 작성 _기초, 상세부분 작성, 속도와 정확성 추구

```perl
use utf8;

die "usage: $0 titles_file text_dir" if @ARGV != 2;

my $title_file = $ARGV[0];
my $text_dir = $ARGV[1];
my %titles;

## 기본 데이터 파일로부터 타이틀 등을 읽어낸다
for my $line ( file($title_file)->slurp ) {
    chomp $line;
    $line = decode_utf8 ( $line );
    my ( $doc_id, $cat_id, $url, $title ) = split "\\t", $line;
    $titles{$doc_id} = {title => $title, url=> $url};
}
warn sprintf "docs: %d", scalar keys %titles;
warn "now index lodaing";

## 역 인덱스를 메모리에 로드
my $data = retrieve './index.data';
my %index = %$data;
warn sprintf 'terms: %d', scalar keys %index;

## Term::ReadLine으로 대화 프롬프트를 실행
my $term = Term::ReadLine->new('');
my $prompt = '> ';
my $enc = find_encoding( term_encoding );
my $limit = 5;

while (my $input = $term->readline($prompt)) {
    $input = $enc->decode($input);

    ## 역 인덱스에서 검색
    if ( my $data = $index{$input} ) {
        ## PostingsList($arr) 얻기, 결과 표시
        my $arr = Array::Gap->new( $data )->as_array;
        my $message = '';
        my $res_size = @$arr;
        if ( $res_size > $limit ) {
            $arr = [ @$arr[0..$limit-1] ];
```

강의 28 응답 사례와 사고방식

```perl
            $message
                = sprintf "Results 1 - %d of about %d for %s\\n",
                    $limit, $res_size, $input;
        }

        for my $doc_id ( @$arr ) {
            my $res = sprintf "[%d] %s\\n%s\\n\\n\\\"%s\\\"\\n\\n\\n",
                    $doc_id,
                    $titles{$doc_id}->{title},
                    $titles{$doc_id}->{url},
                    &snipet($input, $doc_id);
            print encode_utf8 $res;
        }
        print encode_utf8 $message;
    } else {
        print "No Match\\n";
    }

    $term->addhistory($input);
}

## 스니핏 출력
sub snipet {
    my ($word, $doc_id) = @_;

    my $doc = dir($text_dir)->file($doc_id)->slurp;
    $doc = decode_utf8 $doc;

    my $pos = index($doc, $word);
    my $wlen = length $word;
    my $start = $pos - 100;
    $start = 0 if $start < 0;

    my $res = substr($doc, $start, $wlen + 200);
    $res =~ s/\\n//g;

    return $res;
}
```

스니핏을 출력하는 것은 이번 과제에서는 간단하므로 바로 텍스트 내에서 쿼리가 일치하는 곳을 찾도록 구현했다. 실용적인 시스템에서는 역 인덱스에 검색어의 출현위치를 기억시켜 두고 쿼리를 발견한 위치는 곧바로 찾아내지 말고 속도를 버는 편이 더 낫다.

개선할 수 있는 점은?

이번 과제는 응답 사례를 들어 간단한 구현으로 마쳤지만, 이를 개선해가고자 한다면 아래와 같은 점을 들 수 있겠다.

- **AND / OR 검색 구현**
    → AND / OR 검색을 구현하려면 쿼리를 분석해서 복수의 쿼리 단어를 얻었으면 각각의 쿼리 단어에 대응하는 Postings List에 출현하는 공통의 문서ID를 추출, 즉 복수의 Postings List 사이에서 문서ID의 교집합을 얻는다. OR 검색에서는 합집합을 얻는다. 정수열로부터 교집합/합집합을 얻기 위한 효율적인 알고리즘은 강의 26의 마지막에 언급한 참고문헌 등에 자세히 기재되어 있다.

- **searcher.pl로 검색어도 분해한다**
    → 이번 과제는 AND / OR 검색을 지원하지 않으므로 검색어를 그대로 역 인덱스에 집어넣고 있다. 실제로는 쿼리 단어도 형태소 분석한 후에 역 인덱스로 검색하는 편이 정확도는 더 향상될 것이다.

그 밖에 아래 부분들에 대한 구현에 도전해보는 것도 재미있을 것이다.

- 형태소 분석이 아닌 n-gram 방식으로 변경해본다.
- 역 인덱스에 단어 출현위치를 기록해서 스니핏을 출력하는 데 도움이 되도록 해본다.

강의 28 응답 사례와 사고방식

Column

Twitter의 스케일아웃 전략
기본 전략과 서비스 특징에 맞는 전략

제4장 강의에서는 DB의 스케일아웃 전략에 대해 소개했다. 현재 DB분산, 스케일아웃이라고 하면 궁금한 것이 당연히 Twitter(http://twitter.com/)가 어떤 식으로 부하분산을 하고 있느냐다. 2010년 4월에 개최된 QCon Tokyo 2010에서 그 비밀이 회사 관계자인 Nick Kallen에 의해 소개되었다.

- 「초당 120만 트윗을 처리, Twitter 시스템의 "현재"」(@IT)
  URL http://www.atmarkit.co.jp/news/201004/19/twitter.html

이 책의 본문 중에는 데이터를 메모리 내에서 처리할 수 있도록 파티셔닝 등으로 데이터를 분할해서 조정하는 것이 그 기본임을 반복해서 언급하고 있다. 상기 기사를 보션 Twitter도 비슷한 방법으로 MySQL을 확장하고 있는 듯하다. 현시점에서는 뭔가 특수한 스토리지를 사용하지는 않고 MySQL + memcached에 파티셔닝…이라는 비슷한 기본 방침이다. 하테나에 비해 사용자가 전 세계에 퍼져 있는 Twitter의 규모는 비교가 될 수 없을 정도로 큰 규모일 것으로 생각되는데, 그 정도 규모가 되어도 기본 전략은 변하지 않는다는 것은 매우 흥미롭다.

한편, Twitter는 사용자ID를 이용한 파티셔닝이 아니라 트윗 작성일시를 축으로 한, 시간축을 이용해서 파티셔닝을 하고 있다는 사실, 그 밖에 fan out이라고 하는 메일 전송과 비슷한 아키텍처를 MySQL + memcached에 채택해서 일부 기능을 실시간성을 잃지 않고 실현하고 있다는 얘기도 소개되고 있다. 앞으로는 Apache Cassandra(http://cassandra.apache.org/)라는 Facebook이 개발한 새로운 아키텍처를 가진 스토리지를 채택할 것을 검토하고 있다고 한다.

CHAPTER 11

대규모 데이터 처리를 지탱하는 서버/인프라 입문
웹 서비스의 백엔드

필자 다나카 신지

하테나의 인프라스트럭처
제11장~제15장에 대해

　제11장 강의가 시작됐다. 길었던 강의도 2/3가 지나고 남은 건 다섯 장. 이제부터는 기술적 설명을 중심으로 하고 과제는 없으므로 편안하게 진행해보도록 하자.

　제11장~제15장 강의의 테마는 하테나의 인프라스트럭처(infrastructure)다. 제1장 강의 내용과 일부 중복되는 내용도 있지만 좀더 세부적인 얘기, 좀더 저수준(low layer)으로 설명하게 되므로 이 점을 의식해서 살펴보기 바란다.

　우선 제11장에서는 웹 서비스가 인프라에 요구하는 것에 대해 얘기해보고 하테나의 인프라는 어떤 특징을 가지고 있는지를 설명하도록 한다. 이어서 각종 기술에 대한 설명으로 들어가서 제12장에서는 각종 기술을 결집해서 확장성을 어떻게 높일 것인지, 제13장에서는 다중성을 어떻게 확보할 것인지에 대해 다루고, 제14장에서는 시스템의 효율을 어떻게 향상시킬지에 대해 생각해본다. 그리고 마지막 제15장에서는 시스템을 지탱하는 네트워크 관련된 내용을 살펴보도록 하자.

　제11장은 엔터프라이즈와 웹 서비스, 클라우드와 자체구축 인프라 등 몇 가지를 비교해가면서 하테나 인프라의 특징을 살펴보기로 하자.

> **Memo**
>
> **하테나의 인프라스트럭처**
> - 웹 서비스의 인프라 특징과 하테나의 특징(➡ 제11장)
> - 각종 기술
>   - 확장성(➡ 제12장)
>   - 다중화(➡ 제13장)
>   - 효율향상(➡ 제14장)
>   - 네트워크(➡ 제15장)

CHAPTER 11 ··· 대규모 데이터 처리를 지탱하는 서버/인프라 입문 _웹 서비스의 백엔드

강의 29
엔터프라이즈 vs. 웹 서비스

엔터프라이즈 vs. 웹 서비스 — 응용범위로 보는 차이

먼저 여러분에게 질문해보겠다. '정보시스템'이라고 하면 시장규모로 볼 때 이른바 '엔터프라이즈'라고 하는 영역이 압도적으로 크고, 반면 '웹 서비스'는 최근 10년 동안에 붐이 일어나기 시작한 것이다. 현재는 웹 서비스도 나름의 규모를 이루고 있지만, 전체적으로 보면 아직은 적은 영역으로 느껴진다. 또한 정보시스템 분야 중에 엔터프라이즈 영역에 요구되는 것과 웹 서비스 영역에 요구되는 것에는 상당한 차이가 있다.

실제 어떤 차이가 있는지 알고 있는가? 예를 들면 어떤 이미지가 있는가?

학생: 엔터프라이즈는 시스템이 다운되면 치명적이라고 할까, 사람의 인생을 좌우할 것 같은 이미지가 있습니다.

그렇다. 돈이나 생명 같은 것과 관련된 영역이 많은 것이 엔터프라이즈의 특징 중 하나이다. 시스템화해야 할 대상 영역의 차이에 따라 내부에 요구되는 조건도 달라지게 되고, 이런 사항들이 실제 세부적인 기술에도 반영되는 것이다. 계속해서 각각의 응용범위와 실제를 좀더 구체적으로 살펴보자.

웹 서비스의 특징 — 엔터프라이즈와 비교

둘의 특징을 표 11.1에 정리했다. 엔터프라이즈와 웹 서비스의 차이, 웹 서비스

의 특징을 살펴보자.

먼저 표 11.1에서 ❶트래픽의 경우는 엔터프라이즈에서는 극히 거대한 규모가 되는 경우는 드물지만, 웹 서비스의 경우는 특히 글로벌하게 전개되고 있는 서비스에서는 어마어마한 트래픽이 발생할 가능성이 있다. 예를 들면 일본 내에서는 '니코니코 동영상' [주1]이 전형적인 예다.

니코니코 동영상 단독으로 일본 인터넷 트래픽의 수%를 차지하고 있어 상당한 존재감이 있다. 이와 같이 트래픽에 대해서는 웹 서비스가 더 크다는 특징이 있다.

다음으로 표 11.1의 ❷성장성, 다시 말해 성장속도에 관한 것이다. 엔터프라이즈에서는 실제 비즈니스와 연계되어 있으므로 그다지 급격하게 성장하는 것은 아니다. 예를 들면 전화 네트워크가 갑자기 전년대비 100% 증가한다거나 그런 시대도 아닐 뿐더러 은행 구좌수가 전년대비 수십% 증가하는 등의 일은 거의 일어나지 않는다. 엔터프라이즈 계열에서는 성장이 어느 정도 한정되어 있고 성장할 때에도 착실하게 늘어가는 경향이 있다. 반면, 웹 서비스의 경우는 폭발적으로 성장할 가능성이 있어서 전년대비 100%, 200%, 300% 증가와 같은 일도 드물지 않다. 옛날에 비하면 웹 서비스도 서서히 성숙해가고 있으며, 그런 정도로 폭발적인 성장을 하는 서비스도 비율로 보면 줄었지만, 엔터프라이즈 계열과 비교하면 그래도 아직 그 성장속도는 압도적이다.

그 다음, 표 11.1의 ❸신뢰성. 엔터프라이즈에서는 '사수(死守)'라고 적혀 있는데 장애가 발생해서 데이터가 없어지거나 하면 실제로 돈이 사라지기도 한다. 때문에 만일 장애가 발생되면 피해자로부터 손해배상청구를 받게 되거나 구해야 하는 사람 목숨을 구하지 못하는 등의 사태도 발생할 수 있다. 그런 의미에서 굉장히 높은 신뢰성이 요구된다. 그러나 웹 서비스는 최근에는 유료 서비스도 늘어나고는 있지만 인명이나 돈과 그렇게 직접적으로 관련되는 일은 적고, 특히 블로그나 소셜 북마크, Twitter와 같은 미니 블로그에서는, 가령 일시적으로 볼 수 없게

주1 URL http://www.nicovideo.jp/

CHAPTER 11 ··· 대규모 데이터 처리를 지탱하는 서버/인프라 입문 _웹 서비스의 백엔드

되더라도 '잠시 기다려 주시기 바랍니다'(언급하지 않고 넘어가는 경우도 있지만)라고 할 수가 있어서 신뢰성에서는 그렇게 높은 레벨이 요구되지 않는다는 특징이 있다.

마지막으로 표 11.1의 ❹트랜잭션을 언급했다. ❸은 넓게 서비스의 신뢰성 관점에서 본 것이지만, ❹는 DB에 대한 얘기다. 엔터프라이즈에서는 데이터 간 정합성을 정확히 유지해야만 한다. 예를 들어 특정 구좌에서 돈을 인출해서 다른 구좌로 이체할 때 한쪽에서는 인출했는데 다른 한쪽은 이체해서 늘려놓지 않는다든가, 한쪽은 늘려놓았는데 다른 쪽은 인출하지 않는 등의 부정합이 발생하면 금전적인 손해가 발생해서 굉장히 큰 문제가 된다. 이와 같은 문제를 피하기 위해 DB 처리에 있어서 트랜잭션 처리를 이용해서 정합성을 명확히 담보하면서 처리하게 된다. 그러나 웹 서비스에서는 일시적으로 정합성이 일치하지 않는 경우도 허용하도록 처리하는 경우도 있다. 예를 들면 블로그를 작성한 후에 RSS 리더로 포착하기까지 시간지연이 있는 경우는 드물지 않다. 이와 같이 단기적으로 데이터 정합성을 잃게 되어도 '죄송합니다' 정도로 끝나기도 한다. 그대신 비용을 줄이거나 적은 서버대수로 트래픽이 많이 발생하도록 하는 설계를 한다. 이와 같이 애초에 응용 분야가 달라서 시스템에 요구되는 조건도 달라지게 된다.

● 표 11.1 엔터프라이즈 vs. 웹 서비스

	엔터프라이즈	웹 서비스
❶트래픽	그다지 많지 않음	굉장히 많음
❷성장성	적당한 정도	폭발적
❸신뢰성	시수(死守)	99%
❹트랜잭션	많이 사용	그다지 많이 사용하지 않음

웹 서비스의 인프라 — 중요시되는 세 가지 포인트

웹 서비스의 인프라에서 중요시되는 것은 어떤 점일까? 포인트를 세 가지 소개한다.

첫 번째는 저비용 고효율이 중시된다. 그러나 단순히 저비용, 저비용만을 외치기만 해서는 비용이 실제로 내려가지 않는다. 이를 위해서 뭔가 희생해야만 하는 등 상반관계(trade-off)가 있게 되는데, 가장 이해하기 쉽게 100%의 신뢰성은 목표로 하지 않도록 한다. 물론 비용을 들인다면 얼마든지(그렇다고 해도 한계는 있지만) 꽤 높은 신뢰성을 추구할 수는 있지만, 이 부분은 과감히 접고 오히려 비용을 낮춰서 효율을 높이는 방향으로 추진하고 있다. 서버 등의 비용에 대해서는 따로 살펴보도록 하겠다.

두 번째 포인트로는 확장성이나 응답성 등에 대한 설계를 중요시한다. 서비스의 성장속도를 모르거나 사용자 경험(UX)를 위해 서비스의 응답성이 중요한 경우도 있다. 따라서 100% 신뢰성을 추구하기보다 장래를 위해 제대로 확장할 것.

99%의 시간대는 양호한 응답이 이루어지도록 하는 등 기술적으로 중점을 둔 설계가 중요하다. 특히 인프라를 얘기할 때 빠질 수 없는 확장성에 관해서는 나중에 노하우와 함께 제대로 소개하도록 하겠다.

마지막으로 세 번째 포인트. 웹 서비스에서는 서비스 사양이 이리저리 바뀌는 경우가 있다. 하테나 다이어리나 하테나 북마크 등에서는 기능이 빈번하게 추가되고 있으므로 여기에 유연하게 대응할 수 있는 인프라여야만 한다. 엔터프라이즈 시스템의 경우, 큰 회사에 입사해서 정보시스템을 만지게 되면 좋든 싫든 체험하게 되리라 생각되지만, 특정 서비스의 사양을 추가하고자 할 때 (서비스의 규모나 복잡함에 따라 다르겠지만) 반년 또는 1년 전부터 기획하고 꾸준히 준비해서 서비스 사양을 결정하고 개발, 디버그해서 최종적으로 릴리즈하게 되는 흐름으로 일을 진행하게 되는 경우도 드물지 않다. 그러나 변화가 빠른 웹 서비스 영역에서 그런 식으로 하면 완전히 시기를 놓쳐버리게 된다. 따라서 세 번째 포인트로 개발속도를 중시한 인프라로 구성해가는 것도 매우 중요한 점이다. 예를 들면 애플리케이션 배포를 가능한 한 간편하게, 또한 배포할 때 마침 처리 중인 요청에 영향이 없도록 하고, 필요한 서버를 즉시 추가할 수 있도록 해두며, 배포한 코드에 문제가 발견됐을 때에는 곧바로 이전 상태로 돌아갈 수 있도록 대처하고 있다.

> **Memo**
>
> **웹 서비스의 인프라에서 중요시되는 세 가지 포인트**
> - 저비용 고효율
>   → 100% 신뢰성은 목표로 하지 않는 것으로 결론 지어라.
> - 설계
>   → 확장성, 응답성이 중요
> - 개발속도
>   → 서비스에 대해 기동성 있게 리소스를 제공할 수 있어야 한다.

강의 30
클라우드 vs. 자체구축 인프라

클라우드 컴퓨팅

　강의 29에서 언급한 대로 웹 서비스는 저비용 고효율이 중시되는 영역이며, 이 점에서 2008년경부터 유행하고 있는 '클라우드 컴퓨팅', '클라우드'도 주목해야 할 키워드가 되고 있다. 몇몇 블로그 등에서도 클라우드 컴퓨팅과 자체구축 인프라에 대한 비교가 화제가 되고 있다.

　클라우드 컴퓨팅이라는 용어는 Google의 회장 겸 CEO, 에릭 슈미트(Eric Schmidt)가 강연 중에 언급한 것에서 시작되었다. 용어 자체는 그렇게 엄밀하게 정의되어 있지 않으며, 다양한 사람들이 조금씩 다른 의미로 사용하고 있는 게 현 상황이다. 유명한 클라우드 컴퓨팅 서비스로는 Amazon EC2[주2]가 있다. Amazon EC2는 Amazon Web Services의 기능 중 하나로 2006년에 등장했다. 그 뒤 Google App Engine[주3]이나 Microsoft Windows Azure[주4] 등 여러 서비스가 등장하면서 경쟁이 격화되어가는 분야다.

　현시점에서 하테나는 자체구축 인프라로 거의 전부를 구축하고 있지만, 여러 대립축이 있어서 실제로 클라우드냐 자체구축이냐 어느 쪽을 선택할지는 판단에 어려운 점이 있다. 계속해서 장점과 단점을 살펴보도록 하자.

주2　URL http://aws.amazon.com/ec2/
주3　URL http://code.google.com/intl/ja/appengine
주4　URL http://www.microsoft.com/windowsazure/

CHAPTER 11 ••• 대규모 데이터 처리를 지탱하는 서버/인프라 입문 _웹 서비스의 백엔드

클라우드의 장단점

　클라우드 컴퓨팅은 저가로 사용하면서 확장해갈 수 있다는 특징이 있다. 클라우드의 최대 장점은 '확장성'에 있다.

　한편, 단점은 Amazon EC2 등 각각의 클라우드 서비스마다 독자적인 사양에 대응할 필요가 있다는 점이다. 2010년 4월 시점에서의 Amazon EC2를 예로 보면, 호스트 사양만 준비되어 있고 획일적이므로 메모리를 대량으로 늘리려고 해도 어느 정도 이상은 늘릴 수 없다거나 I/O 성능이 그다지 빠르지 않은 호스트밖에 없다. 그리고 얼마 전 릴리즈된 로드밸런서(Elastic Load Balancing)가 있는데, 이 로드밸런서의 알고리즘 사양이 어떻게 되어 있는지, 한계에 가까워졌을 때 어떻게 동작하는지 등은 아직 잘 모르는 부분이다. 또한 Amazon EC2로 작동시키고 있는 노드도 때때로 정지하는 경우도 있다. 자기 실수가 아닌데도 때때로 정지한다는 것이 좀처럼 심정적으로 납득이 가지 않는 것이다.

　이와 같이 몇몇 단점이 있는 반면, 이런 단점들은 서서히 해소되어가고 있으므로 장래에는 어떻게 될지 모르는 것이다. 지금은 아직 과도기로, 적어도 현 상황으로서는 아직 자체구축 인프라를 구축하는 게 유리하다고 생각하고 있다.

> **Memo**
>
> **클라우드 컴퓨팅은 아직 과도기?**
> - 장점
>   - 확장의 유연성
> - 단점
>   - 획일적인 호스트 사양(메모리 상한선 68GB, 느린 I/O)
>   - 애매한 로드밸런서
>   - 때때로 멈춘다(2010년 4월 원고집필시점).

하테나에서의 클라우드 서비스 사용

현재 하테나에서는 Amazon Web Services를 일부 사용하고 있다. 나중에 CDN(Contents Delivery Network) 얘기가 나오겠지만, 미디어 파일 전송을 위해 Amazon Cloudfront라는 서비스를 이용하고 있다.

미디어 저장소로서 클라우드 서비스를 사용하는 경우는 현시점에서도 많이 있을 것으로 판단하고 있다. 반면, 애플리케이션이나 DB를 본격적으로 저장하는 것은 아직 시기상조라고 생각하고 있다. 앞으로 2년 정도는 자체구축 중심으로 가지 않을까 싶다. 그 후에는 서서히 클라우드 컴퓨팅이 발전해가면서, 물론 자체구축 인프라도 발전하겠지만 클라우드 컴퓨팅 쪽이 발전속도가 빠를 것으로 보이므로 어느 분야에서 전환이 이루어질지, 그대로 어느 정도 선에서 평행선을 달릴지 끝까지 지켜볼 필요가 있다고 생각한다.

이는 그 시점에서의 하테나의 규모에 따라서도 달라진다. 예를 들어 Amazon EC2 상에서 Facebook이나 Google 규모의 시스템이 실현될 수 있을까를 생각해보면 역시나 어려울 것으로 보인다. Amazon EC2가 거의 무한으로 확장한다고 흔히 말하는 것은, 대부분의 서비스는 상대적으로 소규모여서 Amazon의 규모에서 보면 오차범위 정도로만 증가하는 것이므로 사실상 무한이라고 얘기하는 거라고 이해하고 있다. 실현하고자 하는 서비스가 점점 대규모화하면 할수록 Amazon의 시스템 내에서 차지하는 비율이 커져서, Amazon이 지닌 인프라의 10% 이상 점유할 정도가 된다면 Amazon 내부적으로만 보이던 한계가 많이 나타나게 될 것이다.

이와 같은 규모 면에서 Amazon EC2가 갖추고 있는 인터페이스를 경유할지 자체구축으로 가져갈지를 판단할 때 어느 정도 규모 이상에서는 자체구축으로 가는 편이 좋을 것이라 생각한다. 따라서 문제는 그 영역이 어디까지이고 하테나의 성장속도가 어떻게 될 것인지에 달렸다. 덧붙여서, 개인적으로 소규모 서비스를 하거나 학생들이 사용해보는 등의 트라이얼 용도로는 클라우드 컴퓨팅이 아주 좋은 분야일 것이다. 클라우드 컴퓨팅 세계에서의 전체적인 쉐어(share)는 서서히 증가하리라 생각하지만, 하테나로서는 국소적으로 도입·사용해가면서 노하우를 쌓아갈 예정이다.

자체구축 인프라의 장점

자체적으로 인프라를 관리할 때의 장점은 다음과 같은 점이 있다.

❶하드웨어 구성을 유연하게 할 수 있다.
❷서비스로부터의 요청에 유연하게 대응할 수 있다.
❸병목현상을 제어할 수 있다.

❶유연한 하드웨어 구성의 예로, 메모리 탑재량을 늘렸으면 하는 요구가 높아지고 있다는 점을 들 수 있다. 강의 9의 '캐시를 전제로 한 I/O 줄이는 방법'에서 메모리가 8~16GB라는 얘기가 있었는데, 그보다 더한 32GB, 64GB, 128GB와 같은 메모리를 탑재해야 해결할 수 있는 문제 영역이 의외로 존재한다. 이와 같은 영역에서는 소프트웨어 레벨에서 분산처리를 하는 것도 중요하지만, 막상 때가 되면 메모리를 얼마든지 탑재할 수 있다는 옵션이 마련되어 있으면 안심할 수 있다. 클라우드 컴퓨팅의 경우는 상한선이 정해져 있으므로 그 부분에서 제어를 자유롭게 할 수 없다. 또한 자체적으로 인프라를 구축하면 SSD(Solid State Drive)를 도입해서 I/O 성능을 단번에 올리는 등 다양한 선진적인 하드웨어를 투입해서 서버 한계를 점점 높일 수 있다. 그러나 클라우드 컴퓨팅을 사용하고 있는 한 주어진 선택방안 내에서 선택할 수밖에 없고, 그 안에서 해결해야 한다는 제약이 있는 상태에서 운영해야 하므로 자체구축 인프라에서 실현 가능한 레벨의 유연성은 잃게 된다.

다음으로 ❷서비스로부터의 요청에 대한 유연한 대응에 관한 예로, 단순히 대수를 늘리는 것뿐 아니라, 예를 들어 네트워크 측면에서 가까운 구성으로 갖추고 싶다거나 데이터를 대량으로 쌓을 수 있도록 하는 등의 요청에 대한 대응이 있을 수 있다. 하지만 이 부분은 클라우드 컴퓨팅에서도 개선해갈 수 있는 부분이므로 반드시 자체구축만이 좋다라고 할 수는 없겠지만, 현시점에서는 자체구축의 장점으로 생각해도 지장이 없을 것이다.

마지막으로 ❸병목현상 제어다. 이것은 로드밸런서나 네트워크 등에서 발생하는 문제로 시스템 규모가 커지면 무시할 수 없는 영역이 된다. 클라우드 컴퓨팅 내의 내부서버 간 통신이 어느 정도가 되면 병목이 되는지, 로드밸런서에 큰 부하를 주었을 때 실제 어떤 거동을 하고 어디에서 병목이나 지연이 발생하는지는 Amazon을 시작으로 해서 클라우드 환경을 제공하는 측의 기술에 의존할 수 밖에 없게 된다. 자체구축 인프라에서는 이 병목현상에 대한 제어가 가능하다. 문제가 발견되면 자신의 손으로 직접 해결할 수도 있다. 최악의 경우에도 이 문제가 얼마나 심각하고 대처하는 데 어느 정도의 비용과 시간이 필요한지에 대해 조사할 수도 있다. 이런 부분을 직접 제어할 수 있다는 점은 자체구축 인프라의 최대 장점이다.

> **Memo**
>
> **자체구축 인프라의 장점**
> - 유연한 서버 구성
> - 서비스로부터의 요청에 대한 유연한 대응
> - 병목현상 제어

자체구축 인프라와 수직통합 모델

기술 모델로서 수직통합 모델, 수평분산 모델이라는 개념이 있다. 수직통합 모델이란 물리적 계층부터 서비스 설계까지 모든 것을 한 회사에서 구축하는 모델이다. 예를 들면 Google이나 Amazon과 같은 기업이 해당한다. 반면, 수평분산 모델은 각 계층마다 다른 기업이 시스템을 제공하는 것으로, 각각이 모여 전체 시스템이 구축되는 모델이다. 이는 Microsoft와 같은 OS와 오피스군과 같은 일부 애플리케이션에 특화된 기업이 해당된다.

시대가 변해감에 따라 이러한 모델이 서로 번갈아 가며 나타나면서 전체적으로 세련되어져 가고 있다. 지금의 하테나는 서비스 방향부터 디자인, 애플리케이션, 인프라까지 자체구축으로 해나가는 수직통합 모델을 채택하고 있다. 지금 당장은 이 모델로 계속 가려고 한다. 미래에 클라우드 컴퓨팅을 보다 적극적으로 도입하는 방침이 되면 인프라의 저수준 계층에서 수평분산 모델을 도입하게 되면서 사고 방식의 전환이 이루어질 것이다.

하테나의 서비스 규모

지금까지 설명했듯이, 웹 서비스의 특징에 입각해서 하테나의 특징을 복습해보도록 하자.

하테나는 실제 어느 정도의 규모로 운영하고 있는지를 알아보면, 원고집필시점인 2010년 4월에 등록 사용자 수 150만 명, 1,900만 UU, 트래픽은 피크 시 850Mbps 정도 나오는 중견 서비스 규모다.

제1장에서 소개한 숫자(2009년 8월 인턴십 강의 시점)를 원고집필시점(2010년 4월)으로 업데이트한 것이 아래와 같다.

- 등록 사용자 수는 150만 명, 1,900만 UU/월
- 수십억 액세스/월(이미지로의 액세스 제외)
- 피크 시 회선 트래픽량은 850Mbps
- 하드웨어는 600대 이상(22랙)

서버 대수는 600대로, 가상화해서 1,300대 정도의 규모다.

하테나 북마크의 시스템 구성도

시스템 구성도는 그림 11.1과 같다. 하테나 북마크에서는 리버스 프록시가 3대, AP 서버가 11대, DB 서버가 24대, 캐시서버가 7대, 로드밸런서가 2대, 그 밖의 엔진이 9대로 합계 56대로 구성되어 있다. 각각의 서버는 가상화되어 있으므로 물리적인 대수는 실제로는 좀더 적은 수로 되어 있다. 전체적인 구조는 (리버스) 프록시와 애플리케이션과 DB라는 3층 구조로 되어 있다. AP 서버와 DB 서버 비율이 1:2 정도가 된다. 이 비율은 애플리케이션 로직의 복잡성이나 DB로 오는 쿼리의 복잡성에 따라 변하지만, 이 정도 비율이 적정하다고 생각하고 있다. 또한 일부 서버는 사용자용, 봇(bot)용과 같이 요청 특성에 따라 나뉘어 있어 안정적으로 높은 성능을 발휘할 수 있도록 하고 있다. 캐시서버는 Squid가 2대, memcached가 5대 있는데, 각각의 캐시를 잘 사용하는 것도 매우 중요하다.

● **그림 11.1** 하테나 북마크의 시스템 구성도

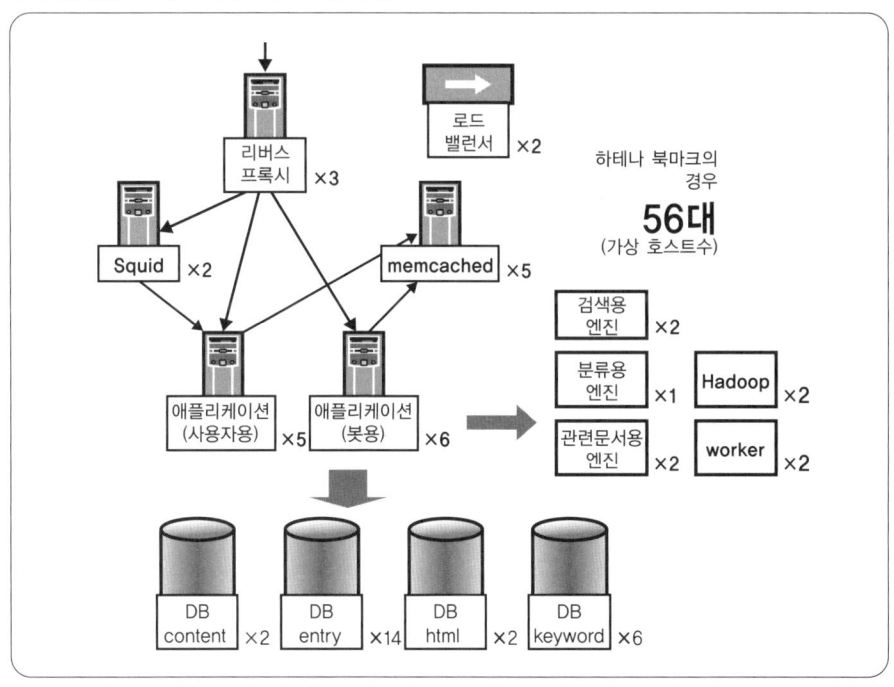

CHAPTER 11 ··· 대규모 데이터 처리를 지탱하는 서버/인프라 입문 _웹 서비스의 백엔드

지금까지의 강의를 통해 차츰 이미지화할 수 있었는가? 강의에서 중점적으로 얘기해온 것은 애플리케이션을 작성하는 방법과 관련된 부분 및 DB의 유효한 사용법 등의 내용을 다루었다.

그리고 그림 11.1의 검색용 엔진, 분류용 엔진, 관련문서용 엔진과 같은 특수한 엔진은 제9장, 제10장 강의에서 설명했던 전문 검색엔진처럼 이 3층 구조와는 별개인 엔진이다. 이와 같은 각종 엔진이 마련되어 있는 것이 하테나 북마크의 특징으로, 다양한 데이터를 독자적인 엔진으로 처리함으로써 적은 대수로 높은 성능을 끌어내고 있다.

제2장~제10장까지 일련의 강의에서 보았던 기술을 종합적으로 투입해서 하테나의 시스템이 구축되고 있다. 제12장부터는 확장성 · 다중화 · 네트워크 등에 대해 상세하게 설명하도록 한다.

CHAPTER 12

확장성 확보에 필요한 사고방식
규모 증대와 시스템 확장

필자 다나카 신지

부하에 따른 확장
대규모 서비스는 수십 대의 서버로

제11장에서는 서버/인프라 입문이라는 제목으로 오늘날의 웹 서비스를 상정해서 개요, 클라우드와 자체구축 인프라 비교, 하테나 서비스 규모를 빠르게 살펴보았다.

계속해서 제12장~제15장에 걸쳐 하테나의 인프라가 어떻게 실현되고 있는지에 대해 초점을 옮겨서 설명하도록 한다. 제12장은 확장성 확보에 대한 것이다. 규모 증대에 따라 시스템을 얼마나 확장해서 대응할 수 있도록 해둘 것인지에 대해 살펴보도록 한다. 또한 여기서는 실제 시스템 구축 자체를 목적으로 하는 것은 아니므로 How-to가 아닌 앞으로의 확장성 확보에 필요한 사고방식을 설명하도록 하겠다.

확장성에 대한 얘기는 제1장 도입부와 제2장~제5장의 대규모 데이터 처리방법을 설명한 강의에서 소개한 부분과 대응하고 있다. 그 내용을 지금 다시 한 번 인프라의 관점에서 파악해두자.

대충 정리하자면, 하테나에서는 대규모 서비스를 수십 대의 서버로 구축하고 있고 각각의 서버는 4 core CPU 1~2개와 8~32GB의 메모리를 탑재함으로써 부하에 따라 확장할 수 있도록 하고 있다는 얘기를 했다. 이런 포인트를 잡아가면서 확장성 확보에 필요한 사고방식에 대해 살펴보도록 하자.

> **Memo**
>
> **확장성**
> - 계층과 확장성(→ 강의 31)
> - 부하 파악, 튜닝(→ 강의 32)

CHAPTER 12 ··· 확장성 확보에 필요한 사고방식 _규모 증대와 시스템 확장

강의 31

계층과 확장성

확장성에 대한 요구
— 서버 1대에서 처리할 수 있는 트래픽 한계

　최근의 서비스 중 상당수는 서버 1대로 작동한다. 하테나의 표준적인 사양인 4 core CPU, 8GB 메모리 정도의 서버를 사용하면 피크 시 성능이 수천 요청/분 정도가 나온다. 물론 이것은 지금까지의 실제 운용을 통한 경험상 짐작으로 얻어진 수치이므로 동작하고 있는 애플리케이션에 따라 크게 바뀔 수 있다.

　피크 시 성능이 수천 요청/분 정노년 월 100만 PV(page view) 정도를 처리할 수 있다. 즉, 월 100만 PV 정도의 서비스를 대략 1대로 처리할 수 있고, 여기에 요청이 좀더 늘어나더라도 DB를 분리하는 정도로 대응할 수 있다는 것이다. 또한 처음에 좀더 높은 사양의 서버, 예를 들면 4 core CPU 2개에 32GB 메모리 서버를 준비할 수 있다면 보다 파워가 늘어나서 수천~1만 건/분 정도의 요청을 처리할 수 있게 된다. 그렇게 되면 100만보다 많은 200만 PV/월 정도를 대략 1대로 처리할 수 있게 된다는 것이다.

　그러나 하테나의 경우는 한 서비스에 수억 PV/월 정도의 트래픽이 발생한다. 백만과 억이라는 단위는 두 자릿수 차이가 나므로 이를 어떻게 해서 확장시켜 갈 것인가라는 과제가 되고, 바로 거기에 끊임없이 다양한 기술과 노하우가 파묻혀 있다.

> **Memo**
>
> **확장성에 대한 요구**
> - 상당수의 서비스가 서버 1대로 동작한다.
>   - ➡ 하테나 표준 서버: 4 core CPU, 8GB RAM
>   - 피크 시 성능은 수천 요청/분
>   - 100만 PV/월
>   - ➡ 고성능 서버: 4 core CPU × 2, 32GB RAM
>   - 200만 PV/월
> - 하테나에서는 수억 PV/월
>   - ➡ 대규모 서비스는 서버 1대로는 동작할 수 없다.

계층별 확장성

계층별 확장성을 살펴보도록 한다. AP 서버는 기본적으로 그다지 깊은 부분까지 생각하지 않아도 비교적 간단하게 확장시킬 수 있다. 그 이유는 AP 서버는 상태를 갖고 있지 않으므로 요청별로 다른 AP 서버로 날려보내도 처리상 문제가 발생하지 않고, 로드밸런서에 새로운 서버를 추가해가면 점점 확장되어 간다. 대수만 늘리면 얼마든지 확장되는 구성으로 되어 있는 것이다.

또한 DB나 파일 서버의 경우에는 앞에서 말한 분산, 확장성 확보가 매우 어렵다. 데이터 소스로의 요청은 read(읽기)와 write(쓰기), 2종류로 나뉘는데, read를 분산하는 것은 비교적 용이한 반면, write를 분산하는 것은 매우 어렵게 되어 있다.

이 부분은 제2장~제5장의 강의 내용과 같으므로 복습이라고 생각하자. AP 서버와 데이터 소스(DB, 파일 서버 등)를 구분해서 확장에 대한 대응책을 생각하는 것은 중요한 포인트이므로 이후에도 이 점을 판단의 근거로 해서 진행해가도록 하자.

CHAPTER 12 ··· 확장성 확보에 필요한 사고방식 _규모 증대와 시스템 확장

> **Memo**
>
> **계층별 확장성**
> - AP 서버
>   - 구성이 동일하고 상태를 갖지 않는다. ➡ 용이
> - 데이터 소스(DB, 파일 서버 등)
>   - read의 분산 ➡ 비교적 용이
>   - 메모리를 많이 탑재, 기타
>   - write의 분산 ➡ 어렵다.

강의 32 부하 파악, 튜닝

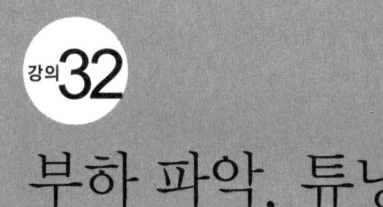

부하 파악 ─ 가시화한 관리화면

어떻게 확장해갈 것인지를 검토하기 위해서는 먼저 서버 부하를 파악할 수 있어야 한다. 각 서버 부하를 파악하기 위해서는 서버군을 관리하고 각각의 부하를 적절하게 그래프화하는 것이 중요하다. 여기서는 하테나가 독자적으로 개발하고 있는 서버관리툴이 실제로 동작하고 있는 모습을 보여주려고 한다.

● **그림 12.1** 서버관리툴(호스트 목록)

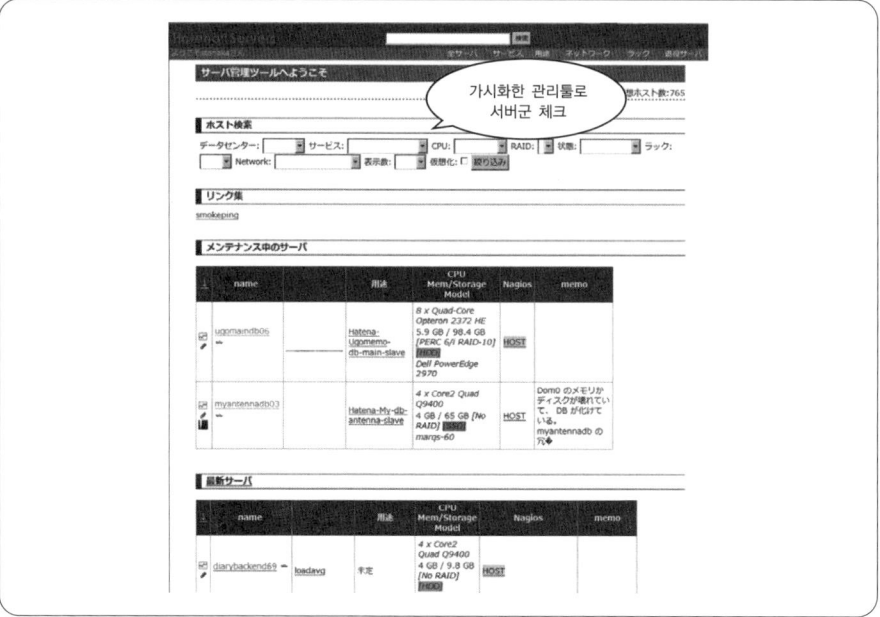

271

CHAPTER 12 ··· 확장성 확보에 필요한 사고방식 _규모 증대와 시스템 확장

서버관리툴을 이용해서 그림 12.1과 같이 관리하고 있다.

● **그림 12.2** 하테나 북마크의 관리화면

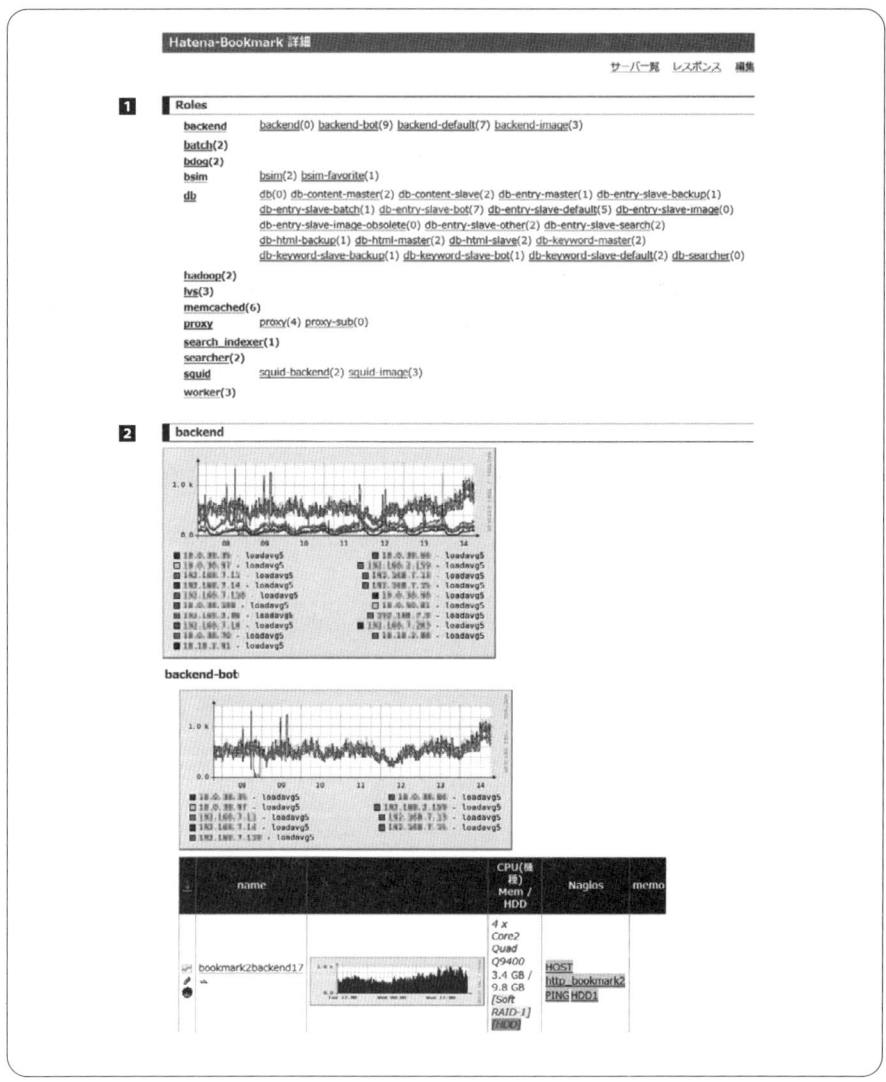

앞서 하테나 북마크의 시스템 구성도를 살펴보았으므로 개별 서비스에 대한 예로서 하테나 북마크의 화면을 나타냈다. 그림 12.2의 북마크 관리화면을 보면 그

강의 32 부하 파악, 튜닝

림 12.1 **1**에 서버의 역할(Role)이 나열되어 있는 것을 볼 수 있다. 애플리케이션이 동작하는 백엔드 서버(그림 12.2에서 backend)가 19대, 배치(batch) 서버가 2대 정도 있고, bdog, bsim이라는 것은 특수한 엔진, 커스터마이징 엔진이다. 그리고 DB 서버(db)가 용도별로 세부적으로 나뉘어 있다. Hadoop(hadoop), lvs(Linux Virtual Server)라는 로드밸런서(lvs), memcached와 같은 캐시 서버를 비롯해 리버스 프록시(proxy) 서버가 있다.

부하를 측정하기 위한 항목
— Load Average, 메모리 관련, CPU 관련

부하를 볼 때는 먼저 Load Average부터 본다. 앞에서 언급한 대로 Load Average는 중요한 수치다. Linux 커널 내에는 프로세스가 다수 동작하고 있다. Load Average란 이러한 프로세스가 언제든지 동작할 수 있는 상태이지만, 아직 실제 CPU가 할당되지 않아서 대기상태에 있는 프로세스 수의 평균치다. 예를 들면 5분간 Load Average가 1이라고 하면, 5분 동안에 평균 1개의 프로세스가 대기상태로 되어 있다는 것을 의미한다. CPU가 깔끔하게 할당되면 이 값이 0에 가까워지고, CPU 코어 수 이하이면 양호한 편이다. 하테나에서는 CPU 코어 수 이하 또는 그 절반과 같이 용도에 따라 임계값은 약간 조정되지만, 대체로 CPU 코어 수 이하에서 절반 정도로 맞춰지도록 제어하고 있다. 또한 용도에 따라서는 Load Average가 CPU 코어 수의 몇 배에 달하도록 일부러 제어하는 곳도 있다.

부하를 측정하기 위한 항목은 Load Average 이외에도 많이 있는데, 예를 들면 메모리 사용처에 관해서는 사용자 공간이 소비되고 있는 메모리나 공유되고 있는 메모리, 그리고 커널이 사용하고 있는 버퍼의 메모리 등이 있다. 이러한 항목을 통해 '이런 거동을 하고 있으니 이런 동작을 보이고 있어'와 같이 파악함으로써 서버의 성능을 더 끌어내 고성능 시스템을 실현할 수 있게 되는 것이다.

용도에 맞는 튜닝 — 사용자용 서버, 봇용 서버

그림 12.2 ❷(서버관리화면의 backend 그래프 부분)와 같이 서버관리툴로 북마크의 백엔드 부하를 살펴보면 그래프가 겹쳐진 상태를 확인할 수 있다. 이 부분을 확대한 것이 그림 12.3이다. 실제로는 서버 19대의 Load Average를 겹쳐 쌓아서 대략 6과 1.2 라인이 보이고 있다. 위와 아래, 둘로 나뉘어 있는데, 이것은 용도별로 나뉘어 있어서 그림 12.3 ❶이 AP 서버 전체의 부하, ❷가 봇(bot)용 서버의 부하로 되어 있다.

제3장 강의에서 크롤러와 같은 봇으로부터 온 요청은 봇용 서버를 사용해서 처리하고 사용자로부터의 온 요청은 사용자용 서버를 사용해서 처리한다는 얘기가 있었는데, 실제 수치를 보면서 복습해두자.

봇은 응답시간이 그다지 중요하지 않으므로 요청 처리 수를 최대화시키는 방향으로 튜닝하고 있으며, 실제 Load Average도 높게 나타난다. 그림 12.3 ❷를 잘 보면 4에서 6 정도의 라인으로 유지되고 있으며, 실제 이 부분에서 상세한 CPU 부하를 살펴보면 CPU도 항상 절반 정도는 이용 중인 상태로 동작하고 있고, 메모리도 절반 이상 사용 중인 상태로 유지되고 있으므로 서버 리소스는 다 소진하고 있다고 할 수 있는 상태로 되어 있다. 1년간 그래프를 살펴보면 연간 항상 열심히 동작하고 있는 서버라는 것을 알 수 있다.

그림 12.3 ❶의 사용자용 서버를 살펴보면, 이쪽은 사용자의 활동에 따라 부하가 점차 변동하고 있고 트래픽에 따라 부하가 변동하고 있다. 심야 시간대에는 조금 떨어지고 낮에는 높고 밤에는 피크 시간대에 더 높게 나타나는 경향이 있다. Load Average는 앞서 본 봇용 서버가 6이었던 것에 비해 1에서 3 정도로 낮게 유지되고 있으며, 양호한 응답을 위해 리소스를 소진하기보다는 처리대기 프로세스를 쌓아두지 않고 양호한 응답을 유지하는 방향으로 튜닝을 하고 있다.

다시 말하지만, 봇과 사용자를 분리함에 따라 AP 서버의 튜닝 정책을 변경해서 그 효율을 중시할지, 응답시간을 중시하는 쪽으로 이끌어갈지, 아니면 리소스를 최대한 사용하는 것을 중시하는 쪽으로 운영할지로 운영방향을 나눌 수 있다.

● **그림 12.3** 하테나 북마크의 관리화면

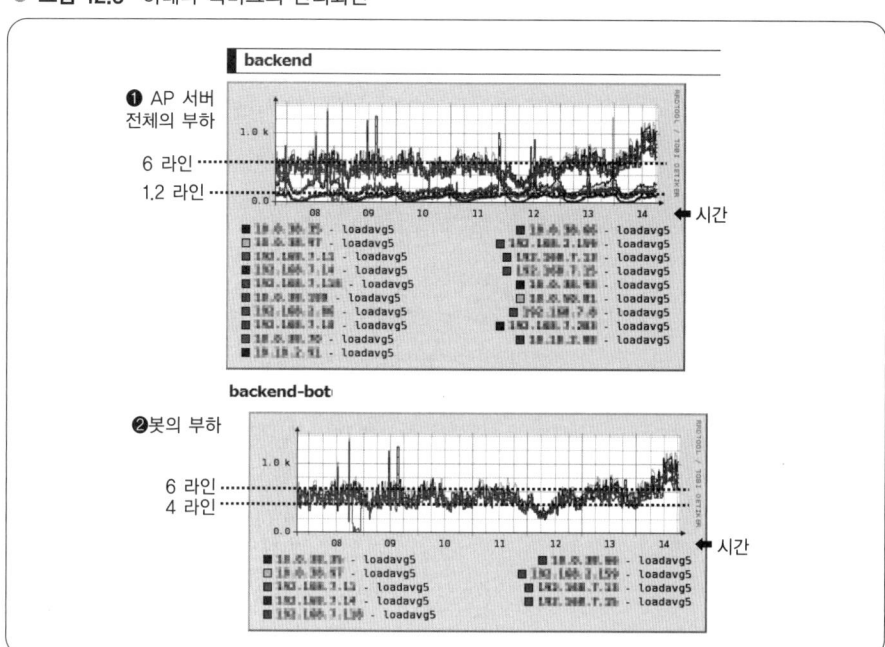

AP 서버/DB 서버의 튜닝 정책과 서버 대수

만일 그림 12.3 ❶사용자를 대상으로 한 튜닝인 채로 봇용에 투입해서 동일한 정도의 부하로 처리하려고 한다면, 봇용 서버 대수를 현재는 6대로 처리하고 있지만 8대, 9대가 필요하게 되리라 생각한다. 용도별로 나눠서 튜닝을 변경함으로써 전체 서버 대수를 줄일 수 있게 된다는 얘기다. DB도 마찬가지로 되어 있다.

그림 12.4의 bookmark2entrydbXX라는 것이 메인 DB다. ❷와 ❷' 봇용은 약간 부하가 높은(Load Average가 2 전후) 것에 비해 ❶과 ❶' 사용자용은 부하가 낮게(Load Average가 1 전후) 억제되어 있다. 사용자용 DB 서버는 전체적으로 부하를 낮게 함으로써 해당 DB 서버로의 질의도 가능한 한 빠르게 반환하도록 하고

있다. 이와 같이 DB도 용도별, 봇용과 사용자용으로 나눠서 응답을 중요시할지, 리소스를 소진하는 것을 중요시할지로 나누고 있다.

● **그림 12.4** DB 서버(사용자용, 봇용)의 부하

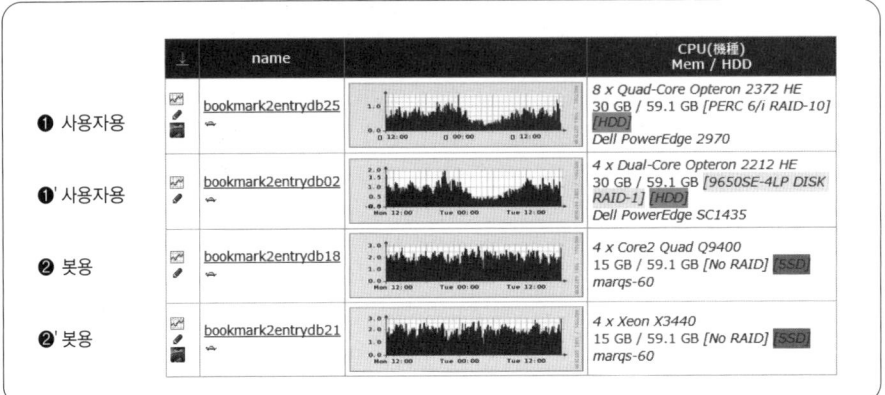

서비스 규모와 튜닝

서버 용도나 계층에 입각한 튜닝은 서비스별로 수행되고 있다. 하테나 다이어리가 현재 서버 대수가 가장 많은데, 다이어리에는 AP 서버가 종류별로 더 세세하게 나뉘어 있다. DB도 북마크보다 더 세세하게 많은 종류로 나뉘어 있으며, 주변에 다른 서버도 그 나름의 서버 대수가 있다. 하테나 북마크와 마찬가지로 봇용은 부하도 상당히 높게 유지되도록 튜닝되어 있다.

튜닝 작업을 반복하다 보면 서버 대수가 늘어났을 때 비정상적인 거동을 하고 있는 서버를 찾을 수 있는 방법을 알아내는 게 과제가 된다. 다이어리에는 30대 정도의 AP 서버가 있는데, 30대 중에 1대에 이상이 발생했을 때 해당 서버를 어떻게 파악할 수 있을까가 과제다.

예전에는 이러한 그래프를 1대씩 살펴보았다. 그러나 이렇게 해서는 특징적인

면을 좀처럼 찾을 수 없으므로 현재에는 그래프를 겹쳐서 1대만 비정상적인 값이 나타났을 경우에 파악하기 쉽도록 하고 있다. 그렇다고는 해도 현재는 Load Average만 겹쳐볼 수 있다. 그러나 Load Average는 정상인데 CPU나 메모리를 사용하는 방식이 이상하다는 등 이상현상이 나타나는 방식에는 다양한 패턴이 있다. 현재 관리화면에서는 가시화가 아직 최적화되어 있지 않아서 시행착오를 계속하고 있는 중이다.

* * *

이상과 같이 부하를 가시화하고 여러 서버의 그래프를 겹쳐봄으로써 병목과 같은 이상현상을 파악할 수 있도록 하고 있다. 게다가 제3장 강의에 있었듯이 OS의 동작원리를 이해하고 적절한 튜닝을 함으로써 서버 성능을 올바르게 끌어내려고 하고 있다. 그리하여 확장성을 보다 높이려고 하고 있다.

> **Memo**
>
> **튜닝**
> - 부하 파악
>   · 서버관리툴(자체제작)
> - 상태 감시
> - 부하를 가시화해서 병목이나 이상현상을 파악할 수 있도록 한다.
> - OS의 동작원리를 알고 서버 성능을 올바르게 이끌어낸다.

확장성 확보

확장성 확보를 위해 로드밸런서를 이용하거나 파티셔닝(DB분할)을 하고 있다. 파티셔닝에 대해서는 제4장에서 언급했으므로 다시 떠올려보기 바란다. 하테나에서는 LVS(Linux Virtual Server)라는 Linux 커널에 포함되어 있는 로드밸런서를 사용하고 있다. 확장성을 고려한 인프라 구축의 구체적인 방법에 대해서는 지면

CHAPTER 12 ••• 확장성 확보에 필요한 사고방식 _규모 증대와 시스템 확장

관계로 여기서는 생략하므로 자세하게 알고자 하는 분은 『(24시간 365일)서버/인프라를 지탱하는 기술』(제이펍, 2009) 등을 참조하기 바란다.

CHAPTER 13

다중성 확보, 시스템 안정화
100%에 근접한 가동률을 실현하는 원리

필자 다나카 신지

다중화와 가동률
시스템을 얼마나 멈추지 않도록 할 것인가

제13장은 다중화에 관한 내용이다. 흔히 말하길 24시간 365일 100% 가동률이라고 한다. 하테나에서도 24시간 365일 100% 가동률이라고 말하면서 실제로는 100%를 반드시 달성할 수 있는 시스템으로는 구성하고 있지 않다. 실제로는 100%에 약간 못 미치지만, 거의 100%를 목표로 한다고 말하고 있다. 가장 중요시하고 있는 것은 SPOF(Single Point of Failure), 즉 단일장애점을 제거하는 것이다. SPOF, 다시 말해 한 곳에 장애가 나면 시스템이 멈춰버리는 부분을 가능한 한 없앰으로써 가동률을 높이도록 하고 있다.

그림 13.1은 상태가 좋았을 때인 2010년 2월~4월 가동률 그래프다. 장애가 있으면 약간 떨어진다. 그림 13.1의 ❶라인이 99.98%인데, 99.98%란 1개월에 10분간 가동에 문제가 있는 정도의 수치를 의미한다. 과거에 비하면 장애에 대해 엄격해졌기 때문에 이렇게 99.98이나 99.99를 일상적인 수치로 유지하고 싶은 심정이다.

그러면 본론으로 돌아가서 거의 100% 가동률을 실현하는 다중성 확보의 원리를 살펴보도록 하자.

● **그림 3.1** 가동률

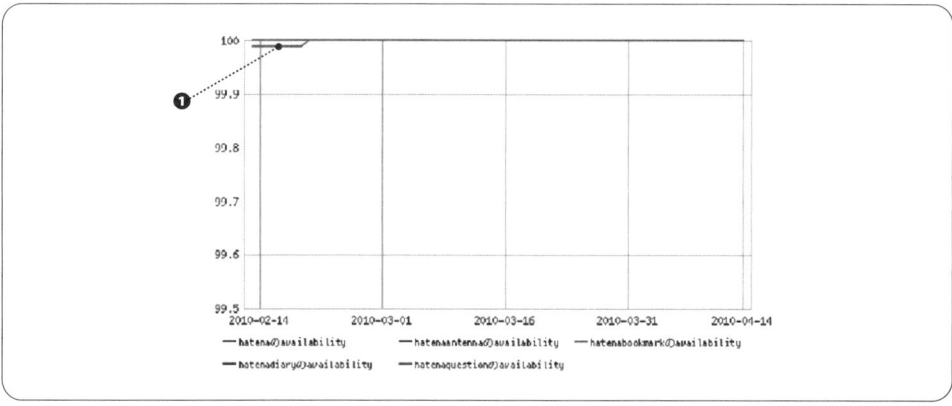

CHAPTER 13 ··· 다중성 확보, 시스템 안정화 _100%에 근접한 가동률을 실현하는 원리

강의 33

다중성 확보

다중성 확보 — AP 서버

다중화에 대한 실제적인 얘기를 하자면 AP 서버에서는 확장성을 생각하는 방식과 마찬가지로 서버 여러 대를 늘어놓는 게 기본이 된다. 서버를 늘어놓을 때 중요한 것은 1대나 2대 정도 정지하더라도 충분히 처리할 수 있도록 처리능력을 확보해두는 것이다. 특히 하테나 다이어리처럼 수십 대의 서버가 있을 경우에 1, 2대가 멈추는 일은 일상다반사다.

서버는 다양한 요인으로 멈춘다. 예를 들면 엔지니어가 서버 프로세스를 중지한 채로 잊어버리는 것과 같이 인위적인 실수에서부터 서버가 물리적으로 고장 났다거나 메모리에 이상이 생겨 멈춘다거나 다양한 상황이 있다.

이에 대한 대응으로 로드밸런서로 페일오버(failover, 장애극복)·페일백(failback, 정상복귀)하여 고장 난 서버를 자동적으로 분리하고, 서버가 복구되면 원상태로 복귀시키는 작업을 수행하고 있다. 페일오버는 자동으로 분리하는 것, 페일백은 정상이 되면 복귀시키는 처리를 말한다. 로드밸런서는 서버에 대해 주기적으로 헬스체크를 하고 있으며, AP 서버나 DB 서버가 살아있는지 여부를 판정하고 있다. 이는 다중화에서 가장 기본적인 부분이다.

그림 13.2와 같이 로드밸런서가 있고 AP 서버가 2대 연결되어 있는 게 기본 형태다. 예를 들면 그림 13.2 **2**의 ⓑ가 다운되면 **2**의 로드밸런서가 다운된 것을 인식해서 ⓑ로의 접속을 차단하고, AP 서버 ⓐ만으로 처리를 수행하도록 한다. 시간이 지나서 AP 서버가 복구되었으면 다시 **1**의 상태로 돌아가서 ⓐⓑ 양쪽으로

접속요청을 보내도록 하는 처리다. 10대 정도의 규모가 되면 1, 2대 다운되는 것이 전체에 그다지 영향을 미치지 않게 되어 운용하는 데 드는 수고를 상당히 줄일 수 있다.

● 그림 13.2 페일오버 / 페일백

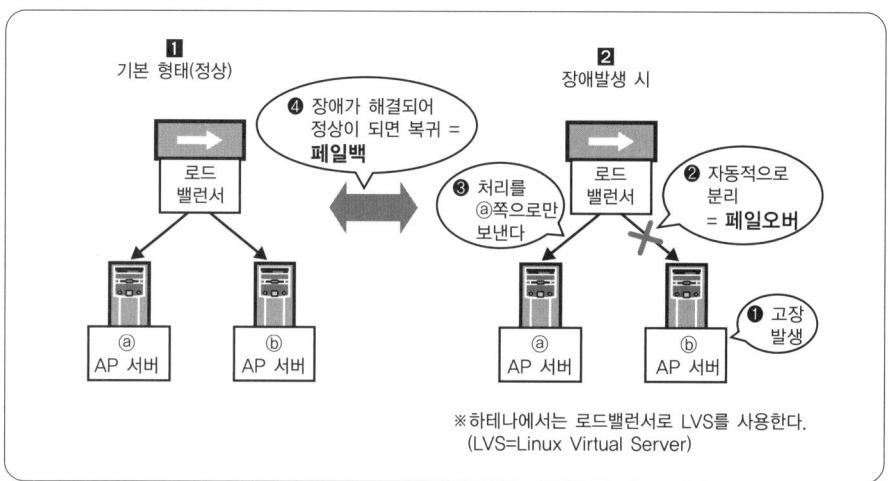

> **Memo**
>
> **다중성 확보 (AP 서버)**
> - 서버를 여러 대 늘어놓는다.
>   · 1, 2대 정지하더라도 충분히 처리할 수 있도록 해둔다.
> - 로드밸런서로 페일오버 / 페일백

다중성 확보 — DB 서버

DB 서버도 마찬가지로 서버를 여러 대 나열해서 1, 2대 정지하더라도 충분한 처리능력이 있도록 해두는 것이 중요하다. 또한 마스터의 다중화도 수행하고 있다. 제5장에서는 마스터의 다중화가 어렵다는 얘기를 했었다. 그렇다면 하테나에서는 어떻게 다중화하고 있을까? 바로 멀티 마스터라는 방법을 사용하고 있다.

멀티 마스터는 구체적으로 말하면 쌍방으로 레플리케이션, 즉 서로가 서로의 슬레이브가 되는 상태로 해두고 한쪽에 쓰기작업을 하면 다른 한쪽으로 전달하고 반대쪽에 쓰더라도 다른 쪽으로 전달하는, 양방향 레플리케이션 방법이다.

다만 MySQL은 실제로 한쪽에 쓰기작업을 하면 반대쪽으로 전달되는 흐름이기 때문에 약간이나마 지연이 있다. 따라서 밀리초 단위로 보면 데이터가 일치하지 않는 상태가 항상 존재한다. 이 타이밍에 한쪽이 다운되어 분리되면 DB로 쓰기작업을 하려던 AP 서버에서 볼 때, 쓰기작업을 하려고 했던 것이 실제로는 쓰이지 않는 등의 모순이 발생하는 경우가 생겨서 동기가 맞지 않는 리스크가 항상 존재하게 된다. 현 상황에서는 깨끗이 받아들일 부분은 받아들이고 항상 계속해서 작동할 수 있도록 하는 데 중점을 두고 있다.

엔터프라이즈에서는 이 부분에 대한 대책으로서 레플리케이션을 동기적으로 처리함으로써 대처하고 있다. 이에 따라 슬레이브까지 쓰여졌다는 것을 확인한 다음에 클라이언트에 결과를 반환하도록 할 수 있다. 이 경우에 동기는 확실하게 담보될 수 있지만 성능면에서 큰 손실이 발생한다. 따라서 웹 서비스에서는 동기가 맞지 않는 리스크에 대해서 어느 정도 받아들임으로써 성능을 중시하는 경우가 많다.

멀티 마스터

멀티 마스터는 최근 수년 내 MySQL 서버 구축에 있어 주류가 되었고, 여러 부문에 실적도 있는 숙련된 방법이 되어있다. 페일오버에 대해 구체적인 동작을 설명하면, 상호간에 VRRP(Virtual Router Redundancy Protocol)라는 프로토콜로 감시를 하고 있다. VRRP에 의해 한쪽이 분리된 것을 알게 되면 자신이 Active 마스터로 승격한다.

Active 마스터로 승격한다는 것을 좀더 설명하도록 하겠다(그림 13.3).

● **그림 13.3** 멀티 마스터 구성

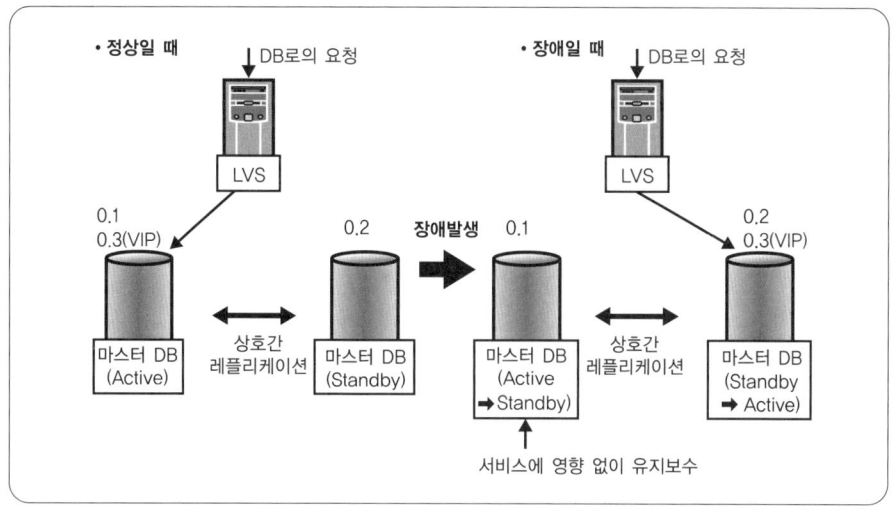

　멀티 마스터 구성에서 서버는 기본적으로 2대가 있으며, Active/Standby 구성을 하고 있다. Active/Standby 구성이라는 것은 한쪽은 Active이고 다른 한쪽은 Standby가 되어 기본적으로 항상 Active쪽만 쓰기작업을 하는 구성이다. Active인 서버가 다운되면 Standby였던 쪽이 Active로 승격해서 새로운 마스터가 되고, 다운된 서버는 수작업으로 복구시켜서 다시 Standby로 되돌리던가 다시 원래의 Active/Standby 구성으로 되돌린다. 덧붙여서, 이 Active/Standby 변환에서 사용하고 있는 VRRP는 원래 라우터용으로 개발된 프로토콜이다.

　외부에서 어느 쪽 서버가 Active인지를 판단하기 위해서 Virtual IP, 이른바 가상 IP 주소(VIP)를 사용하고 있다. Active쪽에 원래 할당되어 있는 IP주소(실제IP주소)와는 별도로 서비스용 가상 IP 주소를 부여하고 있다. 예를 들면 두 서버에 '0.1', '0.2'라는 주소가 부여되었다고 하면, 새롭게 '0.3'이라는 가상 IP 주소를 Active쪽에 할당한다. Active쪽이 0.1이었다고 하면 Active쪽에는 0.1과 0.3 두 주소로 액세스할 수 있다. AP 서버에서는 0.3을 서비스에 사용하도록 하고 있으며, 분리되는 타이밍에 새로운 Active쪽에 0.3을 재부여한다. 이렇게 함으로써 AP 서버에서 보면 항상 0.3으로 액세스함으로써 Active 마스터로 액세스할 수가 있으므로 마스터 전환이 AP 서버 입장에서는 은폐되어 있다. 즉, 0.3이라는 가상 서버가 항상 살아있는 상태가 유지되는 구성으로 되어 있는 것이다.

이상과 같은 구성을 취함으로써 다소 리스크는 있지만, 마스터의 다중성을 거의 확보할 수 있으므로 하테나에서는 대부분의 서비스에서 마스터 DB를 이 방법으로 다중화하고 있다. 결과적으로 마스터가 때때로 하드웨어 문제로 다운될 경우는 있지만 서비스 정지로 이어질 위험은 거의 막아두고 있다.

> **Memo**
>
> **다중성 확보(DB 서버)   ※제3장 강의 참조**
> - DB 서버(슬레이브)
>   - 서버 여러 대를 나열한다.
>   - 1, 2대 정지하더라도 충분히 처리할 수 있도록 해둔다.
> - DB 서버(마스터)
>   - 멀티 마스터
>   - 상호간 레플리케이션
>   - 전환 타이밍에 따라 동기가 맞지 않을 위험이 남아있다.
>   ➜ 현 상황에서는 깨끗이 받아들이고 수동으로 복구

다중성 확보 — 스토리지 서버

스토리지 서버에 대해 알아보자. 하테나에서는 이미지 파일과 같은 미디어 파일을 저장하기 위한 분산 스토리지 서버로 MogileFS를 사용하고 있다. 분산 파일 시스템을 사용함으로써 대량의 파일을 보존할 수 있는 확장성과 일부 서버가 다운되더라도 전체 장애가 되지 않도록 다중성을 확보할 수 있다. MogileFS는 Movable Type 등을 만든 미국 Six Apart사에서 개발되고 있는 분산 파일시스템으로 Perl로 구현되어 있다. 그림 13.4의 **1**과 같은 구성으로 되어 있으며, 트래커, 스토리지 노드, 메타 정보를 저장하는 트래커 DB라는 세 가지 요소로 구성되어 있다. 실제 파일은 스토리지 노드에 위치하며, 특정 URL에 대한 실제 파일의

위치를 나타내는 메타 정보를 DB로 관리하는 형태의 심플한 설계로 되어 있다. MogileFS는 Six Apart에서 본격적으로 사용하고 있으며, 웹 서비스로는 충분한 기능을 갖고 있다. 하테나에서는 미디어 파일을 저장하는 스토리지 서버로서 전면적으로 MogileFS를 사용하고 있다.

세상에는 다양한 분산 파일시스템 구현이 있다[주1]. 예를 들면 거대한 파일을 분할해서 스토리지에 저장하는 등의 구현도 개발되어 있다. MogileFS는 이런 식의 파일 분할을 지원하고 있지는 않으며, 파일은 어디까지나 파일로 다루고 하나의 파일이 어디에 위치해있는지를 나타내는 메타 정보를 별도로 관리하는 방법으로 되어 있다.

그림 13.4 ❷그래프는 하테나 내에서 MogileFS 시스템 중 하나의 용량 그래프인데, 2009년 8월 초순 시점으로 총용량이 대략 18TB 정도, 그 중에 11TB 정도 소비하고 있는 것을 알 수 있다. 이는 대략 16개월간의 그래프인데, 2009년 8월 시점에서 예측하기를 대충 하루에 수십 GB 정도 스토리지 용량을 소비하고 있으므로 약 1개월에 2TB 정도 사용할 것으로 계산했었다. 2009년 8월 우고메모 하테나[역주1]의 미국 버전(Flipnote Hatena)[주2], 유럽 버전을 연이어 릴리즈해서 용량 소비속도가 가속되리라 생각해서 1개월에 5~6TB 정도 스토리지를 소비하는 상태가 될 것으로 예상했었는데, 이 책을 집필하는 시점인 2010년 4월에는 예상을 조금 넘어선 페이스로 스토리지 용량을 소비하기에 이르고 있다.

이른바 스토리지 서버라고 하는 것을 벤더로부터 사면 상당히 비싸서 대략 10TB에 100만 엔에서 200만 엔 정도 하는 것이 일반적인 듯하다. 그러나 우고메모 하테나와 같은 기본적으로 무료인 웹 서비스에 그런 고가의 스토리지 서버를 사용하게 되면 감당할 수가 없다.

주1 분산 파일시스템에 대해서는 나중에 특별편에서 소개하므로 관심 있는 분은 함께 참조하기 바란다.
주2 URL http://flipnote.hatena.com/
역주1 우고메모 하테나: 2008년 닌텐도와 하테나가 제휴해서 개발한 움직이는 메모장 서비스
URL http://ugomemo.hatena.ne.jp/

● 그림 13.4 MogileFs

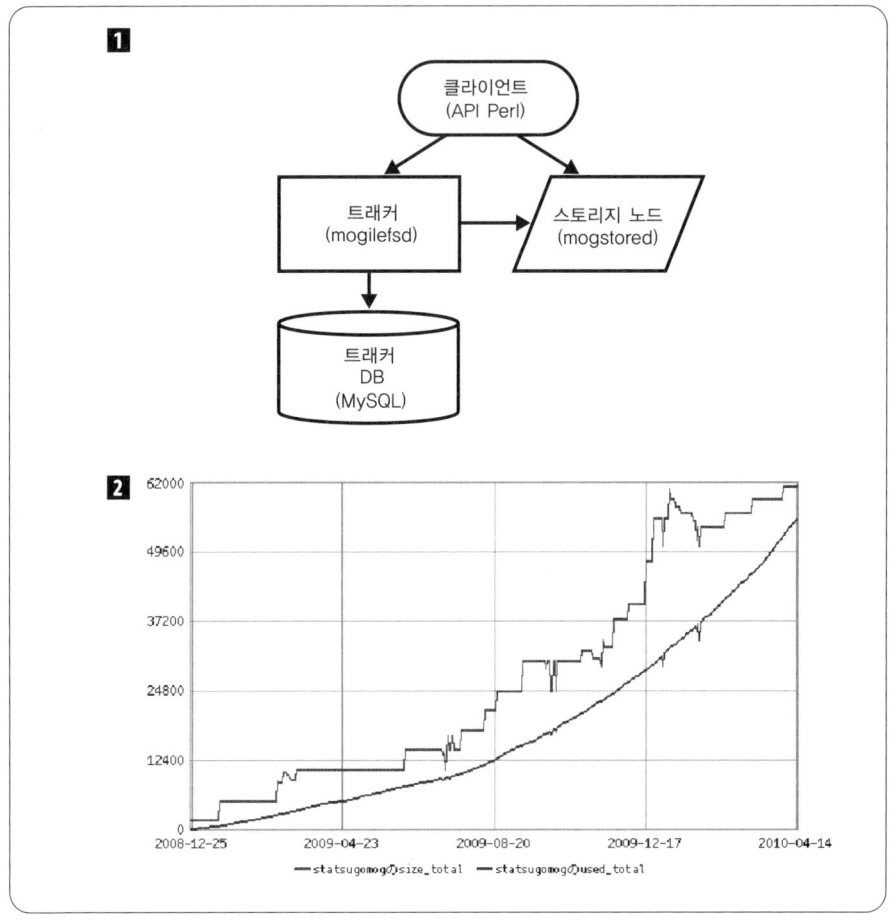

　실제로 사용하고 있는 스토리시 서버 사양은 자체제작 서버에 보통 1TB, 3.5인치 HDD를 4개 정도 탑재해서 4TB 스토리지 서버로 하고 있다. 대략 11만 엔에서 12만 엔 정도로 4TB 스토리지 서버를 갖추게 되는 것이다. 현재는 18TB 스토리지를 확보하기 위해 스토리지 노드를 10대 정도 사용하고 있고, 각각 평균 2TB 정도의 용량으로 전체비용을 대략 100만 엔 남짓으로 해서 구성되어 있다. 아마 벤더를 통해 20TB 스토리지를 구축하고 있는 시스템 시세와 비교하면 약 1/10 정도로 저렴한 가격으로 구축한 것으로 생각된다.

현재에는 2TB HDD를 사용함으로써 스토리지 노드 1대당 용량을 더욱 높이고 있다. 그러나 이렇게까지 1대당 용량을 높이게 되면 그 안에 저장된 파일수가 너무 많아져서 읽기나 쓰기 I/O 성능이 병목이 되어 100% 용량을 다 사용할 수 없게 되는 경우도 발생하고 있다. 이 부분에 대한 밸런스에도 주의를 기울일 필요가 있겠다.

학생: 분산 파일시스템에 이미지 등을 분배하는 건가요?

그렇다. 하테나에서는 분산 파일시스템에 이미지 등의 미디어 파일을 저장하고 있다. 현재 어떤 것들을 저장하는지에 대해 좀더 자세히 설명하자면, 우고메모용이므로 닌텐도 DSi에서 보기 위한 미디어 파일과 PC에서 보기 위한 Flash 미디어 파일이나 JPEG 파일 등을 저장하고 있다. 우고메모 이외에도 스토리지 시스템이 또 하나 있는데, 여기에는 하테나 포토라이프[주3]의 이미지나 하테나 다이어리의 이미지, 그리고 프로필 이미지 등 우고메모 이외에서 사용하는 미디어 파일을 저장하고 있다. 예전에는 스토리지로서 NFS(Network File System) 마운트를 사용했었는데, 꽤 심각한 사태를 몇 번 겪고 나서 현재의 구성에 이르게 되었다. MogileFS는 이미 1년 이상 운용하고 있으며 충분히 안정되었다.

분산 파일시스템은 깊이 있는 분야라서 지금도 인기가 있는 분야라고 생각한다. 특정 노드가 다운되었을 때 해당 노드가 가지고 있는 데이터를 어떻게 해서 이동시킬 것인지, 특정 노드 상의 파일로 액세스가 편중될 때 이를 평준화하기 위해 데이터를 어떻게 재배치할 것인지 등 이와 관련된 여러 기술들이 있다. MogileFS는 액세스 평준화까지는 지원하고 있지 않지만, 스토리지 노드 간 용량 사용비율에 편중이 있을 때 사용률을 평준화하기 위한 기능도 포함되어 있는 등 사용편의성이 좋은 분산 파일시스템이다. Perl로 작성되어 있으므로 관심 있는 분은 코드를 읽어보기 바란다. 코드 양도 그렇게 많지 않아서 다 읽어볼 수 있는 범위라고

주3 *URL* http://f.hatena.ne.jp/

CHAPTER 13 ··· 다중성 확보, 시스템 안정화 _100%에 근접한 가동률을 실현하는 원리

생각한다.

또한 MogileFS는 스토리지 노드를 추가함으로써 용량을 거의 무한으로 확대시킬 수가 있다. 그리하여 현재는 메타 데이터를 처리하는 부분이 병목이 되고 있다. 현재는 파일수가 억 단위가 되었고 MySQL에 저장되어 있는 메타 데이터도 GB 단위가 되었다. 이 정도 규모가 되면 실제로 파일이 저장되는 스토리지 노드뿐만 아니라 메타 데이터 처리 부분도 확장할 수 있도록 개선해나갈 필요를 느끼고 있다. 가까운 장래에는 보다 나은 확장성을 위해서 MogileFS를 개선할지 또 다른 스토리지 시스템을 모색할지 생각해볼 필요성이 대두될 것 같다.

강의 34 시스템 안정화

시스템 안정화

시스템 안정화를 위한 상반관계

지금까지 시스템을 안정화시키기 위해 다중성을 확보하고 있다는 얘기를 해왔는데, 그 밖에도 다양한 대책을 마련하고 있다. 시스템을 안정화시키기 위해 상반되는 부분이 몇 가지 있는데, 우선 안정성과 자원효율 간에는 상반관계가 있다. 또한 안정성과 속도도 상반관계가 있다.

구체적으로 말하자면, 빠듯할 정도로 메모리를 튜닝해서 8GB 중에 7.5GB 정도까지 메모리를 사용하도록 설정해두고 있다고 하자. 이 상태로 다른 일이 발생하지 않으면 좋겠지만, 처리해야 할 데이터량이 늘어나거나 애플리케이션에 버그가 있거나 메모리 누수가 발생해서 소비 메모리량이 갑자기 수백 MB 늘어나는 것은 그렇게 드문 일이 아니다. 이처럼 메모리를 빠듯하게 튜닝하게 되면 메모리가 늘어났을 때 곧바로 스왑을 사용하기 시작해서 성능이 저하되면서 서비스 장애로 이어지게 된다.

또 하나는 CPU를 거의 한계에 다다를 정도로 사용하는 것이다. 이렇게 되면 서버 대수를 줄일 수 있어서 비용면에서는 유리하지만, 한계에 다다른 상태에서 1대에 장애가 발생하면 전체적으로 처리능력이 부족해져서 요청을 다 처리하지 못하고 막혀서 장애가 되는, 이런 경우도 종종 발생한다.

이렇게 되지 않기 위해 실제로 취해야 하는 대책으로, 메모리는 7할 정도까지만 사용한다거나 CPU를 7할 정도까지만 사용하는 등 어느 정도 여유를 가질 수 있게 설계하는 것이 중요하다. 앞에서 1, 2대가 다운되더라도 문제가 없도록 한다는

CHAPTER 13 ··· 다중성 확보, 시스템 안정화 _100%에 근접한 가동률을 실현하는 원리

얘기를 했는데, 한계에 다다를 정도로 사용하지 않고 어느 정도 버퍼를 유지하고 버퍼가 부족해지면 새로운 서버를 추가하거나 구성을 약간 변경해서 전체적인 사용량을 줄이는 대책을 계속해감으로써 안정성을 확보할 수 있다.

> **Memo**
>
> **시스템 안정화와 상반관계**
> - 안정성 ↔ 자원효율
> - 안정성 ↔ 속도
> - 한계에 이를 때까지 메모리를 튜닝
>   - 메모리 소비가 늘어난다 ➡ 성능 저하 ➡ 장애
> - 한계에 이를 때까지 CPU 사용
>   - 서버 1대가 다운 ➡ 전체 처리능력 초과 ➡ 장애

시스템의 불안정 요인

불안정 요인은 그야말로 시스템 구성이 복잡해지면 질수록 하늘의 별만큼 늘어나게 된다. 전형적인 요인만 아래에 나열해보았다.

- 애플리케이션/서비스 레벨 ➡ 부하 증가
    ❶ 기능 추가
    ❷ 메모리 누수
    ❸ 지뢰
    ❹ 사용자의 액세스 패턴
    ❺ 데이터량 증가
    ❻ 외부연계 추가

- 하드웨어 ➡ 처리능력 저하
    ❼ 메모리, HDD(Hard Disk Drive) 장애
    ❽ NIC(Network Interface Card) 장애

❶기능 추가, ❷메모리 누수

애플리케이션, 서비스 레벨에서 기능 추가는 물론 시스템의 불안정 요인으로, 새로운 기능을 추가하면 그 기능이 예상보다 무거워서 전체적인 부하가 늘어나 서비스가 다운되는 일은 과거에 여러 번 있었다. 메모리 누수도 상당히 불안정한 요인으로, 특히 Perl과 같은 Lightweight Language를 사용하다 보면 메모리 누수를 완전히 배제하기가 어려워서 아무리 해도 메모리가 조금씩 누수되어 가는데, 버퍼가 너무 작으면 시간이 지남에 따라 버퍼를 다 사용해서 스왑을 사용하기 시작해서 부하가 증가해가는 것을 알 수 있다.

❸지뢰

지뢰라는 항목이 있는데, 이것은 특정 URL이 읽히면(지뢰를 밟으면) 아무리 시간이 지나도 응답이 오지 않아서 마치 지뢰처럼 장애의 원인이 되는 현상을 말한다. 그 원인으로는 메모리 누수나 무한루프 등 다양한 요인이 있다. 예전에 외부 리소스로 XML 데이터를 가지러 가는 코드에 지뢰가 묻혀 있는 경우가 있었다. XML 데이터를 외부로 가지러 갈 때 반환되는 데이터가 올바르지 않은 XML 데이터이거나 규격은 맞는데 예전 규격을 사용하는 경우가 있다. CPAN 모듈의 라이브러리나 애플리케이션 코드에 버그가 있으면, 이러한 XML을 해석할 때 무한 루프에 빠지거나 메모리를 비정상적으로 소비하면서 폭주해서 시스템의 불안정으로 이어지는 경우가 종종 있었다. 이 지뢰의 원인을 찾는 것은 상당히 어려운 일이다. 왜냐하면 애플리케이션이 작동하고 있는데 지뢰를 밟으면 갑자기 시스템이 무거워지면서 다운되어버리기 때문이다. 따라서 지뢰를 밟은 직후에 시스템이 다운되기 전에 찾아내지 못하면 어디에서 뭐가 지뢰가 되고 있는지 파악하기가 어려워진다. 이 부분은 기술자다운 테크닉이 필요한데, gdb와 같은 디버거를 사용하곤 한다.

그 밖에는 하테나 다이어리의 코멘트에서, 1만 건 정도의 코멘트가 달린 엔트리가 있었다. 이 특정 다이어리의 엔트리를 볼 때 서버가 다운되는 일이 있었는데,

당초에는 원인을 전혀 몰랐으나 결국 코멘트가 1만 건 달린 엔트리가 있었던 것이 문제였다. 당시의 코드에는 코멘트 1건마다 CPAN의 DateTime 모듈을 사용한 오브젝트를 생성하고 있었는데, 그 오브젝트가 예상보다 큰 메모리를 잡아먹고 있어서 1, 2건에서 10, 20건까지는 별 문제가 없었으나 1만 건이나 되니 수백 MB나 되는 메모리를 사용해버려서 결과적으로 스왑을 사용하기 시작하면서 서버가 무거워져 다운되곤 했다.

그 대책으로는 좀더 가볍게 구현하거나 최초에 출력하는 코멘트 개수 상한을 1,000건 정도로 제한하는 대책을 실시했다. 이러한 지뢰를 밟지 않도록 하기 위해서 애초에 지뢰를 만들지 않도록 하는 것도 물론 중요하지만, 좀처럼 완전히 제거할 수 있는 것도 아니므로 이런 지뢰를 다소 밟더라도 문제가 되지 않도록 설계하는 것도 중요하다.

❹사용자의 액세스 패턴

사용자의 액세스 패턴 변화도 부하가 증대되는 원인이 된다. 예전에는 종종 Slashdot 효과나 Digg 효과라고 하곤 했는데, 인기가 많은 사이트에 링크를 걸어두면 그 사이트 사용자가 집중적으로 접속해서 다운되는 경우가 자주 있었다. 예를 들면 하테나에서는 yahoo! 어택이라고 불렀는데[주4], Yahoo! 토픽스에 하테나 다이어리의 키워드가 링크되거나 특정 다이어리의 엔트리가 링크되어 보통일 때와 비교해서 차원이 다른 접속이 들어와서 다운되는 일이 과거에 여러 번 있었다.

이러한 액세스 변동도 흡수할 수 있도록 구성해두는 게 중요하다. 전형적으로는 Squid와 같은 캐시 서버를 사이에 추가해서 게스트 사용자의 경우는 캐시를 반환할 수 있도록 해두는 방법이 있다. 캐시를 사용하면 리소스를 거의 사용하지 않고 요청에 대한 응답을 반환할 수가 있으므로, 제대로 캐싱해서 게스트의 집중적인 액세스를 잘 처리할 수 있도록 해두는 것이 상당히 효과적이다.

주4 액세스 수의 증가는 고맙지만 다운될 정도의 부하라는 의미에서 불렀다.

❺데이터량 증가

　　데이터량 증가도 커다란 불안정 요인 중 하나다. 1년 정도 서비스가 안정적으로 운영되고 있더라도 머지 않아 당초 예상했던 데이터량보다도 늘어나서 이것이 전체적인 부하의 증가로 이어져서 시스템이 불안정해지는 경우가 있다.

　　예를 들면 얼마 전에 곤란한 일이 있었는데, 하테나 스타[역주2]에 데이터량이 예상 외로 증가했던 적이 있다. 증가했던 이유는 웹에서 닌텐도 DSi로의 인터페이스가 변화했던 것이다. 웹에서는 JavaScript에 의한 인터페이스로, 살짝 눌러서 별 1개를 단다고 하는 문화가 주류였는데, 우고메모의 DSi 클라이언트에서는 별을 1개 달면 슈퍼마리오에서 코인을 받을 때의 '띠링'이라는 소리가 나는, 상당히 기분 좋은 인터페이스로 되어 있어서 지금까지 수십 개 정도만 달았던 것을 아이들이 별을 100개, 1,000개씩이나 달기 시작했던 것이다. 우고메모를 시작하기 전에는 전체 별의 수가 수천만 정도였었는데, 우고메모를 릴리즈하고 잠시 지나서 수억대로 폭증하면서 수GB 정도로 안정적이었던 DB 크기가 단번에 수십GB로 돌입하면서 메모리가 턱없이 부족해지며 장애가 났던 적이 있었다.

　　이와 같이 당초 설계했을 때에는 예상하지 못했던 사용법으로 해서 비정상적으로 데이터량이 늘어나면 시스템이 불안정해지는 일이 자주 발생한다. 이럴 때에는 DB 설계를 변경해서 이전에는 별 1,000개를 달면 1,000개의 레코드를 추가했었지만, 설계를 바꿔 1,000개를 추가했다는 정보를 가진 레코드를 1개만 추가하도록 해서 대처하면서 전체적인 레코드 수의 증가를 억제해 데이터량의 규모를 적정한 수준으로 줄이는 대책을 취했다. 이렇게 해서 레코드가 수억 건까지 늘어났던 게 수천만 정도로 다시 압축할 수 있어서 지금도 잘 견딜 수 있게 되었다. 이와 같이 데이터가 비정상적으로 늘어나기 시작했다는 것을 빨리 눈치채고 적절한 조치를 취하는 것이 매우 중요하다.

역주2 　하테나 스타(Hatena::Star) URL http://s.hatena.ne.jp/

❻ 외부연계 추가

외부연계 추가라는 것은 광고 관련 웹 API나 Amazon 웹 API 등을 새롭게 추가하는 등 외부의 새로운 웹 API를 연결하는 것을 말한다. 이것도 불안정한 요인이 된다. 예를 들면 하테나 다이어리에는 Amazon의 API를 사용하고 있는 부분이 있는데, Amazon도 종종 갑자기 다운되는 경우가 있고, 애플리케이션을 설계할 때에는 Amazon이 다운되리라는 것을 애초부터 예상하지 않았던 것도 있어서 Amazon이 다운됨으로써 하테나도 덩달아서 다운되는 일이 있었다. 이로 인해 다이어리가 이른 아침에 다운되어 버리는 일이 있었다.

이와 같은 외부연계를 늘리게 되면 외부시스템이 다운되어 있을 때 덩달아서 다운되는 형태가 되기 쉬우므로, 외부시스템이 다운되거나 다운되지는 않더라도 부하가 높을 때에도 연계하고 있는 서비스가 영향을 받지 않고 충분한 속도로 동작하거나 외부로부터 데이터를 가져올 수는 없지만 그 부분만 작동을 안 하고 다른 부분은 출력할 수 있도록 하는 등, 이러한 외부 노이즈에 견딜 수 있는 시스템을 구현하는 것도 중요하다.

❼ 메모리, HDD 장애, ❽ NIC 장애

끝으로 하드웨어에 대해 살펴보자. 애플리케이션 엔지니어를 대상으로 한 강의이므로 여기서는 상세히 다루지 않겠지만, 메모리나 HDD, 네트워크 장애는 일상적으로 발생한다.

따라서 하드웨어의 능력이 저하되더라도 문제가 되지 않도록 해두는 것도 중요하다. 예를 들면 로드밸런서에서 적절한 항목에 대해 헬스체크를 해서 하드웨어 장애로 이상이 생겼을 때 바로 문제가 발생한 서버로 요청이 전송되지 않도록 할 수가 있다. 헬스체크가 적절하지 않은 경우, 이상이 발생했음을 검출하지 못하고 계속해서 요청이 전송되어 에러 페이지가 밖으로 표출되는 상황이 생길 수 있다. 이와 관련한 시스템의 불안정 요인을 웬만큼 고려해서 설계하고 점차 개선해가는 것이 인프라 관련 업무에서 중요한 부분이다.

강의 34 시스템 안정화

Memo

메모

애플리케이션/서비스의 불안정 요인 ➡ 부하 증가
- 기능 추가, 메모리 누수, 지뢰, 사용자의 액세스 패턴, 데이터량 증가, 외부연계 증가
- 하드웨어의 불안정 요인 ➡ 처리능력 저하
  · 메모리, HDD, NIC 장애

CHAPTER 13 ··· 다중성 확보, 시스템 안정화 _100%에 근접한 가동률을 실현하는 원리

강의 35
시스템 안정화 대책

실제 안정화 대책 — 적절한 버퍼 유지와 불안정 요인 제거

안정화를 위한 사고방식에 대해 지금까지 언급해왔다. 실제 대책을 취하고 있는 방식은 크게 두 가지로, 적절한 버퍼 유지와 불안정 요인의 제거가 그것이다.

먼저 적절한 버퍼 유지를 위해 한계의 7할 운용을 수행하고 있다. 시스템 수용 능력의 70%를 상한선으로 해서 이를 넘어서면 서버를 추가하거나 메모리를 늘리는 등 임계치를 설정하는 방식을 취하고 있다.

불안정 요인을 제거하는 것과 관련해서는 SQL 부하대책, 메모리 누수 줄이기, 비정상 동작 시 자율제어를 들 수 있다.

우선 SQL 부하에 대해 알아보자. DB에 이상한 SQL을 날리면 바로 멈추면서 다운되어버린다. 부하가 높아질 듯한 SQL을 발행하지 않도록 하는 것은 시스템을 안정화시키기 위해 매우 중요하다. 애플리케이션 엔지니어는 자신의 서비스가 어떤 SQL을 발행하는지를 가능한 한 파악해두고, 부하가 높아질 만한 SQL을 발행할 경우에는 해당 용노들 위해 격리시킨 DB를 준비해서 거기로 SQL을 날리도록 한다. 예를 들어 하테나에서는 1시간에 1번 별이 전부 몇 개인지를 세는 SQL을 날렸었는데, 예전에는 이 SQL을 사용자용 DB와 동일한 서버에 날려서 그 영향으로 시스템이 무거워지는 경우가 있었다. 이렇게 배치로만 처리할 수 있는 작업은 배치용 DB를 준비해두고 거기에서 처리하도록 해서 사용자가 일반적으로 사용하는 DB와는 부하를 분리시켜 두는 것이 효과적이다.

또한 메모리 누수를 줄이는 것은 기본이므로 애플리케이션 엔지니어가 매일 수

행하고 있다.

이상 동작 시의 자율제어

이상 동작 시의 자율제어 대책으로 현재 ❶자동 DoS 판정, ❷자동 재시작, ❸자동 쿼리제거라는 세 가지 대책을 수행하고 있다.

첫 번째는 ❶자동 DoS 판정. F5 어택이라고 하는, 리로드를 반복하는 행위가 있다. 우고메모에서는 사용자층이 초등학생이 많기도 하고, F5 키를 계속 눌러서 오직 재생횟수를 늘리려는 목적으로 대략 2시간 만에 재생횟수를 수십만 번으로 늘리려는 조작을 당한 적이 있다. 이에 대한 대처방안으로 자동 DoS 판정을 수행하도록 해서 1시간에 특정 IP주소로부터 다수의 요청이 오면, 당분간 403을 반환해서 액세스를 자율적으로 차단함으로써 이와 같은 비정상 액세스에 대처하고 있다.

그 밖에도 하테나 스타를 릴리즈했을 때 별표를 자동적으로 달 수 있는 Javascript가 공개된 적이 있다. 이 스크립트는 실행되면 오로지 별표를 마구 다는 북마크릿(bookmarklet)역주3으로, 지금도 검색해보면 아마 나올 것이다. 지금은 이 스크립트를 실행하면 바로 차단되도록 되어 있다. 차단에 대한 대책으로 sleep을 삽입해서 별표를 조금씩 달 수 있도록 구현을 변경한 것도 있는데, 이 정도는 크게 문제가 되지 않을 듯하여 방치하고 있는 상태다.

다음으로 ❷자동 재시작(AP 서버·호스트 OS)과 같은 구조도 마련되어 있다. 이번 강의 첫 부분에서 메모리 누수로 인해 스왑을 사용하기 시작하면서 부하가 증가하여 성능이 떨어진다는 얘기를 했었는데, 그렇게 됐을 때 어느 정도 리소스를 지나치게 사용했다라고 판단했다면 웹 서버를 재시작한다. 또한 가상화되어 있는 호스트에서는 가상화되어 있는 OS별로 재시작을 하고 있다. 다이어리에는 코드 양도 많고 버그를 완전하게는 없애지 못했고 메모리 누수도 아직 남아있으므로 리소스를 적절하게 사용하면서 안정시키는 것이 상당히 어렵다. 따라서 자동 재시작

역주3 북마크릿(bookmarklet) : 웹브라우저의 즐겨찾기(북마크)에 웹 페이지의 URL이 아닌, 브라우저에 명령 (JavaScript)을 등록한 것. 북마크 기능과 동일한 요령으로 확장 기능을 이용할 수 있다. 선택한 문자열에 대해서 사전사이트의 검색결과를 표시하는 것 등

CHAPTER 13 ••• 다중성 확보, 시스템 안정화 _100%에 근접한 가동률을 실현하는 원리

을 통해 보다 안정된 시스템을 실현하고 있다.

하테나 다이어리의 봇용 서버에서는 리소스를 최대한 사용하도록 하는 튜닝을 하고 있다. 이 경우 2~3일에 한 번은 자동으로 재시작하도록 하고 있다.

끝으로 이는 최종 수단에 가까운 것인데, ❸자동 쿼리제거(소요시간이 긴 SQL을 KILL)도 수행하고 있다. 자동 쿼리처리란 DB 서버에 어떤 쿼리가 실행되고 있는지를 10초에 한 번씩 파악해서 어느 정도 이상으로 시간이 경과한 쿼리를 강제적으로 KILL하는 것으로, 일부 서비스에서 테스트 중에 있다. 소요시간이 긴 SQL을 실행하면 DB가 멈춰버리는 경우가 종종 있는데, 어떤 액세스를 할 때 그런 SQL이 실행되는 것인지를 판명해서 문제를 해결해야 하는데, 이를 위해서는 코드를 수정해야 할 필요가 생기므로 곧바로 개선하기에는 어려움이 많다. 따라서 잠정적인 조치의 의미를 포함해서 자동 쿼리제거를 일부 서비스에서 수행하고 있는 상황이다.

이상과 같은 제어를 수행하면서 자율적으로 안정화하는 방향으로 시스템을 제어하도록 하고 있다. 다만 이러한 자율제어가 지나치게 잘 작동하게 되면 문제를 방치해두더라도 시스템이 안정적으로 운용되어 애플리케이션을 적당히 만들어도 그런대로 동작하게 된다. 그래서 문제를 알아채지 못하는 코드를 작성하게 되어 점점 품질이 떨어지는 상황이 될 수도 있다. 따라서 자율제어는 잠정적인 해법이고 본질적인 해법이 아니라는 것을 염두에 두고 코드를 작성하는 것이 중요하다.

> **Memo**
>
> **안정화 대책**
> - 적절한 여유(버퍼) 유지
>   - 메모리량, CPU 부하 ➡ 한계의 7할 운용
> - 불안정 요인 제거
>   - SQL부하의 상한선을 미리 정함
>   ➡ 부하가 높은 SQL을 필요로 하는 경우에는 별도 호스트로
>   - 메모리 누수를 줄인다
>   - 이상 동작 시 자율제어
>   ➡ 자동 DoS 판정(mod_dosdetector)
>   ➡ 자동 재시작(AP 서버, 호스트 OS)
>   ➡ 자동 쿼리제거(소요시간이 긴 SQL을 KILL)

CHAPTER 14

효율향상전략
하드웨어의 리소스 사용률 높이기

필자 다나카 신지

가상화 기술, 자체제작 서버
규모의 크기와 리소스 사용률

제14장은 효율향상에 대해 설명하도록 한다. 인프라에 대한 내용은 확장성, 다중화, 효율향상, 네트워크 순이었으므로 이제 3/4까지 온 것이다.

제13장에서처럼 다중화를 진행하게 되면 갑자기 다운되더라도 문제 없도록 갖출 수 있게 되고, 기본적으로 리소스 사용률은 저하된다. 특히 규모가 작으면 작을수록 다중화에 따른 효율은 떨어진다. 전체적으로 20대 정도의 서버가 있다면 1~2대 예비로 마련해놓는 것은 그다지 큰 수치는 아니다.

그러나 애초에 서버가 2~3대 있는데, 1~2대를 여유분으로 보유하는 것은 전체의 3~4할 정도의 예비율을 의미하는 것이므로 리소스 사용률은 상당히 떨어지게 된다.

따라서 하테나에서는 가상화 기술을 사용해서 호스트의 집적도를 상승시킴으로써 전체 리소스 사용률을 올리려고 한다. 또한 자체제작 서버를 사용함으로써 서버 이중화 사양을 가볍게 하여 시스템 전체의 저비용화를 추진하고 있다.

지금 즉시 효율향상을 테마로 해서 가상화 기술, 자체제작 서버에 대해 각각 설명하도록 하겠다.

Memo

효율향상전략
- 하드웨어 효율
  ➜ 다중화를 추진하면 이용효율은 저하되는 경향
- 가상화 기술(➜ 강의 36)
  · 호스트의 집적도를 상승시킨다.
- 자체제작 서버(➜ 강의 37)
  · 필요충분한 사양을 통해 저비용화

CHAPTER 14 ... 효율향상전략 _하드웨어의 리소스 사용률 높이기

강의 36

가상화 기술

가상화 기술의 도입

먼저 가상화 기술의 목적을 정리해보자면 아래와 같은 점을 들 수 있을 것이다.

- 확장성
  - 오버헤드의 최소화
- 비용대비 성능
  - 리소스 사용률 향상
  - 운용의 유연함(환경의 단순화)
- 고가용성
  - 환경의 격리

하테나에서도 시스템 전체적인 확장성을 높이거나, 비용대비 성능을 올리고, 리소스 사용률을 높이고, 유연하게 운용할 수 있게 하고, 서버 환경을 격리해서 고가용성을 실현하는 것을 목표로 한다. 현재 시장에는 가상화 기술을 구현한 다양한 제품들이 있다. 대표적인 제품을 나열하면 아래와 같다.

- VMware URL http://www.vmware.com/jp/
- Virtual PC URL http://www.microsoft.com/japan/windows/virtual-pc/default.aspx
- Parallels URL http://www.parallels.com/jp/
- Xen URL http://www.xen.org/

강의 **36** 가상화 기술

하테나에서는 Xen(CentOS 5.2, Xen 3.0.3)을 사용하고 있다. 가상화 기술을 사용할 경우, 스토리지로는 네트워크 상의 가상 디스크를 사용하는 구성도 자주 채택되지만 하테나에서는 로컬 디스크에 LVM(Logical Volume Manager)의 파티션을 만들고 있다.

가상화 기술의 효용

하테나에서는 가상화 기술을 사용함으로써 실제로 다음과 같은 효용을 얻고 있다.

❶ IPMI를 대체하는 하이퍼바이저
❷ 하드웨어 간 차이 흡수(➡ 환경 추상화)
❸ 준 가상화(ParaVirtualization) 사용
❹ 리소스 소비 제어
  · 과부하 경고
  · 부하 조정

먼저 ❶에 대해 얘기해보자면, 벤더 서버에는 IPMI(Intelligent Platform Management Interface)라는 리모트 관리기능이 있는데, 이를 대체해서 하이퍼바이저를 사용할 수 있게 되어 있다. 하이퍼바이저는 이른바 호스트 OS를 말한다. 서버 상에 최초에 기동하는 OS를 '하이퍼바이저'(Xen 용어로는 Dom0), 호스트 OS 상에서 기동하는 OS를 '게스트 OS'(Xen 용어로는 DomU)라고 하는데, 호스트 OS를 다른 이름인 '하이퍼바이저'라고 한다. IPMI는 벤더에서 만든 서버 제품으로 구현되어 있는 경우가 많은 리모트 관리환경으로, 예를 들면 전원 ON, OFF를 원격에서 수행할 수도 있다. 하테나에서는 IPMI의 대체품으로서 하이퍼바이저라는 계층을 하나 늘림으로써 게스트 OS를 리모트에서 제어하고 있다. 이에 따라 IPMI가 탑재되어 있지 않은 저가의 하드웨어를 사용할 수가 있다.

다음으로 ❷하드웨어 차이를 흡수해서 환경을 추상화할 수 있다. 이에 따라 새로운 하드웨어나 오래된 하드웨어로도 차분에 신경 쓰지 말고 사용할 수 있다.

❸은 Xen에 특화된 얘기지만, 가상화로 인한 오버헤드를 줄이기 위해 하드웨어를 완전히 에뮬레이팅하지 않은 준 가상화(ParaVirtualization)라는 방식이 있으며, 하테나에서는 이 방식을 사용하고 있다.

그리고 ❹리소스 소비를 소프트웨어 레벨에서 강력하게 제어할 수 있게 되어 있다. 리소스 소비를 제어함으로써 '과부하 경고', '부하 조정'을 수행한다.

강의 35의 '시스템 안정화 대책'에서 비정상적인 리소스 소비를 발견했다면 강제적으로 재시작한다고 얘기했었다. 그런 흐름에서 과부하일 때 프로세스를 재시작하는 것뿐만 아니라 게스트 OS의 자동 재시작도 수행한다. 게스트 OS를 자동적으로 재시작시킬 때에는 monit[주1]라는 리소스 관리용 툴을 사용해서 Load Average가 얼마인지, 메모리 소비는 어느 정도인지, 네트워크 커넥션을 확립할 수 있을지 등을 감시한다. 감시하고 있는 값이 설정한 임계치를 넘어서면 Apache 재시작이나 게스트 OS를 재기동하게 되는 것이다.

가상화 서버 구축정책

가상화 기술을 도입하는 가장 기본적인 목적은 하드웨어의 이용효율 향상이다. 하드웨어의 이용효율 향상을 위해 남아있는 리소스를 사용하는 게스트 OS를 투입한다.

예를 들면 CPU 리소스가 남아있으면 웹 서버, I/O 리소스가 남아있으면 DB 서버, 메모리 용량이 남아있으면 캐시 서버를 투입한다.

리소스 소비경향이 비슷하고 부하가 높은 용도의 게스트 OS끼리는 리소스를 서로 점유하려고 하므로 같이 두는 것은 피하도록 하고 있다.

주1 URL http://mmonit.com/monit/

앞서 언급했듯이, 가상화 기술을 도입할 때 중앙에 신뢰성이 높은 큰 규모의 스토리지를 두고 네트워크로 파일시스템을 마운트하는 구성을 채택하는 경우도 일반적으로는 많지만, 이런 형태는 사용하지 않는다. 그 이유는 고가의 스토리지 서버를 사용하지 않으면 충분한 안정성을 확보할 수 없기 때문이다. 대개 그런 하드웨어는 비싸다는 게 주요 원인이다.

> **Memo**
>
> **가상화 서버 구축정책**
> - 하드웨어 리소스 이용률 향상
> → 남아있는 리소스를 주로 이용하는 게스트 OS(DomU)를 투입
>   · CPU가 남아있다 → 웹 서버
>   · I/O가 남아있다 → 캐시 서버
> - 같이 두는 것을 피하는 형태의 조합
> → 리소스 소비경향이 비슷하고 부하가 높은 용도끼리(각각의 웹 서버끼리 등)는 피한다.
> - 중앙 스토리지는 사용하지 않는다.

가상화 서버 — 웹 서버

구체적인 게스트 OS 구성을 살펴보겠다. 예를 들면 4GB 메모리를 탑재하고 있는 서버에 웹 서버용 게스트 OS에 주로 3.5GB를 할당했다고 하자(그림 14.1). 최근 메모리 가격이 낮아지고 있으므로 기본적으로 8GB로 증가시키기로 한다. 그렇게 되면 메모리에 여유가 생기므로 웹 서버용 게스트 OS의 메모리를 5.5GB로 확장하고, 또한 memcached용 게스트 OS에 2GB를 할당한다.

가상화 서버 — DB 서버

다음으로 DB 서버 예를 살펴보자(그림 14.2). DB 서버에서는 DB가 메모리를 어느 정도 소비하지만, CPU 리소스와 I/O 리소스는 그다지 소비하지 않는 경우가 많다. 이런 경우에는 웹 서버용 게스트 OS를 탑재해서 I/O와 CPU를 모두 사용할 수 있도록 한다.

● 그림 14.1 가상화 서버(웹 서버)

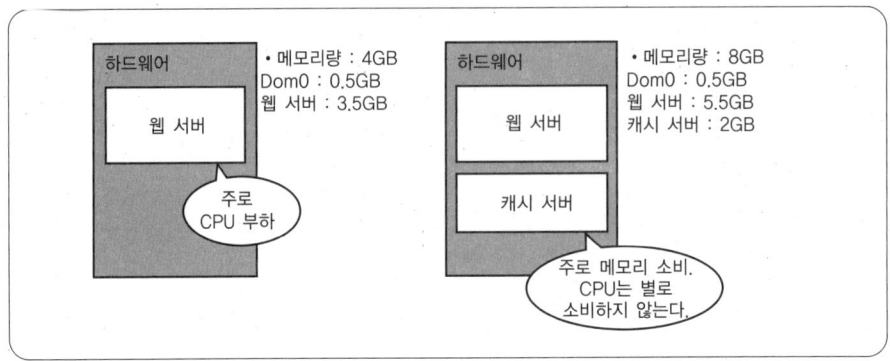

● 그림 14.2 가상화 서버(DB 서버)

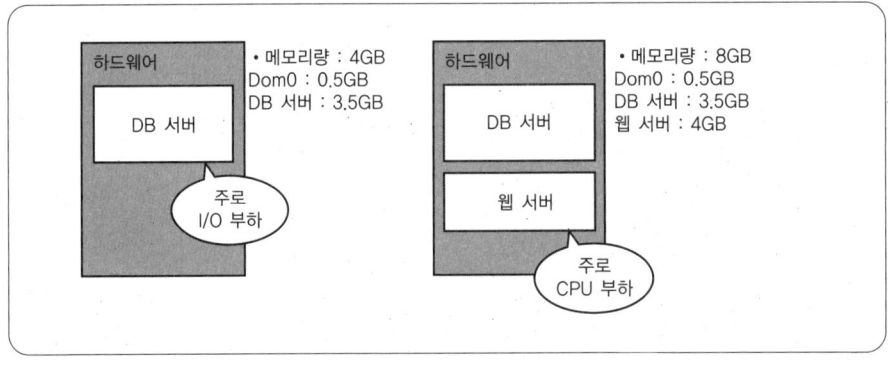

가상화로 얻은 장점 정리

여기서 가상화 기술을 통해 얻은 장점에 대해 정리해두도록 하자. 구체적인 장점으로는 물리적인 리소스 제약에서 해방됨으로써 동적으로 변경할 수 있게 되고, 게스트 OS의 마이그레이션이나 복제가 용이해졌다. 이에 따라 서버 증설이 용이해지고 확장성을 확보할 수 있게 되었다.

다음으로 소프트웨어 레벨에서 호스트 리소스를 강력하게 제어할 수 있고, 비정상 동작 시 문제를 국소화시키고 호스트를 쉽게 제어할 수 있게 되었다. 효율이 향상되고 시스템을 전체적으로 안정화할 수 있게 되었다. 현재는 이러한 장점을 편리하게 활용하면서 가상화 기술을 능숙하게 운용할 수 있게 되었다.

> **Memo**
>
> **가상화로 얻은 장점**
> - 물리적인 리소스 제약에서 해방
>   - 리소스를 동적으로 변경
>   - VM의 마이그레이션, 복제
> ➡ 용이한 서버 증설 ➡ 더 나은 확장성 확보
> - 소프트웨어 레벨의 강력한 호스트 제어
>   - 비정상 동작 시 문제 극소화
>   - 호스트 제어가 용이해진다.
> ➡ 하드웨어・운용 비용 저하
> ➡ 비용 대비 성능 향상, 고가용성으로 발전

가상화와 운용 — 서버관리툴로 운용측면에서 가상화의 장점을 살리다

제12장의 부하 파악에 대한 설명에서 서버관리툴을 소개했다. 서버관리툴에서도 서버 간 관계를 파악할 수 있다.

예를 들면 그림 14.3은 랙 정보인데, 특정 랙 내의 호스트 정보를 표시하고 있다. 그림 14.3의 회색 바탕으로 표시된 것이 호스트 OS이고, 흰색 바탕으로 표시된 것이 게스트 OS다. 호스트 OS와 게스트 OS가 세트로 되어 있고, 게스트 OS가 탑재되어 있는 개수를 알 수 있게 되어 있다.

이에 대한 관리를 제대로 하지 않으면 운용상 가상화의 장점을 살릴 수 없게 되므로 이와 같은 관리 시스템을 만들어서 함께 운용하는 것이 중요하다. 그리고 그림 14.4와 같이 함께 탑재되어 있는 게스트 OS의 그래프를 모아서 보거나 CPU 부하를 게스트 OS별로 각기 다른 페이지에서 보는 것이 아니라 하나의 페이지에서 모아서 확인할 수 있도록 하고 있다.

CHAPTER 14 ··· 효율향상전략 _하드웨어의 리소스 사용률 높이기

● **그림 14.3** 특정 랙에 포함되어 있는 서버의 구성을 부하와 함께 표시

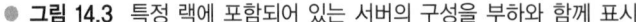

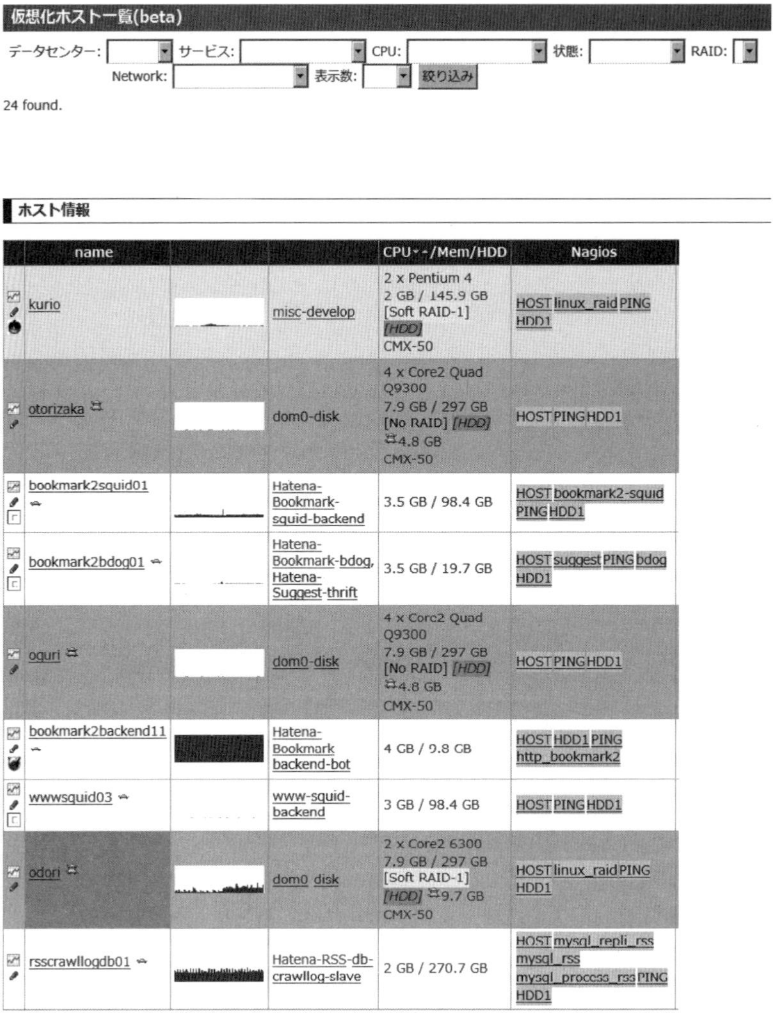

또한 하테나에서는 가상화된 호스트 간 관계(부모-자식관계)를 DNS를 사용해서 조사할 수 있도록 하고 있다. 예를 들어 앞서 본 그림 14.3에서는 oguri라는 호스트 OS 상에 bookmark2backend11이라는 게스트 OS가 배치되어 있다. DNS

강의 **36** 가상화 기술

● **그림 14.4** 함께 탑재되어 있는 게스트 OS에 관련된 그래프를 한 화면에 표시

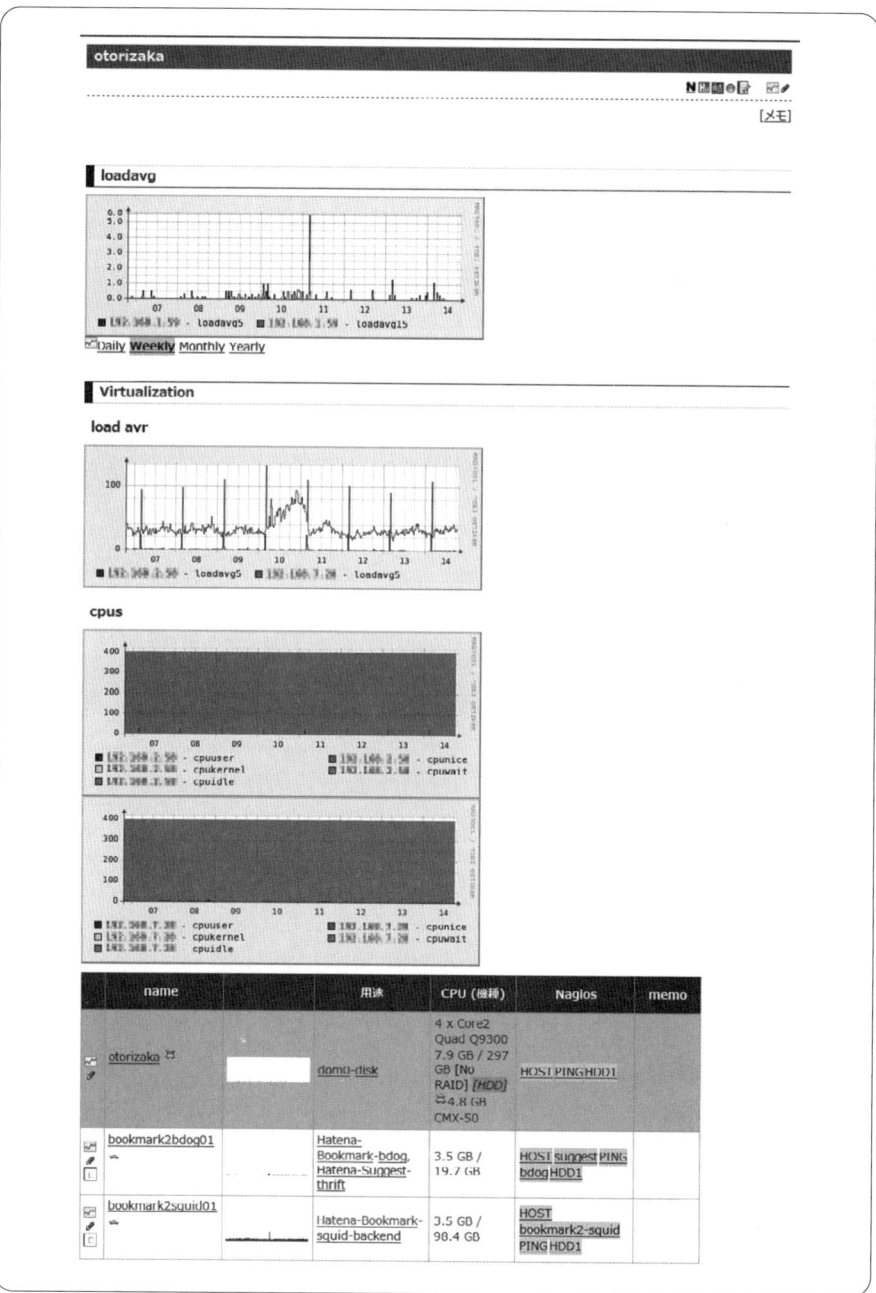

를 이용해서 각각의 호스트명으로 IP주소를 얻을 수 있도록 하고 있는데, parent. bookmark2backend11이라는 이름으로 게스트 OS의 부모의 IP주소, 즉 oguri의 IP주소를 얻을 수 있도록 하고 있다. 이에 따라 게스트 OS에 이상이 생겨서 외부에서 로그인할 수 없게 된 경우에도 바로 부모 호스트 OS로 로그인해서 게스트 OS의 상태를 살펴볼 수가 있다.

가상화된 환경에서는 게스트 OS를 특정 호스트에서 다른 호스트로 이동시키는 일이 자주 있다. 따라서 필요할 때마다 게스트 OS의 부모 호스트를 관리툴 등에서 찾아보는 일이 매우 번거로운 일이므로, "parent."라고 앞에 덧붙이기만 하면 부모 호스트를 표시하도록 하고 있다. 이는 구현하기 전에 예상했던 것 이상으로 편리해서 이제는 이 기능이 없는 운용은 생각할 수도 없다. 이와 같이 DNS와의 연계를 곧바로 구현할 수 있는 것도 자체적으로 서버관리툴을 구현하고 있기 때문에 가능한 것이라고 생각한다.

가상화 도입 시 주의할 점

이상으로 하테나에서의 가상화 기술 도입상황과 장점에 대해 설명했다. 궁금한 점이 있는가?

학생: 가상화의 단점은 어떤 게 있습니까?

좋은 질문이다. 전형적인 단점으로는 성능상의 오버헤드가 있다는 점이다. 하테나에서의 경험치로는 대략 다음과 같은 수치를 오버헤드의 기준으로 삼고 있다. 이 점이 최대 단점이다.

- CPU에서 2~3%
- 메모리 성능에서 1할 정도
- 네트워크 성능은 절반 정도
- I/O 성능이 5% 정도 떨어진다.

강의 36 가상화 기술

다음으로 가상화 기술 구현상 결함으로 인해 갑자기 네트워크가 단절되는 등의 불안정 요인이 약간 늘어나는 경우가 있는데, 이에 비해 장점이 충분히 크므로 가상화 기술을 사용하고 있다.

하지만 네트워크 성능이 반감해버린다는 것은 용도에 따라서는 꽤 심각하다. 뒤에서 설명하겠지만 하테나에서는 네트워크 라우터로 PC 라우터를 사용하고 있으며, PC 라우터에서는 가상화를 사용하기 때문에 성능이 떨어지는 경우가 있었다. 가상화 기술이 병목현상의 원인이었다는 것은 최근에 와서 알게 된 것인데, 가상화 기술이 만능인 것만은 아니라는 것을 배우는 계기가 되었다. 따라서 현재는 용도에 따라서는 가상화 기술을 도입하지 않고 사용하고 있는 부문도 있다.

* * *

이상으로 가상화 기술에 대해 설명했다. 가상화 기술이 더 나은 확장성 확보와 비용 대비 성능 향상, 고가용성, 효율향상으로 이어진다는 것을 파악할 수 있었을 것이다. 효율향상의 포인트는 아직 더 있다. 이어서 요소기술로서 하드웨어를 살펴보도록 하겠다.

CHAPTER 14 ••• 효율향상전략 _하드웨어의 리소스 사용률 높이기

하드웨어와 효율향상
저비용을 실현하는 요소기술

프로세서의 성능향상

이제부터는 하드웨어에 관한 얘기다. 무어의 법칙은 유명해서 여러분도 알고 있을 것이다. 무어의 법칙(Moore's Law)은 '집적회로 상의 트랜지스터 수는 18개월마다 2배로 증가한다'라는 법칙이다. 그림 14.5는 인텔의 홈페이지에 실려 있는 그래프로, Core 2 Duo 세대까지 기재되어 있는데 아직까지는 직선 형태로 뻗어 있어서 프로세서는 지수적으로 성능이 향상되는 하드웨어임을 알 수 있다.

● 그림 14.5 무어의 법칙※

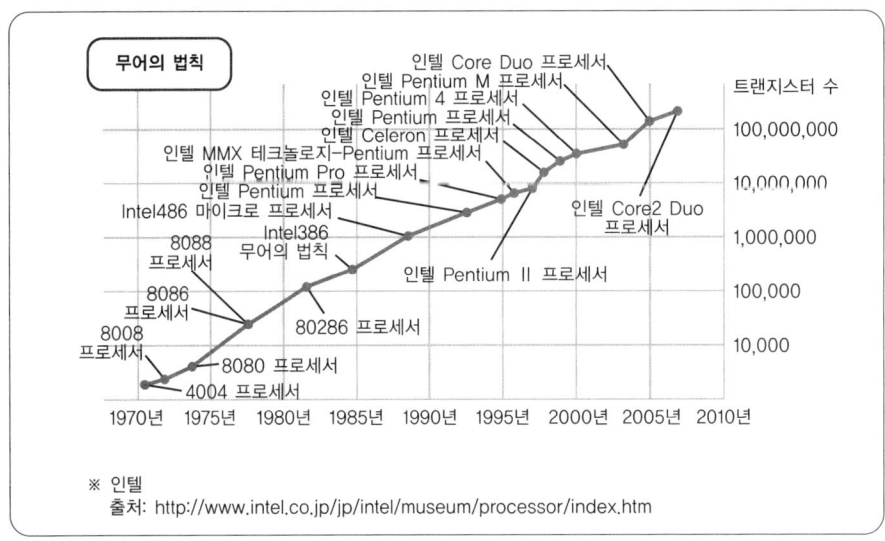

※ 인텔
출처: http://www.intel.co.jp/jp/intel/museum/processor/index.htm

강의 37 하드웨어와 효율향상 _저비용을 실현하는 요소기술

무어의 법칙은 트랜지스터의 집적도에 대한 얘기로 이 분야는 기술적으로는 계속 성장하고 있다. 반면, 개별 코어의 성능은 이미 한계에 다다른 것이라고들 하는데, 코어 수의 경우에는 앞으로 더 늘어날 것이므로 적어도 서버 용도로 사용하고 있는 한 성능은 현재로선 증가해갈 것이라 기대할 수 있다.

메모리, HDD의 비용저하

메모리나 HDD는 급속하게 저렴해지고 있다. 예를 들어 3년 전에 2GB에 3만 엔 정도였던 것이 최근에는 5천엔 정도다. 제2장에서도 언급했지만, 2GB나 4GB 정도의 메모리 가격이 점점 떨어지고 있다.

4 core CPU 4GB인 서버를 예로 들면, 3년 전에 만들려면 수십만 엔 정도 필요했지만 지금은 8만 엔에 만들 수 있다. 이 정도의 가격파괴는 엄청난 임팩트가 있다.

> **Memo**
>
> **메모리, HDD가 급속히 저렴해지고 있다**
> - 3년 전: 2GB에 3만 엔
>   - 8GB에 12만 엔
> - 현재: 2GB × 2에 5천엔 정도
>   - 8GB에 1만 엔
> - 4 core CPU 8GB인 서버에 드는 비용
>   - 3년 전: 수십만 엔
>   - 현재: 8만 엔

메모리, HDD 가격추이

그림 14.6은 메모리, HDD의 가격추이 그래프에서 파트별 가격추이를 그래프화한 것이다. 실제로는 컬러풀한 그래프이므로 관심 있는 분은 출처 URL을 참고

해서 확인해보기 바란다. 지면 관계로 흑백으로 게재하고 있지만, 가격추이 경향을 보면 기본적으로 급격하게 우하향으로 내려가고 있는 것을 볼 수 있을 것이다. 이런 추세로 가격이 떨어져가는 업계도 많지 않을 것이다.

현재 상황에서 HDD 제조사는 계속해서 줄어들고 있고 그 과정에서 흡수합병을 반복하고 있다. 또한 메모리 업계도 흡수합병이 심해서 경쟁이 격렬한 분야다. 메모리와 HDD 업계 모두 최종적으로는 전 세계에 2~3개사만 남게 되고, 규모를 점점 키워가면서 규모의 경제를 통해 어떻게든 수익을 확보하게 될 것이라고 한다. 하테나와 같은 웹 서비스 제공업자로서는 이와 같은 가격 하락이라는 변화를 자신들의 인프라에 즉각적으로 잘 반영하면서 가격 메리트를 살려가는 것이 결과적으로 경쟁우위로 이어진다고 생각한다.

● 그림 14.6 메모리, HDD의 가격 추이(2010년 4월 시점)※

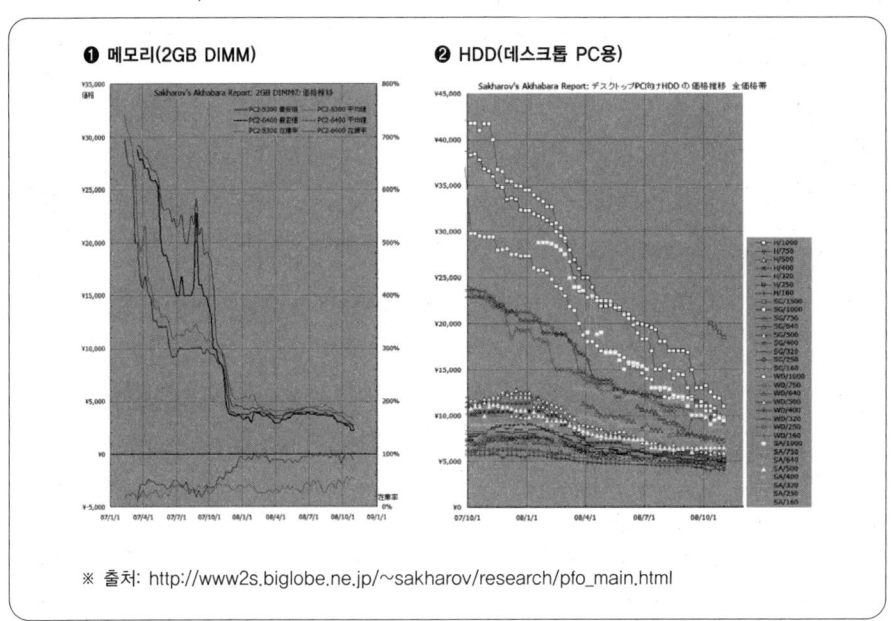

※ 출처: http://www2s.biglobe.ne.jp/~sakharov/research/pfo_main.html

저가 하드웨어의 유용한 이용법 — 가상화를 전제로 한 하드웨어 사용

하테나에서는 저가 하드웨어를 가능한 한 유용하게 이용하려고 하고 있는데, 관리기능은 최소한으로 억제하고, 코어는 가능한 한 많은 것을 채택하며, 메모리는 충분히 저렴하므로 상한선까지 탑재해두고 있다. 또한 I/O 성능에 관해서는 용도별로 요구되는 레벨이 많이 다르므로 디스크가 없는 서버(Diskless Server)를 준비하거나, 하드웨어 RAID를 통한 RAID-10을 구성하거나, SSD로 RAID-0 등을 구성하는 등 다양한 패턴을 갖추고 있다.

최소한의 관리기능이라는 점에서는 IPMI와 같은 관리용 하드웨어는 불필요한 비용이 된다. 현재 IPMI 기능을 추가하면 대략 1~2만 엔 정도 서버 가격이 올라간다. 따라서 Intel AMT라는 데스크톱용 마더보드에도 포함되어 있는 기능으로 이를 대체하고, 가상화 기술로 게스트 OS를 소프트웨어적으로 분리함으로써 리소스 제어를 가능하게 해서 IPMI 기능을 갖추는 데 드는 1~2만 엔 정도의 비용을 절감하고 있다. 이와 같이 저비용화를 향한 노력도 수행하고 있다.

최근에는 그림 14.7과 같은 하드웨어를 사용하고 있다. 데스크톱용 마더보드를 사용해서 1대에 8만 엔 정도로 제작하고 있다.

가상화를 전제로 한 하드웨어의 구체적인 구성은 다음과 같이 되어 있다.

- 데스크톱용 마더보드
  - Intel AMT
- 데스크톱용 CPU
- 네트워크 포트 × 1
- ECC(Error Check and Correct) 없는 메모리(non-ECC 메모리)
- RAID(Redundant Arrays of Inexpensive Disks) 없음 또는 소프트웨어 RAID

벤더 서버(Dell 등)의 경우 네트워크 포트는 최소 2개인 경우가 많은데, 여기서는 1개면 된다거나, ECC가 없어도 되고, RAID도 없어도 되는 경우가 많다거나, 웹에 특화된 하드웨어로 한정지음으로써 비용을 내리고 있다.

CHAPTER 14 ··· 효율향상전략 _하드웨어의 리소스 사용률 높이기

● **그림 14.7** 가상화를 전제로 한 하드웨어

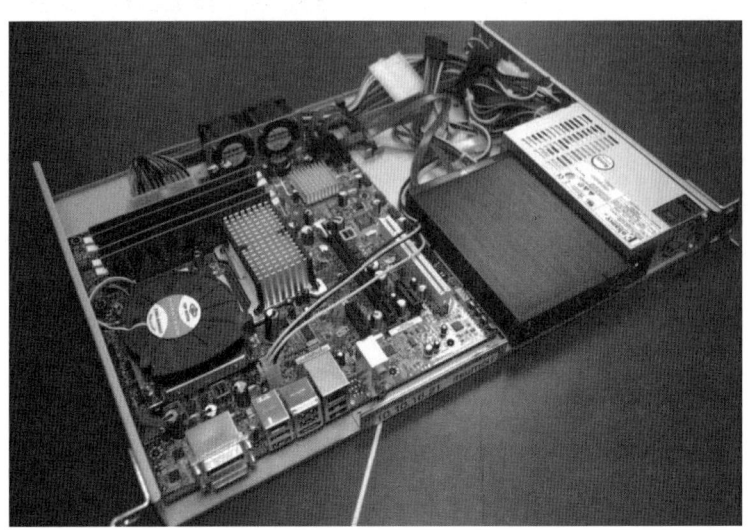

> **Memo**
>
> **저가 하드웨어의 유용한 이용 방침**
> - 최소한의 관리기능
> - 다(多) core CPU
> - 대량의 메모리
> - flexible한 I/O 성능
>   · Diskless
>   · 하드웨어 RAID-10
>   · SSD RAID-0
> - 관리용 하드콘솔 불필요
>   · IPMI 기능 ➜ Intel AMT

314

강의 37 하드웨어와 효율향상 _저비용을 실현하는 요소기술

SSD

제11장에서 SSD(그림 14.8)를 사용하고 있다고 살짝 얘기했었다. 이와 관련된 새로운 기술을 점차 적극적으로 도입해가는 것은 매우 중요하므로 다양하게 시도하고 있다.

학생: SSD는 어디에 사용하고 있습니까?

예를 들면 하테나 북마크의 경우는 다수의 DB 슬레이브 서버에서 사용하고 있다.

● **그림 14.8** SSD

이를 제대로 비교해볼 수 있는 그래프가 그림 14.9(CPU 부하), 그림 14.10(I/O 부하), 그림 14.11(SQL 수)이다. 이들 그래프에서는 I/O read와 I/O write를 나타내고 있다. 지면 관계상 흑백이므로 보충설명을 하겠지만, 경향을 살펴보기 바란다. ❶이 벤더 서버용 하드웨어로 대략 30~40만 엔 정도 하는 하드웨어다. ❷는

Intel의 SSD를 탑재하고 있으며 대략 10~12만 엔, 현재 SSD 가격이 점차 내려가고 있으므로 지금 만들면 10만 엔 정도면 가능하다.

● 그림 14.9 CPU 부하(On 메모리 vs. SSD)

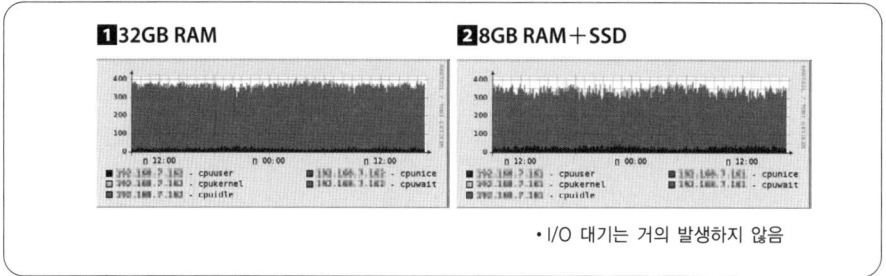

● 그림 14.10 I/O 부하(On 메모리 vs. SSD)

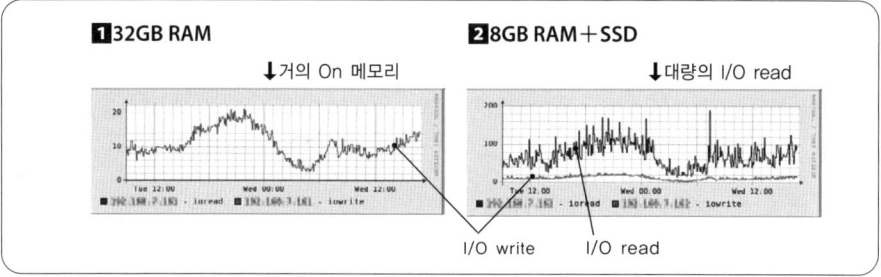

● 그림 14.11 SQL 수(On 메모리 vs. SSD)

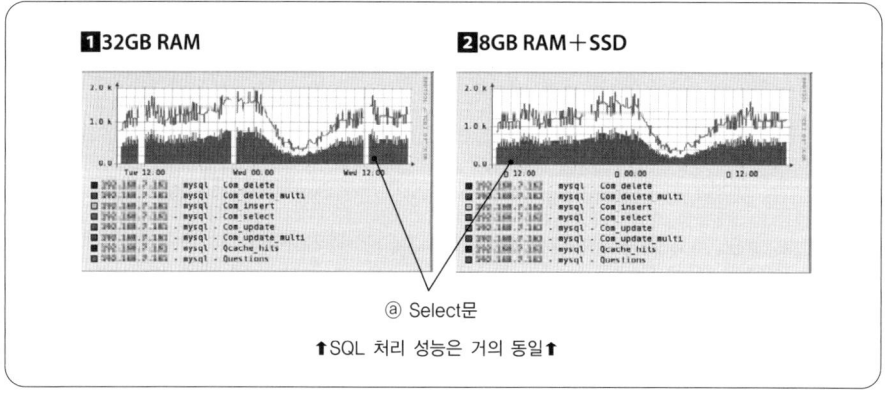

강의 **37** 하드웨어와 효율향상 _저비용을 실현하는 요소기술

가장 주목할 부분은 그림 14.10의 I/O 부하다. 32GB의 메모리를 탑재하고 있으면 데이터가 전부 메모리에 올라가 있으므로 I/O read가 전혀 발생하지 않고, 갱신에 대한 I/O write만 발생하고 있는 형태의 그래프로 되어 있다. 반면, SSD 쪽은 메모리가 8GB, 가상 OS에는 7GB만 할당했으므로 데이터가 메모리에 거의 올라가지 않아서 I/O read가 상당부분 발생하고 있다는 차이를 쉽게 알 수 있다.

여기서 SSD를 사용하고 있는 서버의 CPU 부하를 그림 14.9에서 보면, 그림 14.10처럼 I/O read가 상당히 발생하고 있음에도 불구하고 I/O 대기는 거의 발생하지 않고, I/O read는 매우 낮은 부하만 유발하며 잘 처리되고 있음을 알 수 있다. 실제 Load Average도 두 서버 모두 비슷한 정도로 처리되고 있으며, 32GB 메모리를 탑재한 서버용 하드웨어도 손색없는 부하로 처리되고 있다.

실제로 처리하고 있는 SQL 수를 보면 그림 14.11의 ⓐ가 SELECT SQL 수이며, 대략 매초 500쿼리 정도 처리하고 있다. SSD쪽도 거의 비슷한 정도로 처리하고 있다. 하드웨어 비용을 1/4 정도로 내리면서 성능면에서는 거의 변함없다는 것이 SSD 덕분에 실현되고 있는 결과다.

지금까지의 SSD에 관한 예는 새로운 하드웨어를 투입하면 저가로 성능이 대폭 개선되는 알기 쉬운 예이다. 자체적으로 인프라를 구축하고 있을수록 이러한 노력을 빠른 시일 내에 할 수 있다.

> **Memo**
>
> **SSD의 액세스 성능**
> - 양호한 랜덤액세스 성능
> - 메모리 > SSD > HDD RAID-0/10 > HDD RAID-1
>   → 메모리 정도는 아니지만 충분히 빠르다.
> - Intel SSD X-25E/M, 하테나의 운용환경에서 가동 중

> ### Column
>
> ### SSD의 수명
> 소모빈도 지표에 주목!
>
> SSD는 비교적 새로운 디바이스로 높은 성능으로 주목받고 있는데, 운용하고 있는 동안에 문제가 되는 현상에 대해서는 HDD만큼 밝혀지고 있는 것은 아니다. 하테나에서 사용하고 있는 SSD는 거의 모두가 Intel 제품으로 되어 있고, 벌써 1년 이상 운용실적이 있어 서서히 노하우를 쌓아가고 있는 중이다.
>
> SSD를 다룰 때 가장 신경 쓰이는 것은 언제 어떻게 고장 날 것인지에 대한 것이다. HDD가 시간이 지남에 따라 소모되면서 고장 나는 것은 주지하고 있는 사실이므로, SSD도 시간이 지남에 따라 소모되면서 고장 난다라고 생각하는 게 자연스럽다.
>
> SSD의 소모빈도 지표가 되는 것은 S.M.A.R.T. 값인 E9(Media Wearout Indicator)라는 항목이다. 이 값은 SSD의 기록 미디어인 플래시 메모리의 소모빈도를 나타내고 있으며, 평균 삭제횟수가 늘어남에 따라 정규화된 값이 100에서 1로 감소해간다. 이 값은 smartctl 명령으로 얻을 수 있다(그림 G.1). 현재 smartctl 버전에서는 이름이 Unknown=Attribute로 되어 있는데, ID가 233(16진수로 E9)가 Media Wearout Indicator에 해당한다. 하테나에서는 각 서버의 이 항목값을 그래프화하면서 SSD의 소모를 관리하려고 하고 있다. 하테나에서 가장 심하게 쓰기작업을 하는 SSD에서는 9개월 정도에 이 값이 0이 되어 버린다. 즉, 쓰기작업에 따른 데이터 삭제횟수가 Intel이 보증하고 있는 횟수를 넘어버려서 언제 고장 나더라도 이상하지 않을 정도의 상태가 되어 버렸다.
>
> 이와 같이 새로운 디바이스를 사용하기 시작할 때에는 어떤 식으로 고장 나는지 다양한 데이터를 수집하면서 특성을 파악할 필요가 있다.
>
> ● 그림 G.1 smartctl의 실행결과(일부 생략)
>
> ```
> smartctl version 5.38 [x86_64-redhat-linux-gnu] Copyright (C) 2002-8 Bruce Allen
>
> === START OF READ SMART DATA SECTION ===
> ID# ATTRIBUTE_NAME          FLAG    VALUE WORST THRESH TYPE    UPDATED WHEN_FAILED RAW_VALUE
>   3 Spin_Up_Time            0x0020  100   100   000    Old_age Offline -           0
>   4 Start_Stop_Count        0x0030  100   100   000    Old_age Offline -           0
>   5 Reallocated_Sector_Ct   0x0032  100   100   000    Old_age Always  -           3
>   9 Power_On_Hours          0x0032  100   100   000    Old_age Always  -           1909
>  12 Power_Cycle_Count       0x0032  100   100   000    Old_age Always  -           23
> 192 Power-Off_Retract_Count 0x0032  100   100   000    Old_age Always  -           13
> 225 Load_Cycle_Count        0x0030  200   200   000    Old_age Offline -           74961
> 226 Load-in_Time            0x0032  100   100   000    Old_age Always  -           869020620
> 228 Power-off_Retract_Count 0x0032  100   100   000    Old_age Always  -           869020620
> 233 Unknown_Attribute       0x0032  098   098   000    Old_age Always  -           0
> ```

CHAPTER 15

웹 서비스와 네트워크
서비스의 성장

필자 다나카 신지

1Gbps를 넘어, 500호스트를 넘어, 태평양을 넘어
트래픽, 호스트수, 서비스 전개

드디어 강의도 본편 마지막 장을 맞게 되었다. 제15장은 네트워크에 관한 얘기다. 웹 서비스의 네트워크에 트래픽이 그렇게 많지 않다면 각 서버를 아무 생각 없이 스위치에 연결하고 라우터를 하나만 준비하면 OK다. 하테나도 2년 전 규모일 때까지는 그렇게 해서 문제가 없었다.

그 이상이 필요해지는 포인트가 몇 가지 있는데, 예를 들면 트래픽이 Gbit 단위, 1Gbps가 되면 여러 문제가 발생하기 시작한다. 라우터의 성능 관점에서는 bps보다는 패킷/초인 pps가 중요하다. 하테나에서 사용하고 있는 PC 라우터에서는 30만pps가 넘어서면 한계에 이르러서 이 부분이 하나의 포인트가 된다.

그 밖에도 호스트수가 500을 넘어서는 상태에서 하나의 서브넷으로 구성하게 되면, 여러 가지로 문제가 생기고 패킷 손실이 많이 발생하게 된다.

또한 북미나 유럽 등의 지역으로 글로벌한 서비스를 전개하려고 하면, 데이터 센터 한 곳에서만 운영하면 아무래도 태평양이나 대서양을 지나는 트래픽이 발생해서 latency도 한계에 이르게 되므로 이 점도 대책이 필요하다.

이제부터 각각의 분기점을 살펴보도록 한다. 그리고 한층 높은 단계에 대해서도 다뤄보도록 하자.

> **Memo**
>
> **웹 서비스와 네트워크**
> - 네트워크 분기점(➡ 강의 38)
>   · 1Gbps의 한계
>   · 500호스트의 한계
>   · 글로벌화, CDN
> - 한층 높은 단계(➡ 강의 39)

CHAPTER 15 ··· 웹 서비스와 네트워크 _서비스의 성장

네트워크 분기점

서비스 성장과 네트워크 분기점

웹 서비스의 네트워크에 대해서 살펴보도록 하자. 작은 트래픽이라면 아무것도 생각하지 않아도 상관없지만, 서비스가 성장해감에 따라 네트워크의 분기점을 알아두어야만 한다. 제15장 첫 부분에서 다루었던 분기점을 정리하면 아래와 같다.

- 1Gbps(라우터 성능 관점에서 사실은 30만pps(300Kpps)) 이상
  ➡ PC라우터의 한계
- 500호스트 이상 ➡ 1서브넷의 한계
- 글로벌화 ➡ 1데이터 센터의 한계

하테나는 최근 1~2년 만에 이와 같은 네트워크의 한계점에 서서히 도달하고 있다. 500호스트도 넘어섰고, 글로벌 서비스도 시작하면서 이와 같은 한계가 점점 드러나면서 새로운 기술, 새로운 사고방식을 투입해야만 하는 시기가 되었다.

1Gbps의 한계 — PC 라우터의 한계

1Gbps의 한계는 정확히는 30만pps의 한계다. 하테나에서 사용하고 있는 표준적인 하드웨어에서 최신의 Linux 커널을 사용하면 대략 30만 패킷/초가 한계라

는 사실이 실측 결과 판명되었다. 이때의 평균 패킷 길이가 300바이트라면 대략 1Gbps가 된다. Gigabit Ethernet 레벨에서도 1Gbps라는 게 한계이며, 커널의 성능면에서도 30만 패킷/초가 한계라는 것을 알았다.

이에 대한 대책으로는 PC 라우터를 여러 대 병렬화하든가 박스형 라우터, 예를 들면 고가의 Cisco 라우터를 구입하는 방법이 있다. 지금으로서 하테나에서는 저가의 PC 라우터를 병렬화하는 방향으로 노력하고 있는 상태다. 박스형 라우터를 구입하면 대략 1대에 백만 엔에서 수백만 엔 정도가 되므로 그에 비해 저가에 해결할 수 있는 PC 라우터를 이용해서 언제까지 버틸 수 있을지 도전하려고 노력하고 있는 상황이다.

> **Memo**
>
> **1Gbps의 한계**
> - PC 라우터의 전송능력이 한계
>   - 30만pps(300Kpps) = 1Gbps(평균 패킷 길이 300바이트)
> - 대책
>   - PC 라우터를 나열한다 ➡ 지금의 하테나는 이렇게
>   - 박스형 라우터를 구입한다.

500호스트의 한계 — 1서브넷, ARP 테이블에서의 한계

500호스트의 한계는 구체적으로는 스위치의 ARP 테이블(Address Resolution Protocol table)과 관련해서 한계가 있을 듯하다.

ARP 테이블에 관해 자세한 것은 참고서 등을 살펴보기 바라며, 여기서는 간단히 설명해두도록 하자. Ethernet 통신이라는 것은 MAC주소(Media Access Control address)를 기반으로 하고 있다. ARP 테이블이란 IP주소와 MAC주소 간 대응관계표로 스위치는 이 테이블을 갖고 있다. IP통신을 할 때는 먼저 IP주소로 통신대상을 지정하면 이에 대응하는 MAC주소를 검색한 후, Ethernet 계층에서

이 MAC주소를 사용해서 통신하게 된다. 받아들이는 쪽은 그 내용을 IP 계층까지 확인해서 다른 서브넷으로 보낼지 서브넷 내에서 통신을 마칠지 결정해서 통신을 실현하고 있다.

이 IP주소와 MAC주소 간 관계를 나타내는 ARP 테이블이 있는데, 이를 사용하고 있는 스위치에서는 이 테이블의 크기가 대략 수백 건 정도라는 것을 최근에 알게 되었다. ARP 테이블의 크기 상한선이 900건 전후였는데, 실제로 ARP 테이블의 내용이 800건 이상까지 늘어나자 갑자기 특정 호스트로만 ping이 가지 않게 되는 등 통신을 할 수 없게 되었다. 당초에는 원인을 전혀 알 수 없었는데, 여러 가지로 조사해보니 ARP 테이블의 한계가 원인이었다. '이런 현상도 있구나' 라고 생각하며, 1서브넷은 500호스트가 한계라고 기억해두는 게 좋다는 걸 알았다.

또한 서비넷 내에 호스트를 많이 두면 브로드캐스팅 패킷이 서서히 증가한다. 점차 이 트래픽이 무시할 수 없을 정도가 되어 브로드캐스팅 패킷을 수신하는 것만으로도 CPU를 약간 잡아먹게 된다. 극단적인 예로, 호스트가 많이 있는 서브넷의 스위치에 Ethernet 케이블을 연결하는 것만으로도 CPU 부하가 약간 올라가는 것을 관측할 수 있다. 1서브네트에 수백 호스트를 나열하면 이런 상황을 관측할 수 있으며, 특히 브로드캐스팅 통신에 의존한 처리가 많아지면 Ethernet을 연결하는 것만으로 CPU 부하가 수십%까지 올라가기도 한다.

따라서 1서브넷 내의 서버 대수는 어느 정도로 억제하는 편이 현명하다. 그 분기점이 대략 500호스트 정도라는 것을 경험을 바탕으로 알게 되었다.

> **Memo**
>
> **500호스트의 한계**
> - 1서브넷에 배치할 수 있는 호스트수 = 약 500
> · 스위치의 ARP 테이블
> · 브로드캐스팅 패킷의 트래픽 ➡ 패킷 손실이 발생

네트워크 구조 계층화

지금까지 언급해온 문제에 대한 대책으로는 네트워크 구조의 계층화라는 것이 '최선의 관행(best practice)'으로 확립되어 있으며, 3단 구조로 구성하는 것이 일반적인 의견이다.

❶ 가장 작은 것은 Access 계층(액세스 영역)
❷ 그 다음이 Distribution 계층(디스트리뷰션 영역)
❸ 가장 위가 Core 계층(코어 영역) 또는 OSPF(Open Shortest Path First) 영역

이와 같은 3단 구조로, 가장 작은 서브넷에서 100대, 200대로 억제하고 디스트리뷰션을 1,000대 정도, 코어 전체로는 10,000대 단위를 다룰 수 있다는 계층구조를 설계하는 것이 일반적이다.

● 그림 15.1 네트워크 구조의 계층화

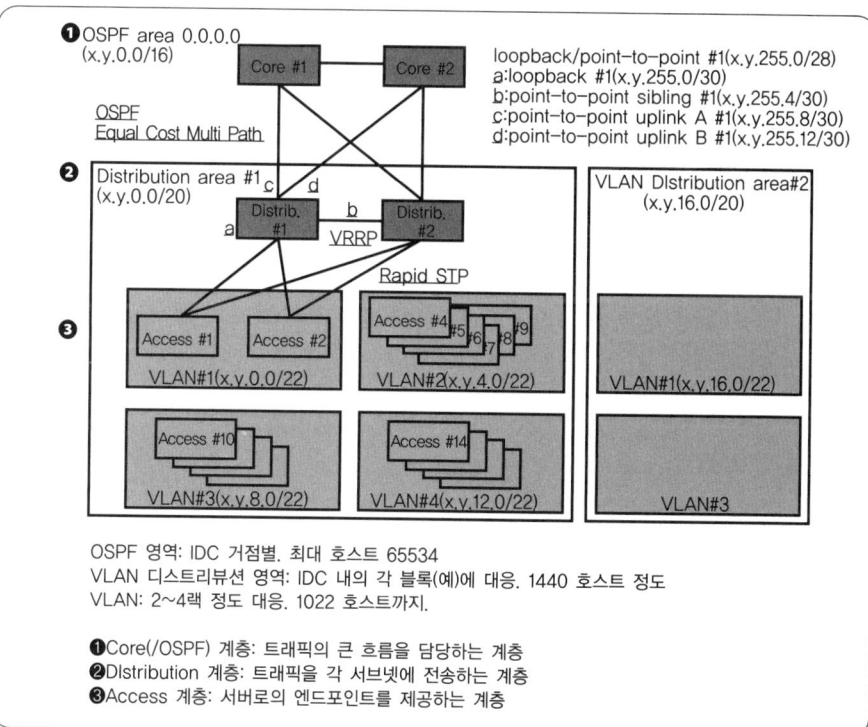

또한 디스트리뷰션 영역 간 트래픽을 제어해서 너무 증가하지 않도록 한다거나 서브넷 간 통신량을 제어하는 등 이런 부분도 신경을 쓰게 되는 것이 대략 수백 대 이상이 되었을 때 주의해야 할 부분이다.

참고로 그림 15.1은 네트워크 계층화의 구성도다. 자세한 설명은 생략하겠지만, 이와 같이 계층화를 수행하고 각각의 스위치나 라우터를 제대로 이중화함으로써 네트워크 구조의 다중화를 실현하고 있다.

글로벌화

이어서 글로벌화에 관한 얘기를 하겠다. 태평양을 넘는 액세스라는 것은 상당한 오버헤드다.

하테나의 데이터 센터에 우고메모의 FLV 파일(Flash Video, 최대 5~6MB 정도의 크기)을 세계 각지에서 HTTP로 가져가려고 한다면 대략 20~30초 걸릴 것이다. 테스트 시 타임아웃을 30초로 했을 때 타임아웃 비율이 5할을 넘을 정도로 타임아웃이 자주 발생했다. 요즘 인터넷이 용량도 어느 정도 늘어나서 빨라졌지만, 그럼에도 수MB 단위의 파일을 태평양을 넘어서 전송하는 것은 상당한 오버헤드다. 우고메모와 같은 MB를 넘는 용량의 미디어를 다수 전송하려는 용도로는, 하나의 데이터 센터에서 전송하는 것은 비현실적이다.

반면, CDN을 사용하면 상황은 크게 달라진다. 제11장에서 소개한 대로 CDN으로는 Amazon Cloudfront를 사용하고 있다. CDN을 사용하면 대략 5~6초 만에 파일을 받을 수 있으며, 타임아웃도 거의 발생하지 않고 양호한 응답시간을 유지할 수 있다. 따라서 글로벌하게 서비스를 운영하려 한다면 CDN을 사용하는 게 거의 필수조건이라고 할 수 있다.

CDN 선택방안

CDN이란 무엇인지에 대해 언급해두도록 하자. CDN은 Content Delivery Network를 말한다. CDN 전문업체로는 몇 가지 선택방안이 있는데, Akamai[주1], Limelight Networks[주2] 등이 major player이고, 하테나에서는 Amazon Cloudfront를 사용하고 있다.

CDN은 세계 각지에 서버를 두고 거기에 미디어를 캐싱시켜서 사용자가 가지러 갈 때에는 가장 가까운 서버로 액세스해서 미디어를 다운로드하도록 하는 것이 기본적인 동작원리다.

Amazon Cloudfront는 서버가 지구 상의 각지에 있는데, 그 중에서 미국 사용자는 가장 가까운 미국 서버로 접속하고, 유럽 사용자는 유럽 서버로 접속, 아시아 사용자는 홍콩이나 일본 서버로 접속한다. 이와 같이 가장 가까운 서버로 접속해서 응답시간을 단축시키는 기술이다.

Amazon Cloudfront는 서비스가 등장한 지 아직 1년이 채 지나지 않았는데, 하테나 정도 규모의 서비스로는 일본에서 최초 사례가 아닌가 싶다. 실제 CDN을 도입하려고 했을 때 웹 관련 다른 서비스를 포함해서 여러 가지로 듣고 살펴보니 Akamai를 사용하고 있는 곳도 있고 Limelight Networks를 사용하고 있는 곳도 있었는데, Amazon Cloudfront를 사용하고 있는 곳에 대해서는 들어본 적이 없었다. 실제 가격면에서도 다른 CDN 사업자에 비하면 1/3~1/2 정도의 비용으로 해결할 수 있었기에 서서히 이용자가 늘어나지 않을까라고 생각한다. 이와 관련된 구조를 생각하는 것은 글로벌 서비스를 제공하는 상황에서의 묘미일 것이다.

주1 *URL* http://www.akamai.co.jp/enja/
주2 *URL* http://www.llnw.jp/

Amazon Cloudfront

Amazon Cloudfront는 원본 데이터를 일본 내 데이터 센터에 두고 있다. 그리고 참조빈도가 높은 파일을 Amazon S3(Amazon Simple Storage Service)[주3]에 업로드하고 다운로드는 Amazon Cloudfront로 전송하는 형태의 구성으로 되어 있다. 구체적으로 동작하는 방식은 아래와 같은 흐름으로 Cloudfront를 경유해서 전송하는 구성으로 되어 있다.

- 우고메모에 미디어를 올리면 포맷 변환을 수행한다.
- 변환한 미디어 파일을 S3에도 동시에 업로드한다.
- 우고메모의 HTML을 출력할 때 Amazon Cloudfront의 URL로 지정한다.

실제 Flipnote Hatena에서 출력되고 있는 미디어 파일의 URL을 보면 cloudfront.net 도메인으로 되어 있다. 즉, Cloudfront를 경유해서 전송되고 있는 것이다. 이것을 사용함으로써 일본에서 전송되면 30초 정도 걸리는 미디어의 다운로드가 대략 수초 만에 전송되므로 유럽과 미국 사용자도 만족하리라 생각한다. Cloudfront의 한계가 어디쯤인지는 더 지켜볼 필요가 있으므로 앞으로 실제로 사용해가면서 서서히 알게 될 것이다.

주3 *URL* http://aws.amazon.com/s3/

강의 39 한층 높은 단계로

10Gbps 이상의 세계

현시점에서 하테나가 부딪치고 있는 한계는 대략 지금까지 설명한 바와 같다. 그러나 지금보다 더 높은 단계가 있는데, 바로 10Gbps 이상의 세계다.

이 세계에서는 AS 번호(Autonomous System number)라는 것을 보유하고 IX(Internet exchange)에 접속해서 트래픽을 교환하거나 BGP(Boarder Gateway Protocol)라는 인터넷의 라우팅을 제어하는 프로토콜을 사용한다. 이런 세계가 되면 훨씬 다이나믹해지고, 여기서 잘못 제어하게 되면 다른 사이트에도 영향을 미쳐서 질타를 받게 된다. 일부 나라에서 특정 사이트가 보이지 않게 되었다는 경우가 가끔 있다. 이는 특정 조직이 BGP를 통해 잘못된 라우팅 정보를 흘려보내서 이 사이트의 트래픽 제어를 제대로 할 수 없어 결과적으로 그 지역에서 볼 수 없게 되는 경우가 있다.

이와 같은 인터넷 전체에 관련될 법한 트래픽 제어에 발을 들여놓지 않으면 10Gbps라는 것은 좀처럼 효율적으로 이해할 수 없는 영역이 된다. 인프라의 관점에서 이 부분을 넘어서는 것은 큰 즐거움이며, 앞으로의 서비스 성장 또한 계속 지켜볼 것이다.

AS 번호는 BGP로 트래픽을 제어하기 위한 기본적인 번호지만, 통신사업자나 ISP뿐만 아니라 니코니코 동영상 서비스를 하는 DWANGO Company나 mixi와 같은 콘텐츠 프로바이더도 보유하고 있는 것 같다. 그 정도의 규모가 되면 AS

번호를 보유하고 BGP를 사용해서 트래픽 전체 비용을 낮추기 위한 방법을 채택해가는 듯하다. Yahoo! JAPAN도 물론 보유하고 있고 직접 IX에 접속해서 트래픽 비용을 낮추고 있는 듯하다. 이 부분도 대규모 서비스의 독특한 세계로 재미있는 분야다.

> **Memo**
>
> **10Gbps 이상의 세계**
> - AS 번호 보유
> - IX에 접속해서 트래픽 교환
> - BGP로 라우팅 제어

하테나의 인프라 — 제11장~제15장 정리

제11장~제15장에 걸쳐 하테나의 인프라에 대해 설명했다. 하테나를 시작으로 웹 서비스 인프라의 특징을 정리하자면 아래 요소가 핵심이다.

- 저비용, 높은 확장성
- 적당하면서 충분히 높은 신뢰성

각종 기술로는 아래 네 가지를 소개했다.

- 확장성
- 다중화
- 효율향상
- 네트워크

인프라는 프로그램 코드와는 조금 거리가 있는 세계이지만, 안정된 인프라가 있어야 안정된 서비스를 실현할 수 있다. 따라서 인프라 관련 지식을 지닌 상태에서 애플리케이션 코드를 작성하면 보다 품질 높은 서비스를 완성할 수 있으리라 생각해서 커리큘럼에 포함시켰다.

그러면 전체적으로 봤을 때 혹시 질문이 있는가?

학생: 서버관리툴은 전부 자체적으로 제작했나요?

전부 자체적으로 제작한다. 머지 않아 오픈소스로 내놓으려고 생각하고 있다. 사실은 오픈소스화라고 처음 언급한 이후 1년 이상 지났는데 아직 실현되지는 않고 있는 상황이지만 장래에 꼭 그렇고 싶다.

학생: 마지막에 있었던 10Gbps 이상의 세계는 하테나에서는 언제쯤이 될 듯합니까?

앞으로 3~4년 정도면 가능성은 있다고 생각한다. 10Gbps라는 수치는 미디어를 전송하고 있는지 여부가 크게 영향을 미친다. 일본의 인터넷 전체 용량이 수백 GB인데 그 정도의 규모 속에서 니코니코 동영상과 같은 동영상 계열 서비스의 트래픽은 큰 비중을 차지하게 된다. 하테나도 우고메모와 같은 동영상을 다루는 서비스가 점점 늘어나면 상당히 근접할 수 있지 않을까 싶다. 우고메모가 미국과 유럽에서 크게 유행하게 되면 꽤 가까운 시일의 얘기가 될 거라고는 하지만, 역시나 연 단위로 걸릴 거라 생각하며 3~4년은 걸리지 않을까 싶다.

*　*　*

이상으로 총 15장에 걸친 강의는 끝났다. 수고 많았다!

APPENDIX A

현대 웹 서비스 구축에 필요한 실전 기술
대규모 서비스에 대응하기 위해서

필자 다나카 신지

성장하는 서비스, 계속 증가하는 데이터
작업큐, 스토리지, 캐시 시스템, 계산 클러스터

특별편에서는 인턴 강의에서 소개할 수 없었던 웹 서비스 구축을 위한 실전적인 기술을 소개한다. 특히 대규모 서비스, 대규모 데이터 처리와 관계 깊은 기술로서 작업큐 시스템, 스토리지 선택 (RDBMS와 key-value 스토어), 캐시 시스템, 계산 클러스터라는 네 가지 기술을 소개하겠다.

Special 강의 1에서 소개할 작업큐 시스템은 요청의 비동기 처리에 사용한다. 성장을 계속하는 웹 서비스에서 과제가 되는, 계속 증가하는 데이터를 어떻게 추가/변경할 것인가라는 과제에 대한 대책이다. Special 강의 2는 증가하는 데이터를 저장할 스토리지의 선택에 대해서다. RDBMS, 분산 key-value 스토어, 분산 파일시스템의 기초지식과 선택지침을 보여줄 것이다. Special 강의 3은 캐시 시스템이다. 웹 애플리케이션의 부하가 증가되었을 때 저비용으로 할 수 있는 대책으로서 확실히 알아두도록 하자. 마지막으로 Special 강의 4는 MapReduce, Hadoop으로 대표되는 계산 클러스터의 개요를 설명한다. 이 심플한 병렬처리 구조는 대규모 데이터 분야에 있어서 응용범위가 많은 기술이라는 점을 파악해두었으면 한다.

지금 바로 설명하도록 하겠다.

> **Memo**
>
> **현재 웹 서비스에 요구되는 실전기술**
> - 작업큐 시스템 – TheSchwartz, Gearman(➡ Special 강의 1)
> - 스토리지 선택 – RDBMS인지 key-value 스토어인지(➡ Special 강의 2)
> - 캐시 시스템 – Squid, Varnish(➡ Special 강의 3)
> - 계산 클러스터 – Hadoop(➡ Special 강의 4)

작업큐(Job-Queue) 시스템
TheSchwartz, Gearman

웹 서비스와 요청

웹 서비스에서는 기본적으로 요청이 동기적으로 실행된다. 즉, 요청에 기인하는 모든 처리가 끝난 다음에 응답이 반환된다. 따라서 계속 성장해가는 웹 서비스에서는 데이터가 서서히 축적되면서 데이터를 추가하고 갱신하는 처리가 점점 무거워진다. 양호했던 성능도 시간이 지남에 따라 악화되고 서비스 사용자 경험에 영향을 주는 경우가 발생한다. 이런 경우에 작업큐 시스템을 사용함으로써 나중으로 미뤄도 되는 처리를 비동기로 실행할 수 있고 사용자 경험도 개선할 수 있다.

예를 들면 하테나 북마크에서는 사용자가 URL을 북마크했을 때의 처리를 작업큐 시스템에서 처리하고 있다. 이에 따라 URL의 개요를 얻거나 키워드 추출, 카테고리 판정 등 나중에 처리해도 되는 작업을 비동기로 실행하고 있다. 만일 이러한 처리를 동기적으로 실행했다면 북마크할 때마다 수 초에서 수십 초 이상 대기해야 할 것이나.

작업큐 시스템 입문

웹 애플리케이션의 일부 처리를 가장 간단하게 비동기화하는 방법은 비동기화하고자 하는 처리를 독립된 스크립트로 해서 해당 스크립트를 애플리케이션 내부

Special 강의 1 작업큐(Job-Queue) 시스템 _TheSchwartz, Gearman

에서 호출하는 방법이다. 이렇게 함으로써 아주 간단하게 작업처리를 비동기화할 수가 있다. 단, 이 방법에서는 스크립트 시작과 초기화의 오버헤드가 커서 성능이 좋지는 않다. 또한 일시적으로 대량의 비동기 처리를 실행시키려 하면 그 수만큼의 프로세스를 실행시키려고 하기 때문에 이것도 성능상 단점이 된다. 따라서 이 방법은 프로토타입이나 극히 소규모 애플리케이션에만 적용하는 게 좋을 것이다.

어느 정도 양이 있는 비동기 처리를 안정적으로 수행하려면 작업큐(Job-Queue)와 워커(Worker)를 세트로 한 작업큐 시스템을 사용하는 것이 일반적이다. 작업큐 시스템에서는 작업큐에 실행하고자 하는 처리(작업)를 등록하고, 워커가 큐에서 작업을 추출해서 실제로 처리한다. 작업큐를 통해서 일시적으로 대량의 처리가 등록되었을 때 부하의 변동을 흡수할 수가 있다. 워커는 항상 실행해둠으로써 작업을 처리할 때 초기화 오버헤드를 거의 없앨 수 있다.

작업큐 시스템의 기본적인 처리 흐름은 아래와 같다(그림 A.1).

● **그림 A.1** 작업큐 시스템의 기본적인 처리 흐름

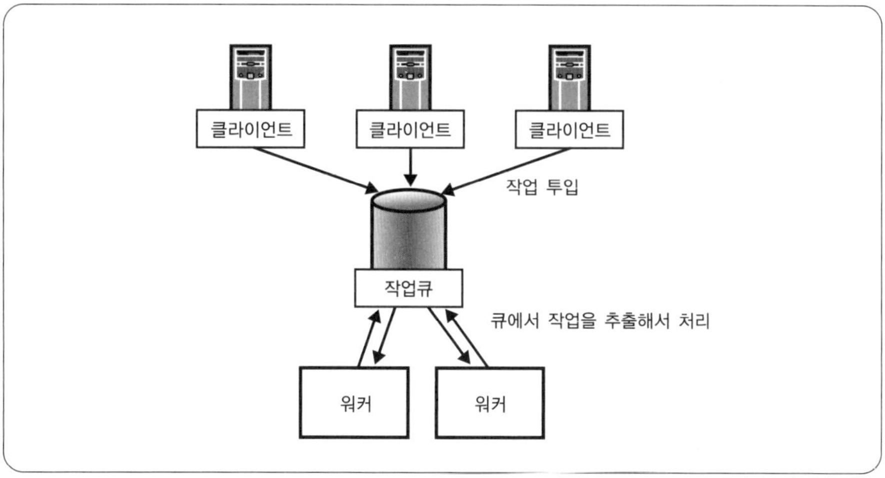

- **클라이어트(웹 애플리케이션)**
  작업을 투입한다. 작업을 투입한 다음 처리를 계속 진행할 수 있다.
- **작업큐**
  작업을 쌓는다.

• 워커

작업큐를 참조하고 미실행된 작업을 추출해서 작업을 실행한다.

하테나에서의 작업큐 시스템

하테나에서는 작업큐 시스템으로 Perl로 구현된 TheSchwartz[주1]와 Gearman[주2]을 사용하고 있다.

TheSchwartz

TheSchwartz는 작업큐로 MySQL과 같은 RDBMS를 사용하는 작업큐 시스템이다. MySQL로 작업큐를 관리함으로써 매우 높은 신뢰성과 안정성을 확보하고 있다. 비동기 처리에서는 작업을 확실하게 처리하는 것이 중요하므로 높은 신뢰성은 큰 장점이 된다. 하지만 속도에서는 다소 희생이 따르므로 TheSchwartz에서 다루는 작업의 크기는 어느 정도 크게 하는 편이 좋을 것이다.

Gearman

Gearman은 TheSchwartz보다 가벼운 작업큐 시스템이다. 작업큐로 RDBMS가 아닌 독자적인 데몬을 사용해서 작업의 정보를 메모리에 저장함으로써 성능을 확보하고 있다. 그만큼 신뢰성에 희생이 따르므로 확실한 처리가 필요한 용도로는 적합하지 않다.

또한 Gearman은 클라이언트에서 작업을 투입할 때 다음의 세 가지 패턴을 취할 수가 있다.

주1 URL http://search.cpan.org/~bradfitz/TheSchwartz-1.10/

주2 URL http://www.danga.com/gearman/

- 동기적으로 순번대로 처리
- 동기적으로 병렬로 처리
- 비동기적으로 백그라운드로 처리

TheSchwartz는 비동기로만 사용할 수 있었던 데 비해 Gearman을 사용하면 보다 유연한 처리를 할 수 있게 된다. 특히 비동기적으로 병렬로 처리시킴으로써 상호 의존하지 않는 처리를 병행해서 처리함으로써 전체 처리시간을 크게 단축시킬 수 있는 가능성을 이끌어낼 수 있다.

WorkerManager에 의한 워커 관리

TheSchwartz나 Gearman 둘 모두는 심플한 작업큐 시스템으로서는 충분한 기능을 갖추고 있다. 그러나 워커 프로세스를 세세하게 제어하고자 한다면 TheSchwartz나 Gearman 개별 프로그램에서는 지원하지 않는다. 하테나에서는 자체적으로 개발한 WorkerManager[3]를 TheSchwartz와 Gearman의 워커 프로세스를 관리하기 위해 사용하고 있다.

WorkerManager는 다음과 같은 기능을 갖추고 있다.

- TheSchwartz와 Gearman을 래핑해서 최소한의 변경으로 양쪽에 대응할 수 있다.
- 설정파일로 워커 클래스 정의. 설정파일만 수정해서 워커로서 사용할 클래스를 변경할 수 있다.
- 워커 프로세스의 라이프사이클 관리. 프로세스 관리, 데몬화 수행
- 워커 프로세스의 프로세스 개수 관리. 프로세스 개수를 관리하고 병행처리가 가능한 작업수를 제어한다.
- 로그 출력. 작업을 처리한 타임스탬프 등을 로그에 기록한다.

워커 프로세스의 라이프사이클 관리에서는 Apache의 prefork 모델을 참고하여 부모 프로세스에서 지정된 수의 자식 프로세스를 생성하도록 하고 있다. 또한

주3 URL http://github.com/stanaka/WorkerManager

각각의 자식 프로세스별로 처리할 작업수를 지정시킬 수가 있다. 워커 프로세스의 메모리가 서서히 증가할 경우, 일정한 횟수로 자식 프로세스를 재생성함으로써 메모리 낭비를 어느 정도 억제할 수 있도록 되어 있다.

로그 분석

WorkerManager에서는 워커가 작업을 처리했을 때의 타임스탬프를 기록한다. 또한 TheSchwartz의 경우는 작업 처리시간(process)과 작업이 투입된 후 실제로 처리가 수행되기까지의 지연시간(delay)을 기록한다. 처리시간과 지연시간을 측정함으로써 투입된 작업 종류와 양에 대해 워커의 처리능력이 충분한지 여부를 확인할 수 있다. 특히 지연시간이 길어졌을 때에는 아무리 비동기 처리라고 하더라도 사용자 경험상 문제가 되는 경우도 있다. 이런 경우는 워커의 튜닝과 보강을 생각해야 할 시점일 것이다.

스토리지 선택 RDBMS와 key-value 스토어

증가하는 데이터를 어떻게 저장할까?

웹 애플리케이션에 있어서 '증가하는 데이터를 어떻게 저장할 것인가?' 라는 문제는 영원한 과제다. 수십GB, 수백GB, TB를 넘는 데이터를 다루는 스토리지는 약간의 구성 변경이나 액세스 패턴 변화로 예상 밖으로 응답속도가 저하되는 경우가 있다. 따라서 데이터량이나 스키마, 액세스 패턴에 맞는 스토리지를 선택하는 것은 대단히 중요하다.

웹 애플리케이션과 스토리지

여기서 스토리지란 '애플리케이션 데이터를 영속적으로 혹은 일시적으로 저장하기 위한 기능'이라는 의미로 사용하고 있다. 한마디로 애플리케이션에서 다루는 데이터라고 해도 업로드된 디지털 카메라 사진 데이터나 블로그 본문과 같이 본질적으로 없어질 수 없는 원본 데이터부터, 원본 데이터를 가공함으로써 생성된 액세스 랭킹이나 검색용 인덱스 데이터 등 재생성 가능한 가공 데이터, 캐시와 같이 사라져도 성능상의 문제 이외에는 다른 문제가 없는 데이터까지 다양한 특성이 있다. 특히 원본 데이터는 가장 중요해서 서비스의 근본적인 신뢰성과 관계되어 있으므로 그에 상응하는 비용을 들여서 최상급 신뢰성을 확보해야 한다. 반면, 캐시와 같은 데이터는 신뢰성은 그다지 중요시되지 않고 성능을 높이거나 비용을 줄일 필요가 있다.

또한 이와 같은 데이터 특성뿐만 아니라 데이터의 크기나 갱신빈도, 성장속도와 같은 항목도 중요하다. 표 A.1에 애플리케이션에 필요한 데이터의 예를 나타내고 있다.

● **표 A.1** 애플리케이션에 필요한 데이터의 예

	필요한 신뢰성	크기	갱신빈도	종류
블로그 본문	고	소	저	원본 데이터
디지털카메라 사진	고	대	저	원본 데이터
검색용 인덱스	중	중	고	가공 데이터
HTML 처리 후 본문	저	소	저	캐시

적절한 스토리지 선택의 어려움

스토리지의 설계와 그 구현은 과거부터 다양한 종류가 제안되어 왔으며, 오픈소스도 다수 존재한다. 저장하고자 하는 데이터의 특성에 맞는 스토리지를 선택하는 것이 비용과 성능, 안정성의 균형을 높은 차원으로 달성하기 위한 열쇠가 된다. 스토리지를 잘못 선택한 채로 서비스를 시작하게 되면 나중에 알아차리더라도 스토리지 변경은 보통 방법으로는 뜻대로 이룰 수 없다. 특히 서비스를 시작한 후에 순조롭게 인기를 얻어가면서 자주 이용하게 된 서비스의 경우, 저장된 데이터량도 커지고 서비스 정지의 영향도 커서 더욱더 어려워진다.

테라바이트 규모의 데이터를 서비스에 영향을 주지 않고 다른 스토리지로 옮겨간다는 것은 세심한 주의가 필요하며, 또한 시간도 많이 걸리는 작업이다. 과거에 하테나 포토라이프의 스토리지를 DRBD[주4] 상의 파일시스템에서 보다 확장성이 높은 MogileFS로 이행했었다. 이때의 작업은 준비를 포함해서 수 주의 시간이 걸렸고 상당히 힘든 작업이었다. 물론 서비스 성장을 예측하는 것은 어려우며 기술도 진화해가므로 스토리지 설계를 전혀 갱신하지 않고 가는 것도 어렵지만, 가능

주4 URL http://www.drbd.org/

한 한 특성에 맞는 스토리지를 선택함으로써 하나의 스토리지를 오래도록 사용하는 게 더 바람직할 것이다.

스토리지 선택의 전제가 되는 조건

우선 스토리지를 선택할 때에는 애플리케이션에서의 액세스 패턴을 이해하는 것이 중요하다. 액세스 패턴으로는 아래 여섯 가지 지표가 선택의 중요한 판단 포인트가 된다.

- 평균크기
- 최대크기
- 신규추가빈도
- 갱신빈도
- 삭제빈도
- 참조빈도

또한 크기에 요구되는 신뢰성, 허용할 수 있는 장애 레벨, 사용할 수 있는 하드웨어나 쓸 수 있는 예산과 같은 부분도 중요한 포인트다. 스토리지에 관련된 하드웨어로는 요즘 SSD가 급속히 세력을 키워가고 있는데, 이렇듯 선택할 때의 판단 기준이 서서히 변화해가고 있다.

스토리지의 종류

현재 사용가능한 스토리지를 큰 카테고리로 분류하면 다음과 같이 된다.

- RDBMS: MySQL, PostgreSQL 등
- 분산 key-value 스토어: memcached, TokyoTyrant 등

- 분산 파일시스템: MogileFS, GlusterFS, Lustre
- 그 밖의 스토리지: NFS 계열 분산 파일시스템, DRBD, HDFS

각 카테고리별로 오픈소스와 그 특성에 대해 살펴보기로 하겠다.

RDBMS

RDBMS(Relational Database Management System)이란 표 형식으로 데이터를 저장하고 대부분은 SQL 언어로 데이터 조작을 수행하는 시스템이다. 다양한 데이터를 저장한다거나 강력한 질의를 할 수 있어서 가장 범용성이 높은 스토리지다.

RDBMS의 오픈소스 구현은 MySQL이나 PostgreSQL 등이 있으며, 둘 다 실제 운용환경에서 널리 사용되고 있다. 하테나에서도 MySQL을 범용 스토리지로 각 부문에 사용하고 있다. RDBMS 종류마다 각기 특성이 있는데, 최근에는 기능적, 성능적으로는 팽팽하게 경쟁하고 있으므로 지금까지 축적된 노하우 등을 기준으로 선택하면 될 것이다. 여기서는 MySQL에 관해서 좀더 파고들어가 보도록 하겠다.

MySQL

MySQL의 아키텍처는 그림 A.2와 같이 되어 있으며, SQL을 해석해서 실행하는 기능 블록과 실제로 데이터를 보관하는 기능 블록이 분리되어 있다는 게 특징이다. 후자는 스토리지 엔진이라 불리며, 다양한 종류가 개발, 구현되고 있다. 따라서 표준으로 제공되고 있는 것뿐만 아니라 제3자에 의해 구현된 스토리지도 비교적 간단하게 이용할 수가 있다.

주요한 스토리지 엔진은 MyISAM과 InnoDB가 있으며, 현재 개발 중인 것으로는 Maria가 있다.

● **그림 A.2** MySQL의 아키텍처

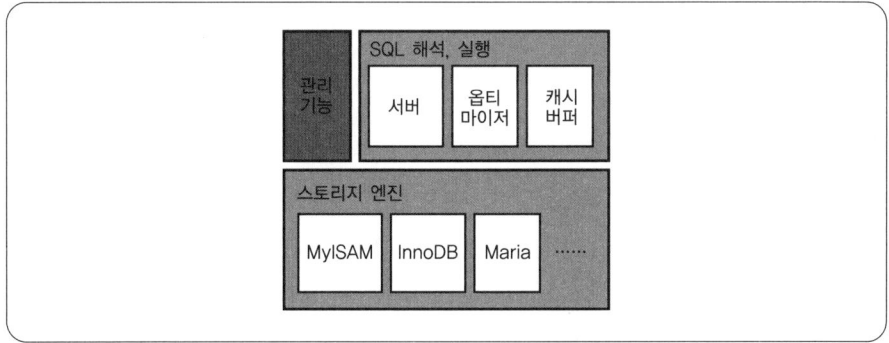

MyISAM

MyISAM은 현재 최신버전인 MySQL 5.1의 표준 스토리지 엔진으로 되어 있다. MyISAM은 심플한 구조를 한 스토리지 엔진으로, 1개의 테이블이 실제 파일시스템 상에 3개의 파일(정의, 인덱스, 데이터)로 표현된다. 과거에 update나 delete를 한 적이 없는 테이블에 대해 insert 조작(추가처리)을 빠르게 할 수 있다. 또한 시작, 정지도 빠르며, 테이블 이동이나 이름변경을 파일시스템 조작으로 직접 할 수 있는 등 DB 운용은 용이하다.

반면, DB 프로세스가 비정상 종료하면 테이블이 파손될 가능성이 높다거나 트랜잭션 기능이 없고 update, delete, insert(추가처리 이외)가 테이블 락(Table Lock)으로 되어 있어서 갱신이 많은 용도로는 성능적으로 불리하다는 등 몇 가지 단점도 존재한다.

InnoDB

InnoDB는 MyISAM과는 대조적인 스토리지 엔진으로, 스토리지 엔진 전체에서 사전에 정의한 소수의 파일에 데이터를 저장하고, 트랜잭션을 지원하며, 비정상 종료 시 복구기능이 있고, 데이터 갱신이 로우 락(Row Lock)으로 되어 있는 등 MyISAM에는 없는 장점이 있다.

다만 데이터량에 따라서는 시작, 정지가 수 분 정도 걸린다거나 테이블 조작을 모두 DB를 경유해서 수행해야 하는 등의 단점도 있다.

Maria 등

Maria는 MyISAM의 후속으로 개발되고 있는 스토리지 엔진으로, 현재 베타버전이 공개되어 있다. Maria는 MyISAM에 비해 트랜잭션 기능과 비정상 종료 시 복구기능을 추가한 것으로 MyISAM의 약점이 크게 보완되었다.

그 밖에도 Falcon, NDB, Heap 등 다수의 스토리지 엔진이 있으며, 각각 다양한 특징을 갖고 있다.

MyISAM vs. InnoDB

표 A.2에 주요한 스토리지 엔진인 MyISAM과 InnoDB를 비교해보았다. 하테나에서는 애플리케이션 기능이나 특성을 고려해서 보다 적절한 스토리지 엔진을 선택하도록 하고 있다.

하테나에서는 기본적으로는 InnoDB를 선택하고, 추가처리만 하는 경우에는 MyISAM을 사용하는 식으로 구분해서 사용하고 있다. 물론 절대적인 기준은 없고 case-by-case로 선택하는 경우가 많다. 그러나 한 가지 확실히 말할 수 있는 것은 1대의 서버에 두 가지를 혼용하지는 않는다는 점이다. 이 둘은 각기 다른 동작, 메모리 사용법을 취하므로 혼용하는 환경에서는 효율적인 CPU, 메모리 사용이 어려워진다.

● **표 A.2** MyISAM vs. InnoDB

액세스 패턴	적합한 스토리지 엔진
추가처리만 한다.	MyISAM
갱신빈도가 높다.	InnoDB
트랜잭션이 필요하다.	InnoDB
SELECT COUNT(*)를 사용	MyISAM

분산 key-value 스토어

key-value 스토어는 key와 value 쌍을 저장하기 위한 심플한 스토리지이고, 분산 key-value 스토어는 key-value 스토어에 네트워크를 지원함으로써 다수의 서버로 확장시키는 기능을 지닌 것이다. key-value 스토어는 RDBMS에 비해 기능적으로는 부족하지만, 성능이 10~100배 이상이라는 게 특징이다.

key-value 스토어로 가장 유명한 것은 memcached다. memcached는 파일시스템을 사용하지 않고 메모리 상에서 동작하므로 매우 빠르게 동작하며, 전 세계에서 널리 사용되는 등 충분한 가동실적도 있다. 메모리 상에서 동작하기 때문에 재시작할 때 데이터가 모두 사라져버린다. 또한 최근 주목을 모으고 있는 것이 TokyoTyrant다. TokyoTyrant는 디스크 상에 DB 파일을 갖는 key-value 스토어로 재시작한 후에도 데이터가 보존된다는 특징이 있다. 대표적인 key-value 스토어로 memcached와 TokyoTyrant에 대해 소개하도록 하겠다. key-value 스토어 구현으로는 이 두 가지 이외에도 의욕적인 구현이 많이 있으며, 각기 기술적인 장단점이 있다. 액세스 패턴에 보다 적합한 구현을 찾아보는 것도 좋을 것이다.

memcached

memcached는 심플한 구현의 분산 key-value 스토어로 분산 알고리즘을 클라이언트 라이브러리로 구현하고 있다는 점이 특징적이다(그림 A.3). 분산 알고리즘은 key의 해시값을 서버대수로 나눈 나머지를 사용하는 단순한 것에서부터 Consistent Hashing과 같은 비교적 복잡한 것까지 존재한다. 사용하는 측에서는 다수의 서버 중에 1대가 다운되더라도 안전하며, 서버 증감의 영향을 비교적 받지 않는다는 점이 바람직하다. 하테나에서는 현재 Perl로 구현된 클라이언트 라이브러리로 기본적으로 Cache::Memcached::Fast를 사용하고 있다.

Memcached는 앞서 언급했듯이, 메모리 상에서 동작하고 있으므로 매우 빠르지만 프로세스를 재시작하면 데이터가 모두 사라져버린다. 따라서 원본 데이터 저장으로는 당연히 부적합하며, 재생성 시에 시간이 걸리는 가공 데이터 저장에도 적합하지 않은 경우가 있다. memcached의 특성을 가장 잘 활용할 수 있는 데이터는 캐시 데이터다. 전형적인 예로는 RDBMS에서 읽어들인 데이터를 일시적으로 저장해두고 또다시 참조할 때는 먼저 memcached를 참조해서 찾지 못한 경우에만 RDBMS를 참조하는 방법이 있다. RDBMS 이외에도 외부 리소스에 질의한 결과를 캐싱하는 등 다양한 캐시용 스토리지로 활용할 수 있다.

캐시로 한정할 경우에는 서버에는 메모리만 충분히 탑재해두면 되며, CPU나 I/O 성능은 그다지 요구되지 않는다. 따라서 저가 하드웨어를 나열해서 대량의 캐시풀을 구축하고 고가 하드웨어를 요구하는 RDBMS 대수를 줄이는 구성이 가능해진다.

● **그림 A.3** memcached

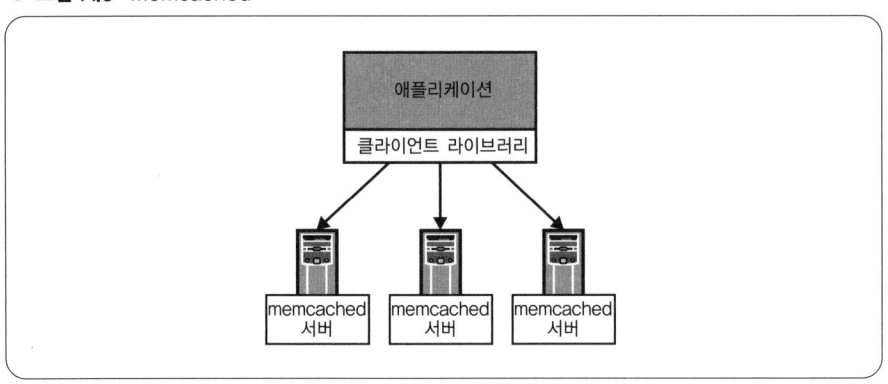

TokyoTyrant

TokyoTyrant는 로컬에서 동작하는 key-value 스토어인 TokyoCabinet에 네트워크를 지원하도록 한 구현이다. TokyoCabinet은 디스크에 데이터를 기록함으로써 데이터를 영속화할 수 있고, 그 확장인 TokyoTyrant도 그 특징을 이어받고 있다.

그 밖에 데이터의 다중성을 높이기 위한 레플리케이션 기능을 내장하고 있고, 다양한 형식으로 데이터를 다루기 위한 API가 마련되어 있는 등 의욕적인 기능을 갖추고 있다. 성능면에서는 memcached와 비교하면 디스크 액세스가 발생하는 만큼 약간 떨어지지만, 그래도 RDBMS와 비교하면 상당히 빠르다.

분산 파일시스템

분산 파일시스템도 물론 스토리지의 유력한 후보가 된다. 분산 파일시스템은 파일시스템의 특성상 보통은 어느 정도 이상인 크기의 데이터를 저장하는 데 적합하다. NFS와 같이 그것이 고려되고 있는 구현을 제외하고 작은 데이터가 대량으로 존재하는 용도에는 적합하지 않은 경우가 많다.

분산 파일시스템은 다양한 구현이 있는데, 하테나에서 실제로 사용하고 있는 분산 파일시스템을 설명하도록 하겠다.

MogileFS

앞에서 소개했었는데, 분산 파일시스템과 묶어서 복습해두자. MogileFS는 비교적 작은 대량의 파일을 다룰 목적으로 Perl로 구현된 분산 파일시스템이다. 아키텍처는 그림 A.4와 같이 메타데이터를 수용하는 RDBMS, 스토리지 서버, 그 사이를 연결하는 전송 서버로 구성된다. MogileFS는 대량의 수KB~수십MB 정도의 이미지 파일을 효율적으로 저장하기 위한 시스템이다. 기본적으로 대부분의 데이터는 추가된 다음 갱신되지 않고 참조하기만 하는 용도에 적합하다. 즉, 업로드 이미지 파일을 접수받는 웹 애플리케이션에 적합하다.

스토리지 서버 상에서 개개의 파일은 실제 파일시스템 상에서도 하나의 파일로 저장된다. 통상 하나의 파일은 3중으로 다중화되어 일부 스토리지 서버가 고장 나서 데이터가 손실되더라도 시스템 전체로서는 계속 정상적으로 동작할 수 있도록 설계되어 있다.

파일 저장장소와 파일을 특정 짓기 위한 키와의 대응관계는 메타데이터로 RDBMS에 저장된다. 파일을 참조할 때는 통상의 파일시스템처럼 마운트하는 것이 아니라 WebDAV 프로토콜로 얻게 된다. 따라서 MogileFS를 사용할 경우에는 애플리케이션 측에 구현이 필요하다.

MogileFS는 시스템으로서는 복잡해서 도입장벽이 꽤 높은데, 하테나 포토라이프나 우고메모 하테나와 같은 미디어 위주의 서비스에서 수십TB 영역이 필요한 미디어 파일을 위한 스토리지로서 충분히 대응할 수 있는 확장성을 갖추고 있다.

● 그림 A.4 MogileFS

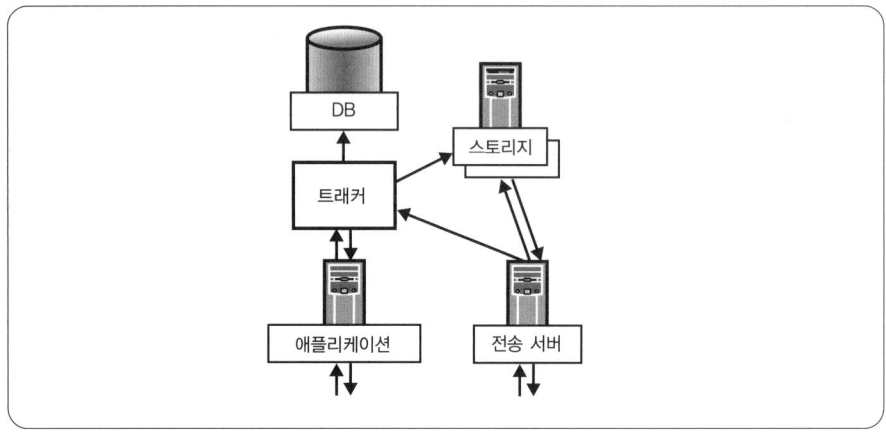

그 밖의 스토리지

지금까지 소개한 것 외에도 다양한 스토리지가 존재한다. 여기서는 하테나에서 사용한 적이 있는 NFS, WebDAV, DRBD, HDFS에 대해 소개한다.

NFS 계열 분산 파일시스템

오래 전부터 존재하던 분산 파일시스템으로 NFS가 있다. NFS는 특정 서버의 파일시스템을 다른 서버에서 마운트해서 해당 서버의 로컬 파일시스템과 마찬가지로 조작할 수 있도록 하는 기술이다. 대부분의 UNIX 시스템에 구현되어 있으며, 간단하게 사용할 수 있다는 점이 특징이다. 반면, 커널 레벨에서 구현되어 있는 경우가 많아서 서버 측에 장애가 발생하면 클라이언트의 동작도 덩달아서 정지해버리는 일도 발생한다.

NFS의 개선버전으로는 GlusterFS[주5]나 Lustre[주6] 등이 있다. 이들 구현은 과학 기술계산용으로 만들어진 경우가 많아서 비교적 큰 파일을 다룰 경우에 양호한 성능을 나타내는 듯하다. GlusterFS는 한 번 시도해본 적이 있는데, 파일크기나 갱신시간을 얻기 위한 stats 시스템콜 호출이 통상의 파일시스템에 비해 매우 느려서 비교적 작은 대량의 파일 처리에는 적합하지 않은 듯했다.

반면, 어느 정도 크기가 있는 데이터의 경우는 NFS 등을 이용해서 파일시스템 상에 직접 데이터를 저장하는 것이 비교적 현실적이다. 단순하게 파일시스템 상에 데이터를 배치하면 해당 데이터를 다중화하기는 좀처럼 어렵지만, DRBD와 같은 기술과 잘 조합시킴으로써 심플하게 확장하는 시스템을 구성할 수 있는 가능성이 있어서 다시 검토하고 있다.

WebDAV 서버

앞서 언급했듯이, NFS의 프로토콜은 커널 계층에서 구현되어 있기 때문에 약간의 불안정함이 바로 장애로 이어지는 경우가 있다. 이런 경우에는 WebDAV 프로토콜을 지원하는 스토리지를 사용할 수도 있다. WebDAV는 HTTP를 기반으로 한 프로토콜로, 애플리케이션 계층에서 구현되는 경우가 많아서 보다 안정된 시스템을 구축할 수 있다. 다중화에 관해서는 NFS와 비슷한 어려움이 따라붙으므로 프로세스 간 데이터를 건네주는 것처럼 일시적으로 필요한 데이터를 저장하는 장소로는 적합하다.

WebDAV에 의한 스토리지도 일반적으로는 마운트할 수 없으므로 파일 조작을 위해서는 애플리케이션을 약간 손볼 필요가 있다.

주5 URL http://www.gluster.org/
주6 URL http://www.lustre.org/

DRBD

DRBD(Distributed Replicated Block Device)는 네트워크 계층에서의 RAID라고 할 수 있는 기술이다. DRBD는 그 이름대로 블록 디바이스 레벨에서 분산, 다중화할 수 있는 기술로, 2대의 스토리지 서버의 블록 디바이스 간 동기를 실현한다. 블록 디바이스 레벨에서의 분산 다중화는 RAID-1을 네트워크 상에서 실현한 것으로, 한쪽의 블록 디바이스 레벨에서의 완전한 복제를 다른 한쪽으로 유지하고 있다. 만일 한쪽 서버에 장애가 발생한 경우는 장애 원인을 제거한 후에 정상 데이터를 다시 동기화함으로써 원래대로 복구할 수 있다. 이와 관련된 거동은 RAID-1과 거의 동일하게 되어 있다.

또한 DRBD 상에서 동작하는 시스템은 RAID와 마찬가지로, 파일시스템보다 상위에서는 다중화되고 있다는 것을 인식할 필요 없이 통상의 HDD 상에서의 블록 디바이스와 마찬가지로 다룰 수 있다.

HDFS

HDFS(Hadoop Distributed File System)는 그 이름에서 나타나듯이, 뒤에서 설명할 Hadoop용으로 설계된 분산 파일시스템이다. HDFS에서는 파일을 64MB씩 분할해서 저장하고, 수백MB~수십GB의 거대한 데이터를 저장하는 것을 그 목적으로 하고 있다. 기본적인 액세스는 Java API 경유로 되어 있으며, MapReduce를 대상으로 한다는 특성에서 개개의 조작에 대한 응답이 빠르지 않으므로 실시간성을 필요로 하는 용도에는 적합하지 않다. MapReduce처럼 거대한 파일을 저장하고 있으면서 한 번에 처리하려는 용도에 적합하다.

스토리지의 선택전략

이처럼 스토리지도 다양한 종류가 있어서 애플리케이션의 특성에 맞는 적절한 것을 선택하기란 상당히 어렵다. 그래서 그림 A.5에 스토리지 선택 Flow Chart를 나타냈다. 이 흐름을 따른다면 적절한 스토리지를 선택할 수 있을 것이다.

● **그림 A.5** 스토리지 선택 플로우 차트

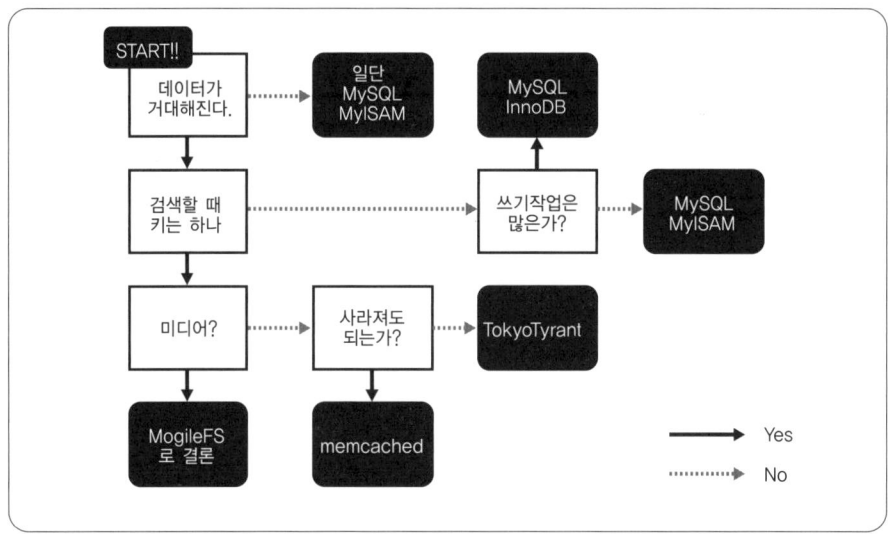

물론, 선택한 다음은 해당 스토리지를 적절한 하드웨어 상에 구축하고 적절하게 설정, 튜닝할 필요가 있다. 또한 저장되는 데이터량 증가나 액세스 패턴 변화에 따라 설정을 변경하거나 하드웨어를 보강하고, 어쩌면 다른 방식의 스토리지로 옮길 필요가 생길 수도 있다. 일단 잘 동작하는 것에 만족하지 않고 항상 성능을 감시함으로써 마침내 안정되고 확장하는 스토리지를 손에 넣을 수 있다.

APPENDIX A ··· 현대 웹 서비스 구축에 필요한 실전 기술 _대규모 서비스에 대응하기 위해서

Special
강의 3

캐시 시스템 Squid, Varnish

웹 애플리케이션의 부하와 프록시/캐시 시스템

웹 애플리케이션의 부하가 서서히 증가해서 시스템 용량이 부족해졌을 때에는 AP 서버나 DB 서버를 증설함으로써 대응할 수도 있지만, HTTP 레벨의 캐싱을 수행하는 HTTP 가속기를 사용함으로써 낮은 비용으로 효과가 높은 대책을 세울 수 있다. HTTP 액세스를 고속화하는 HTTP 가속기는 크게 포워드 프록시와 리버스 프록시, 2종류가 있다(그림 A.6). 포워드 프록시(Forward Proxy)는 클라이언트가 외부 서버에 액세스할 때 사이에 두는 프록시다. 반면, 리버스 프록시는 역으로 외부의 클라이언트가 내부 서버에 액세스할 때 사이에 두는 프록시다.

프록시에서는 요청에 대한 응답을 캐싱해둠으로써 다음에 같은 요청이 전달됐을 때 캐싱해둔 응답을 반환할 수가 있다. 이에 따라 대역이나 서버 리소스를 소비하지 않고 빠르게 요청을 처리할 수가 있다. 어느 정도 규모에 달한 웹 애플리케이션에서는 리버스 프록시를 이용한 캐시 서버를 효과적으로 이용함으로써 리소스 소비를 억제하면서 대량의 요청을 처리할 수 있게 된다. 특히 갱신빈도가 낮은 동적인 페이지가 많을 경우에 유효하다.

● 그림 A.6 HTTP 가속기

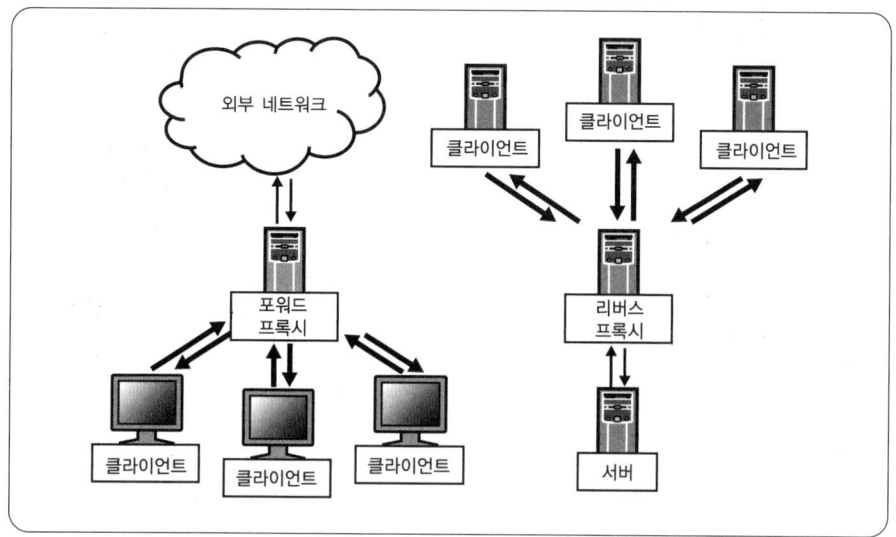

리버스 프록시 캐시 서버

리버스 프록시 캐시 서버의 구현으로 Squid[주7]가 가장 유명하다. Squid는 1990년대에 포워드 프록시로 개발되었는데, 웹 애플리케이션 세계에서는 리버스 프록시가 많은 서비스에 사용되고 있다. 특히 버전2 계열 Squid는 충분히 원숙해진 구현으로 안정되고 빠르게 동작한다. 다만 설계가 오래되어 최신 멀티코어 아키텍처에서는 서버 리소스를 충분히 다 사용하지 못하기도 한다. Squid를 대체하기 위한 구현으로는 nginx[주8]나 pound[주9], Varnish[주10] 등이 개발되었으며, 각기 기능, 성능면에서 경쟁하고 있다. 하테나에서는 Squid와 Varnish, 두 가지를 사용하고 있다.

주7 URL http://www.squid-cache.org/
주8 URL http://nginx.org/
주9 URL http://www.apsis.ch/pound/
주10 URL http://varnish.projects.linpro.no/

Squid는 HTTP, HTTPS, FTP용 다기능 프록시다. 매우 강력한 캐시 기능을 갖추고 있다는 것을 최대 특징으로 하고 있으며, HTTP 대상 범용 캐시 서버로 이용할 수 있다. 그 밖에도 액세스 컨트롤이나 인증기능도 갖추고 있어서 유연하게 높은 부하에 견딜 수 있는 시스템을 실현하기 위해 필수적인 툴이라 할 수 있다.

한편, Varnish는 FreeBSD 개발자인 Poul Henning-Kamp에 의해 개발되고 있는 고성능 HTTP 가속기다. Varnish는 유연한 설정언어를 갖고 있고, 모던한 설계를 채택하고 있으며, 기본적으로 메모리 상에서 동작함으로써 Squid보다 빠르게 동작한다는 점이 특징이다.

Squid — 기본적인 구성

리버스 프록시와 AP 서버, 2대로 이루어진 구성을 전제로 생각해보자. 이 구성에서 캐시 서버를 도입할 경우, 리버스 프록시와 AP 서버 사이에 배치한다(그림 A.7). 이에 따라 리버스 프록시에서 AP 서버로 전송되고 있던 요청 중 일부를 캐시 서버에서 처리할 수 있게 되어 시스템 전체 성능을 향상시킬 수가 있다.

캐시 서버를 편입시킴으로써 얻을 수 있는 장점으로는 안정적으로 요청이 발생하고 있는 평상시의 효과와 일부 콘텐츠에 비정상적으로 요청이 발생하는 액세스 집중시의 효과, 두 가지가 있다. 평상시에는 일정 비율의 요청을 캐시 서버에서 반환하는 것을 기대할 수 있다. 이에 따라 AP 서버로 전송되는 요청수를 줄일 수 있으므로 AP 서버의 대수 증가를 억제, 감소할 수 있다. 예를 들면 매분 100건의 요청이 발생할 경우, 50%의 요청에 대해 캐시 서버에서 응답을 반환할 수 있다면 AP 서버로의 요청을 반감시킬 수 있다. 통상 AP 서버보다 캐시 서버가 요청 1건당 필요한 서버 리소스가 적으므로 시스템 전체로 보면 소비되는 리소스를 절약할 수가 있다.

반면, 액세스 집중시에는 방대한 요청으로 인해 시스템 전체의 수용능력을 넘어서는 것을 막는 효과를 기대할 수 있다. 이를 위해서 액세스가 집중된 콘텐츠를 캐시 서버에서 캐싱한다. 액세스가 집중되는 대부분의 경우에는 특정 콘텐츠로 집중되므로 효과적으로 캐싱할 수가 있다. 캐시 서버가 캐싱된 것을 반환함으로써 액세스가 집중된 콘텐츠나 그 밖의 콘텐츠로의 액세스도 평소대로 반환할 수 있게 된다.

● **그림 A.7** 캐시 서버 도입

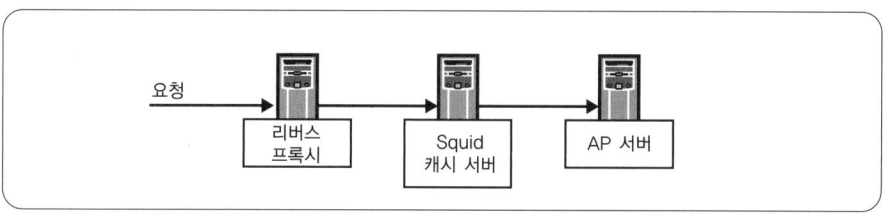

여러 대의 서버로 분산하라

Squid 서버를 2대 나열함으로써 다중성을 띄게 할 수 있다. 2대를 구성할 때 1대를 스탠바이로 남겨두거나 각각을 독립된 캐시 서버로서 동작시키는 등 몇 가지 설정이 가능하다. 그 중에서도 2대의 서버를 연계해서 동작하도록 설정함으로써 가장 효율이 좋게 동작시킬 수가 있다.

2대의 Squid를 연계시키는 것은 ICP(Inter-Cache Protocol)를 사용하는 것이 기본이다. ICP는 Internet-Draft로 정의되어 있는 프로토콜의 일종으로, 캐시를 제어하기 위한 프로토콜이다.

ICP를 사용하면 한쪽 캐시 서버가 수신한 요청에 대한 응답이 캐싱되지 않은 경우, 반대편 캐시 서버가 콘텐츠를 보유하고 있지 않은지 질의할 수 있다. 두 캐시 서버 모두 보유하고 있지 않은 경우에만 부모 서버인 AP 서버로 질의하게 된다.

2단 구성 캐시 서버 — CARP로 확장

이미지 파일 등 크기가 큰 파일을 캐싱하게 되면서 캐시 서버의 부하가 높아지면 1대나 2대 정도로는 용량이 턱없이 부족해질 경우가 있다. 이런 경우에 캐시 서버를 2단으로 구성함으로써 보다 확장성이 높은 캐시 서버군을 구성할 수 있다.

그림 A.8에 2단으로 구성한 캐시 서버 구성도를 나타냈다. 상단 Squid 프록시는 요청을 받아서 자신은 캐시를 보유하지 않고 하단 Squid 캐시 서버로 요청을 전송한다. 이때 CARP(Cache Array Routing Protocol)라고 하는 프로토콜에 따라 URL을 키로 적절한 Squid 캐시 서버로 전송한다. URL을 키로 해서 하단 캐시 서버를 선택함으로써 특정 URL에 대해 특정 캐시 서버만 사용하게 된다. 따라서 캐시 서버 대수가 늘어난 경우에도 효율적으로 캐싱할 수 있다. 또한 캐시 대상 URL 수가 증가하더라도 하단 캐시 서버 대수만 늘려주면 부드럽게 확장시킬 수 있다.

게다가 Squid에 의한 CARP 구현에서는 하단이 되는 캐시 서버의 사활감시도 수행해서 일부가 반응하지 않게 된 경우에도 작동하는 다른 서버로 처리를 할당하게 되어, 일시적으로 캐시 히트율은 낮아지더라도 전체로서는 정상적으로 동작할 수 있게 된다.

● **그림 A.8** 2단으로 구성한 캐시 서버 구성도

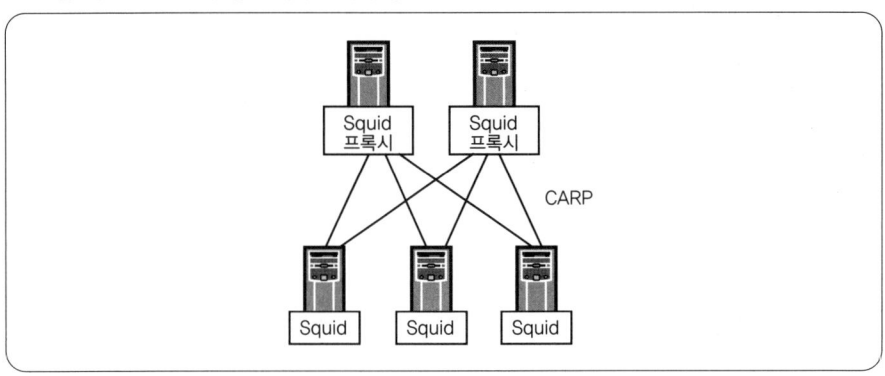

COSS 크기 결정방법

히트율을 높이기 위해서는 충분한 캐시 용량을 준비해둘 필요가 있다. 다만 캐시 용량은 크면 클수록 좋은 것은 아니고 과부족이 없는 상태가 최적이다.

캐시 용량이 너무 크면 다음과 같은 단점이 있다.

- 초기 시작 시에 COSS주11 파일 생성에 시간이 걸린다.
- 서버 재시작 등으로 메모리가 초기화된 후에 디스크 상의 파일이 메모리에 올라가고 Squid의 성능이 안정되기까지 시간이 걸린다.
- 디스크 용량을 압박한다.

반대로 너무 작으면 필요한 오브젝트가 저장되지 못해서 캐시 히트율이 떨어진다.

최적의 용량은 1초당 저장된 오브젝트수 × 오브젝트의 평균크기 × 오브젝트의 평균 유효시간(초)으로 계산되는 크기가 된다. 이 값에 앞으로의 성장을 고려한 여유분을 포함시킨 정도가 좋을 것이다.

다만, 엄밀한 계산과 검증은 상당히 어려우므로 하테나에서는 경험치로부터 텍스트 위주인 경우는 수GB 정도, 미디어 위주인 경우는 수십~백수십GB의 COSS 파일을 지정하고 있다.

투입 시 주의점

Squid의 효율을 올리면 올릴수록 필연적으로 Squid에 장애가 발생했을 때의 영향이 커진다. 자주 있는 패턴으로는, 2대로 부하를 분산하고 있는데 1대가 고장 나고 남은 1대로는 부하를 감당할 수 없는 경우가 있다. 이는 1대가 고장 나더라도 문제가 없을 정도의 서버를 준비하는 것이 정석이다.

다만 충분한 서버를 마련했고 장애발생 시에도 서비스에 영향이 없었더라도 아직 방심할 수 없다. 수리된 서버나 새로운 서버를 로드밸런서에 추가할 때 무심하게 추가하면 성능이 단번에 떨어져버리는 경우가 있다.

이는 재시작되거나 새로 구성한 Squid 서버가 요청을 처리하기 위한 충분한 준비가 되어 있지 않기 때문이다. 메모리 상에 오브젝트가 전혀 저장되어 있지 않고 파일 상에 저장된 오브젝트에 액세스하기 위해서도 파일 캐시가 듣지 않는 상태로

주11 Cyclic Object Storage System. Squid의 캐시 스토리지 I/O의 원리 중 하나. 성능이 뛰어난 점이 특장점

APPENDIX A ··· 현대 웹 서비스 구축에 필요한 실전 기술 _대규모 서비스에 대응하기 위해서

액세스할 필요가 있다.

이와 같은 사태를 피하기 위해 이상적으로는 사전에 평상시에 접수되는 요청을 보내서 워밍업을 해둘 필요가 있다. 만일 그렇게까지 꼼꼼하게 준비할 여유가 없을 경우에도 로드밸런서에 추가할 때 트래픽 비율을 조정해서 통상 운용 시에 비해 적은 트래픽부터 흘려보내기 시작하는 게 좋을 것이다.

이 워밍업에는 할당된 메모리 크기나 스토리지 크기, 실제 서비스 투입 후에 발생하는 트래픽 양에 따라 크게 다르지만, 수 시간 정도 걸리는 경우도 드물지 않다.

Varnish

Varnish는 리버스 프록시로서 캐시 서버에 특화된 구현이며, 모던한 아키텍처를 채택함으로써 Squid보다 높은 성능을 확보할 수 있다.

Varnish의 구성은 그림 A.9와 같이 되어 있다. Varnish는 고속화를 극한까지 추구한 설계로 이루어져 있으며, Squid처럼 친숙한 툴과는 달리 몇 가지 특징이 있다. 특히 다음 세 가지는 주의하는 편이 좋을 것이다.

- 오브젝트는(디폴트로는) mmap[주12]에 의해 디스크 상의 파일에 저장된다. 또한 프로세스를 재시작하면 캐시는 모두 사라진다.
- 기본적인 설정(Listen할 포트번호 등)은 명령줄 옵션으로 주고 프록시로서의 규칙은 설정파일(VCL)에 기술한다.
- 그 자체로는 로그를 파일에 기록하는 기능이 갖춰져 있지 않고 공유메모리 상에 기록한다.

첫 번째 포인트인 '재시작하면 캐시는 모두 사라진다'라는 것은 특히 주의해야 할 포인트다. Squid에서는 파일에 저장된 오브젝트는 사라지지 않으므로 Squid

---

주12 mmap은 파일이나 디바이스를 메모리에 매핑하는 시스템콜이다. 이에 따라 파일이나 디바이스 읽기쓰기를 메모리 조작을 통해 수행할 수 있다.

서버의 I/O 부하는 높아지지만 캐시 히트율 자체는 그다지 낮아지지 않는다. 그러나 Varnish의 경우는 캐싱한 내용이 모두 사라져버리므로 재시작 직후에는 캐시 히트율이 0이 되어 모든 요청이 Varnish 뒤에 배치된 애플리케이션 서버로 전송된다. 따라서 시스템의 다른 곳에 생각지 않게 영향을 줄 가능성이 생기므로 Squid 이상으로 주의 깊게 재시작, 투입하는 것이 중요하다. 이와 같은 악영향을 가능한 한 회피하기 위해서는 Varnish를 최소 3대 이상 운용해서 1대를 재시작해도 전체 캐시 히트율에 그다지 크게 영향을 주지 않도록 하는 것이 유효하다. VCL(Varnish Configuration Language)은 매우 유연하고 강력한 설정언어로 내부에 C 코드를 기술할 수 있게 되어 있다. 설정은 읽어들일 때 컴파일되어 내부에 내장된다. 또한 설정은 동적으로 변경 가능해서 캐싱한 내용을 없애지 않고도 미세한 조정이나 튜닝을 할 수 있다.

Varnish는 varnishd라는 명령으로 실행시킨다. 또한 보조 명령으로 몇 가지의 툴이 포함되어 있다. 그 중에서도 가장 중요한 것은 액세스 로그를 기록하는 varnishncsa다. 앞서 말한 대로 varnishd 자체는 로그를 파일에 출력하는 기능을 갖추고 있지 않고 공유메모리 상에만 기록한다. 따라서 실제로 파일 상에 로그를 출력하려면 별도의 명령인 varnishncsa가 필요하다.

● **그림 A.9** Varnish의 구성

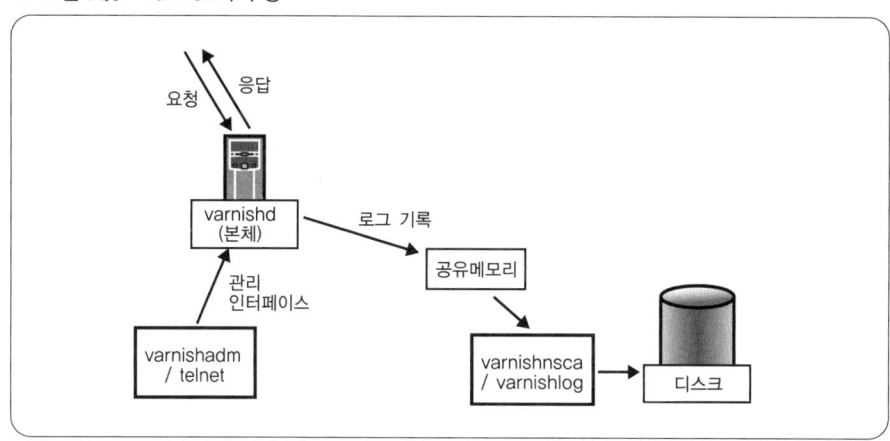

APPENDIX A ··· 현대 웹 서비스 구축에 필요한 실전 기술 _대규모 서비스에 대응하기 위해서

계산 클러스터 Hadoop

대량 로그 데이터의 병렬처리

대규모 웹 서비스를 운영하다 보면 로그 데이터도 대량으로 쌓여간다. 대량으로 쌓인 로그 데이터의 처리는 이를 한 번에 읽어들이는 것만도 어려우며, 더욱이 통계처리나 분석을 하려고 하면 엄청나게 큰 계산 리소스를 필요로 한다. 예를 들면 하테나 다이어리의 액세스 로그는 하루에 4GB 정도의 크기가 되고, 로그 1개 월분을 처리하려고 하면 120GB의 로그를 처리해야 한다. 만일 월간 고유 사용자를 계산하려고 하면 이 로그를 한 번에 처리하게 되는데, HDD에서 읽어들이는 성능을 평균 50Mbps라고 하면 읽어들이는 데만 5시간 이상 걸리게 된다. 이와 같은 처리를 빠르게 수행하기 위해서는 병렬처리가 가능한 계산 클러스터가 필요하다.

MapReduce의 계산모델

하테나에서는 계산 클러스터로 Hadoop이라는 MapReduce의 오픈소스 구현을 사용하고 있다. MapReduce란 Google이 2004년에 발표한 계산모델이다. MapReduce는 거대한 데이터를 빠르게 병렬로 처리하는 것을 목적으로 하며, 이 계산 시스템은 다수의 계산 노드로 구성된 클러스터와 대량 데이터를 분산해서 저장하기 위한 분산 파일시스템으로 구성된다.

MapReduce 계산모델은 key와 value 쌍의 리스트를 입력 데이터로 해서 최종적으로 value의 리스트를 출력한다. 계산은 기본적으로 Map 단계와 Reduce 단계로 구성된다(그림 A.10).

Map 단계는 먼저 마스터 노드에서 입력 데이터를 잘게 분할해서 각 노드로 분산한다. 각 노드에서는 분할된 입력 데이터를 계산하고, 계산결과를 key와 value 쌍으로 구성된 중간 데이터로 출력한다. Map 단계의 처리는 다음과 같이 나타낼 수 있다.

(k1, v1) ➡ list(k2, v2)

Reduce 단계에서는 먼저 Map 단계에서의 출력 데이터를 key(k2)별로 정리해서 key(k2)와 key에 대응하는 값의 리스트(list(v2))로 재구성한다. 다음으로 각각의 key를 각 노드로 분산한다. 이 과정을 Shuffle Phase라고도 한다. 그 다음, 각 노드에 있는 key(k2)와 key에 대응하는 값의 리스트(list(v2))를 입력 데이터로 해서 각 리스트(list(v3))를 최종적인 출력 데이터로 하는 처리를 수행한다. Reduce 단계의 처리는 다음과 같이 나타낼 수 있다.

(k2, list(v2)) ➡ (k2, list(v3))

최종적으로 각 노드에서 값의 리스트(list(v3))를 집약하면 계산이 완료된다.

● **그림 A.10** MapReduce 계산모델

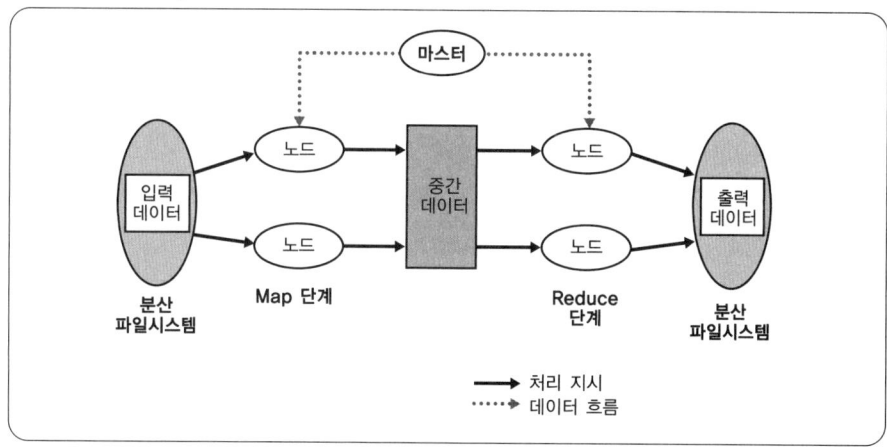

이 MapReduce 계산모델에서는 Map과 Reduce라는 두 가지 처리를 수행하는 함수를 준비하는 것만으로 대량의 데이터를 빠르게 처리할 수 있게 된다. 얼핏 보면 단순한 처리밖에 할 수 없는 것처럼 생각할 수 있지만, 로그 분석, 검색엔진의 인덱스 생성 등 응용범위는 광범위하다.

또한 MapReduce 계산모델의 실행에서는 대량의 입력 데이터를 읽어들이는 부분이 성능의 병목이 되는 경우가 많다. 따라서 MapReduce는 분산 파일시스템과 병용하는 것이 중요하다. 분산 파일시스템에는 수GB 단위의 거대한 파일을 수십MB 크기로 분할하고, 다수의 노드에 사전에 데이터를 분산 배치해둔다. 그리고 실제로 처리를 실행할 때 가능한 한 데이터가 로컬에 존재하는 노드에서 처리를 실행하도록 한다. 이렇게 해서 고속으로 데이터를 읽어들여서 DVD 1장 분량의 데이터에 대한 grep을 2초 만에 끝낼 수 있는 성능을 달성할 수가 있다.

Hadoop

하테나에서 사용하고 있는 Hadoop은 Apache 프로젝트 중 하나로 MapReduce의 오픈소스 구현 중 하나다. 그림 A.11은 Hadoop 상에서 로그 분석 작업을 실행 중인 스크린샷이다. 그림 A.11 작업에서는 47GB의 데이터(HDFS_ BYTES_READ)가 4,303개의 Map 태스크(map의 Num Tasks)로 분할되어 실행되고, 하나의 Reduce 태스크로 집약되어 처리되고 있다.

MapReduce와 쌍을 이루는 분산 파일시스템은 Google에서는 GFS(Google File System)로 구현되어 있고, Hadoop에서는 오픈소스인 HDFS로 구현되어 있다. Hadoop은 Java로 구현되어 있으며, Yahoo! Inc, Facebook을 시작으로 대량 데이터를 지닌 기업에서 널리 사용하고 있다. 또한 MapReduce를 통한 계산을 간단하게 구현하기 위해 Hive, Pig와 같은 툴도 활발하게 개발되고 있다.

● 그림 A.11 Hadoop(로그 분석 작업 실행 중)

Hadoop job_200911201143_45285 on hadoop01

User: root
Job Name: panel_diary_mobile_uid_30
Job File: hdfs://hadoop01.host.h:9000/var/tmp/hadoop-hadoop/mapred/system/job_200911201143_45285/job.xml
Job Setup: Successful
Status: Running
Started at: Sun Apr 18 19:58:01 JST 2010
Running for: 2hrs, 2mins, 22sec
Job Cleanup: Pending

Kind	% Complete	Num Tasks	Pending	Running	Complete	Killed	Failed/Killed Task Attempts
map	100.00%	4303	0	0	4303	0	0 / 27
reduce	68.35%	1	0	1	0	0	0 / 0

	Counter	Map	Reduce	Total
Job Counters	Launched reduce tasks	0	0	1
	Rack-local map tasks	0	0	974
	Launched map tasks	0	0	4,330
	Data-local map tasks	0	0	3,356
FileSystemCounters	FILE_BYTES_READ	0	26,038,284	26,038,284
	HDFS_BYTES_READ	47,932,464,824	0	47,932,464,824
	FILE_BYTES_WRITTEN	699,519,501	699,356,023	1,398,875,524
	HDFS_BYTES_WRITTEN	0	4,906,986	4,906,986
Map-Reduce Framework	Reduce input groups	0	309,504	309,504
	Combine output records	0	0	0
	Map input records	978,550,657	0	978,550,657
	Reduce shuffle bytes	0	699,381,799	699,381,799
	Reduce output records	0	308,459	308,459
	Spilled Records	33,694,810	0	33,694,810
	Map output bytes	631,966,367	0	631,966,367
	Map input bytes	214,860,681,760	0	214,860,681,760
	Map output records	33,694,810	0	33,694,810
	Combine input records	0	0	0
	Reduce input records	0	1,412,238	1,412,238

Map Completion Graph - close

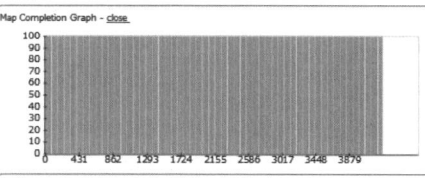

Reduce Completion Graph - close

찾아보기

ㄱ

가변길이 바이트 부호 ·············· 133
가상 메모리 ·························· 57
가상 메모리 구조 ···················· 58
가상 파일시스템 ····················· 62
가상화 기술 ························ 300
가상 IP 주소 ······················· 283
검색누락 ···························· 223
게스트 OS ·························· 301
계산 클러스터 ······················ 331
계산량 ······························ 156
고가이 단 ··························· 177
국소성 ······························· 79
규모조정 ···························· 41

ㄴ

나이브 베이즈 ······················ 179
너비우선탐색 ······················· 198

ㄷ

다분트리 ····························· 92
단일장애점 ·························· 279
데이터 구조 ························ 163
도메인 로직 ························ 158

ㄹ

레플리카 ···························· 102
레플리케이션 ······················· 102
로드밸런서 ··························· 43
리버스 프록시 ······················ 350

ㅁ

마스터 ······························ 102
모스 신호 ··························· 138
무어의 법칙 ························ 310
   리 어드레스 ··················· 57
미니멈 스타트 ······················· 19

ㅂ

바이너리 부호 ······················ 133
바이너리 트리 ························ 93
배드 노하우 ························ 125
버그추적 시스템 ····················· 25
버퍼 캐시 ··························· 56
베이지안 필터 ················ 159, 179
보간 부호 ··························· 133
복합 인덱스 ························· 98
북마크릿 ···························· 297

찾아보기

ㅅ

상수항 ·· 164
색인 ·· 88
선형 어드레스 ··· 57
선형탐색 ·· 95, 156
스니핏 ··· 206
스왑 ·· 57
스케일아웃 ··· 9, 41
스케일업 ··· 9, 41
스코어링 ··· 123, 209
스토리지 ··· 337
스펠링 오류 수정기능 ································ 188
슬레이브 ··· 102

ㅇ

알고리즘 ··· 157
에릭 슈미트 ··· 259
엔터프라이즈 ··· 254
역 인덱스 ·· 202, 215
역 인덱스형 ··· 212
역 파일 인덱스 ·· 232
오토마톤 ··· 172
오프셋 ·· 64
용도특화형 인덱싱 ···································· 120
우고메모 ··· 105
움직이는 메모 ·· 105
워커 ··· 333

웹 서비스 ·· 254
웹 API ·· 119
이분탐색 ··· 156
이분트리 ··· 93
인덱스 ·· 88
인덱싱 ·· 208
인력검색 하테나 ··· 15
잎 노드 ·· 94

ㅈ

작업큐 ·· 333
작업큐 시스템 ·· 331
장애극복 ··· 280
재현률 ·· 227
적합률 ·· 227
전문 검색 ··· 3
전문 검색엔진 ·· 123
정규화 ·· 90
정상복귀 ··· 280
준 가상화 ·· 301, 302
증분검색 ··· 165
짝 프로그래밍 ·· 23

ㅋ

캐시 ··· 3
캐시 미스 ·· 13
캐시 시스템 ··· 331

363

찾아보기

쿠도 타쿠	176
퀵정렬	164
크롤링	208
클라우드 컴퓨팅	259
키워드 링크	170

ㅌ

테이블 단위 분할	80
테이블 데이터 분할	81
트리	91

ㅍ

파일 캐시	56
파티셔닝	80, 107, 277
페이지	59
페이지 캐시	56, 60, 76
페일백	280
페일오버	280
편집거리	189
평형트리	92
포워드 프록시	350
폴링	102
필터링	226

ㅎ

하이퍼바이저	301
하테나 그룹	21
하테나 다이어리	1, 170
하테나 북마크	1
하테나 스타	293
하테나 안테나	16
하테나 키워드	170
하테나 포토라이프	287
해시 탐색	160
허프만 부호	139
형태소 분석	220
확장성	41
휴리스틱 기법	190

기타

㈜하테나	1
γ 부호	133
δ 부호	133

A

AC법	175
Access 계층	323
Active/Standby 구성	283
Address Resolution Protocol table	321
Aho-Corasick법	122, 175, 194
alter table 명령	97
Amazon Cloudfront	261, 326
Amazon EC2	259
Amazon S3(Amazon Simple Storage Service)	326
AP 서버	42
Apache Cassandra	251
Apache Lucene	210
Apache Thrift	186

application server ········ 42
ARP 테이블 ········ 321
Array::Gap ········ 245
AS 번호 ········ 327
automaton ········ 172
Autonomous System number ········ 327

B

B Plus Tree ········ 92
B Tree ········ 92
B+트리 ········ 92
Bad Knowhow ········ 125
Bayesian Filter ········ 159
BGP(Boarder Gateway Protocol) ········ 327
bi-gram ········ 189, 224
Binary Search ········ 156
BM(Boyer-Moore)법 ········ 212
bookmarklet ········ 297
BTS(Bug Tracking System) ········ 25
buffer cache ········ 56
cache ········ 3

C

cache miss ········ 13
Cache::Memcached::Fast ········ 343
CARP(Cache Array Routing Protocol) ········ 354
CDN ········ 261, 325
Chasen ········ 221
Complement Naive Bayes ········ 122
Compressed Suffix Array ········ 214

Content Delivery Network ········ 325
Contents Delivery Network ········ 261
continuation 비트 ········ 134
Core 계층 ········ 323
COSS ········ 355
CPAN ········ 167
CPU 부하 ········ 42
CSV(Comma Separated Values) ········ 130

D

DBIx::MoCo ········ 25, 103, 111
Devel::NYTProf ········ 148
DF(Document Frequency) ········ 190
Dictionary ········ 202, 217
Digg 효과 ········ 292
Distribution 계층 ········ 323
Domain Logic ········ 158
DRBD(Distributed Replicated Block Device) ········ 338, 348

E

Elastic Load Balancing ········ 260
Eric Schmidt ········ 259
explain 명령 ········ 98

F

failback ········ 280
failover ········ 280
Failure Links ········ 194

찾아보기

false-positive	238
file cache	56
FM-index	214
Full Inverted Index	231

G

Gearman	334
GFS(Google File System)	360
GlusterFS	346
Golomb 부호	133
Google App Engine	259
grep	210
grep형	212

H

Hadoop	360
HDFS(Hadoop Distributed File System)	348
hdparm	36
heuristic 기법	190
HTTP 가속기	350
Huffman Code	139
Hyper Estraier	210

I

i노드 번호	64
I/O 부하	42
ICP(Inter-Cache Protocol)	353
Incremental Search	165
index	88

InnoDB	341
Intel AMT	313
Interpolate 부호	133
Inverted File Index	232
inverted index	202, 215
IPMI(Intelligent Platform Management Interface)	301
IS법	166
IX(Internet exchange)	327

J

Jaro-Winkler 거리	189
Job-Queue	333
JUMAN	221

K

k-gram	224
KAKASI	221
kbcached	65
key-value 스토어	105, 206, 343
key-value쌍 스토리지	105
KMP(Knuth-Morris-Pratt)법	212
KVS	105

L

LAMP	87
leaf node	94
Lemmatizer	224
Levenshtein 거리	189

Linear Search ······ 156
Load Average ······ 38, 273
LOUDS ······ 159
LRU ······ 64
Lustre ······ 346
Lux ······ 210
LVM(Logical Volume Manager) ······ 301
LVS(Linux Virtual Server) ······ 277

M

MAC주소 ······ 321
Map 단계 ······ 359
MapReduce ······ 358
Maria ······ 342
master ······ 102
MeCab ······ 176, 220, 221
Media Access Control address ······ 321
Media Wearout Indicator ······ 318
memcached ······ 265, 343
Microsoft Windows Azure ······ 259
minimum start ······ 19
mmap ······ 356
mod_dosdetector ······ 298
mod_rewrite ······ 16
MogileFS ······ 284, 338, 345
monit ······ 302
Moore's Law ······ 310
Morse 신호 ······ 138
MyISAM ······ 341
MySQL Proxy ······ 103

N

n-gram ······ 219, 224
n-gram 인덱스 ······ 189
Naive Bayes ······ 179
Namazu ······ 210
NFA(Nondeterministic Finite Automata) ······ 172
NFA(Nondeterministic Finite Automaton) ······ 121
NFS ······ 346
NFS(Network File System) ······ 287
nginx ······ 351

O

O(log n) ······ 156
O/R 매퍼 ······ 25, 102
Order 표기 ······ 155, 160
OSPF(Open Shortest Path First) ······ 323

P

pack() 함수 ······ 143
page cache ······ 56
PageRank ······ 209, 233
Pair Programming ······ 23
Parallels ······ 300
ParaVirtualization ······ 301, 302
partitioning ······ 80
polling ······ 102
Postings ······ 202, 218
pound ······ 351
Precision ······ 227

prefork 모델 ·············· 335
Primary Key ·············· 97

R

Radix Tree ·············· 64
RDBMS(Relational Database Management System) ·············· 3, 340
Recall ·············· 227
Reduce 단계 ·············· 359
Regexp::List ·············· 177
Relational DataBase Management System   3
replica ·············· 102
replication ·············· 102
RPC(Remote Procedure Call) ·············· 118

S

sar ·············· 65
sar(System Activity Reporter) ·············· 51
scale-out ·············· 9, 41
scale-up ·············· 9, 41
Sedue ·············· 210
Senna ·············· 210
show index 명령 ·············· 97
Shuffle Phase ·············· 359
Shunsaku ·············· 210
Slashdot 효과 ·············· 292
slave ·············· 102
smartctl 명령 ·············· 318
snippet ·············· 206
SPOF(Single Point of Failure) ·············· 279

Squid ·············· 265, 351
SSD(Solid State Drive) ·············· 37, 262
Stemming ·············· 224
Storable ·············· 245
Suffix Array ·············· 166, 214
Suffix Tree ·············· 214
Suffix형 ·············· 212, 214
sysstat ·············· 65

T

term ·············· 217
Term::ReadLine ·············· 247
TF/IDF ·············· 234
TheSchwartz ·············· 334
Tokyo Tyrant ·············· 105
TokyoCabinet ·············· 344
TokyoTyrant ·············· 343, 344
tri-gram ·············· 224
Trie ·············· 173

U

UNIQUE 제약 ·············· 97
unpack() ·············· 143
use index ·············· 99
Using filesort ·············· 100
Using temporary ·············· 100
Using where ·············· 100
Varnish ·············· 351, 356
varnishd ·············· 357

varnishncsa ································ 357
VB Code(Variable Byte Code) ········ 129, 133
vb_decode.pl ································· 153
vb_encode.pl ································· 152
VCL(Varnish Configuration Language) ··· 357
VFS(Virtual File System) ······················ 62
VIP ··· 283
Virtual PC ···································· 300
VMware ······································· 300
VRRP(Virtual Router Redundancy Protocol) ··· 282

WebDAV ······································ 347
Worker ·· 333
WorkerManager ······························ 335
 en ·· 300